Christian Immler

Samsung Galaxy S26, S26+ und S26 Ultra

Einfach alles können

Markt+Technik

Gratis-Download

Wenn Sie auf die Buch-Website *www.mut.de/0101* gehen, können Sie ein PDF mit Informationen zum Thema Sicherheit beim Samsung Galaxy S26 sowie speziellen Tipps zur Bedienung herunterladen.

ISBN 978-3-98810-101-3

Espenpark 1a
90559 Burgthann

Produktmanagement Christian Braun, Burkhardt Lühr
Lektorat, Herstellung Jutta Brunemann
Covergestaltung David Haberkamp
Coverfotos © Samsung Electronics GmbH; Phantip – Adobe Stock
Satz inpunkt[w]o, Wilnsdorf (www.inpunktwo.de)
Druck Himmer GmbH Druckerei & Verlag, Augsburg
Printed in Germany

Inhaltsverzeichnis

KAPITEL 1

Samsung Galaxy S26 – drei Smartphones mit Galaxy AI

Samsung bewirbt seine aktuellen Topmodelle mit der *Galaxy AI*. Dahinter verbergen sich neuartige Funktionen, die auf künstlicher Intelligenz basieren. Das AI in Galaxy AI steht für **A**rtificial **I**ntelligence, auf Deutsch »künstliche Intelligenz«. Als Ergänzung zur Galaxy AI spielt die ebenfalls vorinstallierte Google-KI *Gemini* auf dem Samsung Galaxy S26 eine noch größere Rolle als auf den bisherigen Modellen.

Szene aus der Galaxy Unpacked Präsentation (Quelle: Samsung)

Der Name **Samsung Galaxy S26** bezeichnet wie gehabt eine Gerätefamilie mit den drei neusten Smartphones der Galaxy-S-Serie, die seit dem ersten Smartphone aus dem Jahr 2010 Standards für Oberklasse-Smartphones setzt, an denen sich die anderen Hersteller orientieren. Die 17. Auflage von Samsungs High-End-Serie heißt nicht S17, da Samsung seit dem Samsung Galaxy S20 im Jahr 2020 die jeweiligen Jahreszahlen im Namen verwendet statt des alten Nummernschemas. Das Samsung Galaxy S26 wurde in diesem Jahr am 25. Februar 2026 in einem groß angelegten Showevent vorgestellt und ist seit dem 11. März 2026 in Deutschland über Onlinehändler und Mobilfunk-Provider erhältlich.

Neben dem größten Highlight, der weiterentwickelten Galaxy AI, die an vielen Stellen im Betriebssystem und in vorinstallierten Apps auf der neuen Oberfläche **One UI 8.5** eingebaut ist und so die Bedienung des Smartphones wieder einmal revolutionieren soll, sind ein weiteres Highlight auch dieser Gerätefamilie, die aus drei Modellen – **Samsung Galaxy S26**, **Samsung Galaxy S26+** und **Samsung Galaxy S26 Ultra** – besteht, wieder die verbauten Kameras. Die gesamte Präsentation, die im Wesentlichen KI-Funktionen und weniger die Geräte präsentierte, wurde mit mehreren Samsung Galaxy S26 Ultra aufgenommen. Klassische Videokameras wurden – glaubt man der Werbung – nicht mehr eingesetzt.

Die Smartphones der Samsung-Galaxy-S26-Serie (Foto: Samsung)

Dieses Buch zeigt, was die Geräte der Samsung-Galaxy-S26-Serie bieten, und liefert nützliche Tipps zu zusätzlichen Apps, um sich den Smartphone-Alltag noch weiter zu erleichtern und natürlich auch Spaß damit zu haben.

1.1 Die KI-Funktionen auf dem Samsung Galaxy S26 im Überblick

Samsung bewirbt die neue Generation der S-Klasse vor allem mit den neuen KI-Funktionen, mit denen die Bedienung des Smartphones revolutionär verändert werden soll. Samsung setzt auch beim Samsung Galaxy S26 wieder voll auf die KI von Google Gemini und fährt dabei seine Eigenentwicklung etwas zurück.

Google Gemini integriert sich stark in das Betriebssystem und auch in die vorinstallierten Samsung-Apps. Zusätzlich nutzt *Galaxy AI* für manche Funktionen die KI *Perplexity*. Der Sprachassistent *Bixby*, der auf Samsung-Smartphones schon seit einigen Jahren läuft, aber von Nutzern kaum beachtet wurde, wird aufgewertet, um der *Galaxy AI* erweiterten Zugriff auf Geräteeinstellungen zu gewähren. Ein neuer leistungsfähiger Prozessor ermöglicht die Nutzung von KI auf dem Samsung Galaxy S26 weitgehend ohne Cloud-Zugriff, sodass diese Funktionen auch offline zur Verfügung stehen.

Die Funktionen von *Galaxy AI* sind an dem KI-Symbol mit den vierzackigen Sternen zu erkennen.

Überall, wo die KI von *Google Gemini* im Spiel ist, taucht das Symbol eines einzelnen Sterns mit vier Spitzen und runden Bögen zwischen den Spitzen auf der Benutzeroberfläche auf.

Samsung hat in die neue Benutzeroberfläche **One UI 8.5**, die erstmals auf dem Samsung Galaxy S26 verwendet wird, verschiedene neuartige KI-Tools eingebaut, die auch immer wieder in der Werbung für die neue Smartphone-Serie auftauchen. Samsung erklärt auf dem Samsung Galaxy S26 selbst, wo überall die *Galaxy AI* eingebaut wurde.

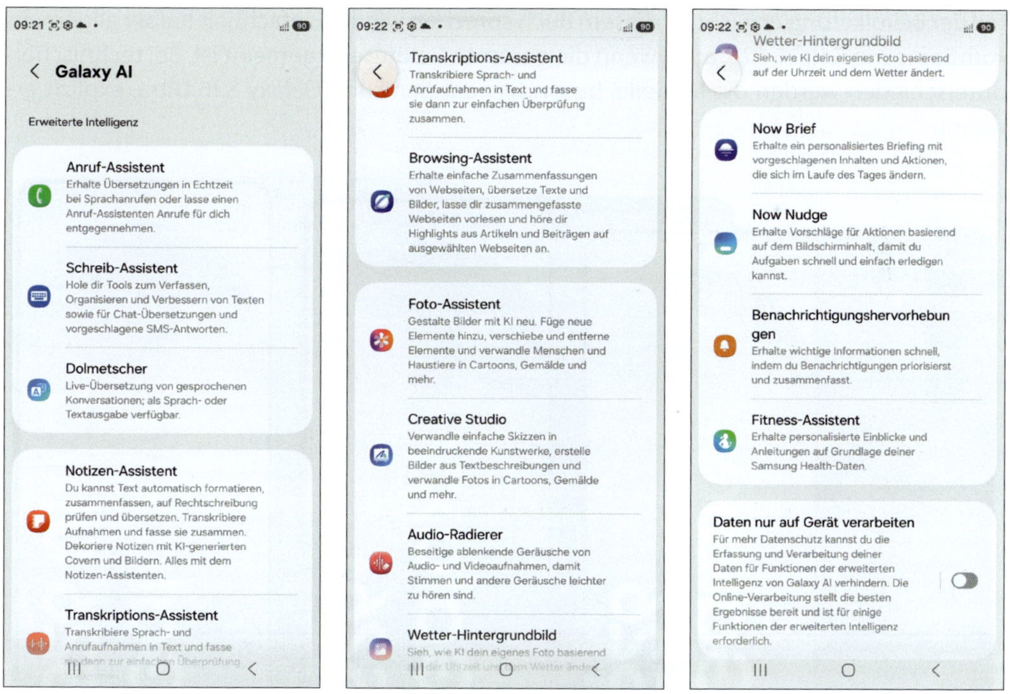

Übersicht über die Funktionen der Galaxy AI auf dem Samsung Galaxy S26

1.2 Daten und Fakten zum S26, S26+ und S26 Ultra

Die Geräte der Samsung-Galaxy-S26-Serie markieren erneut die Oberklasse aktuell in Deutschland lieferbarer Smartphones. Samsung hat beim Galaxy S26 und Galaxy S26+ das grundlegende Design der Geräte der Vorserie mit den drei Kameraaugen in der linken oberen Ecke übernommen. Das Galaxy S26 Ultra verfügt wie die Vorgängermodelle wieder über fünf Kameralinsen.

Das Samsung Galaxy S26 ist wieder in drei Varianten erschienen. Die Namensgebung wurde gegenüber den Vorgängermodellen beibehalten. Das »normale« Samsung Galaxy S26 ist mit einem 6,3"-Bildschirm das einfachste Modell und minimal größer als der Vorgänger Samsung Galaxy S25. Das Samsung Galaxy S26+ ist mit seinem 6,7"-Bildschirm exakt genauso groß wie das Samsung Galaxy S25+. Der Bildschirm des Topmodells Samsung Galaxy S26 Ultra ist mit 6,9" der größte der Serie. Alle Maße aus der Werbung beziehen sich auf das angenommene volle Rechteck des Bildschirms ohne die abgerundeten Ecken.

Alle Geräte der Serie verfügen standardmäßig über die 5G-Mobilfunktechnologie, die neuste Generation des Mobilfunknetzes, das in Deutschland seit Ende 2023 den größten Teil der Bevölkerung erreicht. In diesem Buch sprechen wir der Einfachheit halber allgemein vom Samsung Galaxy S26, auch wenn die gesamte Geräteserie gemeint ist. Bei technischen Unterschieden werden die Modelle, besonders das Samsung Galaxy S26 Ultra, explizit erwähnt.

Samsung Galaxy S26, Samsung Galaxy S26+ und Samsung Galaxy S26 Ultra im Größenvergleich (Foto: Samsung)

Die technischen Daten unterscheiden sich auch in diesem Jahr an manchen Stellen nur geringfügig von der Vorgängerserie.

	Galaxy S26	Galaxy S26+	Galaxy S26 Ultra
Bildschirm	6,3"/159,3 mm	6,7"/169,1 mm	6,9"/174,9 mm
Bildschirmauflösung (max.)	2.340 x 1.080/19,5:9 Full HD+	3.120 x 1.440/19,5:9 QHD+	3.120 x 1.440/19,5:9 QHD+
Bildwiederholrate	120 Hz	120 Hz	120 Hz
Kamera	Hauptkamera (50 MP) Ultraweitwinkel (12 MP) Teleobjektiv (10 MP)	Hauptkamera (50 MP) Ultraweitwinkel (12 MP) Teleobjektiv (10 MP)	Hauptkamera (200 MP) Ultraweitwinkel (50 MP) Teleobjektiv 1 (10 MP) Teleobjektiv 2 (50 MP)
Optischer Zoom	3-fach	3-fach	5-fach/3-fach/2-fach
Frontkamera	12 MP	12 MP	12 MP
Prozessor	Samsung Exynos 2600	Samsung Exynos 2600	Snapdragon 8 Elite Gen 5
RAM	12 GB	12 GB	12/16 GB
Speicher	256/512 GB	256/512 GB	256/512 GB/1 TB
Konnektivität	Wi-Fi 7 Bluetooth 5.4 SIM/eSIM	Wi-Fi 7 Bluetooth 6.0 SIM/eSIM	Wi-Fi 7 Bluetooth 6.0 SIM/eSIM
Betriebssystem	Android 16/ One UI 8.5	Android 16/ One UI 8.5	Android 16/ One UI 8.5
Akku	4.300 mAh 25 W Schnellladen	4.900 mAh 45 W Schnellladen	5.000 mAh 60 W Schnellladen 25 W Qi2 drahtlos laden
IP-Zertifizierung	IP68	IP68	IP68
Größe	149,6 x 71,1 x 7,2 mm	158,5 x 75,8 x 7,3 mm	163,6 x 78,1 x 7,9 mm
Gewicht	167 g	190 g	214 g

Die weiteren technischen Daten sind für alle drei Modellvarianten gleich. Mit 5G, 4G (LTE), 3G (HSPA+, UMTS nicht in Deutschland) sowie 2G (EDGE, GPRS) werden alle Mobilfunkstandards fürs Internet in schnellster Übertragungsrate unterstützt. Für den Zugang zu Hause oder in öffentlichen WLANs unterstützen die Geräte neben den bekannten Standards 802.11a, b, g, n, ac und ax auch den bis zu 46 GBit/s schnellen Standard 802.11be, auch als Wi-Fi 7 bezeichnet.

Zum Aufladen des Akkus und zum Datenaustausch mit dem PC ist wie bei fast allen modernen Smartphones ein USB-C-Anschluss verbaut. Die extrem schnelle Ladefunktion nach USB-C-3.2-Standard sorgt in Minuten für mehrere Nutzungsstunden. USB-C-Stecker sind symmetrisch, lassen sich also in beide Richtungen einstecken. Samsung liefert seit einigen Jahren kein eigenes Ladegerät mehr mit, sondern nur noch ein USB-C-Kabel, das an beiden Enden einen USB-C-Stecker hat. Man geht davon aus, dass jeder ein passendes Ladegerät zu Hause hat.

Weiterhin können alle drei Samsung-Galaxy-S26-Modelle drahtlos über eine spezielle Ladestation aufgeladen werden, die allerdings nicht im Lieferumfang enthalten ist. Die Geräte können auch dazu genutzt werden, umgekehrt andere Geräte wie etwa Kopfhörer drahtlos aufzuladen. Alle drei Modelle haben einen Ultraschall-Fingerabdruckscanner im unteren Bereich des Bildschirms – nicht auf der Rückseite, wie bei vielen anderen Smartphones. Wie schon bei den Vorgängerserien ist kein microSD-Kartensteckplatz mehr vorhanden. Alle drei Modelle der Samsung-Galaxy-S26-Serie verfügen über ein staub- und wasserdichtes Gehäuse nach IP68.

IP68-Zertifizierung

Die internationale Zertifizierung **IP68** steht für Schutz gegen Staub und dauerndes Untertauchen für 30 Minuten in 1,5 m Wassertiefe. Dabei bezieht sich dieser Schutz ausdrücklich nur auf klares, kaltes Wasser. Das Samsung Galaxy S26 sollte also nicht in säurehaltige Flüssigkeiten wie Cola oder Kaffee, in Waschlauge, heißes Wasser, Alkohol und auch nicht in Meerwasser getaucht werden. Das Gehäuse ist außerdem nicht druckfest gegen Tauchen in größeren Tiefen.

Das Samsung Galaxy S26 Ultra

Das Samsung Galaxy S26 Ultra unterscheidet sich optisch nur noch geringfügig von den beiden anderen Geräten. Im Gegensatz zu den beiden kleineren Modellen der Samsung-Galaxy-S26-Serie hat das Samsung Galaxy S26 Ultra nicht nur einen größeren Bildschirm und fünf statt drei Kameras, sondern unterstützt auch den S Pen. Dieser Stift ermöglicht kreatives und genaueres Arbeiten auf dem Touchscreen, als dies mit dem Finger möglich ist. Besonders handschriftliche Notizen lassen sich mit einem Stift wesentlich besser schreiben als mit dem Finger. Eine weitere wichtige Neuheit des Samsung Galaxy S26 Ultra ist das sogenannte Privacy Display, auf Deutsch etwas holprig als *Datenschutzanzeige* übersetzt, eine Funktion des Bildschirms, die persönliche Informationen vor neugierigen Seitenblicken Dritter verbirgt. Näheres dazu im Download-PDF im Abschnitt »Das Privacy Display des Samsung Galaxy S26 Ultra«.

Die Samsung-Galaxy-S26-Modelle im AnTuTu-Benchmark

Im bekannten AnTuTu-Benchmark (*www.antutu.com/en*) erreichen die Samsung-Galaxy-S26-Modelle Werte bis maximal 4.027.702 (Samsung Galaxy S26 Ultra) und 2.825.000 (Samsung Galaxy S26+ und Samsung Galaxy S26). Damit liegt nur noch das Samsung Galaxy S26 Ultra an seinem Erstverkaufstag unter den ersten zehn Plätzen.

Unser Testgerät (Samsung Galaxy S26 Ultra) schaffte 3.857.162 Punkte direkt nach der Erstinstallation – etwas mehr als der auf der AnTuTu-Liste angegebene Durchschnittswert. Ähnlich wie Windows-PCs werden auch Smartphones im Laufe der Zeit durch zusätzliche Apps und belegten Speicher immer langsamer. Nach zwei Wochen und diversen installierten Apps brachte dasselbe Gerät noch 3.846.768 Punkte, ein Leistungsabfall von weniger als 1 %.

Zum Vergleich: Das Samsung Galaxy S25 Ultra erreichte bis zu 3.135.223 Punkte, das Samsung Galaxy S4 seinerzeit nur 29.090 Punkte. Nach diesem Test, der unter Smartphone-Herstellern als Standard gilt, sind die Geräte der Samsung-Galaxy-S26-Serie bis zu 138-mal leistungsfähiger als das Samsung Galaxy S4 aus dem Jahr 2013. Frühere Modelle wurden nicht getestet, da es diesen Text damals noch nicht gab.

1.3 Das Android-Betriebssystem

Das Samsung Galaxy S26 ist weit mehr als nur ein Telefon. Aktuelle Smartphones sind eher moderne und wirklich mobile Nachfolger von Computern als von Telefonen. Klassische Handys gibt es – außer in Form von Großtasten- und Outdoor-Handys – so gut wie gar nicht mehr. Zurzeit sind weltweit über 4 Milliarden Menschen mit Smartphones unterwegs. Jedes Jahr werden rund 1,2 Milliarden neue Smartphones verkauft. Der typische Smartphone-Nutzer verwendet nur etwa 10 % der Gerätezeit zum Telefonieren. Andere Anwendungen sind inzwischen deutlich wichtiger.

Android wurde im Laufe der Jahre zum bekanntesten Betriebssystem für Smartphones und andere mobile Geräte. Android läuft nicht nur auf Smartphones und Tablets, sondern auch auf Armbanduhren, Fernsehern und Bordcomputern in Autos.

Im Laufe der Jahre blieb von dem ursprünglichen Android-Männchen als Logo nur der Kopf. Das typische Grün veränderte sich auch leicht. Die aktuelle Version Android 16 erschien im Sommer 2025 und ist auf den Smartphones der Samsung-Galaxy-S26-Serie bereits vorinstalliert.

1.4 Samsung One UI 8.5 – die Benutzeroberfläche auf dem Samsung Galaxy S26

Samsung hat an der Benutzeroberfläche von Android so viele Anpassungen vorgenommen, um die Bedienung noch leichter und intuitiver zu gestalten, dass von der Original-Android-Optik kaum etwas übrig geblieben ist. Alle Screenshots und Tipps in diesem Buch beziehen sich auf Samsungs neue Benutzeroberfläche **One UI 8.5**, die auf dem Samsung Galaxy S26 als Nachfolger von One UI 8 und One UI 7 vorinstalliert ist. One UI 8.5 setzt die neuen Möglichkeiten von Android 16 im Design der Samsung-Oberfläche um, ohne allzu große Unterschiede gegenüber der Vorgängerversion One UI 8. Die Screenshots zeigen die Benutzeroberfläche zum Zeitpunkt der Markteinführung des Samsung Galaxy S26. Auch hier wird Samsung im Laufe der Zeit Aktualisierungen und Erweiterungen vornehmen. Frühere kompatible Gerätemodelle der Samsung-Galaxy-S-Serie werden nach und nach mit dem Android-16-Update ebenfalls One UI 8.5 erhalten, darunter alle Smartphones der Serien Samsung Galaxy S25, S24, S23 und S22, ebenso diverse Modelle der A-Serie, unter anderem Samsung Galaxy A56 und A36. Viele der in One UI 8.5 integrierten KI-Funktionen werden allerdings aufgrund der Hardwarevoraussetzungen aktuellen Geräten der Samsung-Galaxy-S-Serie vorbehalten bleiben.

Die neuste Samsung-Benutzeroberfläche One UI 8.5 auf dem Samsung Galaxy S26: Startbildschirm, App-Liste und Sperrbildschirm

Auf anderen Android-Smartphones sehen die meisten Systemfunktionen und Apps anders aus. Besonders im Bereich der *Einstellungen* wurden auch gegenüber den Vorgängermodellen wieder leichte Veränderungen vorgenommen. Hinzu kommen die neuen Funktionen der Galaxy AI, die auf Smartphones anderer Hersteller nicht angeboten werden.

Kapitel 2

Die Ersteinrichtung des Samsung Galaxy S26

Wenn Sie das Samsung Galaxy S26 zum ersten Mal auspacken, achten Sie darauf, dass alles dabei ist:

- Smartphone Samsung Galaxy S26/Samsung Galaxy S26+/Samsung Galaxy S26 Ultra
- USB-C-Kabel
- Werkzeug zum Öffnen der SIM-Schublade
- S Pen (nur beim Samsung Galaxy S26 Ultra)
- Schutzhülle (nur bei einigen Händlern)

Fotografieren Sie den Strichcode-Aufkleber auf der Verpackung oder schreiben Sie die beiden IMEI-Nummern ab. Diese brauchen Sie, um Ihr Smartphone im Verlustfall identifizieren zu können. Bauen Sie vor dem Einschalten die SIM-Karte in das Samsung Galaxy S26 ein.

2.1 SIM-Karte einstecken

Das Samsung Galaxy S26 verwendet wie alle aktuellen Android-Smartphones Nano-SIM-Karten. Das klassische Mini-SIM-Format wird ebenso wie Micro-SIM in aktuellen Geräten nicht mehr genutzt. Viele Netzbetreiber und Mobilfunk-Discounter bieten sogenannte Kombi-SIM-Karten an: Mehrere Stanzlinien ermöglichen es, den SIM-Chip in unterschiedlichen SIM-Kartenformen aus dem Kartenträger herauszudrücken. Die Nano-SIM-Karten sind einfach nur kleiner, die Kontakte aber gleich angeordnet und elektronisch voll kompatibel zu Mini-SIM- und Micro-SIM-Karten.

Der Steckplatz für die SIM-Karte ist beim Samsung Galaxy S26 von außen an der unteren Geräteseite über eine kleine Schublade zugänglich. Den Akku braucht man nicht herauszunehmen, um die SIM-Karte zu wechseln, was beim Samsung Galaxy S26 auch gar nicht geht. Wenn die Schublade geöffnet ist, erscheint automatisch ein entsprechender Hinweis.

SIM-Karte in das Samsung Galaxy S26 einlegen

1. Drücken Sie das mitgelieferte Werkzeug vorsichtig in das runde Loch des SIM-Kartenträgers. Dieser rutscht dann wegen der Gummidichtung zum Spritzwasserschutz nur langsam automatisch heraus.
2. Legen Sie die Nano-SIM-Karte mit den Kontaktflächen nach oben in das Fach SIM1 des SIM-Kartenträgers. Die korrekte Einbaurichtung ist durch die abgeschrägte Ecke an der SIM-Karte vorgegeben.
3. Schieben Sie dann den SIM-Kartenträger in das Smartphone zurück.

Dual-SIM-Technik

Es gibt viele Gründe, zwei SIM-Karten zu verwenden. Dafür aber immer zwei Smartphones mit sich herumzutragen, kann schnell lästig werden. Dual-SIM-Smartphones bieten eine Lösung, die Tarifvorteile von zwei SIM-Karten zu nutzen und so zum Beispiel eine Telefon-Flatrate bei einem billigen E-Netz-Anbieter mit einem Internettarif im LTE- oder 5G-Netz zu kombinieren. Außerdem braucht man statt eines beruflichen und eines privaten Smartphones nur noch ein Gerät. Im Urlaub oder nachts schaltet man die berufliche SIM-Karte einfach aus.

In grenznahen Gebieten lassen sich mit Dual-SIM-Smartphones Roamingkosten vermeiden, wenn das Mobilfunknetz des Nachbarlandes einmal stärker ist. Stecken Sie einfach SIM-Karten beider Länder ins Smartphone. Das Samsung Galaxy S26 bietet die Möglichkeit, zwei SIM-Karten einzustecken. Der SIM-Kartenträger hat dazu auf der Unterseite ein zweites Fach für eine weitere SIM-Karte. Anstelle der zweiten physischen SIM-Karte kann auch eine eSIM mit einem zweiten Mobilfunktarif genutzt werden.

eSIM im Samsung Galaxy S26

Die Samsung-Galaxy-S26-Serie unterstützt die eSIM-Technologie. eSIM steht für **e**mbedded **SIM** (auf Deutsch »eingebaute SIM«). Der SIM-Chip ist im Smartphone eingebaut und kann vom Mobilfunkanbieter neu mit Daten beschrieben werden. Statt einer physischen SIM-Karte brauchen Sie also nur ein eSIM-Profil von Ihrem Mobilfunkanbieter zu kaufen, das dann drahtlos auf das Smartphone übertragen wird. In Deutschland unterstützen alle großen Mobilfunkanbieter die eSIM, die meisten Mobilfunk-Discounter dagegen nicht. Einige besonders günstige Mobilfunktarife, etwa das kostenlose GMX Freephone, werden ausschließlich als eSIM angeboten.

2.2 Akku laden

Aufgrund internationaler Sicherheitsvorschriften dürfen Akkus im Gerät nicht in vollgeladenem Zustand verschickt werden. Der Akku des Samsung Galaxy S26 ist bei der Auslieferung nur zu etwa 50 % aufgeladen, was aber ausreicht, um das Gerät sofort in Betrieb nehmen und einrichten zu können. Wie bei den meisten aktuellen Smartphones und auch den Vorgängermodellen des Samsung Galaxy S26 kann der Akku nicht herausgenommen werden.

Das Samsung Galaxy S26 verwendet ein USB-Ladegerät mit USB Typ C. Die USB-C-Anschlüsse sind nach einer EU-Richtlinie inzwischen verpflichtend. Wer mehrere aktuelle Geräte nutzt, braucht so nicht immer verschiedene Ladegeräte mit sich herumzutragen. Zudem soll so Elektroschrott reduziert werden, weshalb Samsung schon länger kein Ladegerät mehr mitliefert. Dass sich die Ladeströme der USB-Ladegeräte teilweise deutlich unterscheiden, scheint man zu ignorieren.

Bereits nach zehn Minuten ist ein zuvor komplett leerer Akku mit einem modernen Samsung-Ladegerät so weit aufgeladen, dass sich das Smartphone einige Stunden lang nutzen lässt. Nach etwa 1,5 Stunden ist der Akku dann komplett geladen. Ladegeräte anderer Hersteller brauchen wegen teilweise inkompatibler Elektronik deutlich länger.

Das alte Gerücht, ein Akku sollte vor jedem Aufladen erst komplett leer sein, gilt bei modernen Akkus nicht mehr. Sorgen Sie im Gegenteil lieber dafür, dass der Akku nie ganz leer ist, sondern laden Sie ihn schon spätestens bei 30 % Kapazität wieder auf und auch nicht bis auf volle 100 %. Kurze Ladevorgänge – über den Tag verteilt – verlängern die Lebensdauer des Akkus. Im Gegensatz dazu schadet es dem Akku, wenn er regelmäßig komplett entladen wird oder das Gerät längere Zeit mit vollgeladenem Akku am Ladegerät hängt. Samsung weist sogar ausdrücklich darauf hin, das Samsung Galaxy S26 nicht länger als eine Woche ununterbrochen am Ladegerät angeschlossen zu lassen.

Akku kabellos aufladen

Das Samsung Galaxy S26 unterstützt das kabellose Aufladen mit einem speziellen induktiven Ladegerät, was allerdings deutlich länger dauert als mit einem USB-C-Schnellladegerät. Das Smartphone muss mit dem Bildschirm nach oben auf das Ladegerät gelegt werden. Eine ungültige Ladeposition erkennt man daran, dass die LED des Ladegerätes blinkt.

> **Achtung: Induktives Feld**
>
> Das kabellose Ladegerät erzeugt ein induktives Feld, das magnetische Datenträger wie etwa Kreditkarten beschädigen kann. Legen Sie diese also nicht auf oder direkt neben das Ladegerät. Weiterhin beeinträchtigt dieses Feld den Mobilfunkempfang. Wenn Sie sich an einem Ort aufhalten, an dem die Mobilfunknetzqualität ohnehin schwach ist, kann der Empfang während des kabellosen Aufladens ganz ausfallen.

2.3 Die wichtigsten Fingergesten zur Touchscreen-Steuerung

Um den Touchscreen fehlerfrei zu bedienen, noch ein wenig technischer Hintergrund: Die Smartphones der Samsung-Galaxy-Serie verwenden wie fast alle Android-Smartphones kapazitive Touchscreens, die auf das Energiefeld der Hand reagieren und nicht auf mechanischen Druck wie ältere Handys. Ein moderner Touchscreen lässt sich ausschließlich mit dem Finger bedienen, Stifte oder andere mechanische Hilfsmittel sowie auch Handschuhe sind wirkungslos – ausgenommen spezielle Smartphone-Stifte aus leitfähigem Kunststoff mit einer ebenfalls leitfähigen Gummikappe. Wassertropfen auf dem Bildschirm beeinträchtigen ebenfalls die Funktion.

Berühren Sie den Touchscreen am besten nur mit einem Finger. Die anderen Finger der Hand können, selbst wenn sie das Glas nicht direkt berühren, schon eine ungewollte Reaktion auslösen. Nur ganz wenige Gesten, etwa das Zoomen sowie Spezialgesten bei Google Earth, benötigen zwei oder mehr Finger.

Die grundlegenden Fingergesten auf dem Bildschirm werden im Buch mit Handsymbolen in den jeweiligen Abbildungen erklärt, sodass Sie sofort sehen, wohin Sie tippen oder von wo nach wo Sie mit dem Finger über den Bildschirm streichen, um eine bestimmte Aktion auszulösen.

Einfaches Antippen – Tippen Sie mit einem Finger kurz auf die angegebene Stelle auf dem Bildschirm.

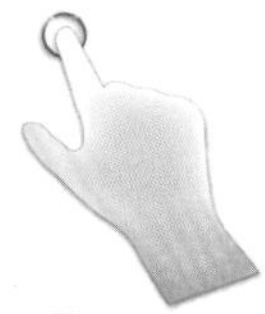

Halten/Langes Antippen – Halten Sie einen Finger länger auf die angegebene Stelle auf dem Bildschirm. Das angetippte Bildschirmelement zeigt eine Reaktion, leuchtet beispielsweise auf oder lässt sich auf dem Bildschirm verschieben. Beim Loslassen erscheint oft ein Auswahlmenü.

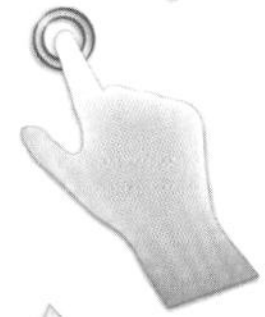

Fingerstrich – Streichen Sie mit dem Finger über den Bildschirm – in die Richtung, die der Pfeil angibt. Das bedeutet: Berühren Sie den Bildschirm am Fußpunkt des Pfeils und streichen Sie mit dem Finger, ohne loszulassen, zur Spitze des Pfeils, erst dort lassen Sie los.

Wischen – Beim Wischen oder Scrollen streichen Sie mit dem Finger vertikal oder horizontal über den Bildschirm, ohne eine genaue Position beachten zu müssen. Damit verschieben Sie den gesamten Bildschirminhalt nach oben oder unten bzw. nach links oder rechts. Fotos, Landkarten und auch einige Webseiten lassen sich auch in andere Richtungen über den Bildschirm verschieben.

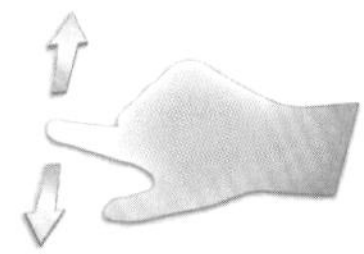

Benachrichtigungsleiste nach unten ziehen – Erscheinen Benachrichtigungen über neue E-Mails, entgangene Anrufe oder heruntergeladene Apps in der Benachrichtigungsleiste am oberen Bildschirmrand, können Sie diese anzeigen lassen, indem Sie die Benachrichtigungsleiste nach unten ziehen. Tippen Sie dazu an den oberen Bildschirmrand und streichen Sie mit dem Finger, ohne loszulassen, bis zum unteren Rand.

Zoom – Berühren Sie den Bildschirm mit zwei Fingern dicht nebeneinander und spreizen Sie dann die Finger, ohne den Bildschirm loszulassen, auseinander. Damit zoomen Sie in ein Foto, eine Landkarte oder eine Webseite hinein. Die umgekehrte Bewegung zoomt wieder zurück. Die genaue Position, an der Sie dazu den Bildschirm berühren, spielt keine Rolle.

Drehen – Berühren Sie den Bildschirm mit zwei Fingern und führen Sie dann, ohne den Bildschirm loszulassen, eine bogenförmige Bewegung aus. Damit drehen Sie ein Foto oder eine Landkarte. Die genaue Position, an der Sie dazu den Bildschirm berühren, spielt keine Rolle.

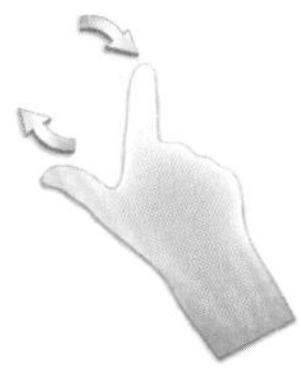

2.4 Samsung Galaxy S26 erstmalig einschalten

Das Samsung Galaxy S26 zeigt beim ersten Start einen Einrichtungsassistenten, der die Ersteinrichtung des Gerätes in wenigen Schritten erledigt. Samsung hat diese Ersteinrichtung gegenüber dem Standard-Android deutlich verändert und um einige Schritte ergänzt.

1. Drücken Sie zum Erststart länger (etwa eine Sekunde) auf den Einschalter auf der rechten Seite des Samsung Galaxy S26. Der Bildschirm wird leicht heller, und nach kurzer Zeit erscheint ein Samsung-Logo.

2. Nach dem Einschalten müssen Sie als Erstes wie bei jedem Smartphone die PIN Ihrer SIM-Karte eingeben. Ist die PIN-Abfrage auf der SIM-Karte deaktiviert, entfällt dieser Schritt natürlich.

3. Die meisten Funktionen von Android-Smartphones lassen sich im WLAN auch ohne SIM-Karte nutzen. Ist keine SIM-Karte eingelegt, wird die PIN-Eingabe übersprungen. Anhand der SIM-Karte wird bei der Ersteinrichtung automatisch auch ein Internetzugang über diese SIM-Karte eingerichtet, der allein durch Hintergrunddienste schon Kosten verursachen kann. Wenn Sie keinen Internettarif auf Ihrer SIM-Karte haben oder sich nicht sicher sind, führen Sie die Erstinstallation am besten per WLAN durch und stecken dazu keine SIM-Karte in das Gerät.

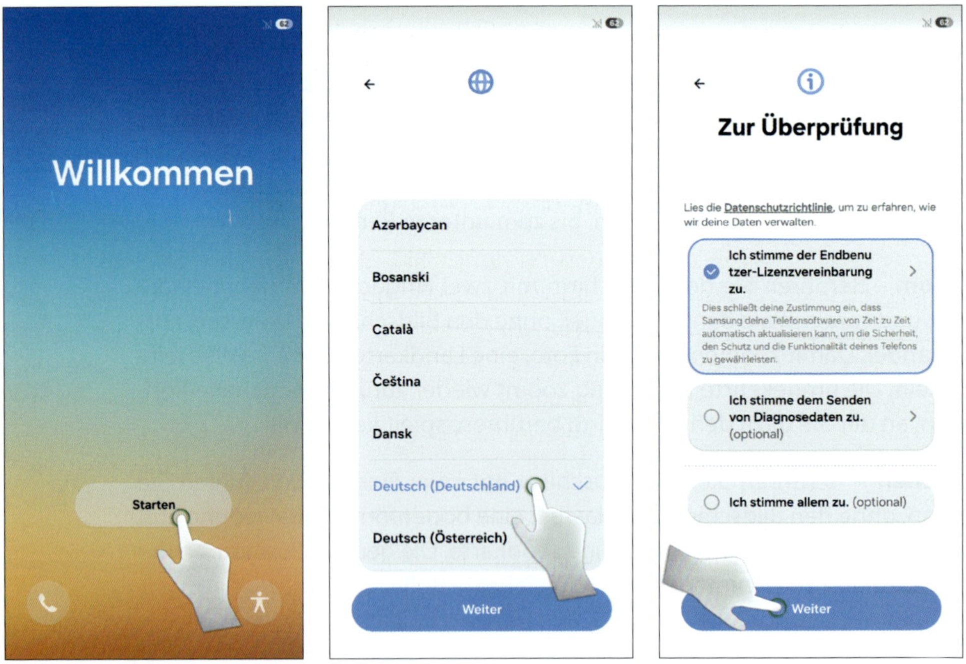

Die ersten Schritte bei der Einrichtung eines neuen Samsung Galaxy S26

4. Tippen Sie auf dem ersten Bildschirm auf die Schaltfläche unten und wählen Sie dann als Sprache *Deutsch (Deutschland)* aus. So bekommen Sie sämtliche Menüs und Systemdialoge in deutscher Sprache angezeigt. Anhand der eingebauten SIM-Karte wird die passende Sprache in den meisten Fällen automatisch vorgeschlagen.

5. Tippen Sie nach der Sprachauswahl auf die blaue Schaltfläche *Weiter* und bestätigen Sie danach die Datenschutzhinweise von Google und Samsung.

Android auf Deutsch

Immer wieder behaupten besonders schlaue Nutzer in Internetforen, moderne Elektronik ließe sich nur auf Englisch richtig bedienen und manche Funktionen blieben in der deutschen Oberfläche verborgen. Das ist natürlich völliger Quatsch und galt vielleicht vor 20 Jahren. Heute ist der deutsche Markt einer der wichtigsten Märkte für Elektronikhersteller weltweit. Das Samsung Galaxy S26 ist in allen verfügbaren Sprachen gleichermaßen nutzbar.

2.5 Daten eines früheren Smartphones übernehmen

Jeder hat auf seinem Smartphone eine Vielzahl persönlicher Daten, Telefonnummern, Adressen, Fotos und Musik. Früher war es mühsam, diese Daten vom alten Smartphone auf ein neues Gerät zu übernehmen. Heute bietet Android bequeme Lösungen zur Datenübertragung an. Daten, die im Google-Konto gespeichert sind – zum Beispiel von einem früheren Android-Smartphone –, stehen automatisch nach der Anmeldung mit dem Google-Konto auch auf dem neuen Smartphone zur Verfügung.

Für die meisten Nutzer ist das Samsung Galaxy S26 nicht das erste Android-Smartphone, oft nicht einmal das erste von Samsung. Natürlich möchte man seine persönlichen Daten vom alten Smartphone auf das neue übertragen – und das gilt nicht nur für die Daten, die über das Google-Konto ohnehin automatisch synchronisiert werden. Kontakte und Termine, die nur im Telefon gespeichert sind, Anrufprotokolle, SMS, lokal gespeicherte Notizen, Fotos, Musik und Dokumente werden über das Google-Konto nicht synchronisiert und müssten sonst mühsam über einen PC auf das neue Smartphone übertragen werden.

Aus diesen Gründen bietet Samsung die Möglichkeit zur Übernahme von Daten eines älteren Smartphones auf dem Samsung Galaxy S26 direkt bei der Erstinstallation an. Diese Datenübernahme funktioniert recht einfach. Ein Smartphone in der Nähe wird zur Datenübernahme automatisch erkannt, sodass Sie erheblich weniger Einstellungen selbst vornehmen müssen.

Möchten Sie Daten übernehmen, bestimmen Sie auf dem ersten Bildschirm, ob Daten von einem Samsung Galaxy, von einem anderen Android-Smartphone oder von einem iPhone übertragen werden sollen. Sie können diesen Schritt auch überspringen und das Samsung Galaxy S26 als neues Smartphone einrichten. Die automatische Datensynchronisation mit dem Google-Konto ist trotzdem möglich. Solange Sie keine lokal gespeicherten Daten auf dem alten Smartphone haben, können Sie sich die Datenübertragung sparen.

Einschränkungen bei der Datenübertragung von iPhones

Die Daten werden nicht direkt vom iPhone übertragen, sondern aus einer iCloud-Sicherung. Auf dem iPhone muss die iCloud-Sicherung aktiviert und aktuell sein. *Persönliche Inhalte* wie Kontakte, Kalender, Notizen, Anrufliste und Lesezeichen, *App-Daten* wie Fotos, Live-Fotos, Videos, Dokumente, empfohlene Apps und Sprachnotizen, *Einstellungen* wie WLAN und Alarme sowie *Musikdateien*, die nach 2009 bei iTunes gekauft wurden, können übertragen werden. Von Android-Smartphones werden dagegen fast alle Daten, die auf dem Gerät gespeichert sind, übertragen.

Drahtlose Datenübertragung

Handelt es sich bei dem alten Smartphone um ein Samsung-Gerät einer früheren Galaxy-Serie oder um ein anderes Android-Smartphone mit einer relativ aktuellen Betriebssystemversion, können Sie die Daten drahtlos per WLAN übertragen.

1. Nachdem Sie die Auswahl *Galaxy- oder Android-Gerät* bestätigt haben, versuchen die Geräte, sich automatisch über NFC und Bluetooth zu finden und zu erkennen. Auf dem alten Smartphone erscheint eine Meldung, in der Sie nur auf *Einrichten* zu tippen brauchen, um die Geräteverbindung zu akzeptieren und mit der Datenübertragung zu beginnen.
2. Sollten sich die Geräte nicht automatisch finden, scannen Sie mit dem alten Smartphone den QR-Code, der auf dem neuen Samsung Galaxy S26 angezeigt wird. Danach überträgt das alte Smartphone die Zugangsdaten des verbundenen WLANs auf das neue, damit dieses sich zur Datenübertragung automatisch im WLAN anmelden kann.
3. Je nach SIM-Karte muss das Samsung Galaxy S26 möglicherweise für die Dienstanbieter-Einrichtung einmal neu gestartet werden. Anschließend wird die Geräteverbindung per WLAN hergestellt.

Ersteinrichtung über Mobilfunknetz

Steht kein WLAN zur Verfügung, können Sie an dieser Stelle auch die Ersteinrichtung über das Mobilfunknetz laufen lassen, was allerdings hohes Datenvolumen verbraucht. Deshalb muss diese Option eigens bestätigt werden. Bei WLAN-Nutzung lassen Sie den Schalter *Verbinden mit Mobilnetz* ausgeschaltet.

4. Auf dem neuen Samsung Galaxy S26 läuft ein Vorbereitungsprozess, der einige Minuten dauern kann.

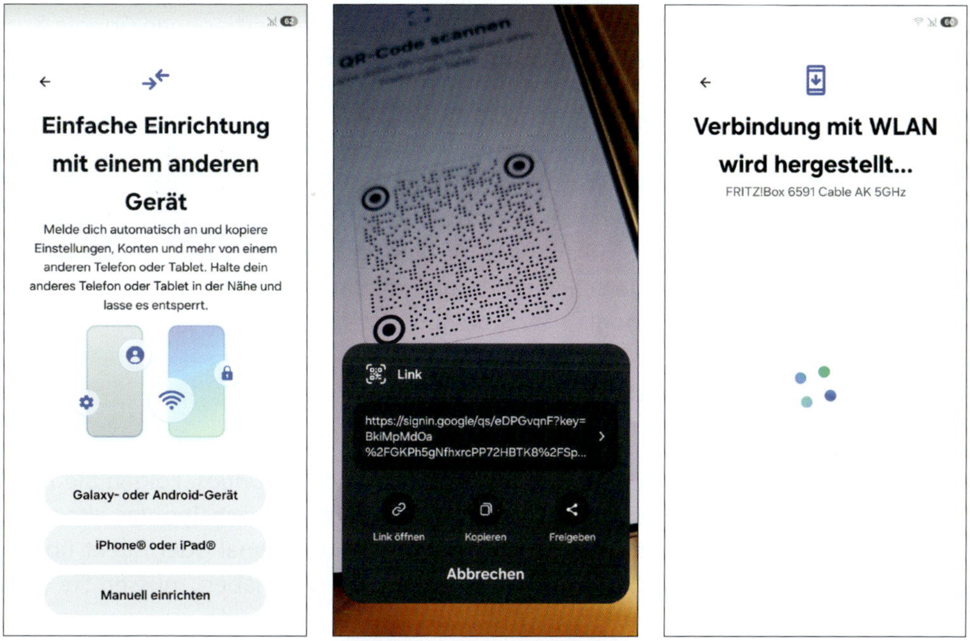

Erste Schritte zur Gerätekopplung auf dem neuen Samsung Galaxy S26

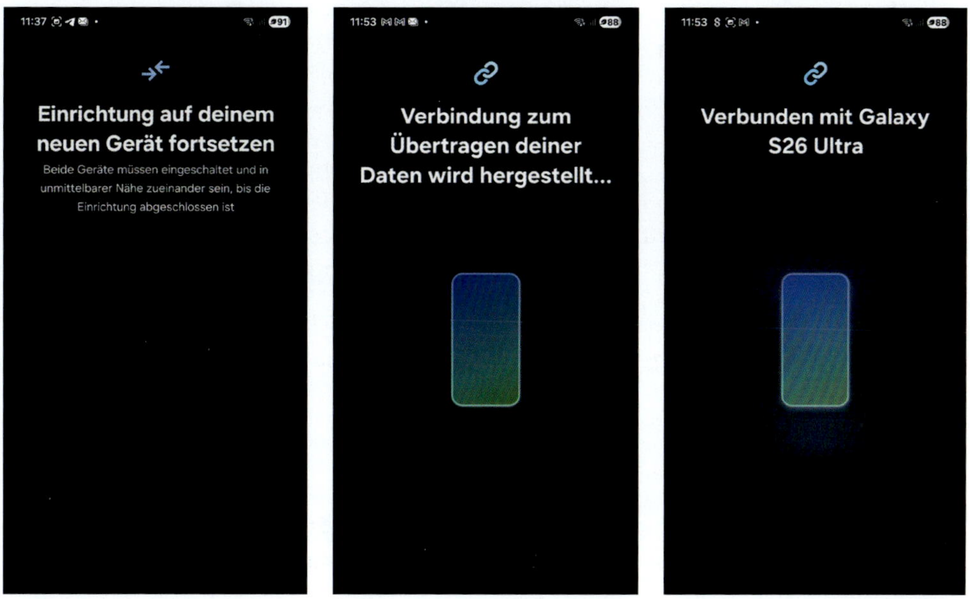

Erste Schritte zur Gerätekopplung auf dem alten Smartphone, Screenshots des alten Smartphones haben zur deutlichen Unterscheidung an dieser Stelle das dunkle Bildschirmdesign

5. Als Erstes übernehmen Sie auf dem neuen Samsung Galaxy S26 das Google-Konto von Ihrem alten Smartphone. Damit haben Sie auf dem Samsung Galaxy S26 Zugriff auf alle E-Mails, Fotos, Musik, den Browser-Verlauf, Passwörter und viele andere Daten. Auf dem neuen Samsung Galaxy S26 müssen Sie das Passwort des übertragenen Google-Kontos eingeben und die Einrichtung der Google-Dienste bestätigen.

6. Zur Übertragung der gespeicherten Daten wird auf dem alten Smartphone die App *Smart Switch Mobile* verwendet, die auf Samsung-Galaxy-Smartphones vorinstalliert ist. Ist diese App auf dem alten Smartphone nicht installiert, können Sie sie aus dem Google Play Store herunterladen. Dazu erscheint automatisch die entsprechende Seite im Google Play Store. Im ersten Schritt müssen Sie der App **alle** geforderten Berechtigungen gewähren, da sonst die jeweiligen Daten nicht übertragen werden können.

7. Wählen Sie auf beiden Geräten den Verbindungsmodus *Drahtlos*. Folgen Sie nun auf beiden Geräten den Anweisungen auf dem Bildschirm. Je nach Typ des alten Smartphones können Sie dieses über ein Hochfrequenz-Audiosignal oder direkt über NFC und Bluetooth finden. Nachdem sich die Geräte gefunden haben, müssen Sie die Verbindung auf dem alten Smartphone bestätigen.

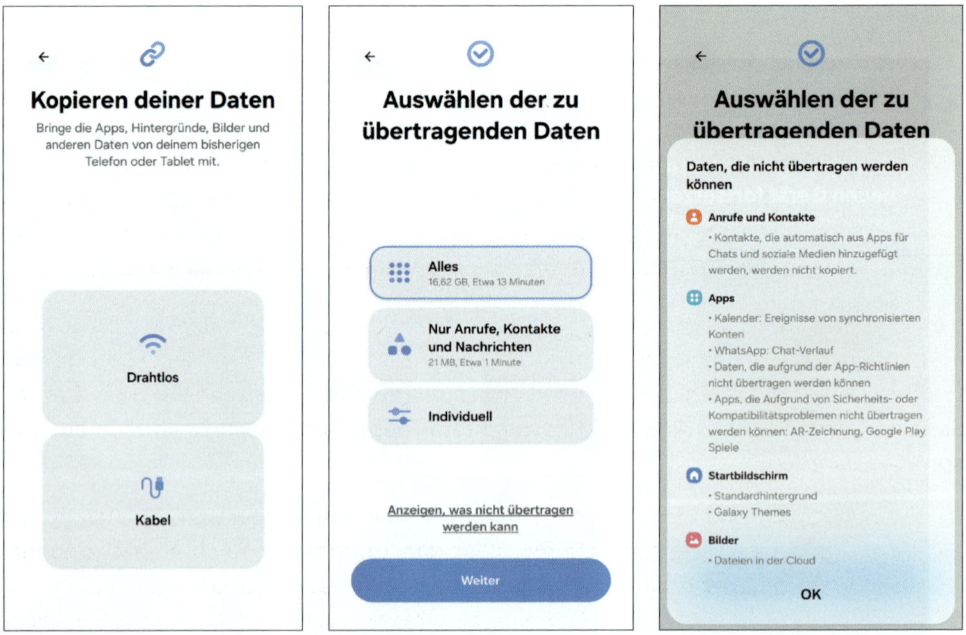

Daten drahtlos von einem älteren Smartphone übertragen, rechts: Daten, die nicht übertragen werden können

8. Wählen Sie anschließend auf dem neuen Samsung Galaxy S26 die Daten aus, die vom alten Smartphone übertragen werden sollen, und tippen Sie ganz unten auf die Schaltfläche *Weiter*. Der Link *Anzeigen, was nicht übertragen werden kann* zeigt, welche Daten nicht übertragen werden.

9. Einige Apps wie *WhatsApp* speichern ihre Daten unabhängig von der Google-Datensicherung im Google-Konto. Diese Apps werden auf dem neuen Samsung Galaxy S26 angezeigt. Tippen Sie darauf, werden die Apps auf dem alten Smartphone geöffnet, sodass Sie dort eine Datensicherung durchführen können.

10. Nach Abschluss der Datenübertragung folgen in weiteren Schritten das Einrichten einer Bildschirmsperre sowie die Bestätigung weiterer Google-Dienste. Hier sollten Sie gleich die Sicherung der Gerätedaten aktivieren, damit diese erstmalig gesichert werden, bevor sich eventuelle Fehler einschleichen. Außerdem vergessen Sie so die regelmäßige Datensicherung nicht.

Dunkler Modus

An dieser Stelle schaltet das Samsung Galaxy S26 automatisch auf den dunklen Modus mit heller Schrift auf dunklem Hintergrund um, der in aktuellen Android-Versionen Standard ist. In späteren Kapiteln dieses Buches verwenden wir für die Abbildungen den hellen Modus, der im Druck besser erkennbar ist. Wie Sie zwischen beiden Modi umschalten, erfahren Sie in Kapitel 3.5.

2.6 Sicherheitssperre einrichten

Das Samsung Galaxy S26 hat eine Bildschirmsperre, die verhindert, dass man versehentlich auf den Bildschirm tippt und damit irgendeine ungewollte Funktion auf dem Smartphone auslöst. Die Sperre lässt sich in der Standardeinstellung durch eine kleine Bewegung mit dem Finger lösen. Sie brauchen nur auf dem Sperrbildschirm nach oben zu wischen.

Der Sperrbildschirm dient nicht nur als Schutz vor versehentlichem Berühren, er kann auch als Zugangssperre eingesetzt werden, um Fremden die Nutzung des Smartphones zu verweigern. Der Einrichtungsassistent fragt noch vor der Einrichtung der Google-Dienste, ob Sie eine Sicherheitssperre einrichten möchten. Dieser Schritt kann natürlich auch übersprungen werden.

Möchten Sie später auf eine andere Methode der Bildschirmsperre umschalten, muss aus Sicherheitsgründen die festgelegte PIN oder das Sperrmuster noch einmal eingegeben werden. Auch bei Verwendung des Fingerabdrucksensors oder der Gesichtserkennung müssen Sie ein Sperrmuster, eine PIN oder ein Passwort hinterlegen, um bei Versagen der anderen Erkennungsmerkmale Ihr Smartphone freischalten zu können.

> **Entsperrungsmethode vergessen**
>
> Sollten Sie Ihre Entsperrungsmethode – Passwort, PIN oder Sperrmuster – vergessen haben, können Sie sie über Ihren Samsung Account bei *smartthingsfind.samsung.com* zurücksetzen. Dabei werden auch die gespeicherten biometrischen Daten für Gesichtserkennung und Fingerabdrücke gelöscht und Sie können eine neue Entsperrungsmethode festlegen. Weitere Informationen zum Samsung-Dienst *SmartThings Find* finden Sie im Download-PDF im Kapitel »Die Sicherheitsproblematik bei Android«.

PIN oder Passwort

Wer es vom PC gewohnt ist, bei jedem Einschalten ein Passwort oder eine PIN einzugeben, kann das auch auf dem Smartphone tun. Beim Festlegen der PIN oder des Passworts muss diese/dieses zweimal eingegeben werden, um Tippfehler zu vermeiden. Zusätzlich können Sie noch festlegen, ob die PIN nach der letzten Ziffer automatisch das Smartphone freischaltet oder ob man erst noch auf *OK* tippen muss. Auf dem Sperrbildschirm erscheint nach dem gewohnten Wischen nach oben ein Eingabefeld für die PIN.

> **Der Unterschied zwischen PIN und Passwort**
>
> Eine **PIN** (**P**ersönliche **I**dentifikations**n**ummer) ist eine Zahlenkombination, ein **Passwort** kann aus beliebigen Zeichen bestehen. Android unterscheidet diese beiden Verfahren, um bei einer PIN-Eingabe eine Zifferntastatur mit deutlich größeren Tasten einzublenden, als sie die Buchstabentastatur für die Passworteingabe zeigt.

Sperrmuster

Eleganter und einfacher als die Eingabe eines Passworts ist ein grafisches Sperrmuster. Dabei müssen Sie Rasterpunkte auf dem Bildschirm mit einer Linie verbinden. Um Fehler zu vermeiden, muss auch dieses Muster beim Einrichten zweimal gezeichnet werden. Auf dem Sperrbildschirm erscheint dann ein Punktraster, auf dem Sie das zuvor definierte Muster zeichnen müssen, um die Bildschirmsperre zu lösen. Die biometrischen Methoden Gesichtserkennung und Fingerabdruck zur Sicherheitssperre werden im Download-PDF im Kapitel »Die Sicherheitsproblematik bei Android« erläutert.

2.7 Weitere Google-Dienste und Apps einrichten

Nach dem Übertragen der Daten erfolgt die Einrichtung der Google-Dienste. Dabei können verschiedene Dienste aktiviert werden. Um alle Möglichkeiten des Android-Betriebssystems voll zu nutzen, lassen Sie alle Schalter aktiviert.

Die Option *Gerätedaten sichern* sollten Sie auf jeden Fall eingeschaltet lassen. So werden Ihre Apps und Einstellungen im Google-Konto gesichert und lassen sich im Notfall oder bei einem Hard-Reset leicht wiederherstellen. Nur mit dieser Einstellung können Sie auch Daten von früheren Android-Smartphones, die im Google-Konto gesichert wurden, auf dem neuen Smartphone wiederherstellen.

Suchmaschine auswählen

Wegen kartellrechtlicher Entscheidungen in einigen Ländern bietet Android 16 neben Google noch andere Suchmaschinen an. Diese Suchmaschinen werden zur Websuche verwendet, wenn Sie im Suchfeld auf dem Startbildschirm oder in der Adresszeile des Browsers einen Suchbegriff eingeben. Google ist in Android bereits vorinstalliert, die anderen Suchmaschinen werden bei Bedarf automatisch heruntergeladen.

Google muss die Suchmaschinen an dieser Stelle in zufälliger Reihenfolge anzeigen, um keine zu bevorzugen. Wählen Sie Ihre Lieblingssuchmaschine aus und tippen Sie unten auf *Als Standard festlegen*. Sie können diese Einstellung später jederzeit ändern. In diesem Buch gehen wir davon aus, dass Sie hier Google als Suchmaschine wählen, sollten Sie eine andere Suchmaschine festgelegt haben, sehen die Screenshots etwas anders aus, die Funktionalität unterscheidet sich aber nicht groß.

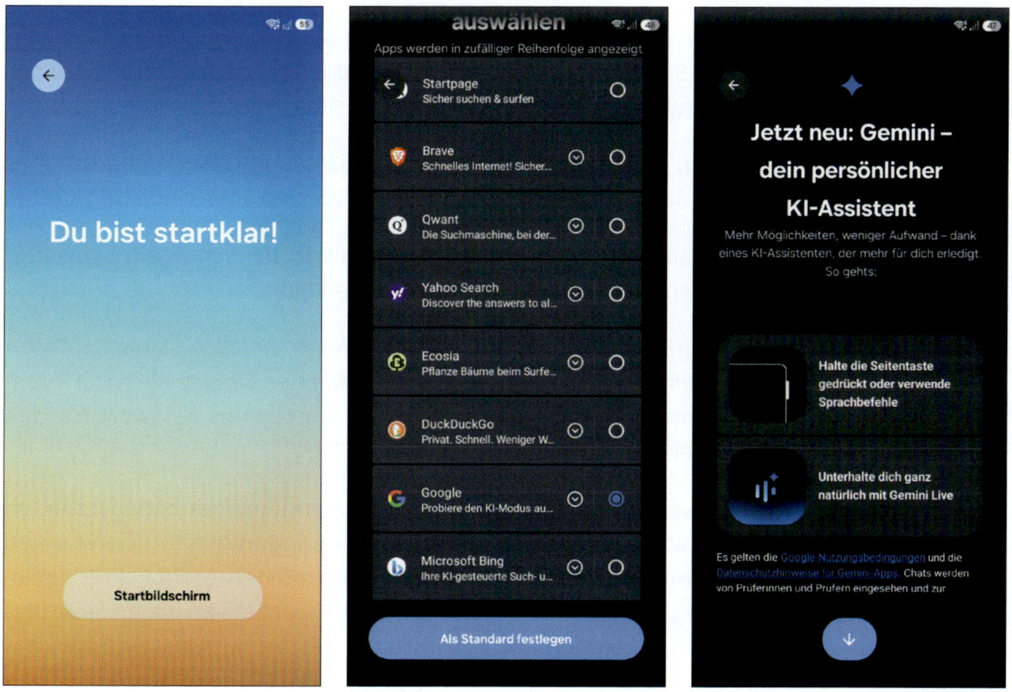

Suchmaschine auswählen und Google Gemini einrichten

Google Gemini einrichten

Der KI-Assistent *Google Gemini* kann auf dem Smartphone per Texteingabe oder Sprache Fragen beantworten und Aufgaben erledigen. Abhängig vom aktuellen Bildschirminhalt versucht Gemini, den aktuellen Sinn einer Frage zu erkennen und möglichst relevante Antworten zu liefern.

1. Google Gemini wird automatisch konfiguriert. Dazu muss in der Grundeinstellung der Standortverlauf aktiviert sein.
2. Im nächsten Schritt können Sie optional die Stimmerkennung *Voice Match* aktivieren. Damit kann Google Gemini auch bei gesperrtem Bildschirm aktiviert werden.
3. Vor der ersten Verwendung von Google Gemini erscheinen ein paar Hinweise zur Verwendung und den Funktionen.

2.8 Der Samsung Account

Im nächsten Schritt der Ersteinrichtung fordert Sie das Samsung Galaxy S26 auf, einen Samsung Account einzurichten. Diesen Schritt können Sie zwar überspringen, dann stehen aber einige Samsung-Dienste nicht zur Verfügung.

Samsung bietet unter anderem eine Onlinedatensicherung an sowie die Möglichkeit, ein verlorenes oder gestohlenes Smartphone zu orten. Auch für einige der neuen KI-Funktionen ist ein Samsung Account erforderlich.

Außerdem gibt es von Zeit zu Zeit speziell für Nutzer von Samsung-Galaxy-Smartphones Apps im **Galaxy Store** kostenlos, die im Google Play Store dagegen kostenpflichtig sind.

1. Wenn Sie bereits einen Samsung Account haben, weil Sie früher schon ein Samsung-Smartphone genutzt haben, geben Sie Ihre Benutzerdaten ein.
2. Haben Sie noch keinen Samsung Account, tippen Sie auf *Konto erstellen*. Danach müssen einige persönliche Daten eingegeben werden. Alternativ können Sie sich auch mit Ihrem Google-Konto registrieren. Sie müssen dann nur noch ein eigenes Passwort für den Samsung Account festlegen.
3. Wenn Sie sich mit einem vorhandenen Samsung Account angemeldet haben, erhalten Sie auf einem anderen, mit demselben Samsung Account angemeldeten Gerät einen Code, den Sie jetzt auf dem Samsung Galaxy S26 eingeben müssen. Steht keines der älteren Geräte zur Verfügung, können Sie sich den Code auch per SMS an die im Samsung Account gespeicherte Handynummer schicken lassen.

4. Nach der Anmeldung bestätigen Sie die Nutzung der angebotenen Samsung-Dienste. An dieser Stelle werden die auf dem Samsung Galaxy S26 vorinstallierten Funktionen der *Galaxy AI* kurz vorgestellt.

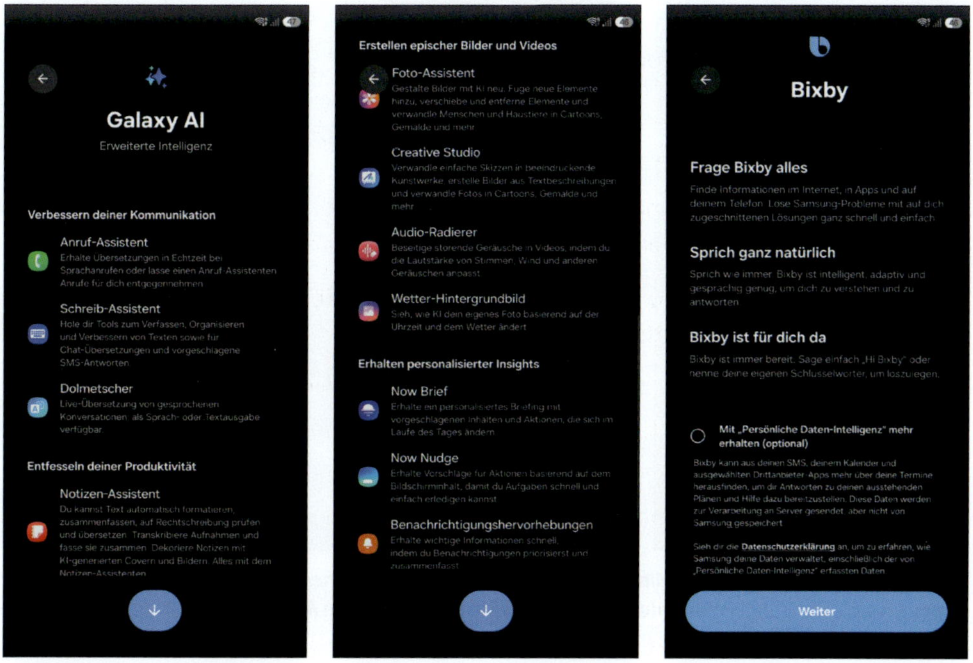

Samsung Account einrichten

Im Zuge der Einrichtung der Samsung-Dienste wird auch der Sprachassistent *Bixby* aktiviert, mit dem Sie unter anderem Termine und Erinnerungen anlegen können. Aktivieren Sie hier den Schalter *Mit „Persönliche Daten-Intelligenz" mehr erhalten*, damit Bixby auf Ihren Kalender, SMS und andere Informationen zugreifen kann.

Danach werden die vorinstallierten Samsung-Apps automatisch aktualisiert, da sie noch auf dem Stand von vor Wochen oder Monaten sind, als die Firmware im Werk auf dem Smartphone installiert wurde.

Die vom alten Smartphone zu übertragenden Apps werden automatisch neu aus dem Google Play Store heruntergeladen und installiert, was einige Minuten dauern kann. Während dieser Zeit können Sie das Samsung Galaxy S26 aber schon nutzen. Benachrichtigungen informieren über den Stand der Datenübertragung. Sollten Sie auf dem alten Smartphone Apps aus dem Samsung Store installiert haben, die bei Google Play nicht verfügbar sind, werden diese ebenfalls automatisch nachinstalliert.

Links: Abschluss der Einrichtung, Mitte: Startbildschirm mit noch nicht heruntergeladenen Apps und Widgets, rechts: Benachrichtigungen zur Datenübertragung und Installation von Apps

2.9 SIM-Karte oder eSIM auswählen

Wenn Sie einen Telefontarif ohne SIM-Karte verwenden, bekommen Sie von Ihrem Mobilfunkanbieter ein eSIM-Profil, das auf das Samsung Galaxy S26 heruntergeladen werden muss.

Im letzten Schritt der Einrichtung können Sie über einen QR-Code des Mobilfunkanbieters eine eSIM herunterladen oder eine eSIM von Ihrem alten Smartphone übertragen. Haben Sie eine SIM-Karte im Gerät, können Sie diesen Schritt überspringen. Verwenden Sie zwei SIM-Karten oder eine SIM-Karte und eine eSIM, können Sie jetzt festlegen, welcher der beiden Tarife zum Telefonieren, welcher für SMS und welcher für die Internetverbindung (*Mobile Daten*) genutzt werden soll. Zur besseren Übersicht können Sie die beiden SIM-Karten auch beliebig benennen. Stecken Sie später eine zweite SIM-Karte in das Samsung Galaxy S26, erscheint automatisch wieder der Einrichtungsbildschirm für die SIMs. Die Verwendung von drei Mobilfunktarifen, eSIM und zwei SIM-Karten, ist nicht möglich. Beim Einrichten einer eSIM wird automatisch die zweite SIM-Karte deaktiviert.

Nach erfolgreicher Einrichtung schicken die meisten Mobilfunkanbieter eine Konfigurationsnachricht per SMS. Das Samsung Galaxy S26 übernimmt aus dieser Nachricht automatisch alle notwendigen Einstellungen für den Internetzugang über das Mobilfunknetz.

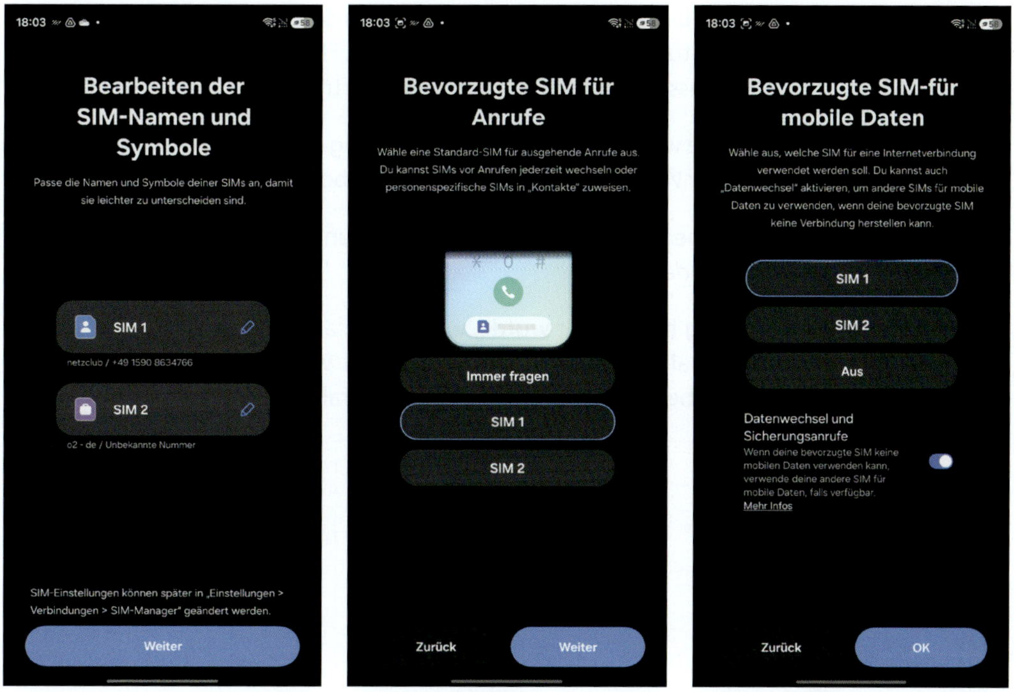

SIMs für Telefon und Daten einrichten

In den *Einstellungen* unter *Verbindungen/SIM-Manager* können Sie die Einrichtung der SIM-Karten jederzeit ändern. Je nach den installierten Updates ist danach noch ein Neustart nötig – oder auch, um spezielle Dienste der SIM-Karte einzurichten.

2.10 Daten von einem anderen Smartphone per USB-Kabel übernehmen

Haben Sie keine Möglichkeit, die Daten des alten Smartphones per WLAN zu übertragen oder funktioniert es einfach nicht, können Sie die Smartphones auch mit einem USB-Kabel verbinden oder auf dem neuen Smartphone Daten aus einer früheren Gerätesicherung zurückholen.

Die Übertragung von Daten von einem anderen Smartphone per USB-Kabel ist zwar nicht ganz so komfortabel, aber funktioniert auch ohne WLAN und ist immer noch einfacher, als alles komplett neu zu installieren. Auf diesem Weg lassen sich zusätzlich auch Daten übertragen, die nicht im Google-Konto gesichert werden, z. B. SMS. Achten Sie darauf, dass die Akkus beider Smartphones für die Übertragung voll oder zumindest fast voll geladen sein müssen.

1. Samsung liefert ein USB-Ladekabel mit, das auf beiden Seiten USB-C-Anschlüsse hat. Damit können Sie zwei aktuelle Smartphones verbinden. Hat das alte Smartphone noch einen Micro-USB-Anschluss, brauchen Sie zur Datenübertragung einen Kabeladapter.
2. Scannen Sie den QR-Code wie bei der Drahtlosverbindung und tippen Sie dann auf dem Bildschirm *Herstellen einer Verbindung* auf das Kabel-Symbol.
3. Auf dem alten Smartphone erscheint eine Benachrichtigung über eine USB-Verbindung. Tippen Sie dort auf *Verbinden*.
4. Nachdem die Verbindung hergestellt wurde, wählen Sie auf dem Samsung Galaxy S26 die Daten aus, die vom alten Smartphone übertragen werden sollen. Alle weiteren Schritte laufen so ab wie bei der zuvor beschriebenen Drahtlosverbindung.

Daten per USB-Kabel von einem alten Smartphone übertragen

2.11 Daten aus einer Cloud-Sicherung übernehmen

Wenn das ältere Smartphone nicht zur Hand ist oder nicht mehr funktioniert, ist es einfach, die Daten aus einer Cloud-Sicherung bei *Google Drive* zurückzuspielen. Vorausgesetzt, das vorher genutzte Smartphone ist so eingestellt, dass es regelmäßig eine Sicherung anlegt. Diese Sicherung enthält neben den ohnehin im Google-Konto gespeicherten Kontakten, Terminen, Fotos und Browser-Lesezeichen auch installierte Apps, App-Daten, WLAN-Passwörter, Anruflisten, SMS, das Hintergrundbild sowie die Anordnung der Apps auf dem Startbildschirm. Sie können das neue Smartphone also bis auf Kleinigkeiten nahtlos weiterverwenden.

1. Tippen Sie auf dem Bildschirm *Einfache Einrichtung mit einem anderen Gerät* auf *Galaxy- oder Android-Gerät*.
2. Überspringen Sie das Scannen des QR-Codes. Danach müssen Sie manuell ein WLAN auswählen, um die Daten aus der Gerätesicherung herunterzuladen.

WLAN als schneller Internetzugang zu Hause

Zu Hause bietet das eigene WLAN eine schnelle, zuverlässige Internetverbindung auch für Smartphones. Hinzu kommt, dass dieser Internetzugang kostenlos ist, das übertragene Datenvolumen also nicht auf das wertvolle Datenvolumen der Mobilfunk-Flatrate angerechnet wird. Bei der Ersteinrichtung fallen je nachdem, wie viele Daten von früheren Smartphones übernommen werden, mehrere Hundert Megabyte Datenvolumen an. Aus diesen Gründen bietet das Samsung Galaxy S26 gleich bei der Ersteinrichtung – noch vor der datenintensiven Synchronisation mit dem Google-Konto – an, eine WLAN-Verbindung einzurichten. Die Einrichtung eines WLANs wird immer vorgeschlagen, wenn die WLAN-Verbindung nicht aus einer Gerätekopplung automatisch erkannt wird. In diesem Fall werden die gespeicherten WLAN-Schlüssel vom alten Smartphone automatisch auf das neue Samsung Galaxy S26 übertragen.

WLAN oder WiFi?

Wi-Fi ist die englische Bezeichnung für WLAN. Der in Deutschland gebräuchliche Begriff WLAN (**W**ireless **L**ocal **A**rea **N**etwork) für drahtloses Netzwerk ist ein deutscher Anglizismus und wird weder von englischen noch amerikanischen Muttersprachlern verwendet. Diese sprechen immer von Wi-Fi.

1. Bei der Ersteinrichtung erscheint automatisch ein Bildschirm für die WLAN-Einstellungen. Wählen Sie in der Liste das Netzwerk aus, mit dem Sie sich verbinden möchten. Die Symbole zeigen auch die ungefähre Signalstärke der WLANs. Ist das gewünschte WLAN verschlüsselt, wird es in der Liste mit einem Schloss-Symbol dargestellt und Sie müssen bei der ersten Verbindung den Schlüssel eingeben. Dazu wird auf dem Bildschirm automatisch eine Tastatur eingeblendet. Das Samsung Galaxy S26 unterstützt alle gängigen WLAN-Verschlüsselungsverfahren.
2. Tippen Sie auf das durchgestrichene Augensymbol, um das Passwort während der Eingabe anzuzeigen. Damit verhindern Sie, dass Sie sich auf der zunächst ungewohnten Tastatur des neuen Smartphones vertippen. *Automatisch erneut verbinden* sollte ebenfalls eingeschaltet sein, damit sich das Samsung Galaxy S26 automatisch wieder verbindet, wenn zwischenzeitlich die Reichweite des WLANs verlassen wurde. Dazu wird diese Verbindung gespeichert, es ist keine weitere Schlüsseleingabe nötig.

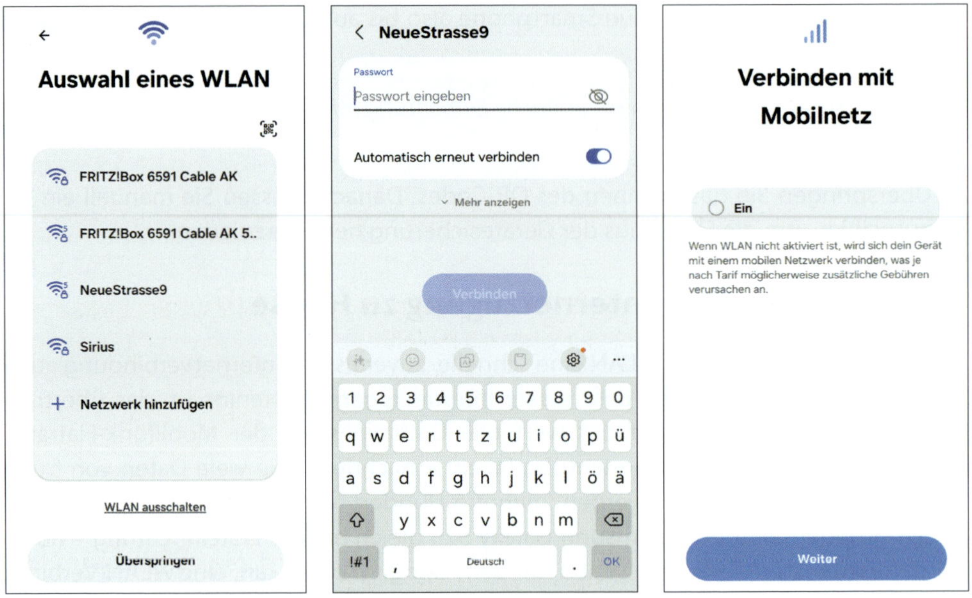

WLAN bei der Ersteinrichtung des Samsung Galaxy S26 einrichten, rechts: Nutzen Sie die Verbindung mit einem Mobilnetz nur, wenn ein WLAN verfügbar ist

3. Alternativ können Sie mit dem QR-Code-Symbol oben rechts auch einen QR-Code zur Verbindung mit einem WLAN scannen, der auf einem Router oder anderen Smartphone angezeigt wird.
4. Die Option *WLAN ausschalten* sollten Sie nur nutzen, wenn kein WLAN zur Verfügung steht.
5. Eine aktive WLAN-Verbindung wird mit einem Symbol in der Benachrichtigungsleiste am oberen Bildschirmrand angezeigt. Dieses Symbol zeigt auch die ungefähre Signalstärke an.

Daten zur Wiederherstellung auswählen

Nachdem die WLAN-Verbindung besteht, können Sie eine Gerätesicherung von einem anderen Smartphone auf das neue Samsung Galaxy S26 übertragen, ohne dass das alte Smartphone verfügbar sein muss.

1. Tippen Sie auf dem Bildschirm *Anderes Gerät verwenden* auf *Das andere Gerät ist nicht verfügbar*.
2. Danach müssen Sie sich mit Ihrem Google-Konto anmelden, damit das neue Smartphone auf Google Drive vorhandene Sicherungen anderer Geräte finden kann.
3. Wählen Sie jetzt unter Ihren Geräten das aus, dessen Sicherung auf dem neuen Smartphone wiederhergestellt werden soll.

4. In der Liste der in der Sicherung enthaltenen Apps wählen Sie aus, welche davon auf dem neuen Smartphone wieder installiert werden sollen. Hier bietet sich die Gelegenheit, schon länger nicht mehr verwendete Apps abzuschalten, um das neue Smartphone übersichtlich zu halten.
5. Auch in diesem Fall müssen Sie noch eine Bildschirmsperre einrichten, einen Samsung Account anmelden und die KI-Funktionen von Googles *Gemini* und Samsungs *Galaxy AI* bestätigen.
6. Nachdem Sie auf *Wiederherstellen* getippt haben, werden Einstellungen und Daten aus der Sicherung auf das neue Smartphone gespielt.

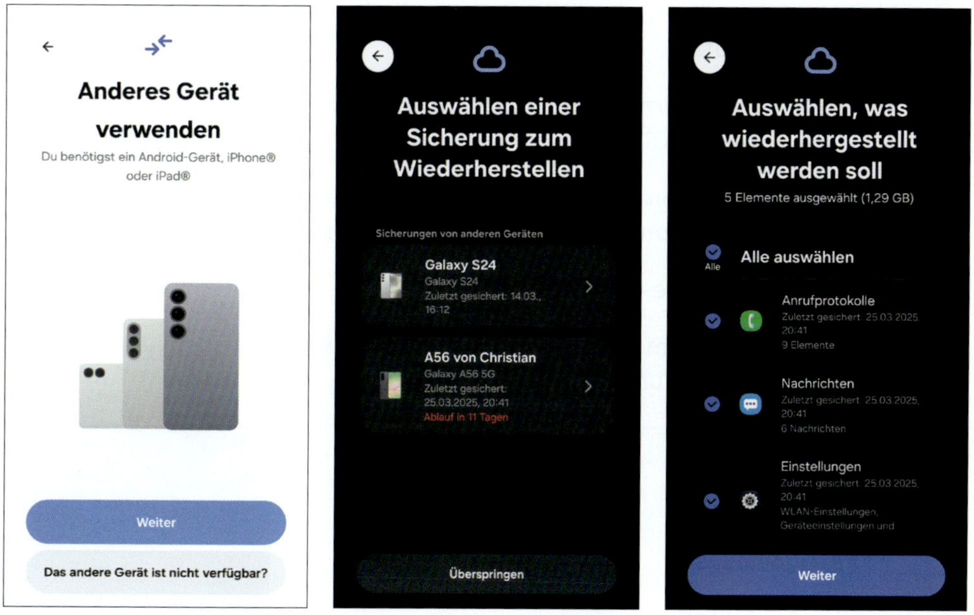

Daten aus einer Cloud-Sicherung auf dem Samsung Galaxy S26 wiederherstellen

Gesicherte Apps wiederherstellen

Die auf dem anderen Smartphone installierten Apps sind in der Sicherung selbst nicht enthalten, sie werden automatisch in der aktuellen Version aus dem Google Play Store installiert, was je nach Anzahl und Größe der Apps einige Minuten dauert. Wundern Sie sich also nicht, wenn einige Apps anders aussehen als gewohnt. In diesen Fällen waren auf dem anderen Smartphone nicht die letzten App-Updates installiert oder das alte Smartphone unterstützte noch nicht die neuste Version einer App. Die Apps des alten Smartphones werden zunächst nur als Platzhalter angezeigt. Sie können das neue Smartphone bereits nutzen, während die Apps im Hintergrund aus dem Google Play Store installiert werden.

2.12 Smartphone als neues Gerät einrichten

Möchten Sie keine Daten übernehmen, sondern das Gerät neu einrichten, überspringen Sie die Übernahme der Daten von einem anderen Smartphone. Da keine Daten übernommen werden, müssen Sie in diesem Fall WLAN und Google-Konto selbst einrichten.

1. Wählen Sie im ersten Schritt *Manuell einrichten*, anstatt einen Gerätetyp – Android oder iPhone – auszuwählen. Daten aus dem Google-Konto können auch ohne diesen Schritt wie bei anderen Android-Smartphones automatisch übernommen werden.
2. Wählen Sie ein WLAN aus, und tippen Sie auf dem nächsten Bildschirm auf *Nicht kopieren*.
3. Melden Sie sich mit Ihrem Google-Konto an oder legen Sie ein neues Konto an, wenn Sie bisher keines nutzen.
4. Richten Sie eine Bildschirmsperre ein oder überspringen Sie diese Einrichtung. Bestätigen Sie die Google-Dienste.
5. Wählen Sie einen Standard-Browser und eine Suchmaschine aus. Die Beschreibungen in diesem Buch gehen davon aus, dass der Chrome-Browser und Google ausgewählt sind.
6. Aktivieren Sie die Google-Gemini-KI.
7. Melden Sie sich mit Ihrem Samsung Account an oder legen Sie einen neuen an. Bestätigen Sie Galaxy AI, Bixby und die Samsung-Dienste.

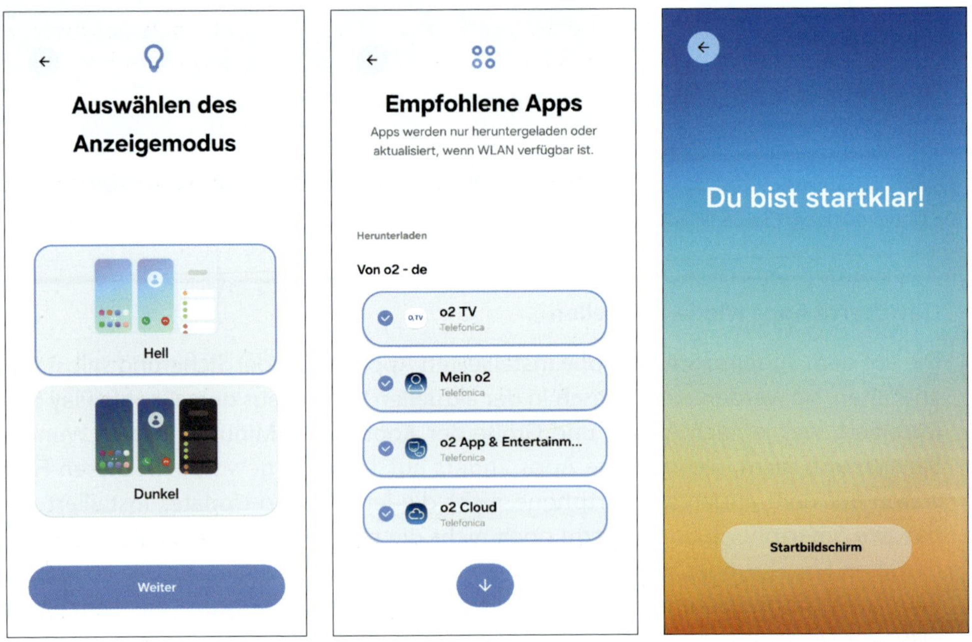

Anzeigemodus sowie Werbe-Apps auswählen und Einrichtung abschließen

8. Danach können Sie noch zwischen hellem und dunklem Bildschirmdesign (weiße Schrift auf schwarzem Hintergrund) wählen.

9. Je nach Anbieter der SIM-Karte werden möglicherweise noch Apps empfohlen. In den meisten Fällen handelt es sich um Werbung, die Sie auch weglassen können. Manche Apps sind sinnvoll, um zum Beispiel Ihren Tarif zu verwalten.

10. Zum Schluss wählen Sie noch die SIM-Karte aus.

Nach Abschluss der Einrichtung erscheint der Startbildschirm. Einige der standardmäßig vorinstallierten Apps werden zunächst nur als Platzhalter angezeigt. Sie können das Smartphone bereits eingeschränkt – zum Beispiel zum Telefonieren – nutzen, während die Apps im Hintergrund aus dem Google Play Store neu installiert werden.

Google-Konto anmelden

Während der Einrichtung fordern alle Android-Smartphones dazu auf, sich mit einem Google-Konto anzumelden. Beim Samsung Galaxy S26 erscheint die Google-Installation nach der Übernahme von Daten eines früheren Gerätes, da hier möglicherweise das Google-Konto schon übernommen wurde. Falls Sie die Übernahme von Google-Konten übersprungen haben, erfolgt die Abfrage nach einem Google-Konto, bevor zum ersten Mal der Startbildschirm angezeigt wird.

Google-Konto

Wer seine Adressen, E-Mails und andere Daten online speichert, kann sie mit jedem neuen Computer, Smartphone oder Tablet synchronisieren, ohne Adressbücher zu importieren oder gar Daten abzutippen.

Google bietet dazu jedem Anwender kostenlos ein persönliches Google-Konto an, in dem man seine Daten speichern kann. Diese Daten stehen dann auf jedem internetfähigen Gerät, das mit Google-Diensten synchronisiert werden kann, zur Verfügung. Welche Daten man bei Google ablegt, bleibt jedem selbst überlassen. Besonders beliebt ist es, Kalender, Adressbuch, Fotos sowie die persönliche Lesezeichensammlung bei Google abzulegen, um sie automatisch auf jedem PC, Smartphone oder Tablet zur Verfügung zu haben. Android-Smartphones sind sehr eng mit Google-Konten verbunden, viele Funktionen können ohne Google-Konto nur mit Einschränkungen verwendet werden. Zur Installation von Apps über den Google Play Store ist ein Google-Konto zwingend nötig.

Wer bereits ein Google-Konto hat, wird dieses natürlich auch auf dem neuen Smartphone weiternutzen. Wer noch nicht über ein Google-Konto verfügt, kann jetzt eines anlegen. Es ist auch möglich, das Samsung Galaxy S26 mit mehreren Google-Konten zu synchronisieren oder den Schritt ganz zu überspringen und das Smartphone zunächst ohne Google-Konto zu betreiben, wobei allerdings zahlreiche Funktionen und Apps nicht zur Verfügung stehen. Alle Beschreibungen in diesem Buch gehen davon aus, dass ein Google-Konto eingerichtet ist.

1. Wurde das Google-Konto nicht automatisch von einem alten Smartphone übertragen, wählen Sie im ersten Schritt, ob Sie sich mit einem vorhandenen Google-Konto anmelden oder ein neues Google-Konto auf dem Smartphone anlegen möchten.
2. Wenn Sie bereits ein Google-Konto haben, geben Sie Ihre E-Mail-Adresse und das Passwort ein.
3. Danach kann Google die Telefonnummer des Smartphones automatisch im Google-Konto speichern, um Videoanrufe und Nachrichten zu empfangen und verschiedene Sicherheitsfunktionen zu nutzen. Diesen Schritt können Sie auch überspringen.

Neues Google-Konto anlegen

Haben Sie noch kein Google-Konto, können Sie es direkt auf dem Smartphone auch ohne PC einrichten, wie es im Folgenden beschrieben wird. Alternativ können Sie das Google-Konto auf dem PC anlegen. Klicken Sie dazu auf einer beliebigen Google-Seite oben rechts auf *Anmelden*. Auf der Anmeldeseite finden Sie den Link *Konto erstellen*. Dieses Verfahren ist komfortabler, da Sie eine »echte« Tastatur zur Eingabe der diversen Daten nutzen können. Das Konto können Sie anschließend sofort auf dem Smartphone nutzen.

1. Wenn Sie im ersten Schritt bei der Anmeldung des Google-Kontos auf dem Smartphone auf *Konto erstellen* tippen, haben Sie die Möglichkeit, ein neues Google-Konto zu erstellen. Wählen Sie hier die Option *Für mich selbst*.
2. Es erscheinen Formulare, auf denen Sie Name und Geburtsdatum angeben müssen.
3. Wählen Sie danach die gewünschte E-Mail-Adresse für das neue Google-Konto aus.

E-Mail-Adressen bei Gmail

Bei gängigen Namen wird die E-Mail-Adresse *vorname.nachname@gmail.com* möglicherweise nicht mehr verfügbar sein. Bei Google sind weltweit über 1,8 Milliarden Nutzer regelmäßig aktiv, registriert sind noch mehr. Googles E-Mail-Dienst Gmail ist damit der E-Mail-Anbieter mit den meisten Nutzern weltweit. Sollte die Adresse bereits vergeben sein, werden automatisch Alternativvorschläge angezeigt. Hier können Sie einen auswählen oder sich auch eine ganz andere E-Mail-Adresse ausdenken. Sie brauchen diese E-Mail-Adresse zur E-Mail-Kommunikation nicht zu verwenden. Sie werden dort allerdings sicherheitsrelevante E-Mails erhalten, wenn Ihr Google-Konto zum Beispiel missbräuchlich verwendet wurde.

4. Legen Sie im nächsten Schritt ein Passwort fest. Sollten Sie Ihr Passwort vergessen, können Sie es wiedererlangen, indem Sie sich an eine Mobilfunknummer einen Wieder-

herstellungscode schicken lassen. Geben Sie dazu die entsprechenden Daten an. Die Telefonnummer der SIM-Karte im Smartphone wird automatisch vorgeschlagen und die eingehende SMS auch automatisch bestätigt.

5. Jetzt müssen Sie noch ein paar Datenschutzoptionen auswählen. Diese können Sie nach Standardvorgaben in einem Schritt bestätigen. Bei der ausführlichen Personalisierung besteht die Möglichkeit, den Aktivitäten- und YouTube-Verlauf im Google-Konto nach einer bestimmten vorgegebenen Zeit automatisch zu löschen oder dauerhaft zu behalten. Hier können Sie auch personalisierte Werbung ablehnen.
6. Zur endgültigen Einrichtung des Google-Kontos müssen Sie noch die Nutzungsbedingungen, die Datenschutzerklärung sowie Richtlinien zur Personalisierung von Werbung bestätigen.
7. Zum Abschluss meldet sich das neue Google-Konto auf dem Smartphone an.

Google-Konto auf dem PC nutzen

Mit denselben Kontodaten können Sie sich auch auf dem PC bei Google anmelden, um *Gmail*, *Google Kalender*, *Google Fotos*, persönliche Webeinstellungen oder ein eigenes YouTube-Profil zu nutzen. Klicken Sie dazu auf einer beliebigen Google-Seite oben rechts auf *Anmelden*.

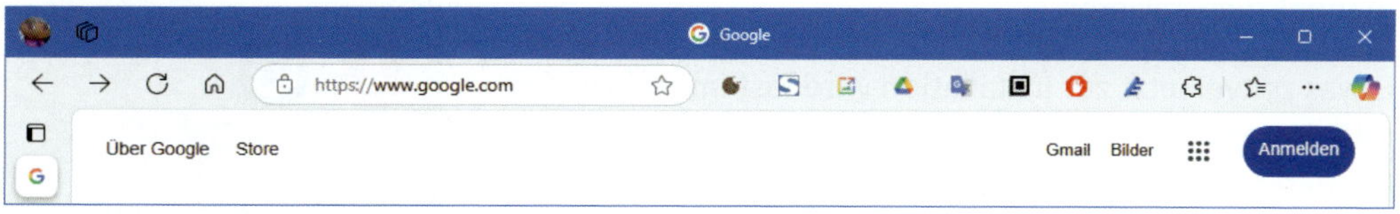

Anmelden auf einer Google-Seite

Nun erscheint ein Anmeldeformular, in dem Sie Ihre Gmail-Adresse und das Passwort eingeben müssen. Unter *Google-Konto verwalten* auf dem PC können Sie jederzeit das Passwort und die Wiederherstellungsoptionen ändern. Hier lassen sich auch weitere mit dem Konto verknüpfte E-Mail- sowie Datenschutzeinstellungen festlegen. Geänderte Einstellungen werden automatisch auch auf dem Smartphone übernommen. Wenn Sie das Passwort des Google-Kontos am PC ändern, müssen Sie dieses natürlich auf dem Smartphone neu eingeben.

Google-Dienste einrichten

Nach der Anmeldung des Google-Kontos auf dem Smartphone erfolgt die Einrichtung der Google-Dienste. Die Option *In Google Drive sichern* sollten Sie auf jeden Fall eingeschaltet lassen. So werden Ihre Apps und Einstellungen im Google-Konto gesichert und lassen sich im Notfall oder etwa bei einem Zurücksetzen auf die Werkseinstellungen leicht wiederherstellen. Mit dieser Einstellung können Sie auch Daten von früheren Android-Smartphones, die im Google-Konto gesichert wurden, auf dem neuen Smartphone wiederherstellen.

Weiter unten sollten Sie noch zustimmen, dass Google Standortdaten Ihres Gerätes nutzen darf. Viele Apps werden dadurch erst sinnvoll, dass Informationen aus der näheren Umgebung angezeigt werden können. So funktionieren beispielsweise weder die Routenplanung auf Google Maps noch die Ortung eines gestohlenen Smartphones ohne Standortinformationen. Wer seinen Standort jedoch nicht preisgeben möchte und dafür bereit ist, diverse Einschränkungen bei Apps in Kauf zu nehmen, kann die Standorterfassung hier abschalten. Die Einstellung kann später jederzeit wieder geändert werden. Bei den Erklärungen im Buch gehen wir davon aus, dass alle Google-Dienste eingeschaltet sind. Lassen Sie auch die automatischen Updates eingeschaltet, um Ihr Smartphone immer auf dem neusten Stand zu halten.

Installation abschließen

Nach der Einrichtung werden noch einige Apps automatisch heruntergeladen und installiert, was einige Minuten dauern kann. So lange sind die Apps noch ausgegraut dargestellt. Die Liste früherer Samsung-Smartphones, in der Sie auswählen können, welche der Samsung-Apps Sie automatisch herunterladen und installieren möchten, wurde leider wieder aufgegeben. Benutzer müssen unerwünschte Werbe-Apps wie *Samsung Global Goals* und *Samsung Members* wieder manuell deinstallieren.

Etwas zeitversetzt zur Installation wird fast immer ein Android-System-Update angeboten. Diese Update-Installation können Sie für die Nacht planen, da sie einige Zeit dauern kann. Achten Sie wegen der großen Datenmenge darauf, dass das Samsung Galaxy S26 per WLAN mit dem Internet verbunden ist.

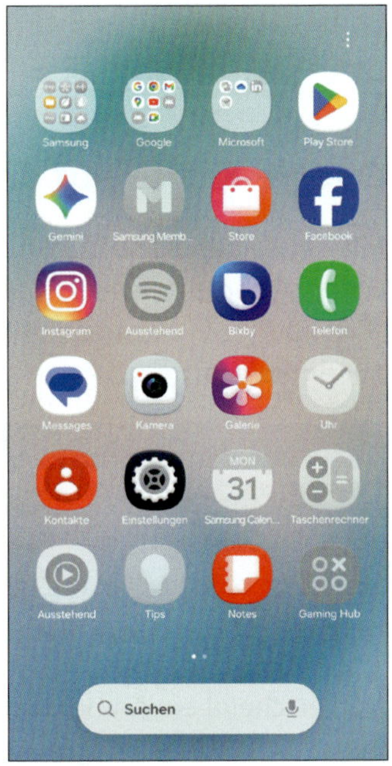

Ausgegraute Apps werden automatisch nachinstalliert

Automatisches Update beim ersten Start

Bereits direkt nach dem Start meldet das Samsung Galaxy S26, dass Updates zur Verfügung stehen. Dabei handelt es sich um einige vorinstallierte Google-Apps, die inzwischen in einer neueren Version angeboten werden als der, mit der die Geräte im Herstellerwerk vorkonfiguriert wurden. Die Benachrichtigungen des Google Play Store wie auch des Samsung Galaxy Store können Sie zunächst ignorieren, da die Apps in den meisten Fällen automatisch aktualisiert werden. Die Benachrichtigung des Samsung Galaxy Store dient sicher auch dazu, Nutzer auf diesen zweiten Store aufmerksam zu machen. Informationen zu den beiden auf dem Samsung Galaxy S26 installierten App Stores finden Sie in Kapitel 4.

Vorinstallierte Apps

Viele der vorinstallierten Apps werden Sie nicht brauchen, besonders dann, wenn Sie auf dem vorherigen Smartphone vergleichbare Google-Apps nutzen und die Daten weiterverwenden möchten. So werden die meisten Nutzer auf die Werbe-Apps *Samsung Global Goals* und *Samsung Members* gern verzichten, wohingegen der *Samsung Taschenrechner* und die *Uhr* durchaus nützlich sind. Zusätzlich werden auch ein paar Apps von Microsoft vorinstalliert, die für Nutzer von Windows und Microsoft Office nützlich sein können. Seit dem Samsung Galaxy S20 hat Samsung seine eigene E-Mail-App zugunsten von *Gmail* oder *Microsoft Outlook* abgeschafft. Die Benachrichtigungen diverser Apps, die beim Erststart auftauchen, können Sie zunächst mal ignorieren. Je nach Geschwindigkeit der Internetverbindung dauert es noch einige Minuten, bis die Apps automatisch installiert und eingerichtet sind.

Nützliche vorinstallierte Apps

- *Taschenrechner* – ein einfacher Taschenrechner mit Einheitenkonverter.
- *Samsung Notes* – ein einfacher Notizblock auf dem Smartphone.
- *Creative Studio* – KI-gestützte Bildbearbeitung.
- *Samsung Penup* – App zum kreativen Malen mit dem S Pen (nur auf dem Samsung Galaxy S26 Ultra).
- *Samsung Find* – verlorene Samsung-Geräte orten.
- *Uhr* – sollte installiert bleiben, da sonst keine Uhr und kein Wecker auf dem Smartphone sind.
- *M365 Copilot* – Microsoft-KI-App, die in der aktuellen Version kein Office mehr enthält.
- *Microsoft Outlook* – Microsoft-App als Alternative zur Standard-Mail-App *Gmail* auf Android-Smartphones.
- *Samsung Health* – eine Fitness-Tracker-App, die sportliche Aktivitäten aufzeichnet und Fitnesstipps gibt. Wertet auch Daten einer Samsung-Smartwatch aus.
- *Diktiergerät* – eine App zur Aufnahme kurzer Sprachnotizen.
- *Smart Switch* – App zum Übertragen von Daten eines alten Smartphones auf das neue Samsung-Gerät.

Apps, die (in den meisten Fällen) problemlos deinstalliert werden können

- *Samsung Internet Browser* – der eigene Browser von Samsung, der früher Standard-Browser war, ist auf den Samsung-Galaxy-S26-Modellen standardmäßig installiert und wurde um Funktionen der Galaxy AI erweitert. Android-Smartphones verwenden den Chrome-Browser als Standard, der auch auf dem Samsung Galaxy S26 vorinstalliert ist.
- *Samsung Wallet* – ein Bezahlsystem von Samsung, das in Deutschland – verglichen mit Google Pay – nur wenig verbreitet ist.
- *Wearable (Samsung Wear)* – eine App zur Kommunikation mit der Samsung-Smartwatch. Wer keine Samsung-Smartwatch nutzt, braucht diese App nicht.
- *SmartThings* – Steuerung von Smart-Home-Geräten über Samsung-Smartphones. Wer keine Smart-Home-Geräte von Samsung nutzt, braucht diese App nicht.
- *Samsung News* – Nachrichtenseite, ähnlich wie Google Discover.
- *Samsung Shop* – Werbe-App für den Samsung-Geräteshop.
- *Samsung Members* – Werbe- und Kundenbindungs-App von Samsung, die zusätzlich auch Diagnosefunktionen für das Smartphone enthält.
- *Samsung Global Goals* – Werbe-App für soziale und nachhaltige Aktivitäten von Samsung.
- *LinkedIn* – Werbe-App für das gleichnamige soziale Netzwerk von Microsoft.
- *Spotify* – Werbe-App des gleichnamigen Musik-Streaming-Dienstes (nicht auf allen Geräten vorinstalliert).

Google-Apps als Alternative zu Samsung-Apps

Google liefert außer seiner Suchmaschine zahlreiche Apps für diverse Anwendungsfälle, unter anderem Kalender, Fotogalerie, Notizen, Aufgaben bis hin zum Fitness-Tracker. Oft bieten diese Apps mehr Funktionen als die vergleichbaren vorinstallierten Samsung-Apps. Außerdem laufen sie auf allen Android-Smartphones, sodass man auch beim Wechsel von einem anderen Gerät auf ein Samsung Galaxy S26 die gewohnte Oberfläche wiederfindet und bisher gespeicherte Daten weiternutzen kann. Für alle Google-Apps ist ein Google-Konto erforderlich. Dieses Buch zeigt bei den Beschreibungen der vorinstallierten Samsung-Apps zusätzlich auch die Alternativen von Google.

KAPITEL 3

Das Samsung Galaxy S26 im täglichen Einsatz

In diesem Kapitel werden die wichtigsten Grundlagen der Bedienung des Samsung Galaxy S26 erklärt, die Sie in den folgenden Kapiteln sicher gebrauchen werden. Selbst wer schon einige Zeit ein Android-Smartphone genutzt hat, wird noch viel Interessantes finden, besonders was die Samsung-eigene Benutzeroberfläche **One UI 8.5** betrifft, die gegenüber ihren Vorgängerversionen und dem Original-Android umgestaltet wurde.

3.1 Startbildschirm und Apps

Nachdem Sie den letzten Schritt der Ersteinrichtung durchlaufen haben, zeigt das Samsung Galaxy S26 seinen Startbildschirm, der zukünftig die alltägliche Oberfläche Ihres neuen Smartphones sein wird. Samsung hat diesen Startbildschirm gegenüber dem Standard-Android erweitert und mit zusätzlichen Funktionen ausgestattet.

In der Grundeinstellung zeigt der Startbildschirm ein Google-Suchfeld und ein paar vordefinierte App-Symbole an. Als Benutzer können Sie Ihre wichtigsten Apps und Widgets auf dem Startbildschirm zum schnellen Zugriff ablegen.

Der Startbildschirm auf dem Samsung Galaxy S26 besteht aus mehreren Bildschirmseiten, die persönlich konfigurierbar sind. Zwischen diesen können Sie mit einer horizontalen Fingerbewegung auf dem Touchscreen hin- und herschalten. Auf welchem der Bildschirme Sie sich gerade befinden, zeigt der leuchtende Punkt in der Reihe im unteren Bildschirmbereich. Das kleine Haussymbol bezeichnet den Standard-Startbildschirm. Am Anfang sind nur zwei Startbildschirmseiten mit Apps belegt. Links vom Startbildschirm befindet sich die Seite *Google Discover* mit Wettervorhersage und aktuellen Schlagzeilen.

Wischen Sie auf dem Startbildschirm von unten nach oben, öffnet sich eine Liste aller installierten Apps. Von hier aus lässt sich jede App durch Antippen ihres Symbols starten. Mit der gleichen Geste kommen Sie auch wieder zurück zum Startbildschirm.

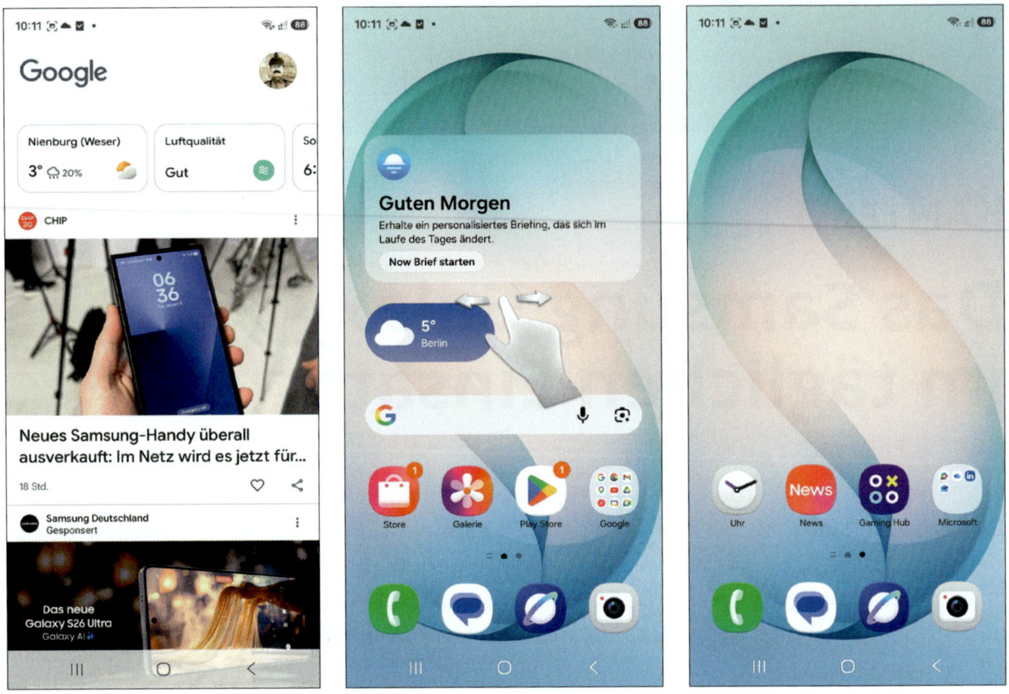

Eine horizontale Wischgeste wechselt zwischen den Startbildschirmseiten

Apps, die Sie häufig benötigen, können Sie direkt auf dem Startbildschirm ablegen. Halten Sie dazu den Finger länger auf einer App in der Liste. Es erscheint eine kleine Symbolleiste. Tippen Sie hier auf *Zu Start hinzufügen*.

Neu hinzugefügte Apps erscheinen auf der letzten Startbildschirmseite mit freiem Platz. Zwischen den Seiten wechseln Sie mit einer horizontalen Wischbewegung hin und her.

App-Liste sortieren

Standardmäßig werden neu installierte Apps am Ende der App-Liste angehängt, was nicht gerade zur Übersichtlichkeit beiträgt. Über das Menü mit den drei Punkten rechts oben in der App-Liste können Sie die App-Liste alphabetisch sortieren. Bei alphabetischer Sortierung lässt sich die App-Liste auch senkrecht durchscrollen. In der angepassten Reihenfolge wechseln Sie mit einer horizontalen Fingerbewegung zwischen mehreren Seiten.

Sie können Apps an eine andere Position oder auf eine andere Bildschirmseite auf dem Startbildschirm ziehen. Tippen Sie länger auf die zu verschiebende App. Auf dem Startbildschirm erscheint ein Punktraster zur Anordnung der Apps. Schieben Sie das App-Symbol an die gewünschte Position und lassen Sie es dort wieder los.

App aus der App-Liste auf dem Startbildschirm ablegen und verschieben

Am linken Bildschirmrand der zweiten Startbildschirmseite erscheint beim Verschieben eines App-Symbols der angedeutete Rand der ersten Startbildschirmseite. Schieben Sie ein App-Symbol über den Rand hinaus, wird die App auf die erste Seite verschoben. Genauso können Sie eine App nach rechts über den Rand schieben. Dann wird eine neue Startbildschirmseite angelegt, auf der Sie diese App platzieren können. Es ist auch möglich, eine App direkt aus der App-Liste an die gewünschte Position auf dem Startbildschirm zu ziehen.

Mehr Apps auf dem Startbildschirm und in der App-Liste anzeigen

In der Grundeinstellung zeigen der Startbildschirm und die App-Liste ein Raster von 4 x 6, insgesamt maximal 24 Apps auf einer Bildschirmseite. Durch engere Abstände und eine etwas kleinere Darstellung lassen sich bis zu 30 Apps gleichzeitig auf einer Bildschirmseite darstellen.

1. Tippen Sie länger auf eine freie Fläche auf dem Startbildschirm, bis der Bearbeitungsmodus mit zusätzlichen Symbolen erscheint.
2. Tippen Sie auf das Symbol *Einstellungen*.
3. Auf dem nächsten Bildschirm sehen Sie die aktuellen Einstellungen für *Startbildschirmgitter* und *App-Bildschirmgitter*.

Bildschirmgitter auf dem Startbildschirm und App-Bildschirm verändern, um mehr Apps anzuzeigen

4. Tippen Sie auf eine dieser Einstellungen, können Sie das Raster für die App-Symbole auf dem Startbildschirm und dem App-Bildschirm verändern. Vorschaubilder zeigen die Wirkung sofort an. Das *Ordnerraster* zeigt mehr Apps in einem App-Ordner an, ohne dass dort auf eine zweite Seite geblättert werden muss.

5. Der Schalter *App-Bildschirm-Schaltfläche auf Startbildschirm anzeigen* zeigt unten rechts auf dem Startbildschirm ein Symbol, mit dem man wie in früheren Android-Versionen vom Startbildschirm zur App-Liste kommt – anstatt den Bildschirm nach oben zu schieben.

Apps vom Startbildschirm entfernen

Um eine App vom Startbildschirm zu entfernen, halten Sie den Finger länger darauf, bis die Symbolleiste erscheint. Tippen Sie auf *Entfernen*, wird die App vom Startbildschirm gelöscht, aber nicht deinstalliert. In der Liste der Apps bleibt sie weiterhin verfügbar und kann jederzeit wieder auf den Startbildschirm geholt werden.

Wetter auf dem Startbildschirm

Auf dem Startbildschirm des Samsung Galaxy S26 ist in der Grundeinstellung ein kleines Wetter-Widget zu sehen. Hier können Sie sich direkt auf dem Startbildschirm Wetterdaten zum aktuellen Standort anzeigen lassen. Tippen Sie darauf, um den aktuellen Standort festzulegen.

Wetter-Widget auf dem Startbildschirm hinzufügen

Tippen Sie auf das Wetter-Widget auf dem Startbildschirm, öffnet sich eine App mit den aktuellen Wetterdaten. Weiter unten in der Wetteransicht finden Sie die Zeiten für Sonnenauf- und -untergang, Windgeschwindigkeit, Windrichtung, Luftfeuchtigkeit sowie Daten zur Luftqualität. Weitere Informationen zur *Wetter*-App finden Sie in Kapitel 8.

In den Einstellungen der *Wetter*-App, die Sie über das Menüsymbol unten links und danach über die drei Punkte oben rechts erreichen, können Sie ein Symbol zum Aufruf der *Wetter*-App auf den App-Bildschirm legen und die *Wetter*-App Benachrichtigungen zum aktuellen Wetter in der Benachrichtigungsleiste und auf dem Sperrbildschirm anzeigen lassen.

Ordner für Apps

Bei vielen installierten Apps verliert man schnell die Übersicht auf dem Startbildschirm. Ordner für Apps bringen Ordnung auf den Startbildschirm und in die App-Liste. Diese Ordner sind Symbole mit den automatisch darin gestapelten Symbolen der Apps, die in dem Ordner liegen. Ordner mit Apps von *Samsung*, *Google* und *Microsoft* sind in der App-Liste auf dem Samsung Galaxy S26 und teilweise auch auf dem Startbildschirm bereits vorinstalliert.

1. Ziehen Sie zunächst eine App auf den Startbildschirm.
2. Ziehen Sie eine zweite App aus der App-Liste auf ein vorhandenes App-Symbol, wird automatisch ein Ordner erstellt.

3. Tippen Sie auf einen Ordner, werden die darin enthaltenen Apps angezeigt und können durch Antippen gestartet werden.
4. Tippen Sie auf die Bezeichnung *Ordnername* und geben Sie dem Ordner einen Namen.
5. Tippen Sie im Ordner auf das Plussymbol, um aus einer alphabetischen Liste mehrere Apps auszuwählen und dem Ordner hinzuzufügen. Weitere Apps können auch einfach auf das Ordnersymbol gezogen und dann im Ordner an eine beliebige Position geschoben werden.
6. Tippen Sie länger auf ein Ordnersymbol auf dem Startbildschirm und dann auf *Einstellungen*, können Sie den Namen des Ordners sowie die Hintergrundfarbe und Deckkraft ändern.

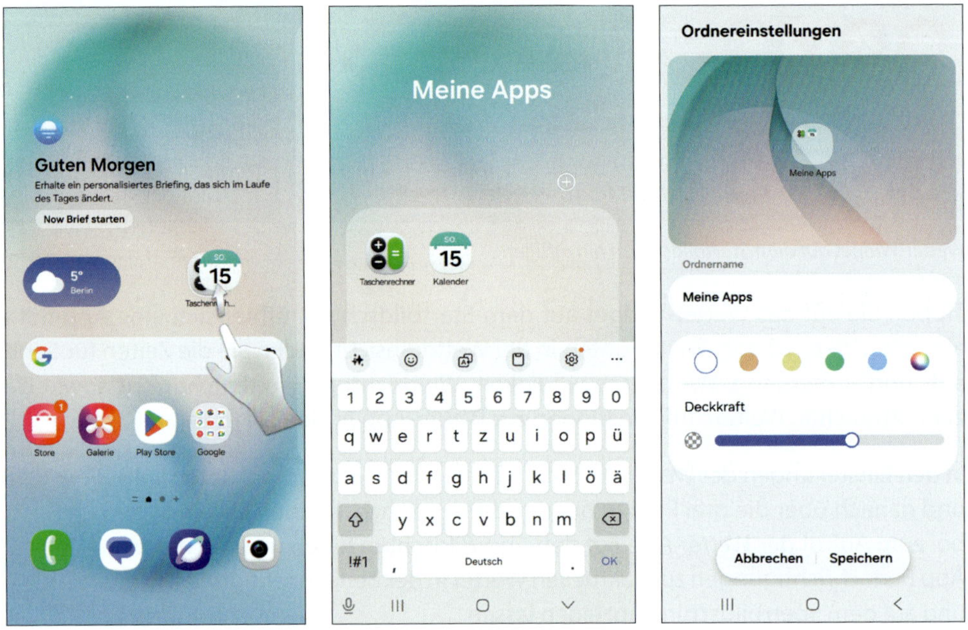

Ordner anlegen, rechts: Ordner bearbeiten

Ordner können mehr Apps aufnehmen, als auf eine Bildschirmseite passen. Weitere Apps erreichen Sie mit einer senkrechten Wischbewegung im Ordner. Die Anordnung der Apps im Ordner lässt sich durch Ziehen der App-Symbole verändern.

Um den Ordner vom Startbildschirm zu entfernen, halten Sie den Finger länger darauf und tippen auf das Symbol *Entfernen*. Der Ordner wird entfernt. Die Apps bleiben installiert. Wenn Sie die vorinstallierten Ordner in der App-Liste stören, können Sie diese auf die gleiche Weise löschen. Die Apps bleiben erhalten und erscheinen dann direkt in der App-Liste.

Um einzelne Apps aus einem Ordner herausnehmen, halten Sie den Finger länger auf dem App-Symbol im Ordner und ziehen es nach oben aus dem Ordner heraus. Das App-Symbol wird aus dem Ordner auf eine freie Fläche des Startbildschirms verschoben. Wenn sich nur noch eine App im Ordner befindet, wird der Ordner automatisch aufgelöst und die App erscheint ohne Ordner auf dem Startbildschirm.

Die Schnellstartleiste für wichtige Apps

Standardmäßig sind nur vier besonders wichtige Apps in der sogenannten Schnellstartleiste auf jeder Seite des Startbildschirms am unteren Rand immer zu sehen. In der Grundeinstellung sind das die Apps *Telefon*, *Nachrichten* (*Google Messages*), *Samsung Internet Browser* und *Kamera*.

Die vorinstallierte Schnellstartleiste mit vier wichtigen Apps

Auch wenn Sie auf dem Startbildschirm ein engeres Raster für die Apps verwenden, bleibt es zunächst bei vier Apps in der Schnellstartleiste. Eine fünfte App können Sie einfach zwischen zwei Symbole ziehen. Die vorhandenen Symbole rutschen automatisch etwas zusammen und geben Platz frei. So lassen sich fünf Apps in der Schnellstartleiste anzeigen, vorausgesetzt Sie verwenden auf dem Startbildschirm ein Raster mit fünf Symbolen in der Breite. Auf den vorhandenen Positionen können Sie statt der vorgegebenen Apps auch andere platzieren, die Sie häufig benötigen.

1. Öffnen Sie mit einer vertikalen Wischbewegung den App-Bildschirm. Halten Sie dann den Finger länger auf einer App, zum Beispiel auf dem Chrome-Browser oder *Gmail* und tippen Sie auf *Zu Start hinzufügen*. Das funktioniert auch mit Apps in Ordnern. Das App-Symbol erscheint auf dem Startbildschirm.
2. Ziehen Sie das Symbol nach unten zwischen zwei Symbole in der Schnellstartleiste.

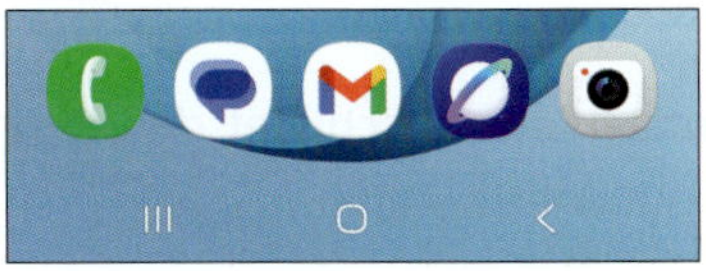

Fünfte App zur Schnellstartleiste hinzufügen

App-Shortcuts

Unterstützt eine App die sogenannten App-Shortcuts, erscheinen wichtige Funktionen dieser App als Symbole, wenn Sie auf dem Startbildschirm oder auf dem App-Bildschirm länger auf diese App tippen.

1. Tippen Sie auf eines dieser Symbole, wird direkt die jeweilige Funktion der App aufgerufen, zum Beispiel ein Termin angelegt oder eine E-Mail geschrieben.

2. Ziehen Sie eines der Symbole auf den Startbildschirm, können Sie es dort einfach wie ein App-Symbol antippen, um die jeweilige Funktion der App aufzurufen. Das Symbol lässt sich wie jedes andere App-Symbol frei verschieben oder auch wieder entfernen.

App-Shortcuts nutzen und auf den Startbildschirm legen, Mitte: App-Shortcuts auf dem App-Bildschirm, rechts: auch Symbole der Schnellstartleiste unterstützen App-Shortcuts

3.2 Die Tasten auf dem Samsung Galaxy S26

Das Samsung Galaxy S26 verfügt über insgesamt drei mechanische Tasten, obwohl in den meisten Fällen die Bedienung ausschließlich über den Touchscreen erfolgt.

Die Tasten auf dem Samsung Galaxy S26 (Foto: Samsung)

1. Die obere Lautstärketaste schaltet den Klingelton oder laufende Musik lauter.
2. Die untere Lautstärketaste schaltet den Klingelton oder laufende Musik leiser.
3. Der Ein-/Ausschalter schaltet den Bildschirm ein oder aus. Das Samsung Galaxy S26 bleibt weiterhin aktiv, um eingehende Anrufe oder Nachrichten anzunehmen. Bei langem Drücken des Ausschalters erscheint in der Grundeinstellung der KI-Assistent Google Gemini.

Wie Sie die Taste als Ausschalter – wie bei anderen Smartphones – nutzen, erfahren Sie in Kapitel 9.1 im Abschnitt »Google Gemini von Ausschalttaste entfernen«. Dann erscheinen Symbole, um das Gerät neu zu starten oder wirklich ganz auszuschalten.

Die Touch-Symbole am unteren Bildschirmrand

Auf den meisten Android-Smartphones wurde in früheren Android-Versionen am unteren Bildschirmrand eine Navigationsleiste mit drei Symbolen eingeblendet, die allerdings auf dem Samsung Galaxy S26 anders aussehen und auch anders angeordnet sind. Samsung verwendet diese Symbole auch mit One UI 8.5 noch, wenn ein Smartphone, ohne Daten von einem früheren Gerät zu übernehmen, neu installiert wird. Android 16 nutzt in der Standardvariante eine moderne Gestensteuerung und nicht mehr diese drei Symbole.

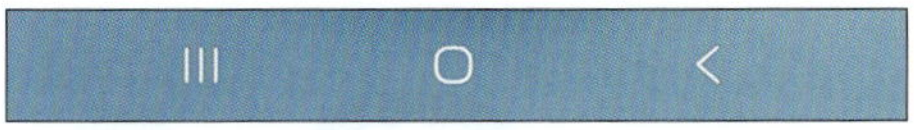

Navigationsleiste am unteren Bildschirmrand

Home-Taste

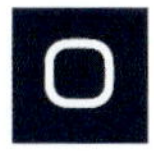

Die Home-Taste führt immer zurück zum Startbildschirm, egal, in welcher App man gerade ist. Drückt man länger auf die Home-Taste, erscheint die Bildschirmsuche von Google.

App-Übersicht

Das Symbol mit den drei Strichen links unten hat die Funktion, die App-Übersicht anzuzeigen. Hier wird eine Liste der zuletzt verwendeten Apps eingeblendet. Auf diesem Weg können Sie schnell zu einer der angezeigten Apps wechseln, indem Sie horizontal durch die Liste scrollen. Schieben Sie eine App nach oben aus der Liste heraus, um sie zu entfernen. Tippen Sie unten auf *Alle schließen*, um alle Apps zu schließen. Am unteren Bildschirmrand werden häufig verwendete, aber nicht unbedingt im Hintergrund laufende Apps als Symbole angezeigt, um schnell zu diesen Apps zu wechseln. Manchmal werden hier auch Werbe-Apps eingeblendet, die noch nie benutzt wurden.

Schneller App-Wechsel

Tippen Sie zweimal kurz hintereinander auf das Symbol *App-Übersicht*, wechseln Sie damit zwischen den beiden zuletzt verwendeten Apps, ohne den langen Weg über die App-Liste gehen zu müssen.

Zurück

Mit der Zurück-Taste gehen Sie immer einen Schritt zurück. Die meisten Apps unterstützen diese Taste auf eigene Weise. So gelangen Sie zum Beispiel im Browser zur zuletzt angezeigten Webseite zurück. In einigen Dateimanagern kommen Sie damit eine Ordnerebene nach oben. Langes Drücken der Zurück-Taste kann ebenfalls von jeder App anders genutzt werden. Das entscheiden die App-Entwickler, hier gibt es keinen Standard.

Die Gestensteuerung aus Android 16

Seit der ersten Android-Version prägten die drei Symbole am unteren Bildschirmrand die Bedienung des Smartphones. Mit Android 10 begann Google den Umstieg zur Gestensteuerung. Die – zurzeit immer noch optionale – Gestensteuerung macht nach einer kurzen Umgewöhnungsphase den alltäglichen Umgang mit dem Smartphone einfacher und intuitiver. Samsung nutzt allerdings in der Grundeinstellung auf dem Samsung Galaxy S26 weiterhin die klassischen Symbole am unteren Bildschirmrand, bietet aber die Möglichkeit, zur Gestensteuerung zu wechseln.

In den *Einstellungen* unter *Anzeige/Navigationsleiste* schalten Sie zwischen den Bedienungsvarianten um. Die Gestensteuerung blendet bis auf eine schmale Linie ganz unten alle Bedienelemente aus und stellt den Apps den kompletten Bildschirm zur Verfügung. Eine Wischgeste vom unteren Bildschirmrand nach oben zeigt den Startbildschirm. Dort blendet die gleiche Geste die App-Liste ein. Um zwischen mehreren Apps zu wechseln, wischen Sie, während eine App im Vordergrund ist, von unten nach oben und halten den Finger einen Moment auf dem Bildschirm. Jetzt können Sie wie gewohnt zwischen den laufenden Apps wechseln, indem Sie horizontal durch die Liste scrollen. Schieben Sie eine App nach oben aus der Liste heraus, um sie zu entfernen. Bei eingeschalteten Streichgesten können Sie unter *Weitere Optionen* die Empfindlichkeit der Gesten festlegen und zudem verhindern, dass der S Pen des Samsung Galaxy S26 Ultra versehentlich Gesten auslöst.

Symbole auf Android-Standard setzen

Wer von einem anderen Android-Smartphone auf ein Samsung Galaxy S26 umgestiegen ist, wird bei der Einstellung *Schaltflächennavigation* oft auf das falsche Symbol tippen, da sich Samsung hier nicht an den Standard von Android hält. Auf klassischen Android-Smartphones befindet sich die Zurück-Taste links und die App-Übersicht rechts. Unter *Weitere Optionen* können Sie in diesem Modus die Anordnung der drei Schaltflächen vom Samsung-Stil auf den Android-Standard umstellen.

3.3 Benachrichtigungen

Kommt eine E-Mail oder eine SMS an oder möchte der Kalender an einen Termin erinnern, geschieht dies über die Benachrichtigungsleiste am oberen Bildschirmrand, ohne dass Meldungen mitten auf dem Bildschirm die Nutzung des Smartphones einschränken. In den meisten Fällen ertönt zusätzlich ein Signalton. Auch wenn eine Datei aus dem Internet heruntergeladen oder eine App aus Google Play installiert wurde, wird dies in der Benachrichtigungsleiste angezeigt. Am oberen Bildschirmrand links erscheinen entsprechende Benachrichtigungssymbole.

Die Leiste oben bleibt immer eingeblendet, egal, in welcher App man sich gerade befindet. Nur die Kamera und Apps oder Spiele im Vollbildmodus blenden diese Leiste aus. Tippen Sie links oben auf den Bildschirmrand und ziehen Sie die Benachrichtigungsleiste nach unten, um die einzelnen Benachrichtigungen zu sehen. Eine umgekehrte Wischbewegung nach oben klappt die Benachrichtigungsleiste wieder zu.

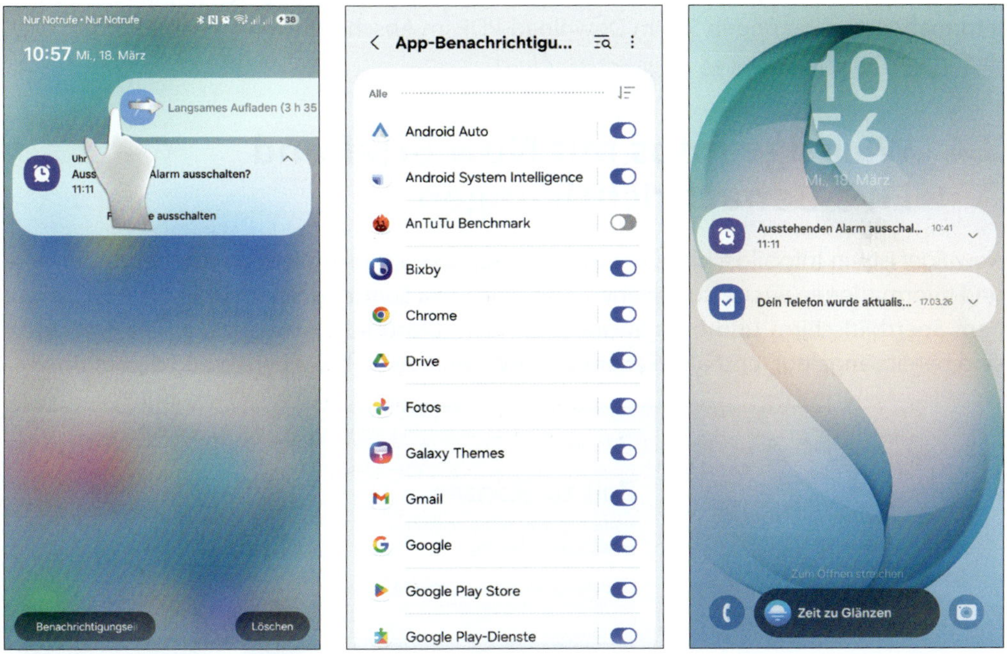

Links: Benachrichtigung löschen, Mitte: App-Benachrichtigungseinstellungen, rechts: Benachrichtigungen auf dem Sperrbildschirm als Benachrichtigung statt Symbolen

In der heruntergezogenen Benachrichtigungsleiste können Sie einzelne Benachrichtigungen direkt antippen, um zum Beispiel eine E-Mail zu lesen oder eine heruntergeladene Datei zu öffnen. Möchten Sie einzelne Benachrichtigungen entfernen, ohne die zugehörige App zu öffnen, halten Sie den Finger darauf und ziehen die Benachrichtigung nach links oder rechts aus dem Bildschirm heraus. Tippen Sie unten auf *Löschen*, um alle Benachrichtigungen auf einmal zu entfernen. Dies gilt nur für die Benachrichtigungen, die zugehörigen E-Mails, Nachrichten oder heruntergeladene Dateien werden nicht gelöscht.

Tippen Sie in der heruntergezogenen Benachrichtigungsleiste ganz unten auf *Benachrichtigungseinstellungen*, können Sie festlegen, welche Apps Benachrichtigungen senden dürfen und welche nicht.

Benachrichtigungen auf dem Sperrbildschirm öffnen

Auf dem Sperrbildschirm müssen Sie die Benachrichtigung doppelt antippen, um sie zu öffnen. In der Grundeinstellung werden auf dem Sperrbildschirm oben links nur ganz kleine Symbole der Apps angezeigt, die benachrichtigt haben, keine Benachrichtigungen.

Mehrere Benachrichtigungen einer App werden zu einer Gruppe zusammengefasst. Eine kleine Zahl in der Benachrichtigung zeigt an, wie viele Benachrichtigungen vorliegen. Die Darstellung der Benachrichtigungen und auch welche Apps welche Benachrichtigungen senden dürfen, lässt sich je nach persönlichen Nutzungsgewohnheiten anpassen. Weitere Informationen dazu finden Sie im Download-PDF im Abschnitt »Benachrichtigungen nach Bedarf einstellen«.

3.4 Wichtige Infos mit Now Brief und Live-Benachrichtigungen

Now Brief ist ein Infobildschirm, der automatisch das aktuelle Wetter, anstehende Termine und Informationen aus verschiedenen Apps wie etwa *Samsung Health* über die *Now Bar* auf dem Sperrbildschirm und über Widgets auf dem Startbildschirm anzeigt. Diese Widgets sind bereits angelegt, enthalten aber keine Informationen, bis Sie erstmalig darauf tippen.

Links: Now Bar auf dem Sperrbildschirm, Mitte: Now Brief anzeigen, rechts: Now-Brief-Widget auf dem Startbildschirm

Now Brief persönlich anpassen

Now Brief lernt dank Galaxy AI selbstständig, welche Informationen für Sie im Laufe eines Tages relevant sind. Sie können aber die Informationsquellen persönlich anpassen.

1. Tippen Sie auf die *Now Bar* oder das Now-Brief-Widget und dann auf dem Begrüßungsbildschirm auf *Now Brief starten*.
2. Als Erstes wird eine Wettervorhersage für den Tag angezeigt. Ganz unten auf der Seite können Sie festlegen, *Now Brief* anzuzeigen, auch ohne das Smartphone zu entsperren. Zudem können Sie sich empfohlene YouTube-Videos vorschlagen lassen.
3. Tippen Sie unten rechts auf das *Einstellungen*-Symbol, können Sie auswählen, ob auch Google-Sportnachrichten, aktuelle Infos zu Routen auf *Google Maps*, Fitnessdaten von *Samsung Health* und andere Informationen angezeigt werden sollen.

Links: Now Brief mit Wetterbericht und Einstellungen, Mitte: Einstellungen der Now Bar, rechts: Live-Benachrichtigungen in den Einstellungen anpassen

In den *Einstellungen* unter *Sperrbildschirm und AOD/Now Bar* können Sie Live-Benachrichtigungen über bestimmte Aktivitäten festlegen, die in der *Now Bar* und auch auf dem Startbildschirm situationsgemäß angezeigt werden.

3.5 Nützliche Einstellungen im QuickPanel

Die Statusleiste, der rechte Teil der Benachrichtigungsleiste am oberen Bildschirmrand, zeigt Informationen zur WLAN- und Mobilfunk-Signalstärke sowie den Akkuladestand an. In den *Einstellungen* auf dem Samsung Galaxy S26 können Sie diverse Systemparameter nach persönlichen Nutzergewohnheiten anpassen. Allerdings sind es nur wenige Einstellungen, die man im Alltag regelmäßig braucht. Diese sind auf dem Samsung Galaxy S26 schnell erreichbar.

Ziehen Sie die Statusleiste von der rechten Bildschirmecke nach unten, erscheint das **QuickPanel** mit Symbolen für wichtige Systemkomponenten, wo Sie *WLAN*, *Lautstärke*, *Bluetooth*, *Bildschirm drehen*, *Flugmodus* oder die *Taschenlampe* einfach ein- und ausschalten können. Ist ein Symbol nur blassgrau dargestellt, ist die jeweilige Funktion ausgeschaltet. Auf diese Weise können Sie etwa die größten Stromfresser des Smartphones – WLAN und Bluetooth – einfach abschalten, wenn Sie sie nicht benötigen.

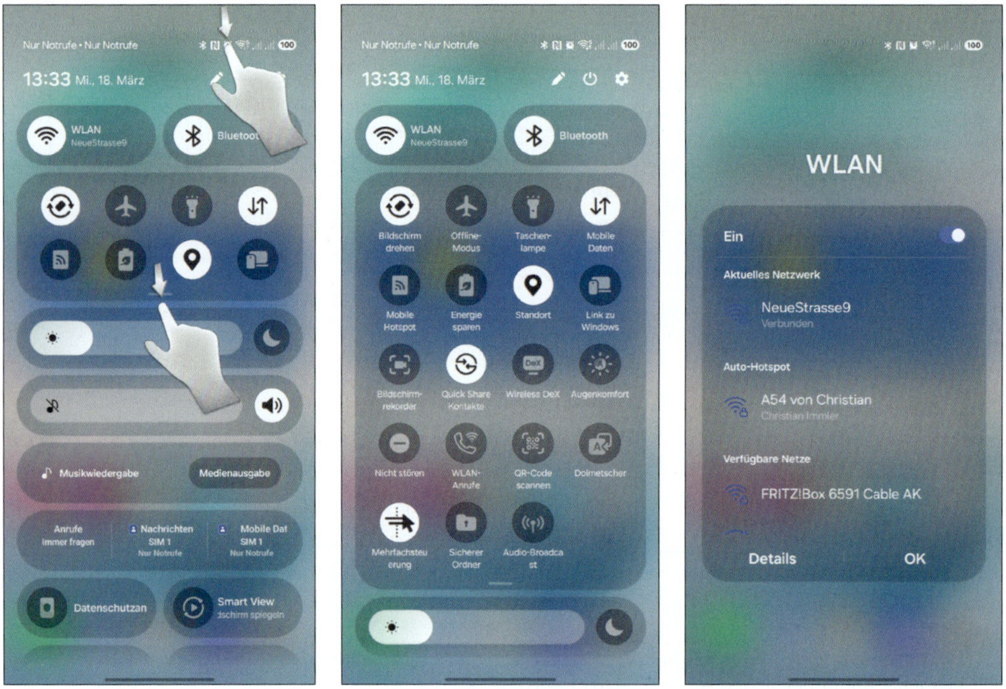

Links: Startansicht des QuickPanels, Mitte: vollständiges QuickPanel, rechts: WLAN-Einstellungen

Samsung hat das Design und auch die Funktionalität dieses QuickPanels gegenüber dem Standard-Android erheblich verändert. Das QuickPanel ist in **One UI 8.5** in mehrere Bereiche aufgeteilt.

WLAN-Einstellungen

Das *WLAN*-Symbol zeigt den Namen des verbundenen WLANs. Tippen Sie einfach auf das Symbol, um das WLAN ein- oder auszuschalten oder ein anderes WLAN zu wählen. Mit ausgeschaltetem WLAN können Sie unterwegs ohne WLAN-Zugang deutlich Strom sparen. Tippen Sie auf dem nächsten Bildschirm auf *Details*, kommen Sie zu den detaillierten WLAN-Einstellungen, über die Sie ein anderes WLAN auswählen oder einen Schlüssel eingeben können. Android 16 fasst standardmäßig die getrennten Schnelleinstellungen für *WLAN* und *Mobile Daten* mit dem Symbol *Internet* zusammen. Samsung hält sich nicht an diese Vorgabe, sondern zeigt wie in früheren Versionen zwei Symbole für *WLAN* und *Mobile Daten* in den Schnelleinstellungen an. Weitere Informationen zu WLAN-Einstellungen finden Sie in Kapitel 5.4.

Bluetooth

Tippen Sie auf das *Bluetooth*-Symbol, schalten Sie Bluetooth ein und aus und zeigen Bluetooth-Geräte in der Umgebung an. Hier können Sie ein Gerät zur Verbindung auswählen. Da Bluetooth viel Strom verbraucht, sollten Sie es nur einschalten, wenn Sie es wirklich benötigen. Tippen Sie auf dem nächsten Bildschirm auf *Details*, starten Sie die Gerätesuche und finden auch die Bluetooth-Verbindungseinstellungen. Weitere Informationen zu Bluetooth-Einstellungen finden Sie in Kapitel 10.1 im Abschnitt »Bluetooth-Kopfhörer oder Lautsprecher anschließen«.

Paneel mit Schnelleinstellungssymbolen

Der mittlere Teil des QuickPanels zeigt zunächst acht Symbole für wichtige Schnelleinstellungen. Ziehen Sie den Balken am unteren Rand dieses Feldes nach unten, erscheinen weitere Symbole und die Symbolbeschriftungen. Tippen Sie kurz auf ein Symbol, schalten Sie die jeweilige Komponente ein oder aus. Halten Sie den Finger länger auf einem Symbol, kommen Sie in den meisten Fällen zu den Einstellungen dieser Komponente.

Bildschirm automatisch drehen

Das Samsung Galaxy S26 hat einen Lagesensor, der den Bildschirminhalt automatisch dreht, wenn das Smartphone quer gehalten wird. Beim Betrachten von Fotos oder Videos, in der *Kamera*-App und bei bestimmten Spielen ist der Querformatmodus nützlich. Einige Apps zeigen im Querformat andere Inhalte oder verwenden ein anderes Layout. So zeigt beispielsweise der *Taschenrechner* im Querformat eine wissenschaftliche Tastatur. Andere Apps, zum Beispiel viele Spiele, unterstützen die Bildschirmdrehung dagegen nicht.

Wenn Sie das automatische Drehen des Bildschirms beim Halten des Smartphones – etwa beim Lesen im Bett – stört, tippen Sie auf das Symbol *Bildschirm drehen* und schalten die Bildschirmdrehung aus.

Ob sich der Startbildschirm ebenfalls abhängig von der Lage des Smartphones drehen darf, legen Sie in den *Startseiten-Einstellungen* fest. Tippen Sie dazu länger auf den Startbildschirm und wählen Sie dann *Einstellungen*. Aktivieren Sie auf der nächsten Seite den Schalter *In Querformat drehen*. Der App-Bildschirm wird dann auch ins Querformat gedreht.

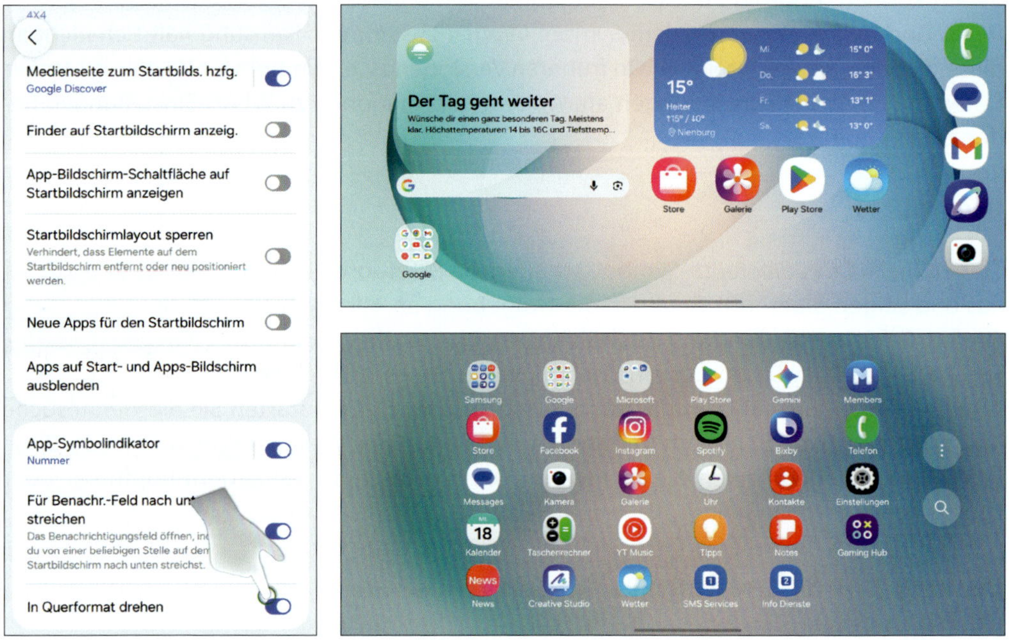

Startbildschirm und App-Bildschirm ins Querformat drehen

Offline-Modus/Flugmodus

Das Symbol *Offline-Modus* schaltet alle Funkverbindungen aus, WLAN, Bluetooth, NFC und natürlich auch das Mobilfunknetz. In diesem Modus, auch als **Flugmodus** bezeichnet, kann das Smartphone im Flugzeug oder an anderen Orten verwendet werden, an denen keine Funksignale zulässig sind, etwa in wissenschaftlichen Labors oder Intensivstationen in Krankenhäusern.

Im Alltag empfiehlt sich der Flugmodus, um Strom zu sparen, wenn man unterwegs in schnell fahrenden Zügen, in Kellern oder abgelegenen Regionen ohnehin keine Internetverbindung hat. Android 16 bietet die Möglichkeit, im Flugmodus Bluetooth eingeschaltet zu lassen, um weiterhin Kopfhörer, Lautsprecher oder Smart Watch per Bluetooth zu koppeln.

Taschenlampe

Verschiedene Hersteller bieten Apps an, die die Fotoleuchte ein- und ausschalten, um das Smartphone als Taschenlampe zu verwenden. Die meisten dieser Apps scheinen im Wesentlichen dazu zu dienen, das Smartphone regelmäßig mit Werbung zu überfluten. Einige sind sogar schon in puncto Datenschutz in die Kritik geraten, da sie im Hintergrund Benutzerdaten sammeln. Android löst dieses Problem seit einiger Zeit sehr elegant mit einem Symbol im QuickPanel, mit dem man jederzeit die Foto-LED als Taschenlampe ein- und wieder ausschalten kann.

Mobile Daten

Über das Symbol *Mobile Daten* lässt sich die Datenübertragung per Mobilfunkverbindung abschalten, wenn Sie etwa im Nicht-EU-Ausland teure Roamingkosten vermeiden möchten, oder um zu verhindern, dass zu Hause, wo das Smartphone normalerweise WLAN-Empfang haben sollte, versehentlich große Datenmengen per Mobilfunk übertragen werden. Halten Sie den Finger länger auf diesem Symbol, erscheint eine Übersicht der Datennutzung im aktuellen Abrechnungszeitraum. Das Abschalten der Datenverbindung im Mobilfunknetz hilft, in Regionen Strom zu sparen, in denen kein Mobilfunkdatennetz verfügbar ist. Auch bei abgeschalteter mobiler Datenverbindung können Sie noch telefonieren.

Das Mobilfunksymbol in der Statusleiste rechts oben zeigt die Signalstärke des Mobilfunknetzes sowie den Typ der Datenverbindung an: **5G, 4G** (LTE), **3G** = HSPA/UMTS (nicht in Deutschland), **E** = EDGE, **G** = GPRS. Die Pegelanzeige rechts oben bezieht sich allein auf die Signalstärke zum Telefonieren. Bei zwei SIM-Karten oder SIM und eSIM erscheinen in der Statusleiste auch zwei Symbole. Weitere Informationen zur Datennutzung im Mobilfunknetz finden Sie in Kapitel 3.9.

Mobile Hotspot

Nutzen Sie die Internetverbindung des Samsung Galaxy S26 als WLAN-Hotspot für andere WLAN-fähige Geräte? Hinweise, was dabei zu beachten ist, besonders hinsichtlich des Datenverbrauchs, finden Sie im Download-PDF im Abschnitt »Smartphone als mobiler WLAN-Hotspot«.

Energie sparen

Das Akkusymbol in der Statusleiste oben rechts zeigt den Ladezustand des Akkus an. Tippen Sie auf das Akkusymbol *Energie sparen* im QuickPanel, wird der Energiesparmodus aktiviert, bei dem die Hintergrundaktivitäten weitestgehend eingeschränkt werden. Beim ersten Aktivieren des Energiesparmodus erscheint ein Hinweistext. Halten Sie den Finger länger auf dem Symbol für den Energiesparmodus, öffnen sich die Einstellungen zum Energiesparmodus. Weitere Informationen zum Energiesparmodus finden Sie im Download-PDF.

Standort

Das Symbol *Standort* schaltet GPS und die Standortdienste ein oder aus. Viele Apps können erst dann sinnvoll genutzt werden, wenn sie wissen, wo Sie sich aktuell aufhalten. Dies gilt nicht nur für Navigationssysteme, auch die Suche ist mit Standortangabe deutlich hilfreicher, wenn es etwa darum geht, Läden, Restaurants, Haltestellen oder Geldautomaten zu finden. Foto-Apps können den Standort in Bilder eintragen, um diese in Onlinegalerien auf Landkarten zu positionieren.

Allerdings verbrauchen die Standortdienste, die im Hintergrund GPS- und WLAN-Daten auswerten, auch einiges an Strom und können, wenn sie nicht genutzt werden, ausgeschaltet werden. Halten Sie den Finger länger auf diesem Symbol, können Sie festlegen, welche Dienste zur Standortermittlung genutzt werden sollen.

> **Standortdaten immer eingeschaltet lassen**
>
> Überlegen Sie sich genau, ob Sie die Standortdaten wirklich ausschalten. Sie helfen nämlich auch dabei, ein verlorenes oder gestohlenes Smartphone zu orten und eventuell wiederzufinden. Nähere Informationen dazu finden Sie im Download-PDF im Abschnitt »Gestohlenes oder verlorenes Smartphone wiederfinden«.

Link zu Windows

Das Microsoft-Programm *Link zu Windows* zeigt Benachrichtigungen, Fotos und Apps vom Smartphone auf einem Windows-PC an. Dieses Symbol stellt die drahtlose Verbindung zum PC her. Weitere Informationen zu *Link zu Windows* finden Sie im Download-PDF.

Bildschirmrekorder

Mit dem *Bildschirmrekorder* zeichnen Sie alles, was Sie auf dem Smartphone tun, für eine bestimmte Zeit als Video auf, um beispielsweise jemand anderem bei der Bedienung zu helfen. Vor der Aufnahme entscheiden Sie, ob der Ton aus den abgespielten Medien oder aus dem Mikrofon aufgezeichnet wird oder ob das Video gar keinen Ton verwendet.

Quick Share

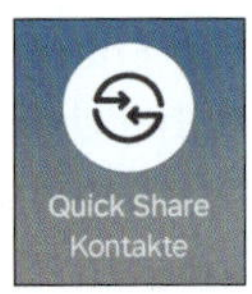

Quick Share ermöglicht das Teilen von Daten zwischen Smartphones in unmittelbarer Nähe, ohne dass eine Internetverbindung benötigt wird. Weitere Informationen zu *Quick Share* finden Sie im Download-PDF.

DeX

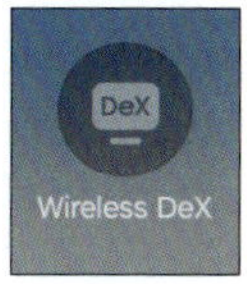

DeX ist ein Verfahren von Samsung, um den Bildschirminhalt eines Smartphones drahtlos auf den großen Bildschirm eines Smart-TV-Gerätes zu bringen und dort mit der Maus oder Fernbedienung zu steuern. Das ehemalige *DeX für Windows*, das ein Smartphone auf einen Windows-PC projizierte, wurde mittlerweile zugunsten der Microsoft-Lösung *Link zu Windows* eingestellt.

Augenkomfort

Im Modus *Augenkomfort* werden die Blauanteile des Bildschirms reduziert, um besonders am Abend die Augen zu beruhigen. Mit diesem Symbol schalten Sie den *Augenkomfort* ein oder aus. Tippen Sie länger auf dieses Symbol, können Sie automatisch zwischen Sonnenuntergang und Sonnenaufgang oder zu bestimmten Uhrzeiten den *Augenkomfort* einschalten. In der Einstellung *Adaptiv* werden im Laufe des Tages automatisch kleine Änderungen vorgenommen, am Abend wird dann zu deutlich wärmeren Bildschirmfarben gewechselt.

Nicht stören

Benachrichtigungen auf dem Smartphone können interessant, aber auch lästig sein. Nicht immer möchte man ständig durch Nachrichten unterbrochen werden. Nachts oder auch beim Betrachten eines Films oder beim Spielen sollen nur wirklich wichtige Unterbrechungen erscheinen.

Über das Symbol *Nicht stören* im QuickPanel lässt sich das Samsung Galaxy S26 in einen Modus versetzen, in dem nur noch wichtige oder auch gar keine Benachrichtigungen mehr auf dem Bildschirm erscheinen. Beim Aktivieren des Nicht-stören-Modus legen Sie fest, ob dieser sich nach einer bestimmten Zeit automatisch deaktivieren soll oder bis zur manuellen Deaktivierung eingeschaltet bleiben soll.

Zur Erinnerung, dass der Nicht-stören-Modus aktiv ist, erscheinen in der Benachrichtigungsleiste am oberen Bildschirmrand ein Nicht-stören-Symbol und ein Hinweis oberhalb der Benachrichtigungen, dass sich der Modus jederzeit wieder deaktivieren lässt. Auch beim Drücken der Lautstärketaste erscheint ein Nicht-stören-Symbol.

Die Einstellungen für den Nicht-stören-Modus erreichen Sie durch längeres Halten des Nicht-stören-Symbols. Tippen Sie dann auf *Details*. Der Nicht-stören-Modus kann manuell oder auch automatisch zeitgesteuert aktiviert werden. Legen Sie einen Zeitplan fest, an welchen Wochentagen und zu welchen Zeiten das Samsung Galaxy S26 nicht stören soll.

Wenn Sie nur wichtige Unterbrechungen zulassen möchten, müssen Sie noch festlegen, welche Arten von Unterbrechungen als wichtig gelten und weiterhin zu hören sein sollen. Diese legen Sie im Bereich *Anrufe und Nachrichten* fest. Bei Anrufen und Nachrichten haben

Sie die Wahl, ob alle Anrufe von Kontakten im Adressbuch oder nur von den mit einem Sternchen als bevorzugt markierten Kontakten unterbrechen dürfen. Das Gleiche gilt für Nachrichten, SMS und RCS-Chats. Bei *Alarme und Töne* legen Sie fest, ob im Nicht-stören-Modus Wecker und Medien (Musik und Filme) weiterhin ertönen dürfen oder nicht. Auch die Töne bei Berührung des Bildschirms lassen sich in diesem Modus deaktivieren.

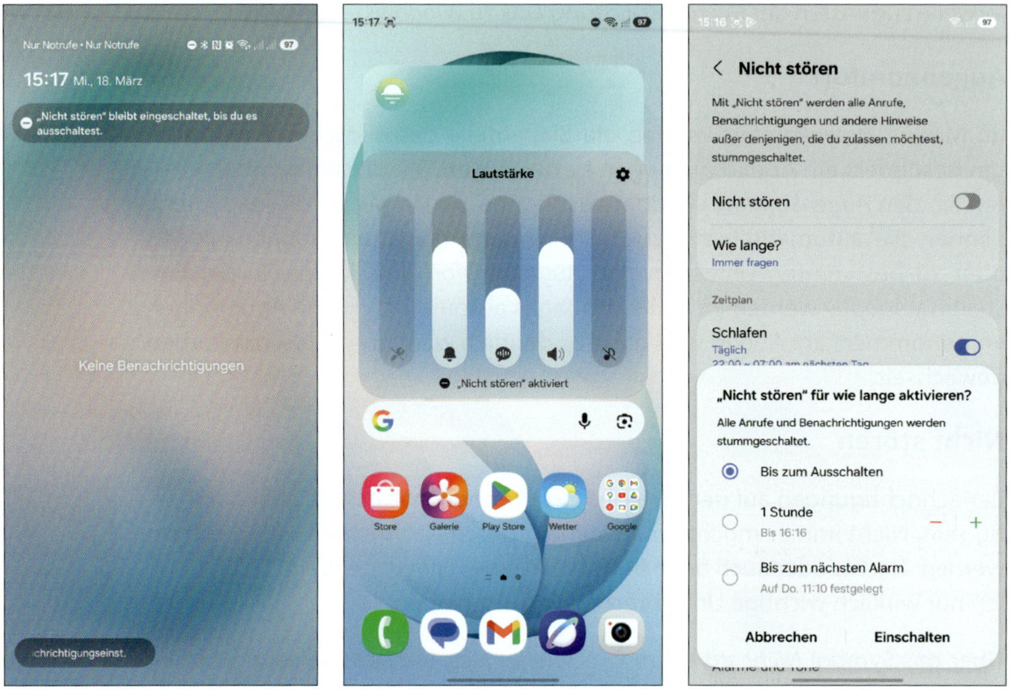

Hinweis für den Nicht-stören-Modus bei den Benachrichtigungen, Mitte: Symbol beim Drücken der Lautstärketaste, rechts: Einstellungen für den Nicht-stören-Modus

Um wirklich ungestört zu bleiben, können Sie im Nicht-stören-Modus auch alle – oder zumindest bestimmte – Benachrichtigungen ausblenden. Diese können Sie dann auch nicht mehr stören.

Ruhig schlafen und Wecker hören

In der Nacht können Sie den Nicht-stören-Modus aktivieren und alle Benachrichtigungen abschalten, aber trotzdem morgens den Wecker hören. Auch ein persönlicher Weckruf der Freundin ist möglich. Fügen Sie dazu unter *Anrufe und Nachrichten* eine einzige oder auch mehrere Kontaktpersonen hinzu. Außer diesen kann niemand anderes Sie morgens aus dem Schlaf reißen (siehe weiter unten auch den Abschnitt 3.10 »Adressbuch – Kontakte«).

WLAN-Anrufe

An Orten mit schlechtem oder gar keinem Mobilfunknetz können Sie mit dem Samsung Galaxy S26 auch per WLAN telefonieren, wenn der verwendete Mobilfunktarif diese Möglichkeit bietet. Weitere Informationen zu WLAN-Anrufen finden Sie in Kapitel 3.7 im Abschnitt »WLAN-Anrufe«.

QR-Code scannen

Auf dem Samsung Galaxy S26 ist eine QR-Code-Lese-App vorinstalliert. Eine zusätzliche QR-Code-Scanner-App ist nicht nötig. Weitere Informationen zum vorinstallierten QR-Code-Scanner finden Sie in Kapitel 4.3.

Dolmetscher

Der *Dolmetscher* aus der Galaxy AI übersetzt Gespräche in Echtzeit. Weitere Informationen zum *Dolmetscher* finden Sie in Kapitel 9.2 im Abschnitt »Galaxy AI als Dolmetscher«.

Mehrfachsteuerung

Nutzen Sie ein Samsung Galaxy Book oder Samsung Galaxy Tab, können Sie mithilfe der *Mehrfachsteuerung* eine Tastatur und Maus zur Steuerung aller Geräte nutzen. Nutzen Sie kein derartiges Gerät, können Sie die *Mehrfachsteuerung* abschalten.

Bildschirmhelligkeit und Lautstärke

Die Bildschirmhelligkeit kann mit einem Schieberegler stufenlos eingestellt werden. In dunklen Räumen reicht die geringste Stufe fast immer aus, im Freien bei Tageslicht braucht man häufig die höchste Stufe, die allerdings auch den meisten Strom verbraucht. Um den Effekt besser zu sehen, wird das QuickPanel ausgeblendet und der Helligkeitsregler über die aktive App oder den Startbildschirm eingeblendet.

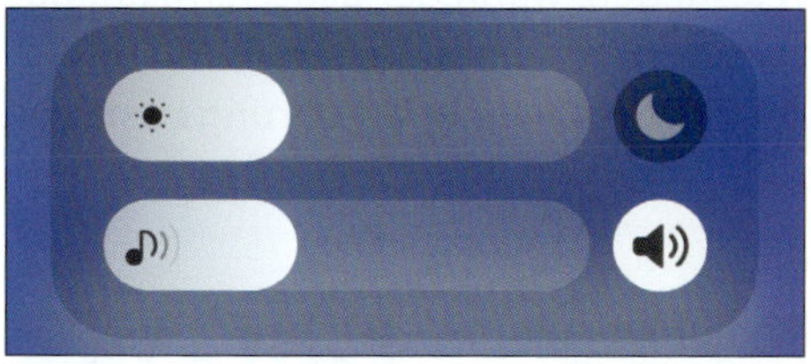

Tippen Sie länger auf den Regler, können Sie mit dem Schalter *Adaptive Helligkeit* die Bildschirmhelligkeit anhand der Umgebungshelligkeit automatisch regeln. Der Schalter *Adaptiver Farbton* passt zusätzlich die Farben auf dem Bildschirm an die Umgebungsbeleuchtung an, damit diese natürlicher erscheinen.

Links: Helligkeitsregler auf dem Startbildschirm, Mitte: langes Tippen auf den Helligkeitsregler, rechts: Anzeigeeinstellungen

Dark Mode/Dunkler Modus

Der helle Smartphone-Bildschirm strengt die Augen an, außerdem lässt sich besonders auf OLED-Displays mit dunklem Hintergrund erheblich Strom sparen. Mit Android 10 zog der dunkle Bildschirmmodus ins Betriebssystem ein. Selbstverständlich bietet auch das Samsung Galaxy S26 den dunklen Modus, auch als Dark Mode bezeichnet, über ein Symbol im QuickPanel an.

Der dunkle Modus schaltet die Benachrichtigungen, Einstellungen sowie alle unterstützten Apps auf ein dunkles Design mit weißer Schrift auf schwarzem Hintergrund um. In den *Einstellungen für Dark Mode* können Sie einen Zeitplan festlegen, wann der Bildschirm abends automatisch in den dunklen Modus umgeschaltet werden soll. Diese Umschaltung erfolgt nur, wenn der Bildschirm gerade ausgeschaltet ist, um möglichst wenig Verwirrung zu stiften.

Ton und Lautstärke

Das Symbol *Ton* schaltet bei mehrfachem Antippen auf Vibrationsalarm oder komplett lautlos. Die Lautstärke lässt sich mit den Lautstärketasten oder dem Lautstärkeregler einstellen.

Tippen Sie länger auf den Lautstärkeregler, kommen Sie zu den Lautstärkeeinstellungen, wo Sie *Dolby Atmos* einschalten können und auch einen Equalizer zur Klangeinstellung finden.

Mediensteuerung

Die Mediensteuerung zeigt im QuickPanel laufende Musik und bietet die Möglichkeit, sie anzuhalten, zu wiederholen oder Titel zu wechseln.

Die Mediensteuerung wird automatisch angezeigt, wenn Sie eine Musikabspiel-App nutzen. Sie können auch auf das Symbol der Mediensteuerung tippen, solange kein Titel läuft, und anschließend die gewünschte App wählen.

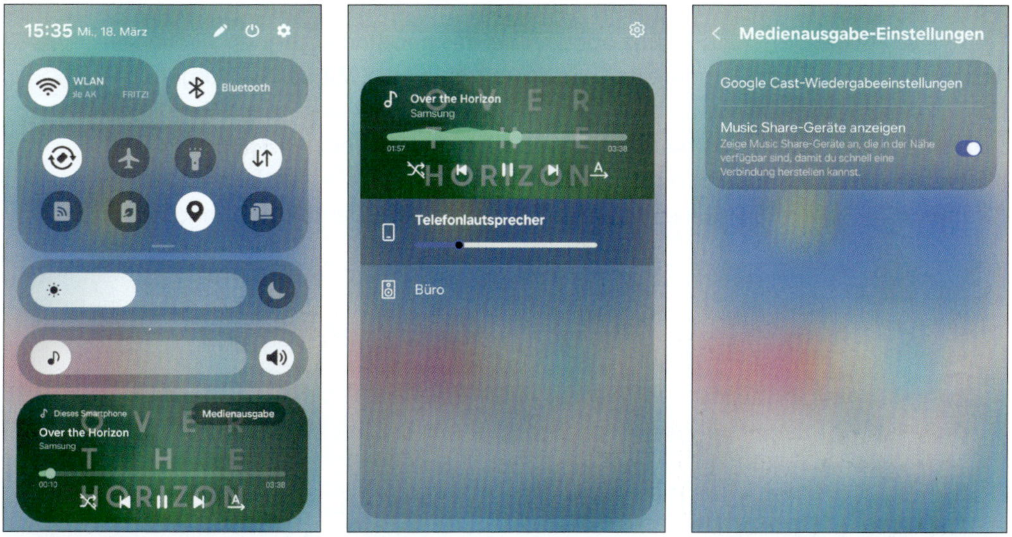

Mediensteuerung im QuickPanel

Multi-SIM-Informationen

Nutzen Sie zwei SIM-Karten oder zusätzlich zur SIM-Karte noch eine eSIM, sehen Sie in den *Multi-SIM-Informationen*, welche SIM für Anrufe, Nachrichten (SMS) und mobile Daten verwendet wird. Tippen Sie auf eines der Felder, können Sie die zu verwendende SIM direkt ändern.

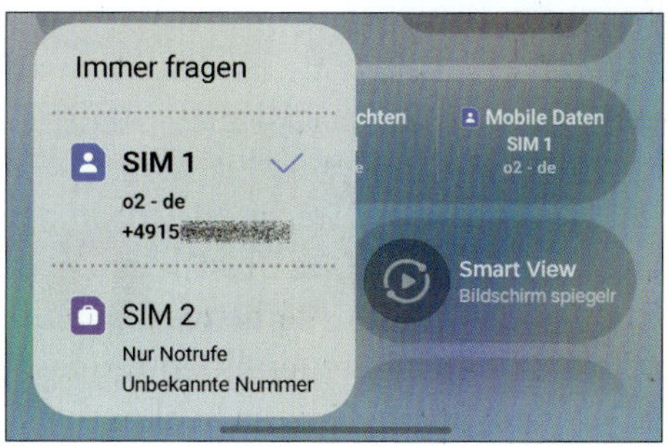

Eigene Telefonnummer herausfinden

Seit man alle Telefonnummern nur noch in Kontaktlisten speichert und kaum noch eine Nummer eintippt, wissen viele Anwender nicht einmal mehr ihre eigene Handynummer auswendig. Wer mehrere SIM-Karten und mehrere Smartphones hat, kommt schnell durcheinander. Tippen Sie auf die *Multi-SIM-Informationen* im QuickPanel, sehen Sie die Nummern der SIM-Karten und, wenn vorhanden, einer eSIM.

QuickPanel anpassen

Tippen Sie auf das Stiftsymbol ganz oben rechts im QuickPanel, können Sie die Reihenfolge der einzelnen Elemente im QuickPanel verändern. Mit den hervorgehobenen Ecken an einigen Steuerungen können Sie deren Größe verändern. Benötigen Sie bestimmte Einstellungen häufiger, tippen Sie im Symbolfeld auf *Bearbeiten*. Dort können Sie per Drag and Drop die Reihenfolge der Symbole in der Symbolpalette verändern. Mit den roten Minuszeichen entfernen Sie nicht benötigte Symbole.

QuickPanel und Symbolpalette anpassen, rechts: zusätzliche Steuerungen hinzufügen

Tippen Sie ganz unten auf *Steuerung hinzufügen*, um weitere Steuerungssymbole im QuickPanel einzufügen. Neu in One UI 8.5 können Sie hier nicht nur die kleinen runden Symbole hinzufügen, sondern auch interaktive Steuerungen mit mehr Funktionen. Apps haben jetzt die Möglichkeit, eigene Steuerungen für das QuickPanel zu liefern, die Sie hier ebenfalls einfügen können. Tippen Sie zum Schluss auf *Fertig*, um diesen Bildschirm zu verlassen und die Änderungen zu speichern. In den *Paneel-Einstellungen* oben links können Sie die Symbolpalette wieder auf die Werkseinstellungen zurücksetzen.

Auf altes QuickPanel zurückschalten

In älteren Versionen der Samsung-Oberfläche One UI erschienen oberhalb der Benachrichtigungen ein paar wichtige Symbole für Schnelleinstellungen. Erst wenn man die Benachrichtigungsleiste ein zweites Mal herunterzog, erschien das vollständige QuickPanel. Tippen Sie auf dem Bearbeitungsbildschirm für das QuickPanel oben links auf *Paneel-Einstellungen*, können Sie zwischen der neuen Darstellung (*Separat*) und der alten (*Zusammen*) wählen.

Smartphone ausschalten

Die meisten Android-Smartphones blenden bei längerem Drücken der Ein-/Ausschalttaste ein sogenanntes Ausschaltmenü ein, über das sich das Smartphone ausschalten lässt. Meistens enthalten diese Menüs noch zusätzliche Symbole für wichtige Funktionen. Samsung bezeichnet die Ein-/Ausschalttaste als **Funktionstaste** und aktiviert in der Grundeinstellung den KI-Assistenten Google Gemini bei längerem Drücken dieser Taste. Drücken Sie die Ein-/Ausschalttaste und die Leiser-Taste gleichzeitig, können Sie damit das Smartphone ausschalten.

Tippen Sie auf das Ausschaltsymbol oben im QuickPanel, erscheint das Ausschaltmenü, um das Smartphone auszuschalten oder neu zu starten. Tippen Sie auf dem nächsten Bildschirm unten auf *Einstellungen für Funktionstaste*, können Sie festlegen, dass bei langem Drücken der Ein-/Ausschalttaste wieder das Ausschaltmenü eingeblendet wird. Zusätzlich können Sie eine App festlegen, die beim doppelten Drücken der Funktionstaste aufgerufen wird. Standardmäßig ist das die *Kamera*.

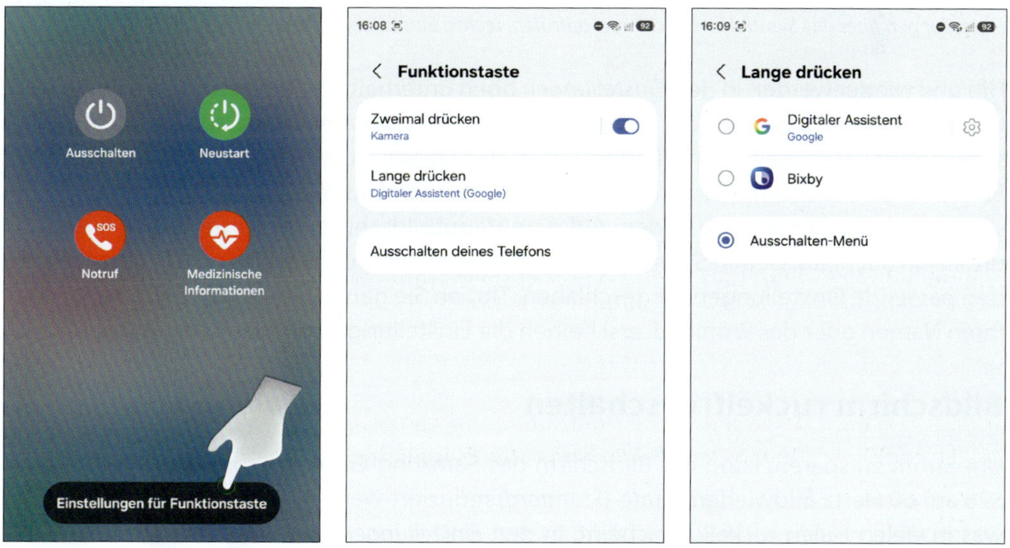

Links: Ausschaltbildschirm, Mitte, rechts: Einstellungen für die Funktionstaste

3.6 Alle Einstellungen schnell zugänglich

Android enthält seit der ersten Version eine System-App, in der Sie alle Einstellungen des Smartphones finden. Sie brauchen diese App nicht aus der App-Liste zu starten – tippen Sie einfach auf das *Einstellungen*-Symbol ganz oben im QuickPanel.

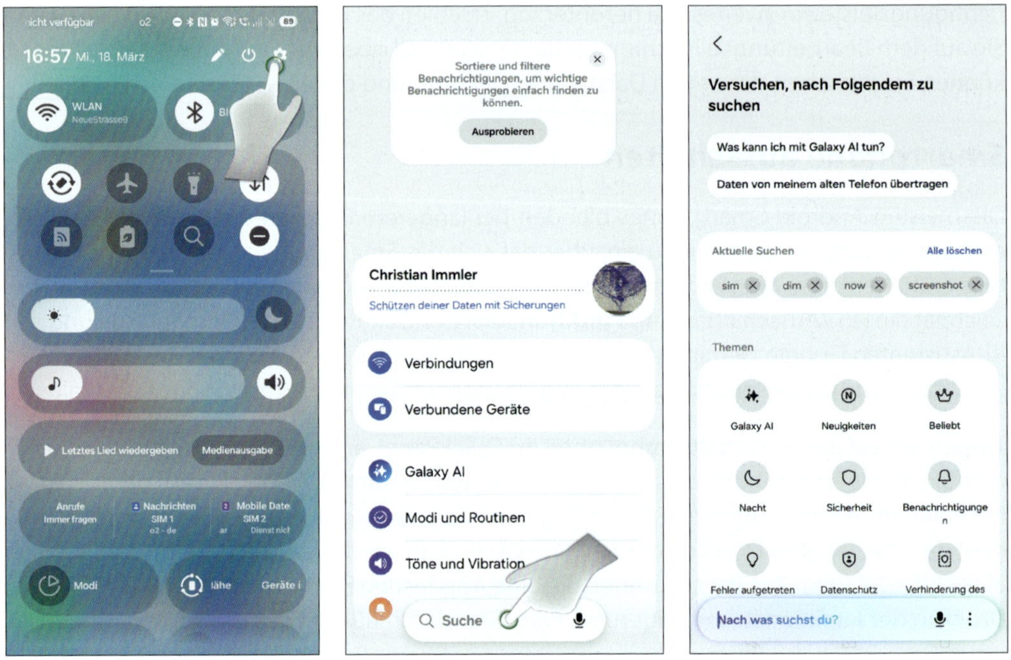

Einstellungen über das Symbol im QuickPanel aufrufen, rechts: Einstellungen suchen

Hin und wieder werden in den *Einstellungen* oben unterhalb des eigenen Profils Vorschläge für interessante Einstellungen, basierend auf Ihrem Nutzerverhalten, angezeigt. Mit einer senkrechten Wischbewegung finden Sie in der langen Liste Kategorien mit vielfältigen Einstellungen. Nicht immer ist es ganz einfach, eine bestimmte Einstellung innerhalb der verschachtelten Struktur zu finden. Auf dem Hauptbildschirm der *Einstellungen* finden Sie unten ein Suchfeld. Geben Sie hier einen Suchbegriff ein. Schon während der Eingabe werden passende Einstellungen vorgeschlagen. Tippen Sie ganz oben in den *Einstellungen* auf Ihren Namen oder das Profilbild, erscheinen die Einstellungen des Samsung Accounts.

Bildschirm ruckelfrei schalten

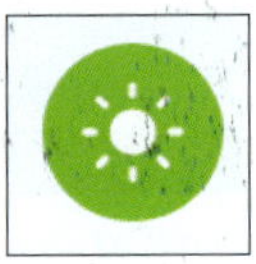

Um Strom zu sparen, kann der Bildschirm des Samsung Galaxy S26 auf 60 Hertz Bildwiederholrate (*Standard*) reduziert werden, was in vielen Fällen ruckelig erscheint. In den *Einstellungen* unter *Anzeige/Bildwiederholrate* können Sie die Bildwiederholrate adaptiv einstellen. Je nach Nutzung wird sie dann automatisch (*Adaptiv*) auf ruckelfreie 120 Hertz umgeschaltet. Dann läuft alles deutlich flüssiger, der Bildschirm verbraucht allerdings mehr Strom.

Datum und Uhrzeit richtig einstellen

Prüfen Sie direkt, ob Datum und Uhrzeit auf dem Smartphone richtig eingestellt sind. Eine falsch gehende Uhr ist nicht nur lästig, sondern kann auch zu Fehlern mit Zeitstempeln bei internationalen Onlinediensten und beim E-Mail-Versand führen.

Die meisten Android-Smartphones sind so vorkonfiguriert, dass sie Datum, Uhrzeit und Zeitzone aus dem Mobilfunknetz beziehen. Leider kommt es immer wieder vor, dass Netzbetreiber hier falsche oder gar keine Informationen übertragen.

1. Sollte die angezeigte Zeit oder das Datum falsch sein, wischen Sie in den *Einstellungen* nach unten zum Bereich *Allgemeine Verwaltung* und tippen dort auf *Datum und Uhrzeit*.
2. Wenn die Uhr eine falsche Zeit anzeigt, deaktivieren Sie oben den Schalter *Datum und Uhrzeit automatisch stellen*, um die Automatik auszuschalten.
3. Tippen Sie dann auf die Zeile *Uhrzeit einstellen*. Hier können Sie auf einer Uhr die Stunden und Minuten richtig einstellen.

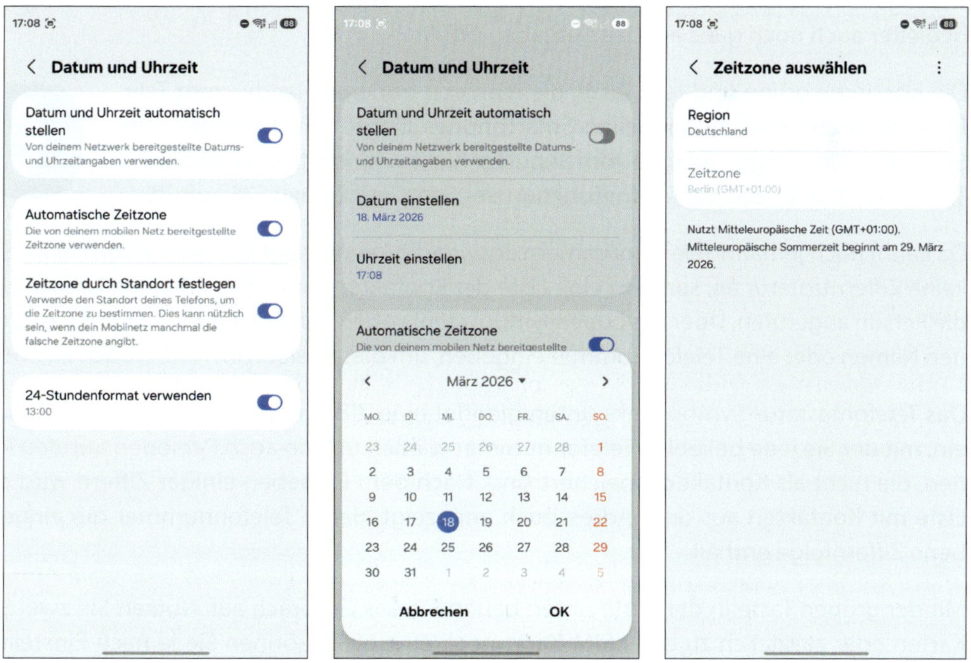

Datum und Uhrzeit in den Einstellungen automatisch oder manuell einstellen

4. Auf die gleiche Weise legen Sie auch das Datum fest, wenn es nicht automatisch richtig übernommen wurde.

5. Wählen Sie in jedem Fall auch die richtige Zeitzone. Android verwendet sogenannte Regionen. Wählen Sie hier *Deutschland* aus, werden automatisch die dort gültige Zeitzone sowie die Sommerzeitregelung eingestellt. In den afrikanischen Städten der gleichen Zeitzone gelten andere Sommerzeitregeln. In Regionen mit mehreren Zeitzonen, etwa Australien oder Kanada, können Sie anschließend die gewünschte Zeitzone auswählen. Über das Menü mit den drei Punkten rechts oben lässt sich die Uhrzeit alternativ auch über die UTC-Abweichung anstatt über eine Region wählen. Sollte der Netzbetreiber eine falsche Zeitzone liefern, können Sie die Zeitzone auch anhand des Standorts automatisch ermitteln lassen, was besonders bei Reisen über mehrere Zeitzonen nützlich sein kann.

6. Legen Sie an dieser Stelle auch das 24-Stunden-Format zur Anzeige der Uhrzeit fest, sonst würde beispielsweise *16:00* als *04:00* angezeigt. Diese Einstellung gilt überall auf dem Samsung Galaxy S26, wo Datum und Uhrzeit angezeigt werden.

3.7 Telefonieren mit dem Samsung Galaxy S26

Wundern Sie sich nicht, dass erst an dieser Stelle im Buch erwähnt wird, dass man mit dem Samsung Galaxy S26 auch telefonieren kann. Telefonieren ist schon lange nicht mehr die wichtigste Funktion eines Smartphones, das heute als persönlicher, jederzeit verfügbarer Begleiter auch noch ganz andere Aufgaben erfüllt.

Die klassische grüne und rote Taste, die man von früheren Handys zum Telefonieren kennt, sind auf aktuellen Smartphones längst verschwunden. Der Startbildschirm zeigt – solange vom Benutzer nicht verändert – unten links ein Telefonsymbol an, das die Telefonfunktion des Samsung Galaxy S26 aufruft.

Da kaum noch jemand Telefonnummern auswendig kennt, zeigt die *Telefon*-App beim Start keine Zifferntastatur an, sondern eine Liste der Kontakte. Tippen Sie auf einen Namen, wird die Person angerufen. Über das Lupensymbol rechts oben auf dem Bildschirm können Sie einen Namen oder eine Telefonnummer eingeben, um diese Person im Adressbuch zu finden.

Das Telefontastatur-Symbol links unten blendet eine Zifferntastatur auf dem Touchscreen ein, mit der Sie jede beliebige Telefonnummer wählen und so auch Personen anrufen können, die nicht als Kontakt gespeichert sind. Nach dem Eingeben einiger Ziffern wird eine Liste mit Kontakten aus dem Adressbuch angezeigt, deren Telefonnummer die eingegebene Ziffernfolge enthält.

Mit der grünen Taste in der Mitte unten bauen Sie das Gespräch auf. Nutzen Sie zwei SIM-Karten oder zusätzlich zu einer SIM-Karte noch eine eSIM, können Sie je nach Einstellung im SIM-Manager jedes Mal auswählen, mit welcher SIM-Karte Sie telefonieren möchten.

Telefonnummer suchen

Kennen Sie die Telefonnummer einer Person nicht auswendig, verwenden Sie die Buchstaben auf der Zifferntastatur und tippen damit den Namen ein. Auch hier werden sofort passende Kontakte angezeigt.

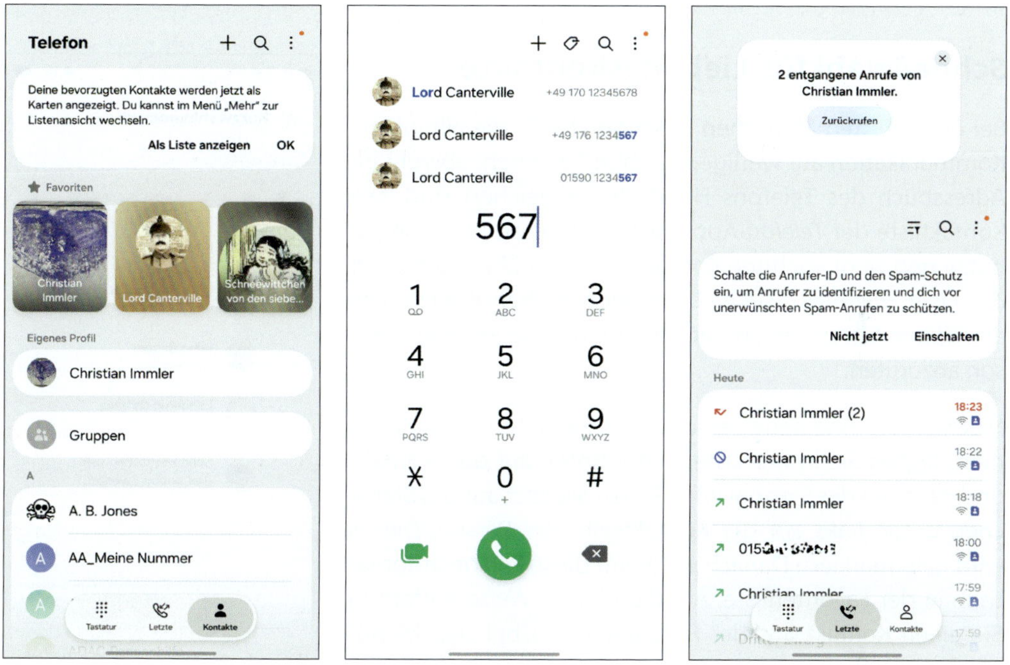

Die Telefonfunktion auf dem Samsung Galaxy S26: Startbildschirm mit Kontakten, Telefontastatur und Anrufliste

Haben Sie mit der Person, die Sie anrufen möchten, schon einmal gesprochen, können Sie die Anrufliste verwenden. Tippen Sie dazu in der *Telefon*-App unten auf *Letzte*. Dann erscheint eine Liste der zuletzt gewählten Nummern und der eingegangenen Anrufe, in der Sie einfach nur auf einen Anruf zu tippen brauchen, um die Nummer zu sehen oder die betreffende Person wieder anzurufen. Mit dem Filtersymbol oben können Sie lange Anruflisten nach eingehenden oder ausgehenden Anrufen filtern.

Tippen Sie anschließend auf das grüne Telefonsymbol, um die Verbindung aufzubauen. Noch einfacher geht es, wenn Sie mit dem Finger von links nach rechts über einen Eintrag im Anrufprotokoll streifen. Damit rufen Sie die Person an, ohne noch eine weitere Taste drücken zu müssen. Statt eine Nummer zu wählen, können Sie auch über das Symbol *Kontakte* unten in der *Telefon*-App eine Person im Adressbuch suchen und anrufen.

> **Kontakte mit dem Samsung Account synchronisieren**
>
> Beim Aufruf der Kontaktliste erscheint ein Hinweis, dass Sie die gespeicherten Kontakte mit dem Samsung Account synchronisieren sollten, um sie auch auf anderen Geräten nutzen zu können. Wenn Sie Ihre Kontakte bereits im Google-Konto haben, ist die zusätzliche Synchronisierung mit dem Samsung Account nicht nötig.

Schnellwahl für Lieblingskontakte

Bei den meisten Menschen beschränkt sich die alltägliche Kommunikation auf weniger als zehn Personen, obwohl im Adressbuch des Telefons Hunderte gespeichert sind. Die Kontaktliste der *Telefon*-App macht sich diese Tatsache zunutze und zeigt wichtige Kontaktpersonen übersichtlich in der Liste *Favoriten* oberhalb der eigentlichen Kontaktliste an. Tippen Sie auf einen der Namen, um die jeweilige Person anzurufen.

Möchten Sie eine neue Person in die Favoritenliste aufnehmen, tippen Sie in der Liste weiter unten auf den Kontakt und dann auf das Symbol *Info*. Tippen Sie jetzt auf das Sternchen unten links auf der Kontaktseite der Person. Dieses wird gelb markiert. Danach erscheint diese Person automatisch in der Favoritenliste. Auf die gleiche Weise entfernen Sie einen Kontakt aus der Favoritenliste. Über den Menüpunkt *Erneutes Anordnen der Favoriten* im Menü rechts oben können Sie die Reihenfolge der Favoriten frei anordnen.

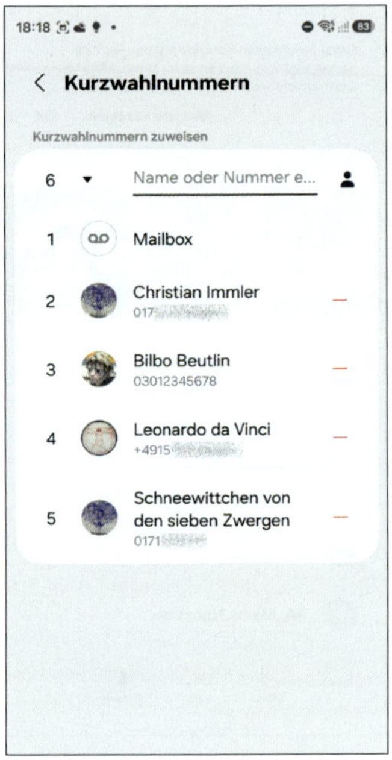

Kurzwahlnummern zuweisen

Kurzwahl in der Telefon-App

Samsung bietet in der *Telefon*-App noch eine zusätzliche Kurzwahlfunktion über Zifferntasten im Stil alter Handys an. So nutzen Sie diese:

1. Tippen Sie oben rechts auf der Telefontastatur auf das Menü mit den drei Punkten und wählen Sie *Kurzwahlnummern*.
2. In der Liste der Kurzwahlnummern ist die 1 standardmäßig mit der Mailboxnummer belegt. Um eine neue Kurzwahl hinzuzufügen, geben Sie eine Nummer in das Eingabefeld ein oder tippen auf das Personensymbol ganz rechts und wählen eine Person aus den Kontakten aus.
3. Sind bei dieser Person mehrere Telefonnummern gespeichert, erscheint ein Auswahlfeld, in dem Sie die gewünschte Nummer auswählen.

Um eine Kurzwahl zu nutzen, halten Sie den Finger einfach länger auf der entsprechenden Zifferntaste auf der Zifferntastatur der *Telefon*-App. Dann wird automatisch die gespeicherte Nummer gewählt. Möchten Sie eine Kurzwahl ändern, tippen Sie auf das rote Minussymbol in der Kurzwahlliste und weisen die Kurzwahlnummer neu zu.

Das Telefon klingelt

Klingelt das Telefon, weil jemand anruft, erscheinen automatisch dessen Kontaktbild und Name, soweit diese im Adressbuch gespeichert sind, auf dem Bildschirm. Direkt aus der Benachrichtigung heraus können Sie das Gespräch annehmen oder auch ablehnen.

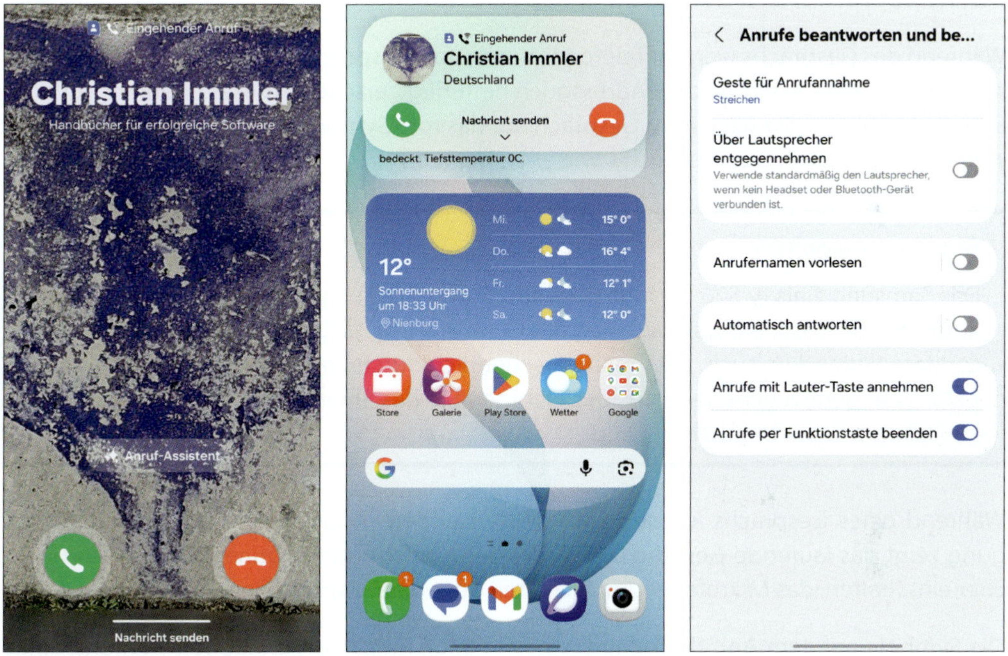

Eingehender Anruf als Vollbild und Benachrichtigung, rechts: Einstellungen, um Anrufe anzunehmen oder zu beenden

Ist der Bildschirm während des Anrufs ausgeschaltet, erscheint der Anruf im Vollbildmodus. Damit hier, falls das Samsung Galaxy S26 in der Tasche steckt, kein Anruf versehentlich angenommen wird, müssen Sie ein Kreissymbol ein Stück weit verschieben und nicht nur einfach ein Symbol antippen.

Wenn Ihnen das Verschieben des grünen Symbols zu umständlich ist, weil Sie zum Beispiel oft mit Handschuhen arbeiten, wählen Sie in den Einstellungen der *Telefon*-App über das Menü links oben *Anrufe beantworten und beenden*. Hier können Sie festlegen, dass Sie durch Drücken der Lauter-Taste einen Anruf annehmen und mit der Funktionstaste, auch als Ein-/Ausschalter bekannt, den Anruf wieder beenden. Hier können Sie auch vom Streichen über das grüne Symbol auf einfaches Tippen umschalten.

Klingeln ausschalten

Klingelt das Telefon in einem unpassenden Moment, drücken Sie die Ein-/Ausschalttaste und die Lauter-Taste gleichzeitig, um das Klingeln auszuschalten. In den *Einstellungen* unter *Erweiterte Funktionen/Bewegungen und Gesten/Mit Gesten stummschalten* können Sie festlegen, dass Sie das Samsung Galaxy S26 einfach mit dem Bildschirm nach unten auf den Tisch legen oder die flache Hand auf den Bildschirm legen, um das Klingeln abzuschalten, ohne den Anruf anzunehmen oder abzulehnen.

Funktionen während des Gesprächs

Während des Gesprächs werden Telefonnummer und Gesprächsdauer angezeigt. Ist zu der angerufenen Person ein Foto im Adressbuch hinterlegt, erscheint dieses ebenfalls auf dem Bildschirm. Tippen Sie nach dem Gespräch auf das rote Symbol unten, um die Verbindung zu trennen, »den Hörer aufzulegen«, wie es früher hieß.

Annäherungssensor

Das Samsung Galaxy S26 verfügt über einen Annäherungssensor, der den Bildschirm automatisch ausschaltet, sobald man das Gerät ans Ohr hält. Dies spart nicht nur Strom, sondern verhindert auch, dass man versehentlich durch Berührung mit dem Ohr eine Aktion auf dem Touchscreen auslöst. Nehmen Sie das Smartphone vom Ohr, wird der Bildschirm wieder benutzbar.

Während eines Gesprächs können Sie jederzeit andere Apps nutzen. Eine Benachrichtigung zeigt das laufende Gespräch. In dieser Benachrichtigung können Sie den Lautsprecher einschalten, das Mikrofon stummschalten oder das Gespräch beenden.

Die Symbole auf dem Anrufbildschirm stellen einige nützliche Funktionen während eines Telefongesprächs zur Verfügung.

Anruf hinzufügen – startet eine Telefonkonferenz. Jetzt können Sie weitere Personen zum Gespräch hinzufügen.

Stumm – schaltet das Mikrofon stumm, um Rückfragen zu stellen, die der Gesprächspartner nicht hört.

Bluetooth – verbindet mit einem Bluetooth-Headset oder Lautsprecher.

Lautsprecher – schaltet den Lautsprecher ein, dann kann man das Smartphone auf den Tisch legen und frei sprechen, auch mit mehreren Personen im Raum.

Tasten – blendet eine Zifferntastatur ein, um etwa Sprachcomputer oder Mailboxen per Tonwahl zu steuern oder um bei Callthrough-Anbietern während des Gesprächs eine weitere Telefonnummer zu wählen.

Das Symbol *Mehr* blendet ein Menü mit weiteren Funktionen ein. Hier können Sie den Anruf halten, den Kontakt anzeigen oder eine Nachricht senden.

Nach dem Gespräch erscheint ein Bildschirm, der wichtige Funktionen zeigt, die man häufig nach einem Telefongespräch braucht.

Mit der Option *Anrufanzeige bei App-Verwendung* in den Einstellungen der *Telefon*-App legen Sie fest, wie Anrufe angezeigt werden, während eine App verwendet wird. Anrufe belegen dann nicht den ganzen Bildschirm, sodass Sie leichter nebenbei noch andere Apps nutzen können.

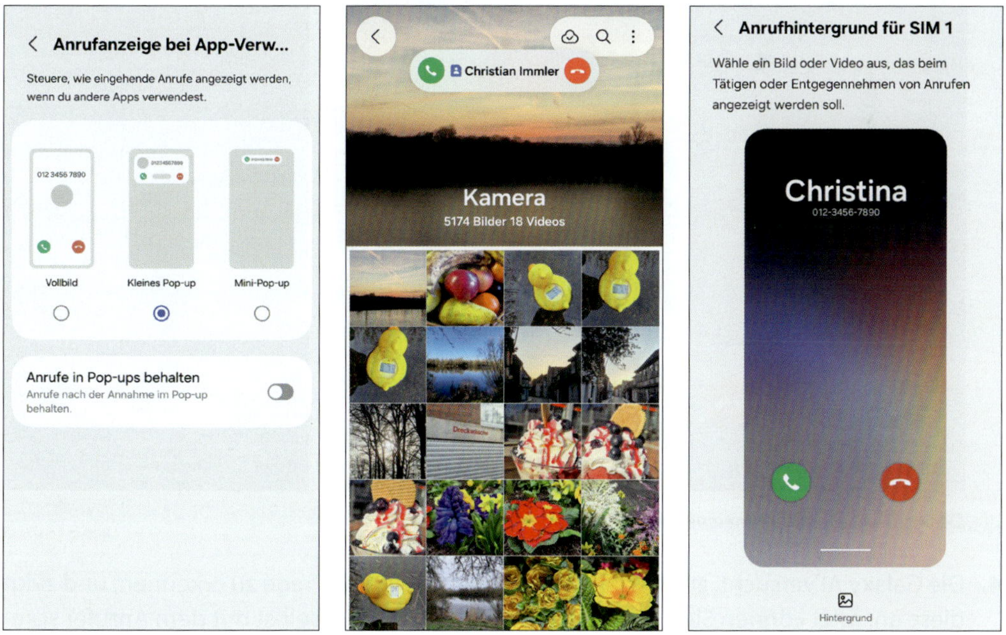

Links: Anrufanzeige bei App-Verwendung einstellen, Mitte: Mini-Pop-up, rechts: Anrufhintergrund wählen

Anrufhintergrund auswählen

Mit der Option *Anrufhintergrund* in den Einstellungen der *Telefon*-App können Sie verschiedene Hintergrundanimationen wählen, die bei einem Anruf im Vollbildmodus erscheinen. Zur leichten Unterscheidung der Anrufe wählen Sie für beide SIM-Karten unterschiedliche Hintergründe.

Anruf-Assistent – der Anrufbeantworter mit KI

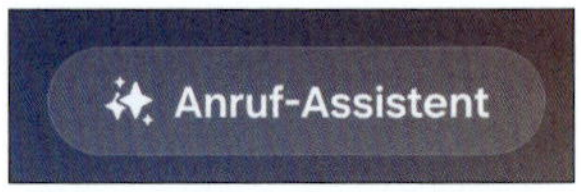

Das Samsung Galaxy S26 bietet mit der Funktion *Anruf-Assistent* einen interaktiven Anrufbeantworter, der Anrufe wirklich beantwortet und nicht nur einfach aufzeichnet.

1. Tippen Sie bei einem eingehenden Anruf auf den Button *Anruf-Assistent*.
2. Auf dem nächsten Bildschirm tippen Sie auf *Anrufprüfung*.
3. Der *Anruf-Assistent* meldet sich beim Anrufer und fragt nach dem Grund des Anrufs. In diesem Moment sind Sie schon viele Werbeanrufer los, da diese einfach auflegen.

Der Anruf-Assistent nimmt einen Anruf an

4. Die Galaxy AI versucht, aus der Antwort des Anrufers eine Frage zu erkennen, und zeigt diese an. Jetzt können Sie mit dem grünen Telefonsymbol selbst mit dem Anrufer sprechen oder Sie tippen unten auf *Text-Anruf*.

5. In diesem Fall sehen Sie auf Ihrem Smartphone ein Transkript des Anrufs. Wenn der Anrufer etwas spricht, erscheint dies als Text auf dem Bildschirm. Manchmal werden die Wörter nicht richtig erkannt, aber meistens kann man sich zusammenreimen, was gemeint war. So können Sie auch während einer Konferenz, ohne zu stören, Anrufe lautlos annehmen und die Antworten schreiben, die dem Anrufer vorgelesen werden.

6. Am unteren Bildschirmrand finden Sie Buttons für einfache Antworten. Der Anrufer erhält eine deutlich ausführlichere Textansage.

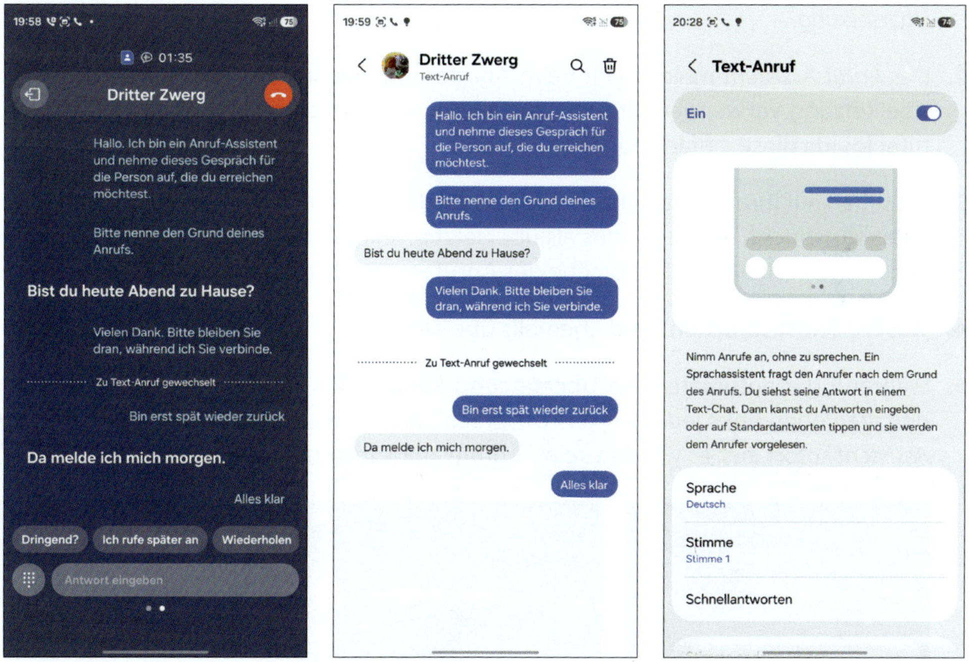

Links: laufender Text-Anruf, Mitte: Transkript des Text-Anrufs, rechts: Einstellungen für Text-Anrufe

In den Einstellungen der *Telefon*-App können Sie unter *Text-Anruf* verschiedene Stimmen für die Ansagen auswählen oder die Funktion komplett abschalten. In der Zeile *Schnellantworten* können Sie die vorgegebenen Schnellantworten bearbeiten und auch neue hinzufügen. Tragen Sie für jede Schnellantwort einen Kurztext für die Schaltfläche sowie einen ausführlichen Text ein, den der Anrufer zu hören bekommt.

Während der automatischen Antwort können Sie jederzeit das Gespräch annehmen. Dabei schaltet sich der *Anruf-Assistent* sofort aus. Es werden keine Anrufe aufgezeichnet oder mitgeschrieben.

Sie können später über die Anrufliste das Transkript des Gesprächs nachlesen. Die Anrufliste zeigt ein kleines Symbol für den *Text-Anruf*. Tippen Sie darauf, können Sie sich ein ausführliches Transkript anzeigen lassen.

Anrufe automatisch übersetzen

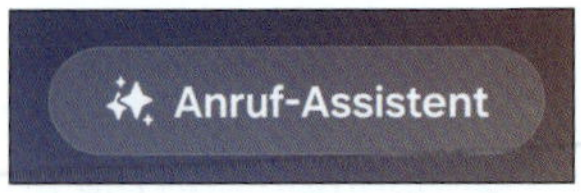

Ruft ein Anrufer in einer Sprache an, die Sie nicht verstehen, können Sie sich von der *Live-Übersetzung* der Galaxy AI die gesprochenen Sätze direkt während des Gesprächs übersetzen lassen.

1. Tippen Sie bei einem eingehenden Anruf auf den Button *Anruf-Assistent* und auf dem nächsten Bildschirm auf *Live-Übersetzung.*
2. Der *Anruf-Assistent* meldet sich beim Anrufer und erklärt ihm, dass eine automatische Übersetzung verwendet wird. Auch in diesem Moment sind Sie schon viele Werbeanrufer los, da diese einfach auflegen.
3. Sie sehen auf Ihrem Smartphone ein übersetztes Transkript des Anrufs. Wenn der Anrufer etwas spricht, erscheint dies als übersetzter Text auf dem Bildschirm. Oben auf dem Bildschirm können Sie die Sprache des Anrufers und Ihre eigene Sprache auswählen.
4. Was Sie selbst sprechen, wird ebenfalls übersetzt.
5. Während der automatischen Übersetzung können Sie mit dem Symbol *Dolmetschen anhalten* oben links jederzeit das Gespräch annehmen. Dabei schaltet sich der *Anruf-Assistent* sofort aus. Es werden keine Anrufe aufgezeichnet oder mitgeschrieben.

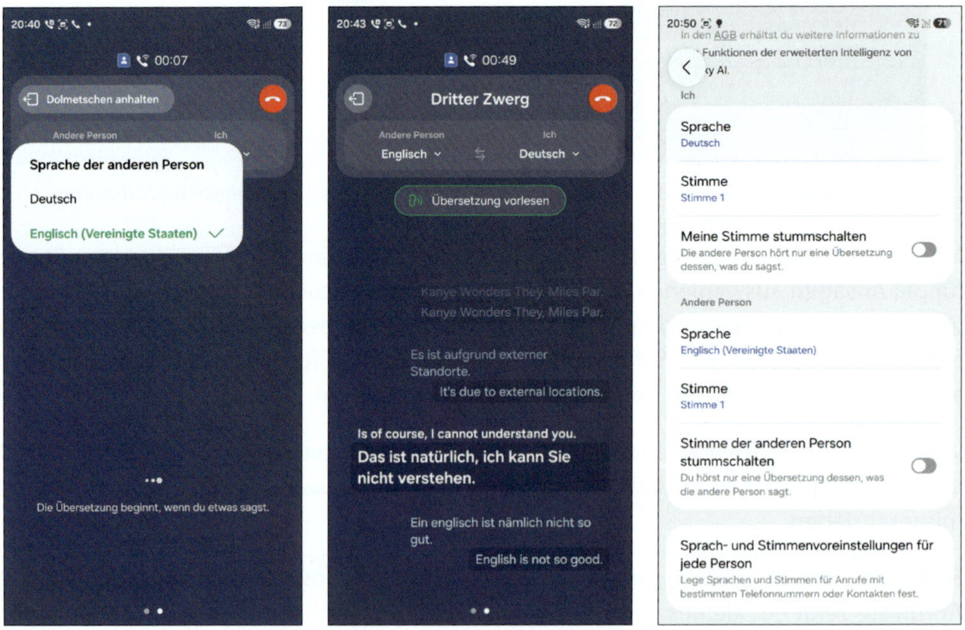

Live-Übersetzung während eines Anrufs, rechts: Einstellungen zur Live-Übersetzung

In den Einstellungen der *Telefon*-App können Sie unter *Live-Übersetzung* verschiedene Stimmen für die Ansagen auswählen oder die Funktion komplett abschalten. Hier haben Sie zudem die Möglichkeit, Ihre eigene Stimme oder die Stimme der anderen Person stummzuschalten. Sie oder der Anrufer hören dann nur noch die Übersetzung. Nutzen Sie die automatische Übersetzung mit bestimmten Gesprächspartnern häufig, können Sie für diese Sprach- und Stimmeinstellungen speichern, damit Sie sie nicht bei jedem Gespräch neu festlegen müssen.

Entgangene Anrufe

Haben Sie einen Anruf auf dem Galaxy S26 verpasst, wird das in der Benachrichtigungsleiste, auf dem Sperrbildschirm und auch auf dem Always On Display angezeigt. So sehen Sie sofort, ob und wann jemand in Abwesenheit angerufen hat.

Wenn oben links in der Benachrichtigungsleiste ein Symbol für entgangene Anrufe erscheint, ziehen Sie die Benachrichtigungsleiste herunter. In der Benachrichtigung können Sie direkt die Anrufliste der *Telefon*-App aufrufen. Tippen Sie dort auf einen Eintrag, sehen Sie die Telefonnummer und können wahlweise zurückrufen oder per SMS antworten.

Das Symbol der *Telefon*-App bekommt einen sogenannten Benachrichtigungspunkt, der anzeigt, wie viele aktuelle Benachrichtigungen in der App vorliegen, in diesem Fall die entgangenen Anrufe. Die meisten Mobilfunkanbieter schicken bei verpassten Anrufen zusätzlich eine SMS. Auch aus dieser SMS können Sie den Anrufer zurückrufen oder direkt auf die SMS antworten.

Klingelton auswählen

Klingeltöne auf dem Smartphone sind für viele etwas ganz Persönliches und müssen je nach Tagesstimmung geändert werden. Anderen kommt es eher darauf an, einen im Alltag deutlich hörbaren Klingelton zu verwenden, oder einen, mit dem nicht auch zahlreiche andere Geräte in der Umgebung klingeln. Das Samsung Galaxy S26 liefert diverse Klingeltöne mit.

Tippen Sie in den Einstellungen der *Telefon*-App auf *Anruferinnerungen und Klingelton*. Die Zeile *Klingelton* auf dem nächsten Bildschirm zeigt die für beide SIMs verwendeten Klingeltöne. Tippen Sie darauf, um einen Klingelton für das Telefon auszuwählen. Um die Anrufe auf den SIM-Karten und der eSIM (falls vorhanden) leicht zu unterscheiden, können Sie unterschiedliche Klingeltöne wählen. Mit dem Plussymbol oben rechts können Sie einen lokal gespeicherten Musiktitel als Klingelton verwenden. Samsung liefert auf dem Samsung Galaxy S26 einen Musiktitel als Beispiel mit.

Die Klingeltonlautstärke stellen Sie mit den Lautstärketasten an der Seite des Samsung Galaxy S26 ein. Dazu müssen Sie sich in der *Telefon*-App befinden, da Android zwischen Klingeltonlautstärke und Medienlautstärke unterscheidet. Im Musikplayer oder in einem Spiel regeln diese Tasten die Medienlautstärke.

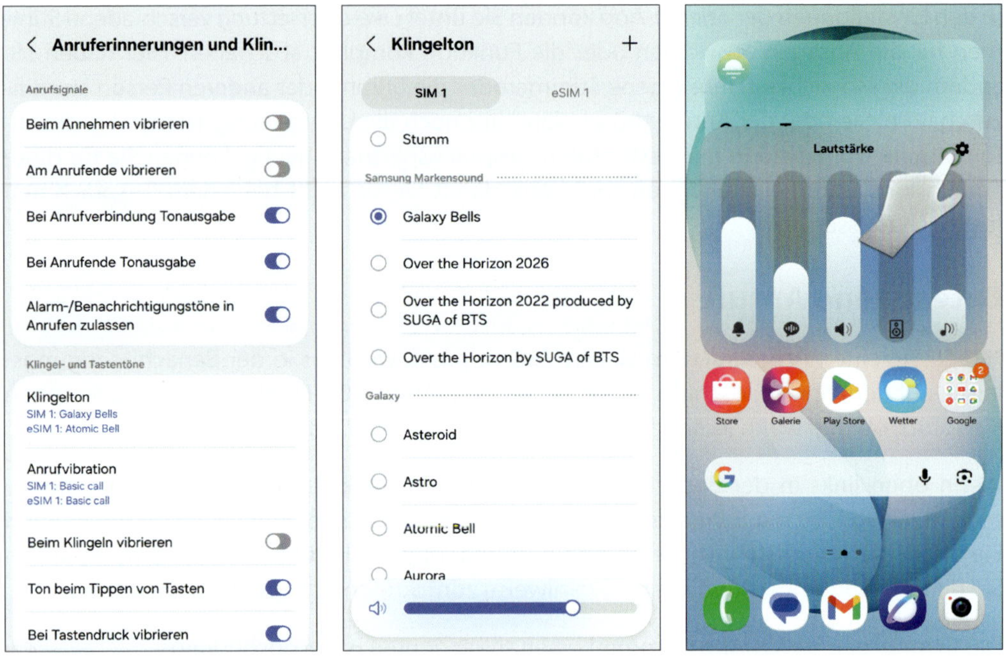

Links, Mitte: Klingelton auswählen, rechts: Lautstärke über die Lautstärketasten regeln

Beim Drücken einer Lautstärketaste wird ein Schieberegler eingeblendet, der die aktuelle Lautstärke anzeigt. Tippen Sie auf die drei Punkte oben, erscheinen getrennte Schieberegler für Systemtöne, Benachrichtigungen, Klingelton und Medienlautstärke. Mit dem *Einstellungen*-Symbol oben rechts bei den Lautstärkereglern kommen Sie zu den Lautstärkeeinstellungen.

Ist der Schalter *Lautstärketasten für Medien verwenden* in den Lautstärkeeinstellungen aktiviert, stellen die Lautstärketasten standardmäßig immer die Lautstärke des Medienplayers ein und nicht die Lautstärke des Telefonklingelns. Beim Tippen auf die drei Punkte werden weiterhin die anderen Lautstärkeregler eingeblendet.

Tippen Sie im QuickPanel auf den Lautsprecher, wird auf Vibrationsalarm umgeschaltet und beim nächsten Antippen das Klingeln ganz ausgeschaltet. Im Lautlosmodus ertönen keinerlei Benachrichtigungen und im Gegensatz zum Nicht-stören-Modus auch keine Weckrufe.

WLAN-Anrufe

Immer wieder kommt man an Orte, an denen das Mobilfunknetz so schwach ist, dass es zum Telefonieren nicht ausreicht, etwa in Kellern oder schnell fahrenden Zügen. WLAN ist dort aber oft vorhanden.

Das Samsung Galaxy S26 kann WLAN zum Telefonieren verwenden, wenn der Mobilfunkanbieter dies über die SIM-Karte oder eSIM unterstützt. Zum Telefonieren wird die *Telefon*-App des Gerätes genutzt, wie bei klassischen Gesprächen über das Mobilfunknetz.

Schalten Sie *WLAN-Anrufe* im QuickPanel ein, wird diese Funktion automatisch für ausgehende und auch eingehende Anrufe genutzt, wenn ein WLAN verfügbar ist.

In den Einstellungen der *Telefon*-App können Sie für beide SIM-Karten getrennt einstellen, ob für Anrufe das Mobilfunknetz oder WLAN bevorzugt werden soll. Wenn eine SIM keine WLAN-Anrufe unterstützt, schalten Sie diese dafür aus.

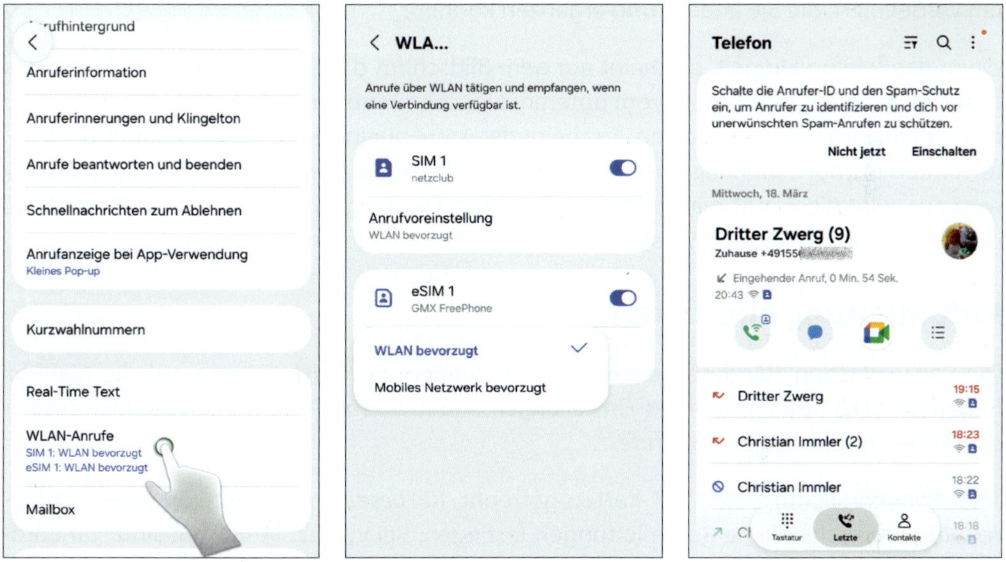

Einstellungen für WLAN-Anrufe, rechts: WLAN-Symbole in der Anrufliste

In den Anruflisten und während eines Gesprächs erscheint bei einem WLAN-Anruf am Telefonsymbol zusätzlich ein kleines WLAN-Symbol.

Unterschied gegenüber Messengern

Fast alle aktuellen Messenger wie *WhatsApp*, *Telegram* oder *Facebook Messenger* bieten die Möglichkeit für Gespräche über die Internetverbindung, also auch über WLAN. Bei diesen Messengern brauchen immer beide Gesprächspartner die gleiche Messenger-App. Beim WLAN-Anruf brauchen Sie nur eine vom Anbieter dafür freigeschaltete SIM-Karte oder eSIM. Die Anrufe laufen über die Standard-Telefonfunktion des Smartphones, und Sie können damit jede beliebige Telefonnummer – auch Festnetznummer – anrufen, ohne dass der Gesprächspartner einen Messenger installiert haben muss.

Automatische SMS bei unpassenden Anrufen

Das Smartphone klingelt oft in unpassenden Momenten. Wenn man gerade in einer Konferenz ist oder beim Essen sitzt, möchte man zwar nicht gestört werden, den Anrufer aber auch nicht einfach »wegdrücken«. Das Samsung Galaxy S26 bietet hier Kurzantworten an, die mit einem Fingerstrich per SMS an einen Anrufer geschickt werden können. Allerdings sollten Sie diese Funktion nur bei Anrufen von Smartphones nutzen. SMS-Antworten an Festnetztelefone sind zwar technisch möglich, werden aber von den meisten Anrufern nicht verstanden.

Tippen Sie in der *Telefon*-App oben rechts auf das Menü, wählen Sie *Einstellungen* und auf dem nächsten Bildschirm *Schnellnachrichten zum Ablehnen*. Hier sind einige Kurzantworten vordefiniert, die Sie ändern und ergänzen können.

Wenn das Telefon klingelt, erscheint auf dem Bildschirm die Nummer oder der Name des Anrufers. Mit einer Wischgeste vom unteren Bildschirmrand nach oben erscheint eine Liste der vordefinierten Kurzantworten. Erscheint der Anruf nur in einem Benachrichtigungsfenster, finden Sie dort ebenfalls eine Schaltfläche *Nachricht senden*. Wählen Sie eine Kurzantwort aus, wird diese automatisch per SMS an den Anrufer geschickt. Über den Punkt *Neue Nachricht schreiben* können Sie selbst eine kurze SMS an den Anrufer tippen.

Rufumleitung einrichten

Die von einfachen Handys bekannten Einstellungen zur Rufumleitung auf die Mailbox finden Sie über den Menüpunkt *Einstellungen* in der *Telefon*-App. Wählen Sie hier *Zusatzdienste/Rufumleitung/Sprachanrufe*.

Jetzt können Sie, für beide SIM-Karten getrennt, für *besetzt*, *keine Antwort* oder *nicht erreichbar* unterschiedliche Rufumleitungen festlegen. Bei vielen SIM-Karten sind standardmäßig Umleitungen auf die Mailbox voreingestellt.

Mit der Option *Deaktivieren* auf dem Bildschirm zum Eintragen der Nummer für die Rufumleitung können Sie die voreingestellten Umleitungen auf die Mailbox abschalten. Allerdings unterstützen manche Mobilfunkanbieter diese Möglichkeit nicht und zwingen dem Nutzer eine Mailbox sozusagen auf, um zusätzliche Gesprächsminuten zu generieren.

Achtung: Kostenfalle

Für Rufumleitungen können je nach Mobilfunkvertrag teilweise erhebliche Kosten entstehen. Viele Anbieter schließen umgeleitete Gespräche von der Flatrate aus, sodass die Weiterleitungen im teuren Minutentakt bezahlt werden müssen, obwohl Sie selbst gar nicht telefonieren.

Die Rufumleitung wird direkt im Mobilfunknetz eingerichtet und ist nicht nur eine Einstellung auf dem Smartphone selbst. Das bedeutet, zur Einrichtung muss ausreichender Empfang vorhanden sein und der eigene Vertrag muss Umleitungen zulassen.

Die auf den SIM-Karten voreingestellten Nummern der Mailboxen können Sie in den Einstellungen der *Telefon*-App unter *Mailbox/Mailbox-Nummer* sehen. Hier stellen Sie auch die Benachrichtigungen für entgangene Anrufe ein. Außerdem wird im Adressbuch ein Eintrag für die Mailbox angelegt. Wenn Sie allerdings ein paar Mal die SIM-Karte gewechselt haben, stehen im Adressbuch mit der Zeit mehrere Mailbox-Einträge, von denen nur einer gilt.

Direkte Mailbox

Das Samsung Galaxy S26 bietet zusätzlich zur Mailbox beim Telefonanbieter, die alle Handys nutzen können, noch eine sogenannte direkte Mailbox auf dem Gerät an. Hier werden die Anrufe auf dem Smartphone gespeichert und auf Wunsch auch in Text transkribiert, sodass Sie zum Beispiel in Besprechungen nebenbei lesen können, was ein Anrufer gesagt hat. Diese Mailbox schalten Sie in den Einstellungen der *Telefon*-App unter *Direkte Mailbox* ein.

Unerwünschte Anrufer blockieren

Das Samsung Galaxy S26 bietet in der *Telefon*-App die Möglichkeit, bestimmte Anrufer oder solche, die ihre Nummer nicht übertragen, automatisch abzuweisen. Android bietet diese Möglichkeit standardmäßig auch, löst das Problem aber etwas anders als Samsung.

Tippen Sie in den Einstellungen der *Telefon*-App auf *Nummern sperren*. Tragen Sie hier die Telefonnummern ein, die automatisch abgewiesen werden sollen. Sie können die Nummern auch aus dem Anrufprotokoll oder aus der Kontaktliste auswählen. Tippen Sie dazu auf *Letzte* oder *Kontakte* und wählen Sie die zu blockierenden Nummern aus.

Aktivieren Sie noch den Schalter *Unbekannte/private Nr. ausblenden*, um alle Anrufer automatisch abzuweisen, die ihre Rufnummer unterdrücken. Die Anrufer hören dann: »Der gewünschte Gesprächspartner ist vorübergehend nicht erreichbar.«

Steht die betreffende Person in der Kontaktliste, können Sie die Telefonnummer direkt übernehmen, ohne sie neu eintippen zu müssen.

1. Tippen Sie in der Kontaktliste auf den Eintrag des unerwünschten Anrufers und dann auf das **i**-Symbol.
2. Tippen Sie auf dem nächsten Bildschirm unten rechts auf *Mehr* und wählen Sie im Menü *Kontakt blockieren*. Bestätigen Sie die Auswahl mit *Blockieren*, um die Nummer in die Blockierliste aufzunehmen.

3. Bei Bedarf können Sie später jederzeit in der Blockierliste der *Telefon*-App mit dem roten Minussymbol einzelne blockierte Nummern wieder freigeben. Die betreffende Person kann dann wieder ganz normal anrufen. Im Menü eines blockierten Kontaktes können Sie die Blockierung auch leicht wieder aufheben.

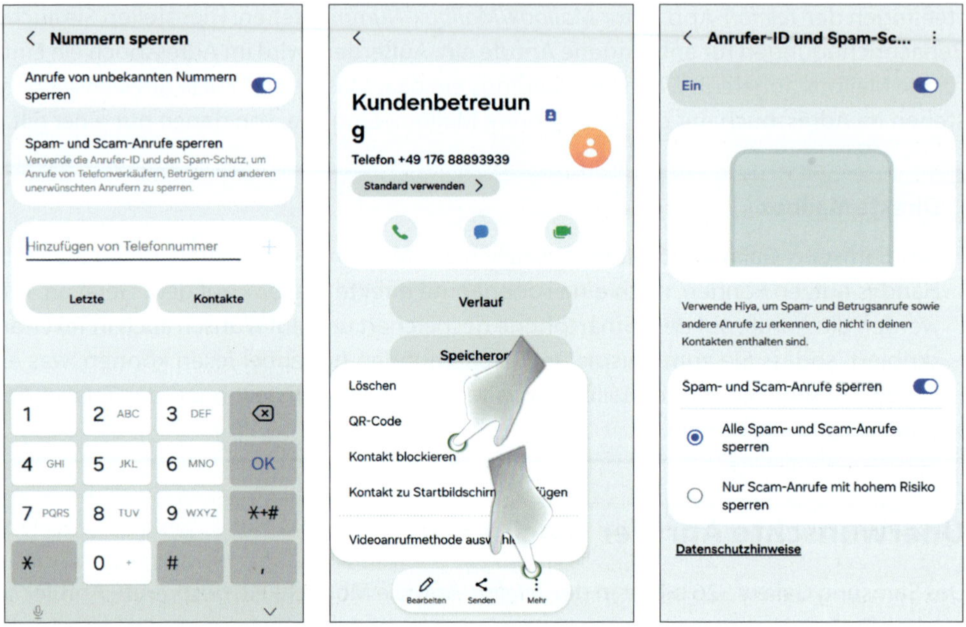

Unerwünschte Anrufer automatisch abweisen, rechts: Anrufer-ID und Spam-Schutz

Anrufer-ID und Spam-Schutz

Über die Option *Anrufer-ID und Spam-Schutz* in den Einstellungen der *Telefon*-App können auch Namen von Anrufern angezeigt werden, die nicht in den Kontakten gespeichert sind. Samsung verwendet dazu den Onlinedienst Hiya. Ist diese Option in den Einstellungen der *Telefon*-App aktiviert, wird bei einem eingehenden Anruf über die Internetverbindung eine Datenbank abgefragt und, wenn möglich, der Name sowie das Profilbild des Anrufers angezeigt. Diese Daten werden aber nicht automatisch in den Kontakten gespeichert. *Anrufer-ID und Spam-Schutz* hilft auch, Spam-Anrufer anhand einer Onlinedatenbank zu identifizieren, um diese, bevor sie das erste Mal angerufen haben, in die Blockierliste aufzunehmen. Hat ein Werbeanrufer einmal eine Person am Telefon erreicht, wird er diese immer wieder anrufen. Leider findet dieser Dienst in Deutschland bis jetzt kaum typische Spam-Telefonnummern.

Rufnummernunterdrückung

In den Telefoneinstellungen können Sie unter *Zusatzdienste/Deine Anrufer-ID anzeigen* bei Bedarf die Anzeige Ihrer Rufnummer bei der angerufenen Person unterdrücken. Voraussetzung dafür ist, dass die SIM-Karte diese Funktion unterstützt.

> **Kein Freibrief für illegale Aktivitäten**
>
> Eine ausgeschaltete Rufnummer ist kein Freibrief für kriminelle Aktivitäten am Telefon. Die Rufnummer wird bei jedem Gespräch übertragen, bei abgeschalteter Anrufer-ID wird nur zusätzlich ein spezielles Signal gesendet, das das Telefon des Gesprächspartners anweist, die Nummer nicht zu zeigen. Die Notrufzentralen von Feuerwehr, Rettungsdiensten und Polizei sehen die Nummer trotzdem. Auch in den Anrufprotokollen der Telefongesellschaften taucht die Nummer weiterhin auf. Nach dem *Gesetz zur Bekämpfung unlauterer Telefonwerbung und zur Verbesserung des Verbraucherschutzes* sind Anrufe von Firmen und Geschäftstreibenden mit unterdrückter Rufnummer aus Deutschland nicht zulässig.

3.8 Tipps zur Wahl eines Tarifs für Android-Smartphones

Da es so gut wie keine klassischen Handys ohne Internetzugang mehr gibt, ist mobiles Internet heute bei so gut wie allen Handytarifen dabei.

Der mobile Internetzugang wird fast überall nach Datenverbrauch abgerechnet und nicht mehr nach Onlinezeit, wie es bei den ersten Handys der Fall war. Zur Ermittlung des Datenverbrauchs spielt es keine Rolle, ob Daten aus dem Internet heruntergeladen oder vom Smartphone gesendet werden, etwa E-Mails oder Fotos, die man bei Facebook hochlädt. Jedes Megabyte zählt.

Mittlerweile enthalten fast alle Mobilfunktarife standardmäßig ein Datenpaket mit typischerweise 500–3.000 MB. Seit die Internetverbindung nicht mehr komplett getrennt, sondern nur noch drastisch abgebremst wird, bezeichnen fast alle Anbieter ihre Datentarife als Internetflatrate. Entscheidend für die Preisunterschiede ist der Datenverbrauch, bei dem die Bremse zuschlägt.

> **GMX FreePhone**
>
> Der E-Mail-Anbieter GMX, der zu 1&1 gehört, bietet einen kostenlosen Smartphone-Tarif im 5G-Netz von 1&1 an (*www.gmx.net/handy/freephone*). Im Tarif sind 3 GB Datenvolumen sowie eine Allnet-Flat in alle deutschen Telefonnetze enthalten. Man braucht dazu die GMX-E-Mail-App auf dem Smartphone und eine E-Mail-Adresse bei GMX. Der Tarif wird nur als eSIM ausgegeben, funktioniert daher nur auf eSIM-fähigen Smartphones. Seit Dezember 2024 wird für Neukunden automatisch eine Datenautomatik aktiviert, die aber in der App *GMX FreePhone* abgeschaltet werden kann.

Die Internetverbindung wird nach dem Verbrauch des Inklusivvolumens in den meisten Tarifen nicht gestoppt, sondern auf GPRS-Geschwindigkeit gebremst, sodass man nicht komplett vom Internet abgeschnitten ist, da viele Funktionen von Smartphones ohne Internetanbindung gar nicht mehr funktionieren. Man kann das Freivolumen zwar ohne zusätzliche Kosten überschreiten, wird dann aber vom flotten LTE oder 5G auf GPRS/EDGE-Niveau heruntergebremst, was die Nutzung für den Rest des Monats unattraktiv macht und höchstens noch für WhatsApp-Textnachrichten und E-Mails ohne Anhang reicht. Denn es handelt sich dabei nicht um eine Bremse von wenigen Prozent, sondern eher um ein »vor die Wand fahren« von theoretisch bis zu 1,4 Gbit/s bei LTE (Cat 21, schneller als die meisten DSL-Anschlüsse) auf 64 Kbit/s (vergleichbar ISDN), also einen Geschwindigkeitsverlust von mehr als 99 %!

Vorsicht bei Datenautomatik

Einige Tarife von o2 und auch von Discountern, die dieses Netz nutzen, z. B. Yourfone, DeutschlandSIM und Smartmobil, beinhalten eine sogenannte Datenautomatik. Damit wird die Geschwindigkeit nach Erreichen des Inklusivvolumens nicht reduziert, dafür aber automatisch ein kostenpflichtiges Datenpaket von 100, 250 oder 750 MB hinzugebucht. Diese Zusatzkosten sind im Verhältnis zu den eigentlichen Tarifkosten unverhältnismäßig hoch (bis zu 2 Euro pro 100 MB) und werden bis zu dreimal in Folge automatisch abgebucht. Achten Sie genau auf die Tarifbedingungen. Bei einigen Discounter-Tarifen lässt sich diese Datenautomatik nicht abschalten.

Ein weiteres wichtiges Auswahlkriterium für einen Internettarif ist neben dem Preis die Netzqualität bzw. Verfügbarkeit in der Region, in der man das Smartphone vorrangig nutzen möchte. Telefonieren kann man inzwischen in Deutschland fast überall, mit dem schnellen Internetzugang sieht es jedoch ganz anders aus. Während die D-Netze von Vodafone und Telekom fast flächendeckend LTE mit bis zu 300 Mbit/s, in Ballungszentren auch mit 5G bis zu 1,4 Gbit/s bieten, hängen die E-Netze von o2 und ehemals E-Plus auch nach einigen Jahren noch deutlich hinterher. Hier steht LTE nur in Bereichen größerer und mittlerer Ortschaften zur Verfügung, auf dem flachen Land und besonders in engen Tälern muss man sich häufig immer noch mit EDGE zufriedengeben. Dafür können die Nutzer von E-Plus und o2 seit dem Zusammenschluss beide Netze nutzen. Die Umschaltung erfolgt automatisch, wenn eines der Netze nicht verfügbar ist.

Auf dem Land gibt es noch große Versorgungslücken, wo mobiles Internet überhaupt nicht möglich ist. Auf diesen weißen Flecken der deutschen Landkarte bieten die D-Netze zumindest noch EDGE-Anbindung. Die Netzbetreiber werben zwar mit sehr hohen Prozentzahlen, wie viele Einwohner Deutschlands mittlerweile schnelles Internet in den Mobilfunknetzen nutzen können, allerdings beziehen sich diese auf die Bevölkerung und deren Wohnorte, nicht auf die Fläche Deutschlands. 80 % der Deutschen wohnen auf 20 % der

Landesfläche. Demnach blieben selbst bei 80 % Versorgung der Bevölkerung theoretisch 80 % der Fläche unterversorgt.

In ländlichen Regionen und Mittelgebirgen haben alle Mobilfunk-Provider noch erhebliche Versorgungslücken. In großstädtischen Ballungsräumen und den Tourismusregionen entlang der Küsten sind die Netze hingegen sehr gut ausgebaut. Die Telekom hat im Osten der Republik noch letzte weiße Flecken auf der Ausbaukarte, Vodafone im Süden.

Alle deutschen Netzbetreiber bieten interaktive Landkarten an, auf denen man die Netzabdeckung für 2G (GSM/GPRS/EDGE), 4G (LTE) und 5G ablesen kann. Nach der weitgehenden Abschaltung der UMTS-Netze tauchen diese auf den Karten auch nicht mehr auf. Diese Angaben gelten natürlich immer unter optimalen Bedingungen im Freien ohne Verschattung durch Gebäude und ohne schnelle Bewegung.

Netzabdeckungskarten

Interaktive Karten zur Netzabdeckung der großen deutschen Mobilfunkanbieter finden Sie auf den hier genannten Webseiten:

Telekom	*www.telekom.de/netz/mobilfunk-netzausbau*
Vodafone	*www.vodafone.de/hilfe/netzabdeckung.html*
o2	*www.o2online.de/netz*

5G – Mobilfunk der fünften Generation

Das Mobilfunknetz der fünften Generation ist in Deutschland weitestgehend ausgebaut und in allen Ballungszentren sowie den meisten Kleinstädten verfügbar. Die Mobilfunkverträge mit 5G-Nutzung sind nicht mehr immer teurer als LTE-Verträge. Die wirklich entscheidenden Neuerungen und die höhere Geschwindigkeit mit theoretisch bis zu 1.000 MBit/s werden erst mit den neuen Frequenzen im 6-GHz-Band erwartet, das voraussichtlich in den Jahren 2026–2028 weitgehend ausgebaut wird. Bis jetzt läuft 5G auf zwei Frequenzbändern, die beide von modernen Smartphones unterstützt werden.

Das 3,6-GHz-Band bietet sehr hohe Geschwindigkeit bei geringer Reichweite und wird daher vorwiegend in Großstädten verwendet. Das 2,1-GHz-Band bietet bei geringerer Geschwindigkeit hohe Reichweiten und wird deshalb außerhalb der Großstädte genutzt. Im 5G-Netz tritt in Deutschland mit 1&1 ein vierter Netzbetreiber auf. Wo das eigene 5G-Netz nicht verfügbar ist, erfolgt automatisches Roaming ins LTE-Netz von Vodafone.

Smartphone im Ausland nutzen

Die meisten SIM-Karten funktionieren mittlerweile auch im Ausland. Wo kein deutsches Mobilfunknetz verfügbar ist, meldet sich die SIM-Karte bei einem ausländischen Kooperationspartner an. Dieses Verfahren bezeichnet man als Roaming, es wird außerhalb des Tarifgebiets der EU-Roamingverordnung oftmals teuer berechnet. Deshalb ist das Roaming auf dem Samsung Galaxy S26 standardmäßig ausgeschaltet.

Solange Sie mit dem Smartphone innerhalb der EU unterwegs sind, empfiehlt es sich, das *Daten-Roaming* in den *Einstellungen* unter *Verbindungen/Mobile Netzwerke* einzuschalten. Telefonie und SMS sind auch im Ausland automatisch aktiv. Wenn sich das Smartphone in einem ausländischen Mobilfunknetz anmeldet, erhalten Sie automatisch eine oder mehrere SMS von Ihrem heimischen Netzbetreiber mit den genauen Tarifkonditionen für das Roaming. Bewegen Sie sich allerdings außerhalb der EU oder in Grenzbereichen, etwa zur Schweiz, schalten Sie das Daten-Roaming lieber aus, um nicht versehentlich hohe Rechnungen – allein wegen der Hintergrunddatennutzung – zu bekommen.

Um aus dem Ausland eine deutsche Telefonnummer anzurufen, müssen Sie die Ländervorwahl +49 vorwählen. Speichern Sie die Telefonnummern Ihrer Kontakte am besten gleich mit der Ländervorwahl im internationalen Format ab. Die Nummer kann dann aus Deutschland wie auch aus dem Ausland angerufen werden. Rufen Sie eine in den Kontakten ohne Ländervorwahl gespeicherte Nummer an, erscheint ein Auswahlfeld, in dem Sie zwischen der deutschen Telefonnummer und der gleichen Nummer im Roamingland wählen können.

Schalten Sie in den Einstellungen der *Telefon*-App unter *Andere Anrufeinstellungen* den *Roaming-Assistenten* ein, kann bei Anrufen aus dem Ausland den angerufenen Kontakten automatisch die richtige Ländervorwahl hinzugefügt werden.

Um beim Roaming verbrauchtes Datenvolumen zu verringern, bieten viele Apps die Möglichkeit, Hintergrunddienste wie die Datensynchronisation mit Cloud-Speichern bei Roaming automatisch abzuschalten. Nutzen Sie für solche Zwecke besser ein WLAN, was in den meisten Ländern fast überall zur Verfügung steht.

Die EU-Roamingverordnung

Der sogenannte Euro-Tarif, auch als EU-Roaming bezeichnet, der Telefonieren, SMS und auch mobiles Internet im EU-Ausland zu Inlandskonditionen möglich macht, gilt außer in allen 27 EU-Mitgliedstaaten auch im Europäischen Wirtschaftsraum (EWR), also auch in Norwegen, Island und Liechtenstein, aber nicht in der Schweiz. Seit Januar 2026 gilt das EU-Roaming zudem in Moldawien und der Ukraine. In manchen europäischen Außengebieten und Überseegebieten gilt die Verordnung ebenfalls, sofern sie zu Mitgliedstaaten gehören:

- **Helgoland** gehört zwar nicht zum Zollgebiet der EU, hier gelten deutsche Mobilfunktarife aber wie auf dem Festland.
- **Frankreich** inkl. Französisch-Guayana, Guadeloupe, Martinique, Mayotte, Réunion, Saint-Martin
- **Portugal** inkl. Madeira und Azoren
- **Spanien** inkl. Kanarische Inseln und bestimmte Hoheitsgebiete in Nordafrika

Wo die Verordnung nicht gilt

Einige Länder und Gebiete sind **nicht** Teil des Roaminggebiets, auch wenn sie geografisch oder politisch nahe bei der EU liegen:

- **Andorra** (außer bei Nutzung eines spanischen oder französischen Netzes)
- **Färöer** (Inselgruppe gehört zu Dänemark, aber nicht zu EU/EWR)
- Französische Gebiete **Saint-Barthélemy** und **Saint-Pierre und Miquelon**
- **Monaco** (außer bei Nutzung eines französischen Netzes)
- **Sint Maarten** (niederländischer Teil)
- **San Marino** (außer bei Nutzung eines italienischen Netzes)
- **Schweiz**
- **Vatikan** (theoretisch ausgeschlossen, da keine eigene Mobilfunk-Infrastruktur)
- **Schiffe und Flugzeuge** mit satellitengestütztem Netz – gelten als nicht terrestrisch, damit können Sondertarife gelten.

In **Großbritannien** gilt die EU-Roamingverordnung nach dem EU-Austritt nach einer Übergangsphase offiziell nicht mehr. Die deutschen Mobilfunkanbieter Deutsche Telekom, Vodafone Deutschland und o2 behalten Großbritannien »bis auf Weiteres« in ihrer EU-Roamingzone (ohne zusätzliche Kosten) – das kann sich aber jederzeit ändern.

Die früher extrem hohen Roaminggebühren bei der Nutzung einer deutschen SIM-Karte im EU-Ausland waren für die Netzbetreiber eine gern gesehene Einnahmequelle. Daher versuchen viele, die Schlupflöcher im EU-Gesetz geschickt zu nutzen. Bei der Anmeldung eines Smartphones in einem ausländischen Netz erhalten Sie eine SMS, die die genauen Tarifdetails enthält. Lesen Sie diese sorgfältig durch.

Die wichtigsten Regelungen im Überblick

- Datenpakete und Inklusivvolumen können im EU-Ausland wie zu Hause genutzt werden.
- Freiminuten für Telefonie können wie zu Hause genutzt werden, wenn diese netzübergreifend gelten. Community-Flatrates zum kostenlosen Telefonieren zwischen Teilnehmern des gleichen Anbieters (z. B. Aldi Talk) gelten im EU-Ausland nicht.

- Telefongespräche aus Deutschland ins EU-Ausland werden wie früher teuer berechnet. Hier gelten die Freiminuten des deutschen Tarifs weiterhin nicht, solange keine EU-Flatrate gebucht ist.
- Alte Roamingtarife gelten weiter und werden nicht automatisch umgestellt. Wer früher Roaming für bestimmte Länder gebucht hatte, muss diesen Tarif auch weiterhin innerhalb der EU bezahlen oder zu einem anderen Tarif wechseln.
- Mobilfunkanbieter dürfen Tarife explizit ohne Roaming anbieten. Diese SIM-Karten funktionieren dann nur in Deutschland.

3.9 Datenverbrauch ermitteln

Wegen der oft knapp begrenzten Flatrates in günstigen Mobilfunkverträgen ist die Anzeige der Datennutzung für viele Benutzer sehr interessant.

Halten Sie den Finger länger auf dem Symbol *Mobile Daten* im QuickPanel, können Sie rechtzeitig abschätzen, wann das Freivolumen Ihrer Flatrate aufgebraucht ist und welche Apps den größten Datenverkehr verursachen. Tippen Sie auf *Mobildatennutzung*, um eine Kurve des Datenverbrauchs im aktuellen Abrechnungszeitraum zu sehen.

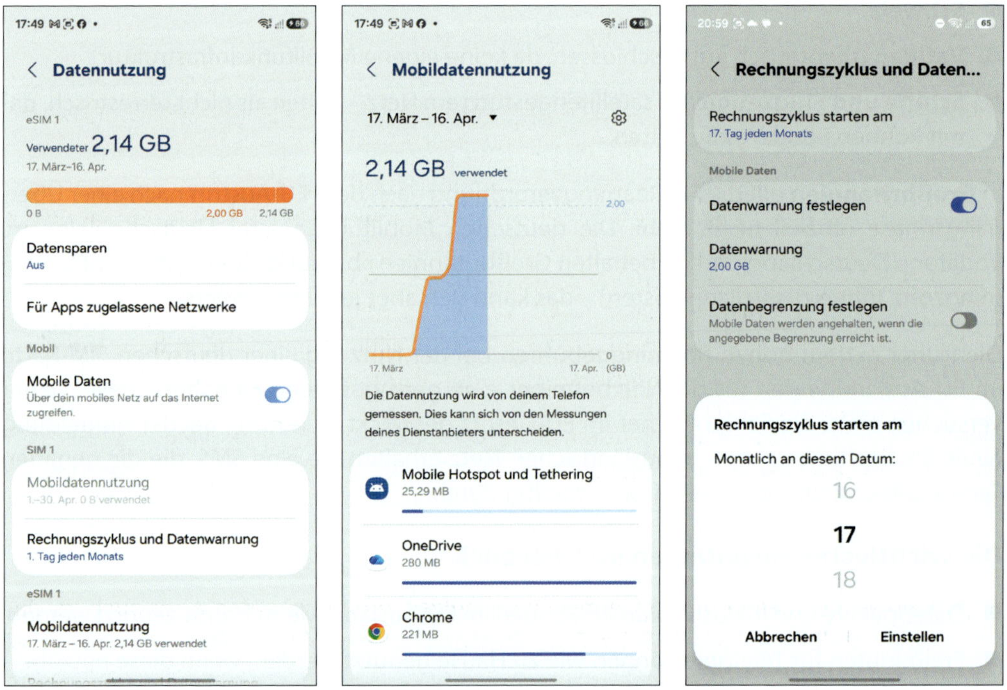

Datenverbrauch anzeigen, rechts: Rechnungszyklus und Warnlimit festlegen

Damit diese Anzeige optimal nutzbar ist, tippen Sie oben rechts auf das *Einstellungen*-Symbol und stellen über die Zeile *Rechnungszyklus starten am* den Tag des Monats ein, an dem Ihr Mobilfunkanbieter das monatliche Datenvolumen der Flatrate zurücksetzt. Diesen Tag finden Sie üblicherweise auf Ihrer Mobilfunkrechnung. Hier stellen Sie zudem eine Datenwarnung ein, die auch zur Skalierung der Kurve verwendet wird. Dies sollte dem Limit entsprechen, bei dem Ihr Mobilfunkvertrag die Geschwindigkeit abbremst, oder knapp darunterliegen, um noch etwas Spielraum zu haben, da die Netzbetreiber oft leicht von dem auf dem Smartphone ermittelten Datenverbrauch abweichende Berechnungsverfahren nutzen. Wird dieses Warnlimit überschritten, können mobile Daten weiter wie gewohnt genutzt werden. Die Warnung erscheint als Benachrichtigung und wird in auffälligem Orange beim Datenverbrauch angezeigt.

Falls Sie einen Mobilfunkvertrag mit sogenannter Datenautomatik haben, können Sie auch eine *Datenbegrenzung festlegen*. Bei Erreichen dieses Wertes wird die mobile Datennutzung ganz abgeschaltet, um hohe Kosten durch automatisch gebuchte Datenpakete zu vermeiden.

Zum Vergleich können Sie unten auf der Seite *Datennutzung* auch die *WLAN-Datennutzung* anzeigen lassen. Mit dem Schalter *Mobile Daten* lässt sich die Datennutzung im Mobilfunknetz jederzeit ganz abschalten.

Datenverbrauch reduzieren

Das Samsung Galaxy S26 bietet einen Datensparmodus, der die Datennutzung verringert, indem die meisten Apps keine Daten mehr im Hintergrund empfangen oder senden können. Aktive Apps empfangen weiterhin Daten, aber seltener. So werden Bilder beispielsweise erst beim Antippen heruntergeladen und in voller Auflösung sichtbar. Der Datensparmodus betrifft nur die Mobilfunkverbindung. Im WLAN laufen alle Apps ganz normal weiter.

Der Datensparmodus wird in den *Einstellungen* unter *Verbindungen/Datennutzung* in der Zeile *Datensparen* aktiviert und durch ein Symbol in der Statusleiste oben rechts angezeigt, allerdings nur während die Benachrichtigungsleiste heruntergezogen ist.

Diese Einstellungsseite wird auch durch längeres Tippen auf das Symbol *Mobile Daten* im QuickPanel aufgerufen.

Tippen Sie auf die Zeile *Apps, die immer Daten nutzen*, um bestimmten Apps auch im Datensparmodus die uneingeschränkte Datennutzung zu ermöglichen. Dies ist zum Beispiel bei Messenger-Apps wie *WhatsApp* wichtig. Die Google Play Dienste sowie diverse Systemdienste, die in der Liste ausgeblendet sind, haben standardmäßig uneingeschränkten Datenzugriff, da andernfalls einige andere Apps nicht zuverlässig funktionieren würden.

3.10 Adressbuch – Kontakte

Seit den ersten Handys kann man dort seine wichtigsten Telefonnummern mit Namen speichern. Heute muss man beim Wechsel auf ein neues Gerät allerdings nicht mehr Termine und Telefonnummern abtippen, sondern synchronisiert seine Daten mit PCs und anderen Geräten in der Cloud.

Auf dem Samsung Galaxy S26 ist eine komplette Kontaktverwaltung enthalten, mit der Sie Ihr Adressbuch nicht nur auf dem Smartphone, sondern auch auf dem PC über ein Google-Konto verwalten können. Die *Kontakte*-App synchronisiert automatisch die Adressen, die in dem Google-Konto gespeichert sind, das bei der Einrichtung des Smartphones festgelegt wurde. Damit haben Sie die gleiche Kontaktliste auf dem Smartphone, auf dem PC und jedem anderen Gerät, das mit dem Google-Konto synchronisieren kann, zur Verfügung.

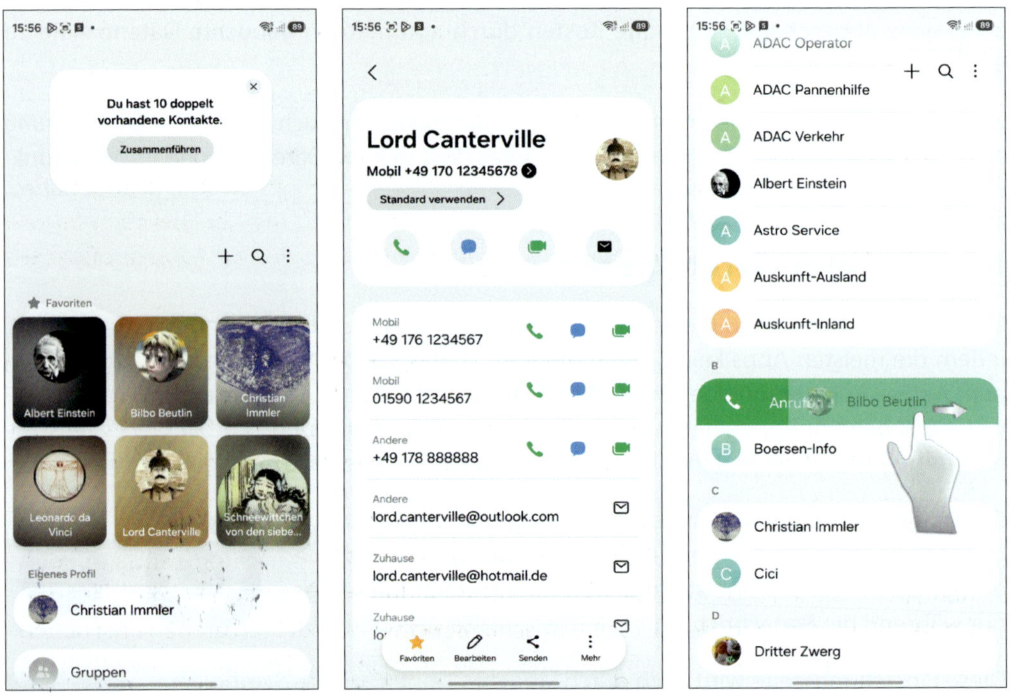

Kontakte auf dem Samsung Galaxy S26, rechts: Personen direkt aus der Kontaktliste anrufen

Alternativ lassen sich Kontakte auch ganz klassisch auf dem Telefon oder auf der SIM-Karte speichern. Allerdings sind hier die Möglichkeiten eingeschränkt. So lassen sich etwa zu Kontakten auf der SIM-Karte keine Fotos speichern. Der Samsung Account bietet ebenfalls die Möglichkeit, Kontakte zu speichern. Bei jedem neuen Kontakt legen Sie fest, wo dieser gespeichert werden soll.

Datenschutz

Immer wieder hört man die Medien gegen Google wettern. Tatsächlich ist aber kein Fall bekannt, dass Google mit den anvertrauten Daten irgendetwas Vertragswidriges gemacht hätte. Auch ist die Wahrscheinlichkeit, ein fremder Hacker könnte bei Google einbrechen und die persönlichen Daten stehlen, dank erhöhter Sicherheit der Großrechenzentren deutlich geringer, als dass ein Hacker per Phishing auf dem eigenen Computer oder Smartphone Daten stiehlt oder ein ganz simpler Dieb einfach das Smartphone samt Daten klaut.

Mit einer vertikalen Fingerbewegung auf dem Touchscreen blättern Sie schnell durch das Adressbuch. Bewegen Sie den Finger ganz rechts außen auf der Buchstabenleiste, wird der aktuelle Anfangsbuchstabe großflächig angezeigt, damit Sie im richtigen Moment stoppen können. Außerdem finden Sie bestimmte Personen schnell im Adressbuch, indem Sie oben über das Lupensymbol im Suchfeld einige Buchstaben des Namens eintippen. Das Adressbuch filtert die Liste immer genauer, je mehr Buchstaben bereits eingegeben sind.

Tippen Sie auf einen Eintrag, können Sie die Person direkt anrufen oder eine SMS senden. Hier werden alle zu dieser Person gespeicherten Daten angezeigt. Diese sind automatisch mit der passenden App verknüpft. Tippen Sie also auf das Telefonsymbol bei einer Telefonnummer, ruft das Smartphone die Person an, tippen Sie auf eine E-Mail-Adresse, öffnet sich eine E-Mail.

Anrufen oder SMS mit einem Fingerstrich

Samsung hat die *Kontakte*-App von Android um eine nützliche Funktion erweitert, mit deren Hilfe Sie direkt aus der Liste Anrufe tätigen oder SMS verschicken können. Streichen Sie mit dem Finger von links nach rechts über einen Namen, wird die Person angerufen, streichen Sie von rechts nach links über einen Namen, öffnet sich die *Messages*-App. Sind bei einer Person mehrere Telefonnummern eingetragen, können Sie für diese Funktion eine Standardnummer festlegen. Tippen Sie dazu auf den Namen einer Person in der Liste und anschließend auf den kleinen grauen Pfeil neben der angezeigten Telefonnummer. Wählen Sie im nächsten Fenster die gewünschte Standard-Telefonnummer.

Kontakte sortieren

Die App *Kontakte* bietet verschiedene Möglichkeiten zur Darstellung und Sortierung von Namen. So können Sie entweder die in Westeuropa übliche Schreibweise mit Vor- und Nachnamen verwenden – *Hans Müller* – oder das sogenannte bayerische Namensformat – *Müller, Hans*. Unabhängig von der Darstellung lassen sich die Kontakte nach Vornamen oder Nachnamen in der Liste sortieren.

Um die Einstellungen zu ändern, tippen Sie in der Kontaktliste oben rechts auf das Menü mit den drei Punkten und dann auf *Einstellungen*. Hier finden Sie die Optionen *Kontakte sortieren nach* und *Namensformat*.

Tippen Sie im Menü auf *Ansicht nach Speicherort*, finden Sie alle Speicherorte für Kontakte, Samsung Account, Google-Konto, Telefon und SIM-Karten. Hier können Sie filtern, ob alle Kontakte oder nur Kontakte einzelner Speicherorte angezeigt werden sollen.

Neue Adresse eintragen

In der *Kontakte*-App können Sie jederzeit einen neuen Eintrag hinzufügen. Tippen Sie dazu oberhalb der Namensliste auf das Plussymbol. Damit öffnet sich ein Formular zur Eingabe der Kontaktdaten einer neuen Person.

Legen Sie als Erstes fest, wo der neue Kontakt gespeichert werden soll. Am besten speichern Sie alle Kontakte im Google-Konto, da Sie sie dann auch auf dem PC und anderen Geräten zur Verfügung haben und sich beim Wechsel zu einem neuen Smartphone keine Gedanken machen müssen. Alternativ können Kontakte auch auf dem Telefon, der SIM-Karte oder im Samsung Account gespeichert werden, wobei je nach Speicherort nicht immer alle Funktionen zur Verfügung stehen. Beim ersten neu angelegten Kontakt können Sie einen Standard-Speicherort wählen, der in Zukunft immer verwendet wird, wenn Sie nicht einen speziellen Speicherort für einen Kontakt auswählen.

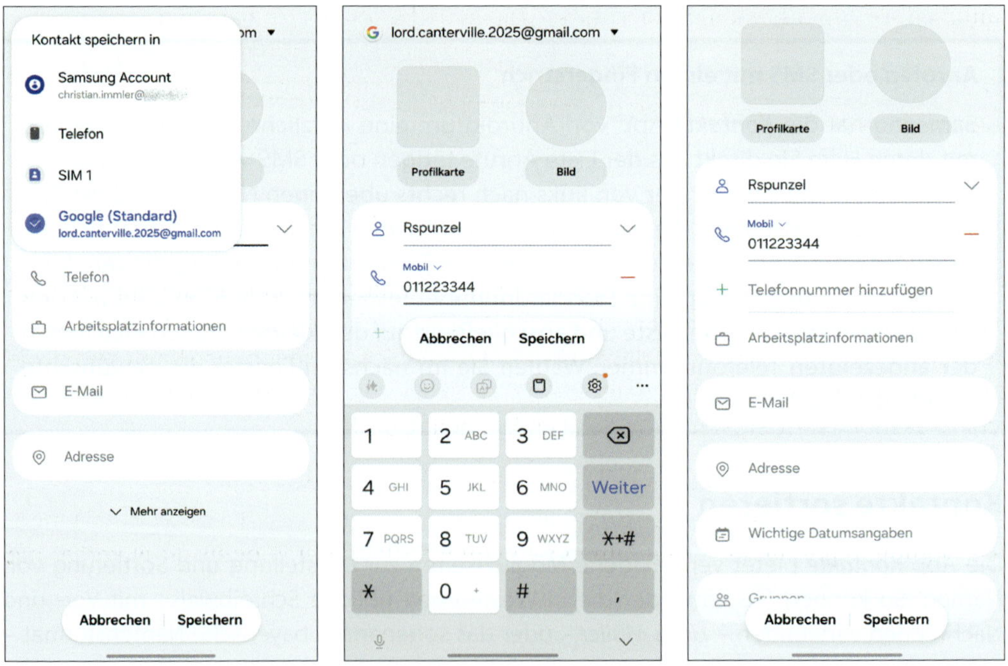

Neuen Kontakt hinzufügen

Danach öffnet sich ein Formular zur Eingabe der Kontaktdaten einer neuen Person. Mit einer vertikalen Fingerbewegung auf dem Touchscreen können Sie nach oben und unten zwischen den Feldern hin- und herblättern. Geben Sie hier die jeweiligen Daten ein. Sie brauchen nicht alle Felder auszufüllen.

Das Namensfeld können Sie, wie auch einige andere Felder, rechts mit dem kleinen Pfeil aufklappen, um zweite Vornamen oder Namenszusätze einzutragen. Vorname und Nachname werden bei der Eingabe automatisch erkannt. In den Feldern für die Telefonnummer und E-Mail-Adresse können Sie noch weitere Telefonnummern und Mailadressen hinzufügen. Zur Eingabe von Telefonnummern erscheint automatisch eine Zifferntastatur. Nach der Eingabe einer Telefonnummer oder E-Mail-Adresse können Sie Eingabefelder für weitere Daten hinzufügen.

Wählen Sie die Art der Telefonnummer sowie der E-Mail-Adresse aus, indem Sie auf die orangefarbene Bezeichnung tippen. Hier erscheint eine Liste verschiedener Typen von Telefonnummern: *Mobil*, *Zuhause*, *Arbeit* etc.

Spezielle, selten gebrauchte Felder werden standardmäßig nicht zur Eingabe angeboten, dazu zählen auch Felder für die Adresse des Wohnorts bzw. der Firma. Diese können Sie über die Zeile *Mehr anzeigen* am unteren Rand einblenden.

Adresse bearbeiten

Natürlich können Sie einen gespeicherten Adressbucheintrag auch nachträglich bearbeiten. Tippen Sie dazu in der Anzeige des jeweiligen Eintrags unten auf *Bearbeiten*. Sie haben dann die gleichen Funktionen zur Verfügung wie beim Anlegen eines neuen Eintrags im Adressbuch, nur kann ein gespeicherter Kontakt nicht nachträglich in ein anderes Konto verschoben werden.

App-Shortcuts und Widgets

Tippen Sie länger auf die *Kontakte*-App auf dem Startbildschirm oder in der App-Liste, erscheinen App-Shortcuts, Symbole zum schnellen Aufruf häufig verwendeter Funktionen der App. Bei den Kontakten sind das ein Symbol zum Anlegen eines neuen Kontaktes sowie zum direkten Zugriff auf das eigene Profil. Diese Symbole können direkt auf den Startbildschirm gezogen werden, um sie so noch einfacher aufzurufen.

Im Direktwahl-Widget können Sie bis zu vier Kontakte auswählen, die sich einfach durch Antippen im Widget auf dem Startbildschirm anrufen lassen. Sind zu einem Kontakt mehrere Nummern gespeichert, bestimmen Sie beim Einrichten des Widgets die Nummer, die angerufen werden soll.

Anrufer in Adressbuch übernehmen

Ruft eine Person auf dem Smartphone an, deren Telefonnummer nicht gespeichert ist, wird in der Anrufliste nur die Nummer, aber kein Name angezeigt. Nehmen Sie den Anrufer ins Adressbuch auf, um in Zukunft zu sehen, wer anruft. Dazu brauchen Sie keine Nummer abzutippen.

1. Öffnen Sie die Anrufliste in der *Telefon*-App, tippen Sie auf die angezeigte Nummer und danach auf *Zu Kontakten hinzufügen*.
2. Ist die Person noch nicht im Adressbuch, tippen Sie in der nächsten Meldung auf *Neuen Kontakt erstellen*. Legen Sie anschließend das Konto fest, in dem der neue Kontakt gespeichert werden soll.
3. Nun öffnet sich ein Formular, in dem die Telefonnummer bereits eingetragen ist. Sie brauchen nur noch den Namen einzugeben sowie gegebenenfalls weitere Informationen wie Postanschrift, E-Mail-Adresse etc.
4. Steht die Person bereits im Adressbuch, aber noch nicht mit dieser Telefonnummer, tippen Sie auf *Vorhandenen Kontakt aktualisieren*. Hier können Sie im Adressbuch den gewünschten Kontakt auswählen. Die neue Telefonnummer wird automatisch ergänzt und mit einem orangefarbenen Punkt gekennzeichnet, um sie leicht zu finden. Beim Speichern verschwindet dieser Punkt wieder.
5. Tippen Sie in beiden Fällen danach auf *Speichern*, um den bearbeiteten Kontakt im Adressbuch zu sichern.

Kontaktbilder und Profilkarten

Hat eine Person in ihrem eigenen Google-Konto ein persönliches Bild abgelegt, erscheint dieses bei jedem, der diese Person in seinem Adressbuch hat, automatisch als Kontaktbild. Alternativ können Sie selbst den Personen in Ihrem Adressbuch eigene Bilder zuordnen, die Sie dann aber nur selbst sehen.

1. Tippen Sie in den Kontakten bei der Person oben auf das Profilbild oder bei Personen ohne Profilbild auf das Symbol *Bild*.
2. Hier können Sie eines der vorgegebenen Bilder auswählen, mit der Kamera ein neues Foto aufnehmen, einen Avatar (siehe in Kapitel 11.1 den Abschnitt »Galaxy Avatar«) oder einen Sticker als Profilbild verwenden.
3. Anschließend haben Sie noch die Möglichkeit, Farbeffekte anzuwenden. Tippen Sie dazu auf das Bearbeitungssymbol im Bild. Mit einer horizontalen Wischbewegung wählen Sie unter dem Bild verschiedene Effektfilter aus.

4. Die Symbolpaletten unten bieten einfache Malfunktionen, Filter, Beschriftungen und zahlreiche Sticker an, um ein Bild zu verschönern. Alle Sticker können interaktiv beliebig platziert, gedreht und skaliert werden.

Zusätzlich zu den Kontaktbildern können auf dem Samsung Galaxy S26 noch sogenannte Profilkarten gespeichert werden. Diese erscheinen als Hintergrund bei einem Anruf. Damit lassen sich Kontakte noch schneller und eindeutiger erkennen.

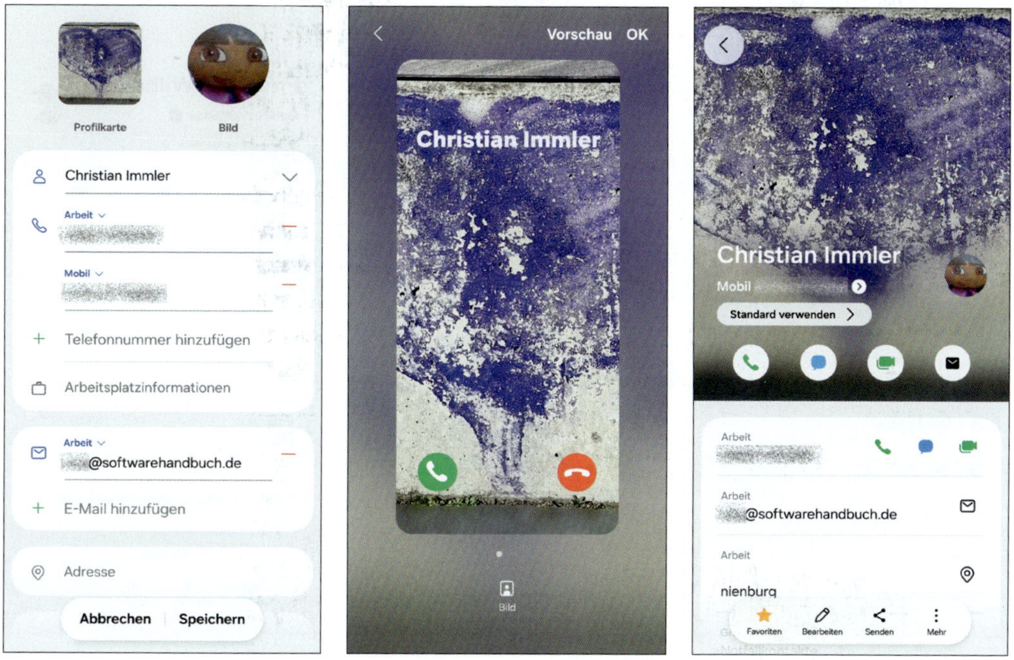

Profilkarte auswählen und anzeigen

Kontakte auf der SIM-Karte

Kontakten, die auf der SIM-Karte gespeichert sind, können keine Kontaktfotos und auch keine Adresse und weiteren Felder zugeordnet werden. Auf einer eSIM können keine Kontakte gespeichert werden.

Kontaktgruppen

Über Kontaktgruppen finden Sie in langen Listen leichter Ihre wichtigsten Kontaktpersonen. Zudem bieten Kontaktgruppen die Möglichkeit, E-Mails oder SMS automatisch an alle Kontakte der Gruppe oder auch nur an eine bestimmte Auswahl zu schicken.

Tippen Sie in der *Kontakte*-App unterhalb der *Favoriten* auf *Gruppen*, werden alle gespeicherten Gruppen angezeigt. Hier können Sie mit dem Plussymbol neue Gruppen erstellen.

Tippen Sie auf eine Gruppe, sehen Sie alle Gruppenmitglieder und können über den Menüpunkt *Gruppe bearbeiten* den Gruppennamen bearbeiten, weitere Mitglieder zur Gruppe hinzufügen oder entfernen. Umgekehrt können Sie in der Bearbeitungsansicht einer Person diese einer oder mehreren Gruppen hinzufügen. Jede Person kann in mehreren Gruppen sein.

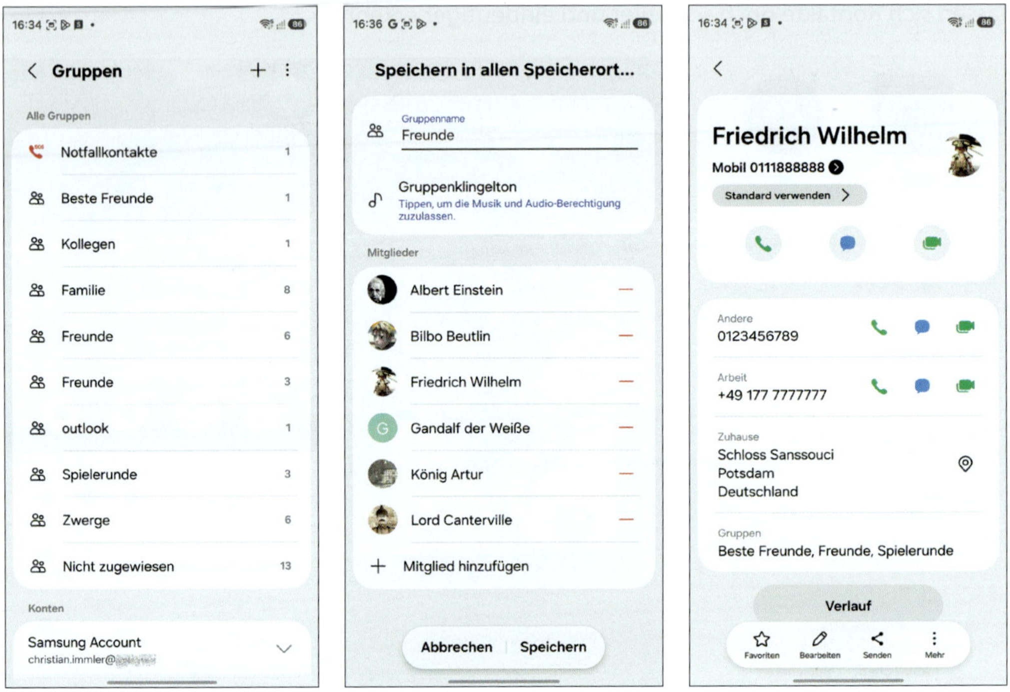

Kontaktgruppen und Gruppenmitglieder verwalten

Besondere Klingeltöne für besondere Personen

Möchten Sie schon am Klingelton erkennen, wer anruft? Tippen Sie in einem Kontakt unten rechts auf *Mehr*. Über die Zeile *Klingelton/Vibration ändern* unten können Sie für diese Person einen speziellen Klingelton und ein Vibrationsmuster auswählen.

Eigenes Profil einrichten

Unterhalb der Favoriten in der Kontaktliste sehen Sie Ihr persönliches Profilbild. Hier können Sie außer der von der SIM-Karte übernommenen Telefonnummer ein eigenes Profil wie eine Visitenkarte mit Ihrer Adresse und weiteren Daten anlegen. Diese Daten auf dem Smartphone schnell greifbar zu haben, hat viele Vorteile:

- Möchten Sie Ihre Daten wie eine Visitenkarte an eine andere Person weitergeben, brauchen Sie nicht lange im Adressbuch zu suchen.

- Ein ehrlicher Finder kann ein verloren gegangenes Smartphone leichter zurückgeben, wenn er weiß, wem es gehört.
- Sollte das Smartphone in einem Notfall bei Ihnen gefunden werden, können Sie leichter identifiziert werden. Deshalb bietet das eigene Profil auch Felder für wichtige medizinische Informationen an, die ein Notarzt dort sofort sehen kann.

Tragen Sie Ihre persönlichen Daten, je nachdem, was Sie zur Verfügung stellen möchten, an dieser Stelle ein. Das eigene Profil wird immer auf dem Gerät gespeichert. Zusätzlich können Sie persönliche Beziehungen oder Orte eingeben. Wenn Sie sich an diesen Orten befinden, können Sie automatisch bestimmte Benachrichtigungen oder Erinnerungen erhalten.

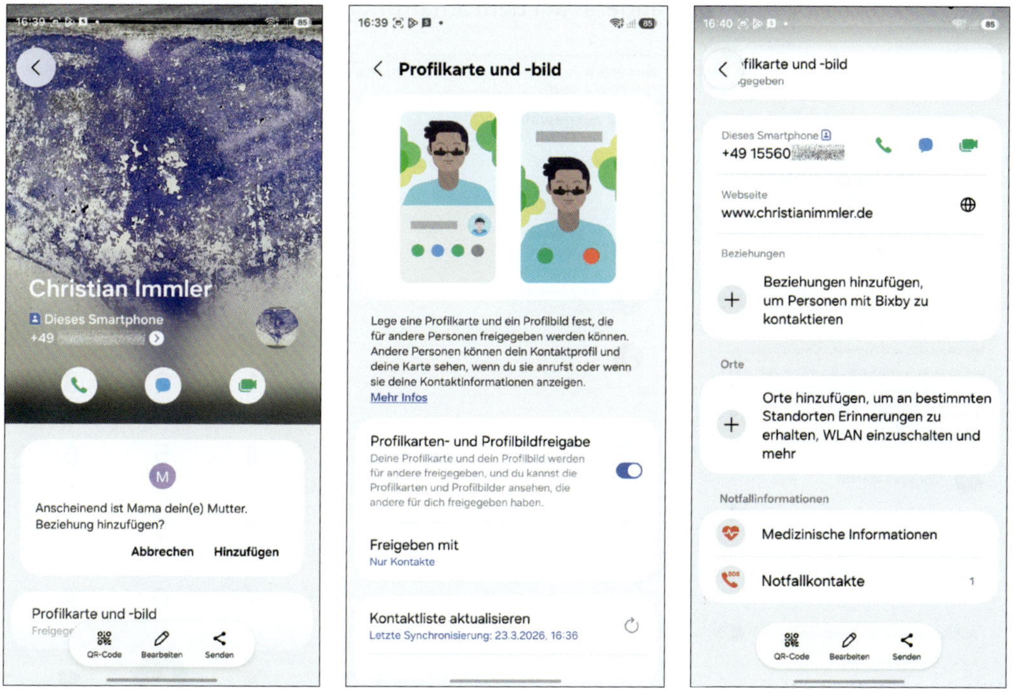

Persönliches Profil auf dem Smartphone speichern

Weiterhin können Sie festlegen, ob die Profilkarte über die Samsung-Profilfreigabe freigegeben werden soll. So können Sie Ihr Profilbild und Ihren Namen bei anderen Nutzern von Samsung-Galaxy-Smartphones bei einem Anruf anzeigen lassen, auch wenn diese Sie nicht in den Kontakten gespeichert haben.

Tragen Sie im Feld *Medizinische Informationen* wichtige medizinische Notfallinformationen ein, die für Hilfskräfte auf dem Notrufbildschirm leicht sichtbar sind. Diese Daten werden nicht freigegeben, sondern sind nur für Personen sichtbar, die das Smartphone in die Hand bekommen.

Notfallkontakte

Über die Gruppe *Notfallkontakte* im Adressbuch können Sie Telefonnummern zur Verfügung stellen, die im Notfall angerufen werden sollen – auch für den Fall, dass Sie selbst nicht in der Lage sind, solche Personen zu benennen. Diese Notfallkontakte können auch direkt auf dem Bildschirm *Medizinische Informationen* ausgewählt werden.

Rettungskräfte suchen an Unfallstellen nach Smartphones, um Informationen über verletzte Personen zu erhalten und bei Bedarf Angehörige oder den jeweiligen Hausarzt zu informieren. Tragen Sie in dieser Gruppe nur einige wenige wichtige Personen ein, damit diese auch wirklich verständigt werden. Die Notfallkontakte werden automatisch benachrichtigt, wenn Sie oder jemand anderes auf dem Smartphone die Notfallfreigabe startet.

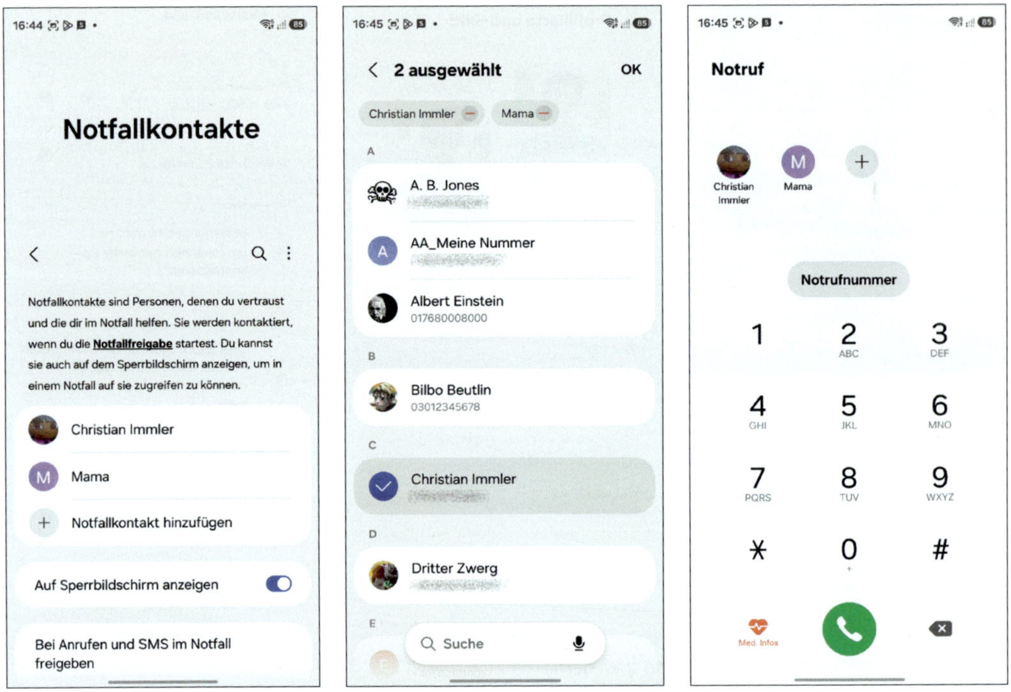

Links, Mitte: Notfallkontakte anlegen, rechts: der Notruf-Bildschirm bei gesperrtem Smartphone

Haben Sie Ihren Sperrbildschirm durch eine PIN oder ein Sperrmuster geschützt, erscheint dort nach der internationalen Notrufverordnung der Button *Notruf*, der auch, ohne die PIN oder das Entsperrmuster zu kennen, genutzt werden kann. Tippt jemand auf diesen Button, kann der Notruf angerufen werden. Oberhalb der Telefontastatur werden die Kontakte der Gruppe *Notfallkontakte* angezeigt. Diese persönlichen Kontakte sind so auch sofort erreichbar, auch wenn Sie selbst in einem Notfall schnell zum Smartphone greifen. Ohne das Smartphone zu entsperren, stehen nur die Kontakte aus der Gruppe *Notfallkontakte* zur Verfügung.

Kontakte verknüpfen

Neben den Kontakten aus dem Google-Konto kann das Samsung Galaxy S26 noch Kontakte aus weiteren Quellen nutzen, zum Beispiel aus weiteren Google-Konten, dem Samsung Account oder *WhatsApp*. Dadurch ist es möglich, dass einige Personen mehrfach in der Kontaktliste auftauchen. Um Übersicht in die Kontaktliste zu bringen, können Sie mehrere Kontakte miteinander verknüpfen, sodass alle zugehörigen Daten auch wirklich wie eine Person angezeigt werden, aber weiterhin in den jeweiligen Konten gespeichert bleiben.

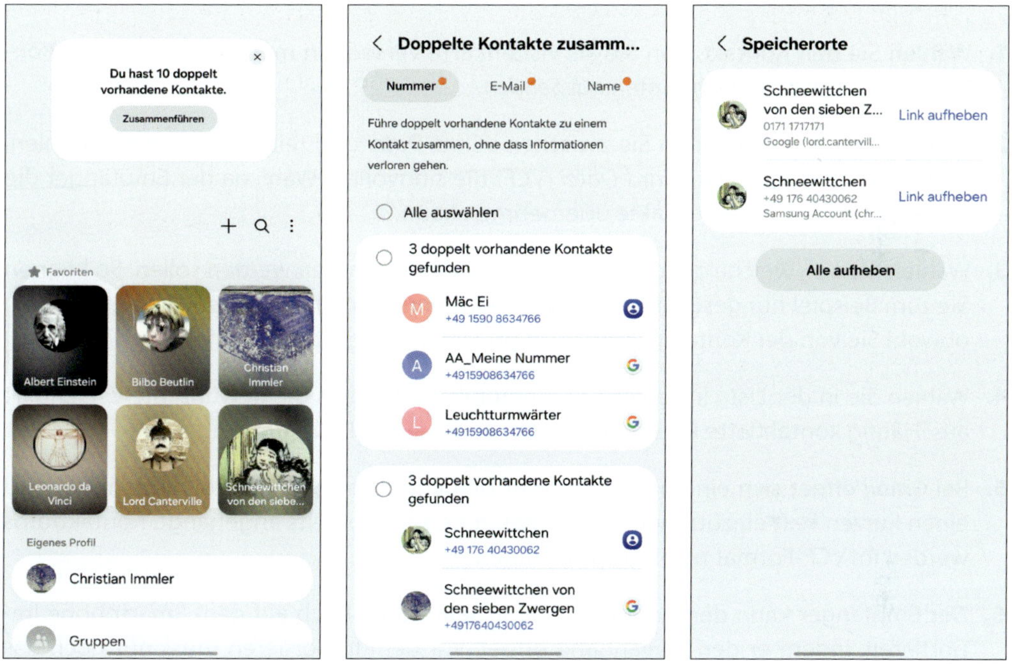

Kontakte verknüpfen

Sind doppelte Kontakte vorhanden, erscheint eine Meldung ganz oben in der *Kontakte*-App. Zusätzlich finden Sie in den Einstellungen der *Kontakte*-App die Option *Doppelte Kontakte zusammenführen*. Damit lassen sich anhand von Telefonnummer, E-Mail-Adresse oder Name doppelte oder sehr ähnliche Kontakte schnell finden und dann auch ganz einfach verknüpfen.

Die Liste ist in drei Bereiche geteilt, nach gleicher Nummer, Mailadresse oder Name. Wählen Sie, welche Daten verglichen werden sollen, markieren Sie eine vorgeschlagene Auswahl von Kontakten und tippen Sie unten auf *Verknüpfen*, um sie zusammenzuführen. Verknüpfen Sie aber nicht wahllos alle angezeigten Kontakte, da in der Liste gleicher Telefonnummern auch Familienmitglieder, die dieselbe Festnetznummer nutzen, angezeigt werden. Das Gleiche gilt für Mitarbeiter von Firmen, die alle mit der Haupttelefonnummer der Firma eingetragen sind.

Tippen Sie in einem verknüpften Kontakt ganz unten auf den Button *Speicherorte*, sehen Sie, welche Konten verknüpft sind, und können auch einzelne Verknüpfungen wieder aufheben.

Visitenkarten drahtlos übertragen

Viel einfacher als über klassische Visitenkarten auf Papier lassen sich Kontaktdaten drahtlos von einem Smartphone auf ein anderes übertragen und beim Empfänger direkt ins Adressbuch übernehmen.

1. Wählen Sie den Kontakt, den Sie als Visitenkarte versenden möchten, in der App *Kontakte* aus. Tippen Sie dann unten auf *Senden*.
2. Im nächsten Schritt können Sie zwischen *vCard-Datei* und reinem Textformat wählen. In den meisten Fällen ist *vCard-Datei (VCF)* die sinnvollere Wahl, da der Empfänger die Adresse direkt in seine Kontakte übernehmen kann.
3. Wählen Sie aus, welche der gespeicherten Daten übertragen werden sollen. So können Sie zum Beispiel nur geschäftliche Telefonnummern und E-Mail-Adressen weitergeben, obwohl Sie von der Kontaktperson auch private Daten gespeichert haben.
4. Wählen Sie in der Liste installierter Kommunikations-Apps die gewünschte Versandart aus. Häufig kontaktierte Personen werden direkt als Verknüpfung angezeigt.
5. Bei *Gmail* öffnet sich eine neue Mail. Hier brauchen Sie nur noch den Empfänger und einen kurzen Text einzutragen. Die Kontaktdaten sind bereits angehängt. Kontaktfotos werden im VCF-Format nicht mit übertragen.
6. Der Empfänger kann den Kontakt direkt in sein Adressbuch auf dem Smartphone importieren, indem er den Mailanhang öffnet. Vor dem Importieren muss nur noch das Konto ausgewählt werden, in dem der neue Kontakt gespeichert wird, wenn mehrere Konten auf dem Smartphone eingerichtet sind.

Kontakte an PCs und einfache Handys verschicken

Verwenden Sie zum Teilen von Kontakten das Format VCF (*vCard-Datei*). Diese Dateien können auch auf dem PC von verschiedenen Anwendungen, z. B. Microsoft Outlook, importiert werden. Im reinen Textformat lassen sich Kontakte sogar per SMS auf ganz einfache Handys schicken. Über die Optionen *Kontakteimport* und *Exportieren von Kontakten* in den Einstellungen der *Kontakte*-App können Sie auch direkt VCF-Dateien einlesen oder erstellen, um sie weiterzugeben.

Kontakte per QR-Code übertragen

Möchten Sie an jemanden, mit dem Sie sich gerade persönlich unterhalten, eine Kontaktadresse weitergeben, ist ein QR-Code, den der andere von Ihrem Smartphone-Bildschirm scannt, die schnellste und einfachste Methode.

1. Suchen Sie die Person, deren Daten Sie weitergeben möchten, in der Kontaktliste, tippen Sie unten rechts auf das Symbol *Mehr* und wählen Sie im Menü *QR-Code*.
2. Auf dem Bildschirm erscheint ein QR-Code.
3. Auf dem anderen Smartphone tippen Sie im QuickPanel auf das Symbol *QR-Code scannen*. Scannen Sie jetzt mit der Kamera den QR-Code vom Bildschirm des ersten Smartphones. Smartphones anderer Hersteller haben manchmal keinen QR-Code-Scanner im QuickPanel. Verwenden Sie hier Google Lens oder eine entsprechende Scanner-App.

4. Jetzt können Sie den Kontakt übernehmen oder auch einfach nur anrufen, eine SMS oder E-Mail senden. Wählen Sie beim Übernehmen, wo Sie diesen Kontakt speichern möchten: im Google-Konto, im Samsung Account, auf dem Telefon oder der SIM-Karte.

Sie können den erzeugten QR-Code auch als Bild speichern und per E-Mail oder über andere Kommunikationswege senden, ausdrucken oder auf einer Webseite veröffentlichen.

Kontakte vom Telefon an andere Speicherorte verschieben

Kontakte, die auf dem Telefon gespeichert sind, werden nicht synchronisiert. Sie stehen also auf anderen Geräten nicht zur Verfügung. Verschieben Sie solche Kontakte am besten in Ihr Google-Konto. Über die Option *Kontakte an einen anderen Speicherort verschieben* in den Einstellungen der *Kontakte*-App können Sie alle lokal auf dem Telefon gespeicherten Kontakte auf einmal verschieben. Wählen Sie dazu im ersten Schritt den Ort, von dem aus Kontakte verschoben werden sollen. Im nächsten Schritt wählen Sie die zu verschiebenden Kontakte und dann das gewünschte Zielkonto.

Adressbuch auf dem PC bearbeiten

Wesentlich komfortabler als auf dem Smartphone selbst kann man das Adressbuch auf dem PC im Google-Konto bearbeiten.

Melden Sie sich mit den gleichen Zugangsdaten bei *contacts.google.com* an, die Sie auch auf dem Smartphone verwenden. Hier finden Sie das komplette Adressbuch des Google-Kontos und können alle Daten direkt bearbeiten sowie neue Kontakte hinzufügen.

Auch im Browser auf dem PC gibt es die Möglichkeit, über *Zusammenführen und korrigieren* im Seitenbalken links doppelte Kontakte zu finden und zusammenzuführen.

Haben Sie früher Ihre Adressen auf dem PC mit Outlook oder einem anderen Programm verwaltet, können Sie sie nun ins Google-Konto einlesen. Ältere Handys wie auch die früheren Smartphone-Plattformen Symbian, Palm OS und BlackBerry boten eigene Softwarelösungen, um das Adressbuch des Handys auf dem PC zu bearbeiten. Auch aus diesen Programmen lassen sich CSV-Dateien mit den Kontaktdaten exportieren und im Google-Konto einlesen.

Maximale Zahl von Kontakten

Eine CSV-Datei darf beim Importieren in die Google-Kontakte maximal 3.000 Kontakte enthalten. Insgesamt können im Google-Konto bis zu 25.000 Kontakte gespeichert werden.

1. Suchen Sie dazu in Ihrer bisherigen Adressverwaltung eine Funktion zum Export im CSV-Format. Dabei handelt es sich um ein einfaches Textformat, das sogar mit einem Texteditor bearbeitet werden kann. Im neuen Outlook finden Sie diese Exportfunktion über *Kontakte verwalten/Exportieren von Kontakten*.

2. Klicken Sie in der Liste aller Kontakte im Google-Konto auf dem PC links oben auf das Menü mit den drei Strichen und dann auf *Importieren*.

3. Wählen Sie jetzt die CSV-Datei aus, die Sie aus Ihrer alten Adressverwaltung exportiert haben. Wählen Sie auch noch ein Label, mit dem die importierten Kontakte markiert werden sollen, und klicken Sie auf *Importieren*.

4. Die Kontakte werden importiert und danach im Google-Konto angezeigt. Sollte es Schwierigkeiten beim Import geben, klicken Sie auf den Link *Weitere Informationen*. Hier finden Sie detaillierte Hinweise zu den CSV-Formaten, die Google importieren kann.

Die Synchronisation der Daten mit dem Smartphone erfolgt vollautomatisch im Hintergrund. Nach wenigen Sekunden ist eine bearbeitete Adresse auf dem Smartphone, ohne dass Sie irgendetwas tun müssen.

Kontakte eines alten Handys übernehmen

Steigen Sie von einem ganz alten Handy vor der Smartphone-Ära auf ein Samsung Galaxy S26 um, können Sie die Kontakte übernehmen. Ganz alte Handys speicherten Telefonnummern noch direkt auf der SIM-Karte. Aktuelle SIM-Karten haben meist nur noch die Nummer der Mailbox und ein paar Werbeeinträge gespeichert. Stecken Sie eine SIM-Karte mit darauf gespeicherten Kontakten in das Samsung Galaxy S26, stehen diese Kontakte automatisch zur Verfügung. Sie haben zusätzlich die Möglichkeit, die Kontakte von der SIM-Karte ins Google-Konto oder den Samsung Account auf dem Smartphone zu importieren, um dort zusätzliche Daten und ein Profilbild zu ergänzen.

1. Tippen Sie in den Einstellungen der *Kontakte*-App auf *Kontakteimport*.
2. Wählen Sie die gewünschte SIM-Karte aus. Nach einem kurzen Auslesevorgang erscheint eine Liste der auf der SIM-Karte gespeicherten Kontakte.
3. Wählen Sie die gewünschten Kontakte aus, die importiert werden sollen, und tippen Sie auf *OK*.
4. Bestimmen Sie jetzt das Google-Konto oder den Samsung Account, in das/den die Kontakte importiert werden sollen, und tippen Sie danach auf *Importieren*.

3.11 Der Terminkalender auf dem Samsung Galaxy S26

Neben dem Adressbuch verfügt das Samsung Galaxy S26 auch über einen handlichen Terminkalender, der immer greifbar ist. Samsung verwendet statt der Standard-Google-Kalender-App eine eigene *Kalender*-App. Hier können Termine und Aufgaben im Google Kalender gespeichert werden, auf dem Smartphone oder im Samsung Account. Das Kalendersymbol zeigt immer das aktuelle Tagesdatum an. Mit dem Google Kalender sind die Termine auf dem Smartphone und dem PC immer synchron. Bei Bedarf können Sie in der *Kalender*-App auch einzelne Kalender ausblenden. Sie können natürlich auch jederzeit neue Termine eintragen sowie weitere Kalender einbinden.

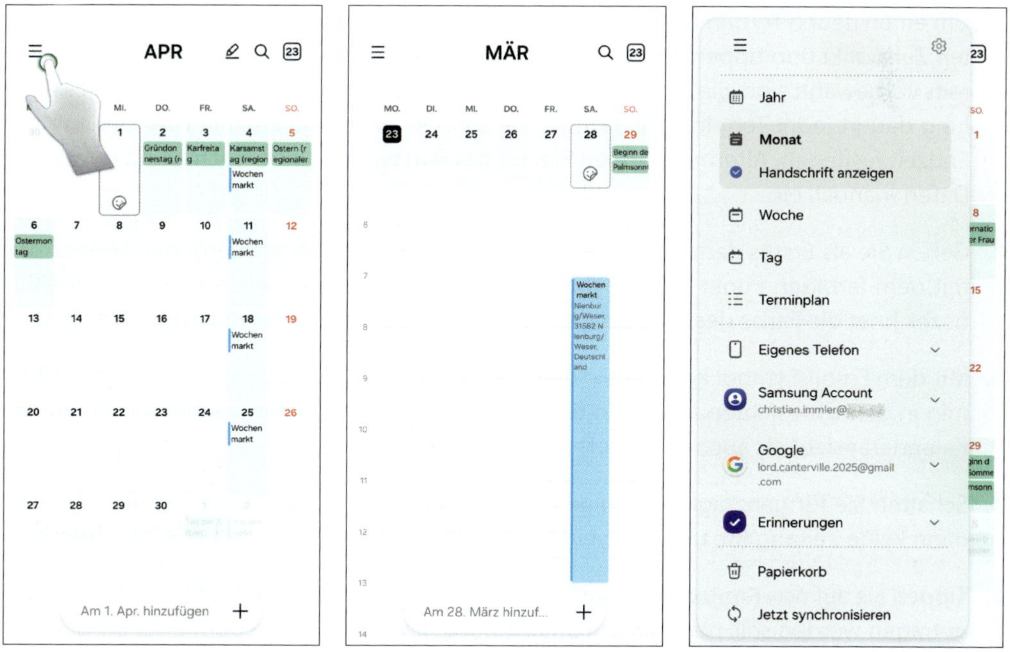

Verschiedene Ansichten im Kalender umschalten, rechts: einzelne Kalender aus- und einschalten

Im Seitenmenü schalten Sie zwischen verschiedenen Ansichten um. Mit einer horizontalen Fingerbewegung kommen Sie innerhalb einer Ansicht zu einem späteren Datum, etwa zum nächsten Monat oder in die nächste Woche.

Das aktuelle Datum innerhalb der gerade dargestellten Ansicht *Monat* oder *Woche* ist hervorgehoben. In der Tages- und Wochenansicht zeigt eine rote Linie die aktuelle Zeit in der Terminliste. Über das Datumssymbol rechts oben springen Sie in jeder Ansicht zum aktuellen Tag.

Google Kalender auf dem PC

Im Browser auf dem PC finden Sie Ihren persönlichen Google Kalender unter *calendar.google.com*. Dort können Sie Termine anlegen und auch auf dem Smartphone angelegte Termine einsehen und bearbeiten. Die Synchronisation mit dem Google Kalender wird bei der Einrichtung des Google-Kontos auf dem Smartphone automatisch mit eingestellt.

Neuen Termin im Kalender eintragen

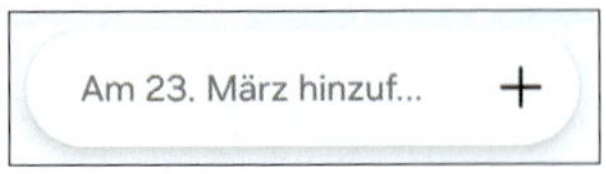

Neue Termine im Google-Konto können Sie auf dem Samsung Galaxy S26 oder im Google Kalender auf dem PC eintragen. Nach kurzer Zeit sind sie auf beiden Geräten synchron.

1. Um einen neuen Termin einzutragen, platzieren Sie die Markierung auf den gewünschten Zeitpunkt und tippen darauf. Es erscheint ein Formular, in dem Datum und Zeit bereits vorgewählt sind. Sie können diese aber auch jederzeit ändern. In der Grundeinstellung dauert jeder Termin eine Stunde. Sie können allerdings auch immer eine andere Endzeit festlegen. Alternativ tippen Sie auf das Plussymbol unten rechts und geben die Daten manuell ein.

2. Geben Sie als Erstes dem neuen Termin einen Namen. Wichtigen Terminen können Sie mit dem farbigen Punkt oben rechts eine besondere Farbe zuweisen. Standardmäßig bezeichnet die Farbe des Termins den Kalender, in dem dieser Termin gespeichert ist.

3. Mit dem Emoji-Symbol können Sie dem Termin einen Sticker zuordnen, um diesen Termin in den Übersichten auf einen Blick zu erkennen. Die Sticker werden sowohl in der Kalenderansicht als auch in der Terminansicht angezeigt.

4. Schalten Sie für ganztägige Termine die Option *Ganztägig* ein. Diese Termine erhalten dann keine Zeitangabe und erscheinen ganz oben in der Tages- und Wochenansicht.

5. Tippen Sie auf den Kontonamen und legen Sie fest, in welchem Kalender der Termin eingetragen werden soll, nur auf dem Smartphone, im Samsung Account oder im Google-Konto.

6. Bei Bedarf können Sie auch noch Teilnehmer oder Notizen hinzufügen und einen Standort eingeben. Dieser kann auf einer Google-Maps-Karte anhand eines Suchwortes oder einer Adressangabe gewählt werden. Bei bekannten Orten macht Google automatisch Vorschläge. In der Terminansicht finden Sie dann einen direkten Link zur Routenplanung.

7. Bei Bedarf können Sie noch Gäste hinzufügen und unten eine Notiz anhängen. Tippen Sie auf *Speichern*, erscheint der Termin im Kalender.

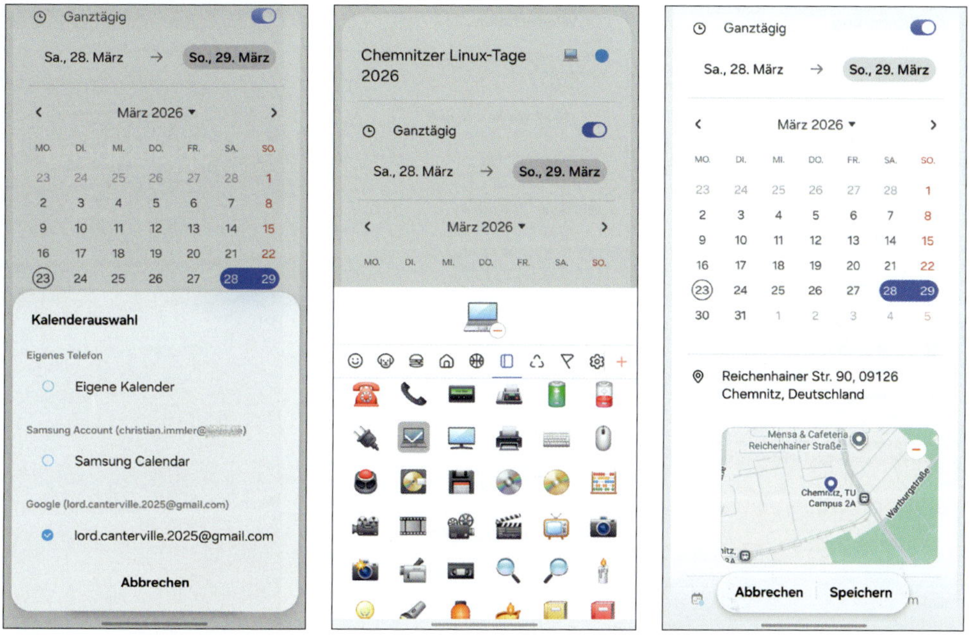

Kalender auswählen und Termin mit Sticker und Standort im Kalender eintragen

Zusätzlich können Sie bei Onlineterminen eine Videokonferenz über *Google Meet* einrichten. Allen, die zu dem Termin eingeladen werden, wird der Link zur Videokonferenz zugeschickt. Tippen Sie später auf einen Termin, werden alle im Termin gespeicherten Angaben angezeigt. Durch einfaches Antippen der jeweiligen Felder können Sie den Termin auch nachträglich noch bearbeiten. Tippen Sie oben links auf den Pfeil, um aus einer Terminansicht wieder zurück in den Kalender zu kommen.

Erinnerungen und Wiederholungen

Möchten Sie sich an einen Termin erinnern lassen, fügen Sie in der Terminanzeige eine Erinnerung hinzu. Das Samsung Galaxy S26 erinnert Sie dann über eine Benachrichtigung mit Signalton rechtzeitig an den Termin. Den Zeitraum können Sie selbst festlegen.

Regelmäßige Termine brauchen nicht jedes Mal neu eingetragen zu werden. Der Kalender bietet diverse Möglichkeiten zur Terminwiederholung. Tippen Sie in einem Termin auf die

Zeile *Nicht wieder anzeigen* und wählen Sie ein Wiederholungsintervall aus. Bei den Optionen *Jeden Tag, Jede Woche, Jeder Monat, Jedes Jahr* haben Sie beim Antippen noch mehr Möglichkeiten für variable Terminwiederholungen, zum Beispiel jeden dritten Monat. Wenn Sie eine Wiederholung oder Erinnerung für einen wiederholten Termin ändern, können Sie wählen, ob die Änderung nur für diesen Termin, alle folgenden oder alle Termine dieser Reihe, auch die schon vergangenen, gelten soll.

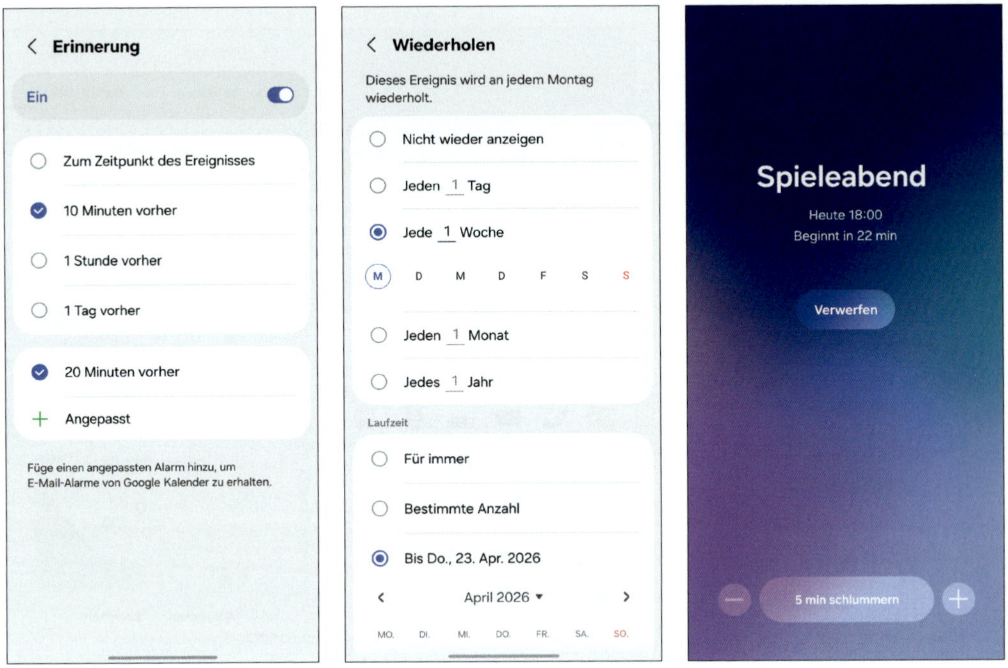

Einstellungen zur Erinnerung und Terminwiederholung, rechts: Erinnerung kurz vor dem Termin

Termine suchen

Haben Sie viele Termine im Kalender, ist es oft nicht einfach, einen bestimmten wiederzufinden, besonders wenn man sich nicht an das Datum erinnert. Hier hilft die Suchfunktion im Kalender weiter. Tippen Sie dazu auf das Lupensymbol oben rechts im Kalender. Nach der Eingabe eines Stichworts im Suchfeld zeigt der Kalender eine Übersicht aller Termine, in denen dieses Stichwort vorkommt. Tippen Sie auf ein Suchergebnis, um direkt zum Termin zu kommen.

Über Sticker und Farben können Sie bestimmte Termine besonders schnell finden. Die Suche schlägt dazu verwendete Sticker und Farben vor, die Sie nur anzutippen brauchen.

Die Suche zeigt zunächst nur Termine innerhalb eines begrenzten Zeitraums an. Um Termine aus der früheren Vergangenheit oder der späteren Zukunft zu finden, scrollen Sie einfach über das Ende der Liste hinaus, die weiteren Termine werden dann angezeigt.

App-Shortcuts und Widgets

Tippen Sie länger auf die *Kalender*-App auf dem Startbildschirm oder in der App-Liste, erscheinen App-Shortcuts zum schnellen Aufruf häufig verwendeter Funktionen der App. Im Kalender sind das die Optionen *Ereignis hinzufügen* sowie *Kalender durchsuchen*. Diese Symbole können direkt auf den Startbildschirm gezogen werden, um sie so noch einfacher aufzurufen.

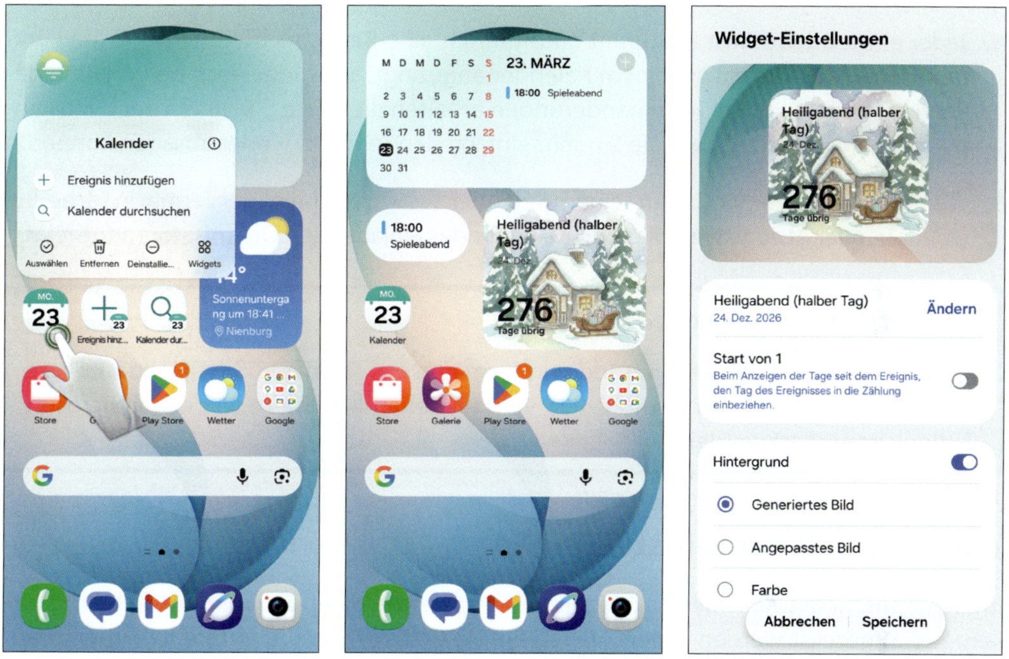

App-Shortcuts und Widgets der Kalender-App, rechts: Countdown-Widget hinzufügen

Samsung liefert für den Kalender verschiedene Widgets mit, die über das Symbol *Widgets* in der Palette der App-Shortcuts auf dem Startbildschirm hinzugefügt werden können: Monatsübersichten, Terminübersichten, kombinierte und Tagesübersichten.

Countdown-Widget

Das Countdown-Widget zeigt die verbleibenden Tage bis zu einem Termin an. Über das Menü *Mehr* unten rechts in einem Termin können Sie für diesen Termin ein solches Countdown-Widget zum Startbildschirm hinzufügen.

Zu Terminen einladen

Andere Personen zu einem Termin einzuladen, ist häufig mit Missverständnissen verbunden. Da vergisst jemand den Ort oder den Zeitpunkt oder versäumt es, den Termin in den Kalender einzutragen. Mit dem Google Kalender lassen sich Termine ganz einfach teilen.

1. Bestimmen Sie im Kalender den Termin, tippen Sie unten auf *Bearbeiten* und dann in der Zeile *Teilnehmer* auf *Kontakte*.
2. Wählen Sie die Namen von Gästen aus dem Adressbuch aus oder geben Sie zusätzliche E-Mail-Adressen ein. Tippen Sie auf *OK* und danach im Termin auf *Speichern*.
3. Bei jedem Termin können Sie festlegen, ob Eingeladene sehen können, wer noch zu dem Ereignis eingeladen ist, und auch, ob diese selbst andere Personen einladen können.
4. Jeder eingeladene Gast bekommt automatisch eine Benachrichtigung per E-Mail und den Termin auch direkt in seinem Kalender angezeigt, allerdings noch als vorläufig gekennzeichnet. Auch bei Terminänderungen erhalten die Gäste E-Mails. In der E-Mail finden Sie Schaltflächen, über die Sie sehr einfach den Termin zu- oder absagen können.
5. Wenn ein eingeladener Gast in seinem Kalender zusagt, erscheint der Termin in Farbe. Bei einer Zu- oder Absage wird diese im Kalender des einladenden Organisators angezeigt.

Termineinladungen an PCs verschicken

Android verwendet für den Versand von Terminen das Format VCS (vCalendar). Diese Dateien können auch auf dem PC von verschiedenen Kalendern wie etwa Microsoft Outlook importiert werden.

Wichtige Kalendereinstellungen

Im Seitenmenü der *Kalender*-App legen Sie fest, welche Kalender auf dem Samsung Galaxy S26 angezeigt werden sollen. Haben Sie im Google-Konto mehrere Kalender, brauchen Sie nicht unbedingt immer alle Termine auf dem Smartphone. In der Liste können Sie für jeden Kalender festlegen, ob er auf dem Smartphone synchronisiert werden soll oder nicht. Über *Verwalten von Kalendern* legen Sie für jeden Kalender eine Farbe fest und können auch neue Kalenderkonten hinzufügen.

Die weiteren Einstellungen für den Kalender erreichen Sie über das Zahnradsymbol oben rechts im Seitenmenü. Legen Sie fest, mit welchem Tag die Woche in der Kalenderdarstellung beginnt. In Deutschland ist das üblicherweise der Montag, und das Wochenende liegt am Ende der Woche. In anderen Regionen sind andere Darstellungen üblich. Zusätzlich können Sie die Wochennummern und kleine Symbole mit einer Wettervorhersage im Kalender einblenden.

Die Standardzeit für Erinnerungen legen Sie in den *Einstellungen* unter *Standardalarmzeiten* für Ereignisse und ganztägige Termine im Kalender fest. Sie lässt sich für jeden Termin allerdings noch verändern. Unter *Alarmtyp* wählen Sie, auf welche Weise das Samsung Galaxy S26 an Termine erinnern soll. Tippen Sie hier auf *Kurzer Ton*, um den Ton und weitere Einstellungen festzulegen, wie die *Kalender*-App benachrichtigen soll.

Kalender und Termine importieren

Die *Kalender*-App bietet die Möglichkeit, weitere Kalender von Freunden, Firmenkalender oder öffentliche Kalender mit Feiertagen, Schulferien oder anderen Terminen zu importieren. Diese werden dann in anderer Farbe im eigenen Google Kalender auf dem PC wie auch auf dem Smartphone angezeigt.

Um einen kompletten Kalender zu importieren, melden Sie sich auf dem PC im Browser bei *calendar.google.com* mit Ihrem Google-Konto an. Unter *Kalender hinzufügen/importieren* können Sie weitere Kalender importieren. Welche dieser Kalender auf dem Samsung Galaxy S26 angezeigt werden sollen, legen Sie dort im Seitenmenü der *Kalender*-App fest.

Webseiten von Veranstaltungen bieten Termine oft als ICS-Dateien, auch als iCal bezeichnet, zum Download an. Tippen Sie auf so einen Link im Browser, wird die Datei zunächst heruntergeladen. Tippen Sie in der Download-Meldung auf *Öffnen*, werden die Termine angezeigt. Beim ersten Öffnen einer ICS-Datei auf dem Samsung Galaxy S26 wählen Sie noch zwischen der Samsung-Kalender-App oder der Outlook-App, je nachdem, welchen Kalender Sie verwenden. Tippen Sie dann auf *In Kalender speichern*, um die Termine in den Kalender zu übernehmen.

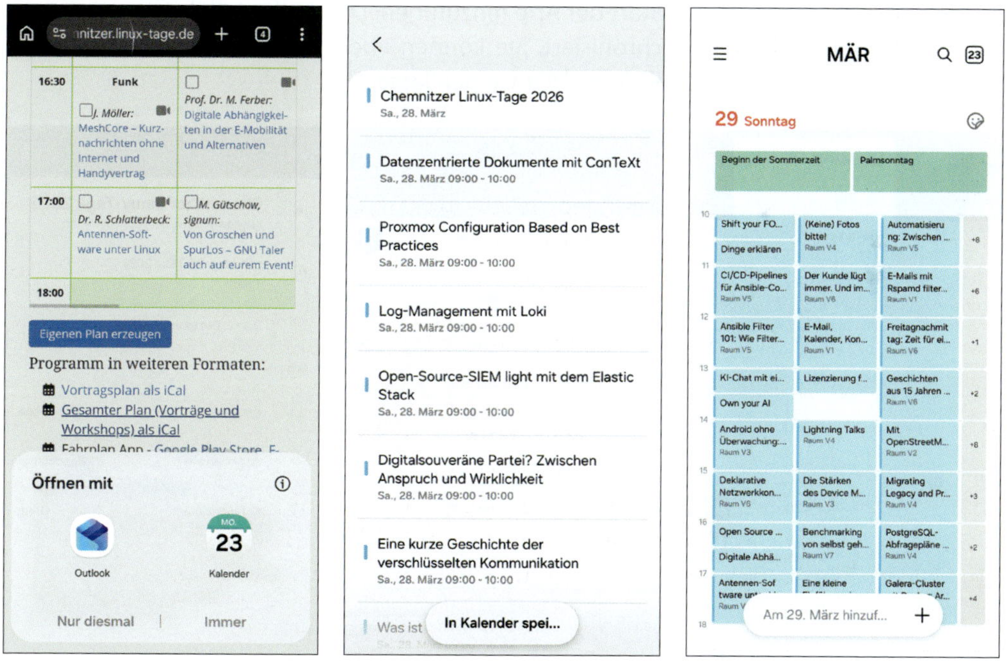

Termine aus einer ICS-Datei in den Kalender importieren

Einige Apps können einzelne Termine direkt in den Google Kalender auf dem Samsung Galaxy S26 eintragen, ohne dass ein ganzer Kalender importiert werden muss. Diese werden dann auch synchronisiert und stehen auf dem PC im Browser zur Verfügung.

Ein gutes Beispiel ist der *DB Navigator*, der den Fahrplan für eine ausgewählte Fahrt auf Wunsch in den Kalender einträgt.

> **ICS-Dateien aus Google Drive in Kalender importieren**
>
> Haben Sie eine ICS-Datei auf Google Drive gespeichert, können Sie diese direkt aus der Google-Drive-App mit dem Kalender öffnen und als Termin speichern.

Outlook-Kalender auf dem Samsung Galaxy S26

Microsoft bietet eine eigene Outlook-App, die auf dem Samsung Galaxy S26 bei der Ersteinrichtung im Ordner *Microsoft* vorinstalliert ist.

Spätestens seit Windows 10 hat fast jeder Windows-Nutzer ein Microsoft-Konto. Mit der Microsoft-App haben Sie Zugriff auf die E-Mails und den Kalender von *Outlook.com*. Die Outlook-App synchronisiert den Kalender mit dem Kalender im Microsoft-Konto. Dazu müssen Sie dieses beim ersten Start der App hinzufügen. Der Outlook-Kalender wird nicht mit dem Google-Kalender synchronisiert. Sie können aber umgekehrt Google-Kalender beliebiger Konten in der Outlook-App mit anzeigen lassen.

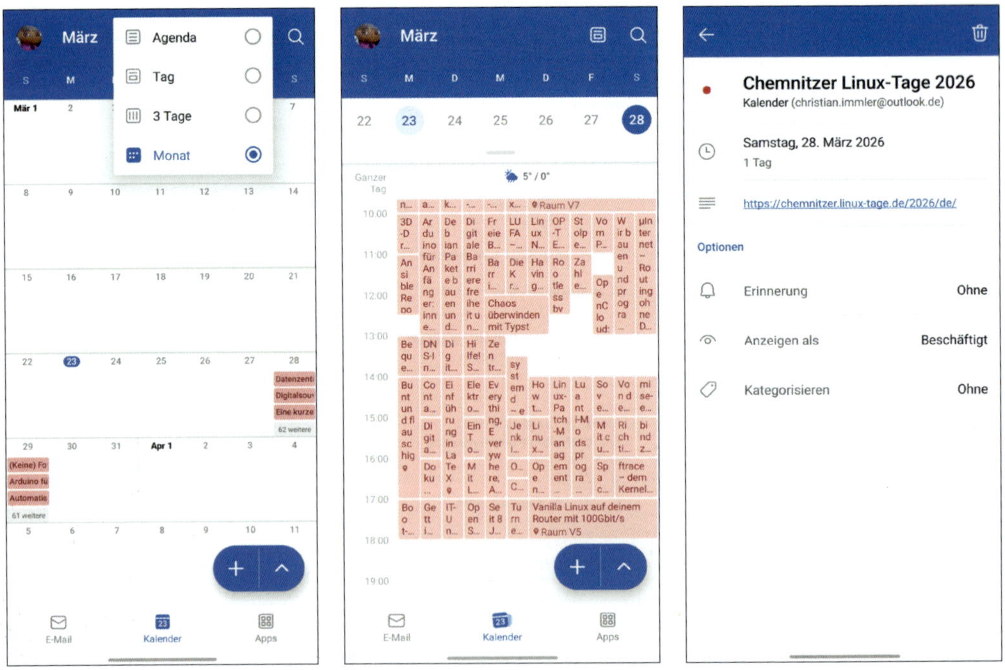

Outlook-Kalender in der Outlook-App

Stellen Sie auch hier den Wochenanfang auf Montag, wie in deutschen Kalendern üblich. Die Einstellungen erreichen Sie durch Antippen Ihres Profilbildes oben links. Tippen Sie anschließend auf das *Einstellungen*-Symbol und wischen Sie nach unten in den Bereich *Kalender*. Hier legen Sie auch fest, mit welchem Tag die erste Kalenderwoche des Jahres beginnt.

Wochennummern

Ein Jahr kann 52 oder 53 Kalenderwochen haben. Lange Zeit gab es verschiedene Zählweisen für Kalenderwochen, die sich darin unterschieden, wann die Woche 1 im Jahr beginnt. Seit 2006 ist in dem Standard ISO 8601 die Kalenderwoche 1 auf die Woche festgelegt, die den ersten Donnerstag des Jahres und damit mindestens vier Tage des neuen Jahres enthält. Das ist gleichzeitig immer die Woche, in der der 4. Januar liegt.

3.12 Uhr und Wecker

Das Samsung Galaxy S26, das man fast immer bei sich trägt, eignet sich geradezu ideal als Taschenuhr oder Wecker.

Das Smartphone liefert eine *Uhr*-App mit, die bei der Erstinstallation bei den optionalen Apps ausgewählt und heruntergeladen werden muss. Sie verfügt über einen Wecker, eine Weltuhr, eine Stoppuhr sowie einen Timer.

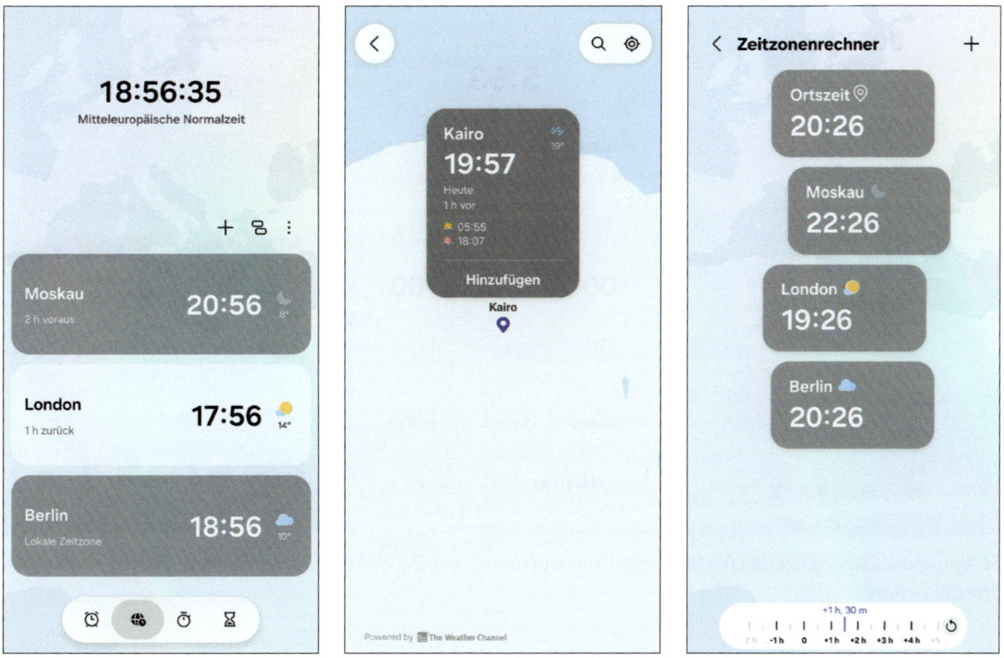

Weltuhr und Zeitzonenrechner

Das Symbol dieser Uhr zeigt die aktuelle Uhrzeit, synchronisiert sich aber nicht in Echtzeit, sondern immer nur, wenn die App-Liste oder die entsprechende Startbildschirmseite neu angezeigt wird. Zusätzlich wird jederzeit oben links in der Benachrichtigungsleiste die aktuelle Uhrzeit angezeigt.

Auf der Seite *Weltuhr* können Sie über das Plussymbol oben weitere Städte hinzufügen. Der *Zeitzonenrechner*, der über ein Symbol oben rechts aufgerufen wird, berechnet beliebige Zeiten in den ausgewählten Städten anhand einer frei einstellbaren Zeit.

Die App *Uhr* bietet auch noch eine Stoppuhr sowie einen Timer (Kurzzeitwecker) an, deren Bedienung weitgehend selbsterklärend ist. Eine Benachrichtigung informiert über einen laufenden Timer oder eine Stoppuhr. So können Sie währenddessen andere Apps nutzen. Über das Plussymbol können Sie weitere Timer hinzufügen, die dann gleichzeitig laufen. Ein laufender Timer zeigt ein auffälliges Symbol in der Benachrichtigungsleiste. Tippen Sie darauf, wird der Timer in einem kleinen Fenster über anderen Apps eingeblendet, um ihn jederzeit im Blick zu haben. Zusätzlich wird der Timer auch in der *Now Bar* auf dem Sperrbildschirm angezeigt.

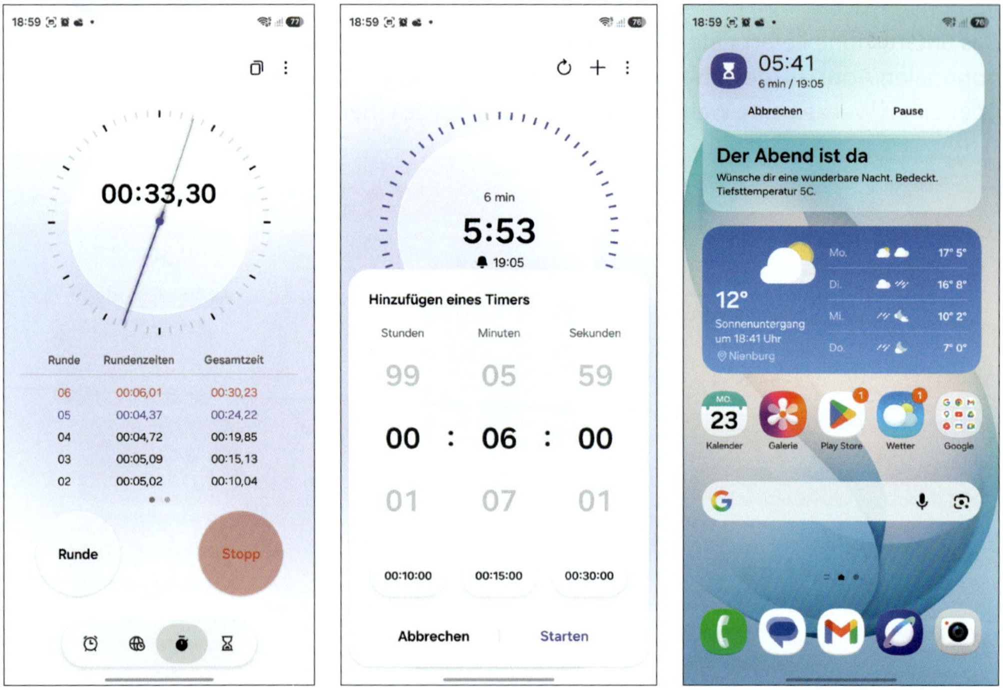

Stoppuhr mit Zwischenzeiten und Kurzzeit-Timer auf dem Samsung Galaxy S26, rechts: Mini-Timer auf dem Startbildschirm

Wecker einstellen

In der *Uhr*-App können Sie auch verschiedene Wecker einstellen. Auf der Seite *Alarme* oder auch in den *Einstellungen* können Sie das aktuelle Wetter als Alarmhintergrund verwenden. In diesem Fall wird das Wetter auch beim Klingeln des Weckers angesagt, wenn der Bildschirm ausgeschaltet war. Bei eingeschaltetem Bildschirm zeigt sich der Wecker nur in einem kleineren Fenster am oberen Bildschirmrand.

1. Tippen Sie unten links auf *Alarm*, erscheint der Bildschirm mit den Weckereinstellungen.
2. Legen Sie die Weckzeit fest sowie die Wochentage, an denen der Wecker klingeln soll, wenn es sich nicht um ein einmaliges Ereignis handelt, an das Sie sich vom Wecker erinnern lassen möchten. Bei einmaligen Ereignissen wählen Sie oben rechts über das Kalendersymbol ein Datum. Wenn kein Datum gewählt wurde, klingelt der Wecker bei nächster Gelegenheit, wenn die eingestellte Uhrzeit erreicht wird.
3. In der Zeile *Alarmton* bestimmen Sie den gewünschten Alarmton.
4. Speichern Sie den Wecker, danach können Sie auch noch weitere neue Wecker festlegen. Auf diese Weise stellen Sie Wecker für verschiedene Tage oder Ereignisse, die sich wiederholen. Sie brauchen diese Wecker dann bei Bedarf nur ein- oder auszuschalten und müssen sie nicht jedes Mal neu einstellen.

Der Wecker auf dem Samsung Galaxy S26, Mitte: Wetter als Alarmhintergrund, rechts: Schlafmodus einstellen

Ein Weckersymbol in der Benachrichtigungsleiste und eine Benachrichtigung weisen darauf hin, dass ein Wecker aktiv ist. Wenn dieser klingelt, erscheint zusätzlich eine auffällige Anzeige auf dem Bildschirm, unabhängig davon, welche App gerade läuft.

Wenn der Wecker klingelt, müssen Sie das X-Symbol in der Bildschirmmitte ein Stück über den Bildschirm ziehen, um es nicht versehentlich zu berühren. Wurde bei dem Alarm eine Erinnerung eingeschaltet, erscheint zusätzlich die Schaltfläche *Schlummern*. Tippen Sie darauf, wird der Alarm zwar still, ertönt aber nach der festgelegten Erinnerungszeit erneut. Mit den Plus- und Minussymbolen können Sie diese Schlummerzeit verändern. Standardmäßig klingelt der Wecker auch im Nicht-stören-Modus. Richten Sie in der *Uhr*-App einen Schlafmodus ein, wird während dieser Zeit das Smartphone automatisch lautlos geschaltet und zum Aufwachen ertönt ein Wecker.

Uhren für den Startbildschirm

Android liefert standardmäßig verschiedene App-Shortcuts und Widgets mit Uhren für den Startbildschirm mit. Samsung hat diese optisch leicht verändert und liefert mit One UI 8.5 auf dem Samsung Galaxy S26 noch weitere Uhr-Widgets mit, die auch Weckerzeiten, Wetter und Analoguhren enthalten.

1. Tippen Sie auf dem Startbildschirm lange auf eine freie Fläche und danach auf das Symbol *Widgets*.

Uhren-Widgets und App-Shortcuts auf dem Startbildschirm des Samsung Galaxy S26

2. In der Liste der Widgets unter *Uhr* finden Sie verschiedene Uhren, unter *Wetter* finden Sie weitere Wetter-Widgets sowie die Samsung-Uhr mit Wetteranzeige. Wählen Sie hier die gewünschte Darstellung aus.

3. Ziehen Sie das gewünschte Widget auf den Startbildschirm, schieben Sie es an die gewünschte Position und legen Sie die Größe fest.

4. Tippen Sie länger auf das Widget, bis die Symbolleiste erscheint. Mit dem *Einstellungen*-Symbol nehmen Sie Einstelllungen zu Farbe und Transparenz vor.

Unter *Uhr* finden Sie in der Liste der Widgets die klassischen Android-Uhren. Das Alarm-Widget bietet direkten Zugriff auf den Wecker. Hier sehen Sie immer die Weckzeit und können direkt einen neuen Alarm einstellen. Mehrere Alarm-Widgets können unterschiedliche Wecker auf dem Startbildschirm anzeigen. Beim Dual-Uhr-Widget mit zwei Zeiten können Sie gleich noch eine Stadt für die zweite Zeitzone auswählen. Widgets können wie App-Symbole wieder vom Startbildschirm entfernt werden.

3.13 Katastrophenwarnung über Cell Broadcast

Cell Broadcast ist ein System zur Warnung der Bevölkerung vor Katastrophen oder anderen Gefahrenlagen. Das System ist in den Mobilfunkstandard integriert, daher unabhängig vom Betriebssystem der Endgeräte und benötigt auch keine Internetverbindung. Eine aktivierte SIM-Karte oder eSIM reicht aus. Cell Broadcast läuft als unbestätigter Push-Dienst, es sind daher keine Rückmeldungen der empfangenden Smartphones erforderlich. Alle Smartphones innerhalb einer Funkzelle, die empfangsbereit – also eingeschaltet und nicht im Flugmodus – sind, werden erreicht. Die Notfallbenachrichtigungen erscheinen direkt auf dem Bildschirm und müssen nicht erst über die Benachrichtigungsleiste geöffnet werden. Dazu ertönt ein kräftiger Alarmton, auch wenn das Smartphone lautlos gestellt ist.

Cell Broadcast in Deutschland

Cell Broadcast wird seit 1997 in den USA und seit 1999 in nahezu allen Ländern weltweit, die über ein einigermaßen ausgebautes Mobilfunknetz verfügen, zur Bevölkerungswarnung eingesetzt. Seit dem bundesweiten Warntag am 08.12.2022 wird Cell Broadcast auch in Deutschland verwendet. Die nächste bundesweite Testwarnung wird am 10.09.2026 um 11:00 gesendet.

Um sicherzugehen, dass Ihr Samsung-Gerät Cell-Broadcast-Warnungen empfängt, prüfen Sie in den *Einstellungen* unter *Sicherheit und Notfall/Katastrophenwarnung*, dass der Schalter *Katastrophenwarnung* aktiviert ist.

Lassen Sie ihn eingeschaltet, um wenigstens einmal im Jahr prüfen zu können, ob diese Warnung im Ernstfall auch funktionieren würde – vorausgesetzt, die Aussendung der nächsten Testwarnung funktioniert.

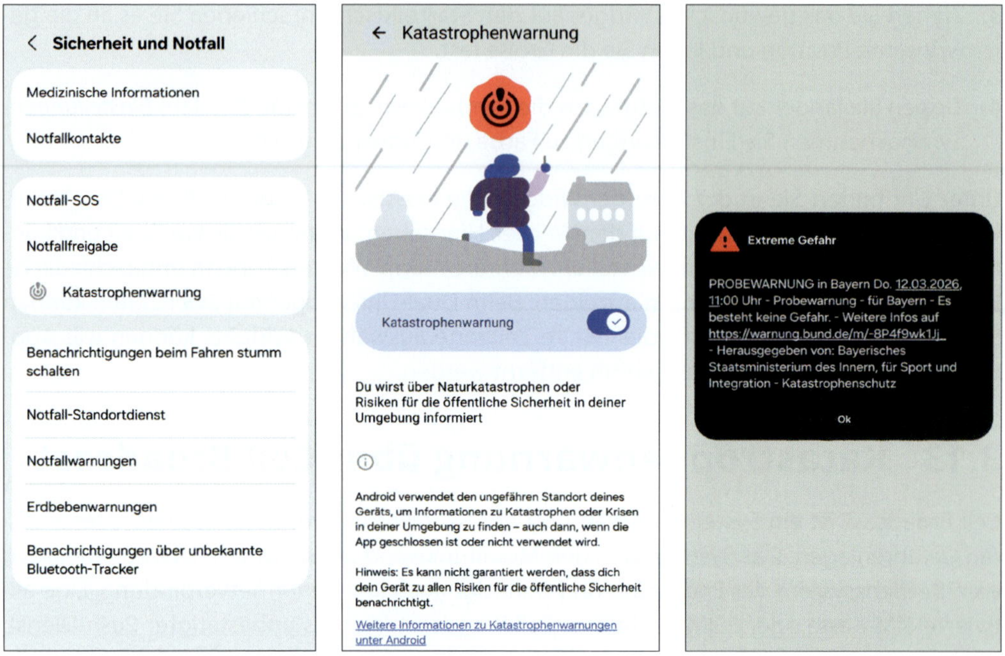

Links: Einstellungen zu Katastrophenwarnungen, rechts: Warnung am landesweiten Warntag in Bayern

Über die Zeile *Bisherige Notfallbenachrichtigungen* sehen Sie die letzten Notfallbenachrichtigungen, die vom Smartphone empfangen wurden, und können diese nochmals lesen.

3.14 Der einfache Modus

Wem die Standardoberfläche zu kleinteilig oder zu unübersichtlich ist, kann das Samsung Galaxy S26 auch im sogenannten einfachen Modus betreiben. Dabei handelt es sich um eine vereinfachte Oberfläche, auf der Apps und Kontakte mit großen Symbolen dargestellt werden. Auch die Schrift wird in allen Apps vergrößert.

Um in den einfachen Modus zu wechseln, tippen Sie in den *Einstellungen* unter *Anzeige* auf *Einfacher Modus*, wählen den einfachen Modus aus und schalten ihn auf der nächsten Seite ein. Auf dem gleichen Weg kommen Sie jederzeit wieder zurück. Im Gegensatz zu früheren Smartphones der Samsung-Galaxy-Serie sind die Apps und Einstellungen im einfachen Modus auf dem Samsung Galaxy S26 und auch bei der Vorgängerserie nicht mehr eingeschränkt. Sie können aber im einfachen Modus in den *Einstellungen* über *Startbildschirm/Apps auf Start- und Apps-Bildschirm ausblenden* bestimmte Apps verbergen.

Links neben der ersten Startbildschirmseite befindet sich im einfachen Modus eine weitere Bildschirmseite, auf der Sie wichtige Kontaktpersonen als Symbole hinzufügen können.

KAPITEL 4

Apps finden und installieren

Ähnlich wie es für PCs Millionen Programme gibt, wird auch der Markt für Apps immer umfangreicher und unübersichtlicher. So ziemlich jedes erdenkliche Thema lässt sich mit der passenden App auf dem Smartphone darstellen. Für Android sind nach mehrmaligem gründlichem Ausmisten durch Google inzwischen wieder über 2.600.000 verschiedene Apps erhältlich, etwa zwei Drittel davon kostenlos. Allerdings werden Sie, wenn Sie sich einige Zeit mit diesem Thema beschäftigt haben, feststellen, dass Sie über 99 % der Apps nicht brauchen.

Microsoft-Apps

Es ist noch nicht lange her, da waren Microsoft und Android zwei Welten, die möglichst wenige Verbindungspunkte miteinander haben wollten. Das hat sich inzwischen deutlich geändert, Microsoft bietet mittlerweile für einige seiner Dienste eigene Android-Apps an. Auf dem Samsung Galaxy S26 sind die Microsoft-Apps für den Cloud-Speicherdienst *OneDrive*, *M365 Copilot* (ehemals Microsoft Office) sowie die E-Mail- und Kalender-App *Outlook* in einem eigenen Ordner *Microsoft* in der App-Liste und auf dem Startbildschirm vorinstalliert. Auch *To-Do*, *LinkedIn* und einige Spiele von Microsoft sind für Android erhältlich. Zur Nutzung der Microsoft-Apps ist ein kostenloses Microsoft-Konto erforderlich, wie es unter anderem zur Anmeldung bei Windows 10 und 11 verwendet wird.

4.1 Der Google Play Store

Die erste Anlaufstelle, um Apps auf ein Android-Smartphone herunterzuladen, ist der Google Play Store. Insgesamt wurden bereits weit über 100 Milliarden Apps aus dem Google Play Store heruntergeladen.

Der Google Play Store listet alle Apps getrennt nach Anwendungen und Spielen in unterschiedlichen Kategorien auf. Hier kann man sich anhand von Empfehlungslisten inspirieren lassen. Diese Listen sollen zwar zur Orientierung dienen, sind aber weitgehend aussagelos, da sich Entwickler dort »einkaufen« können. Lediglich die Liste *Top-Charts* orientiert sich an tatsächlichen Downloadzahlen.

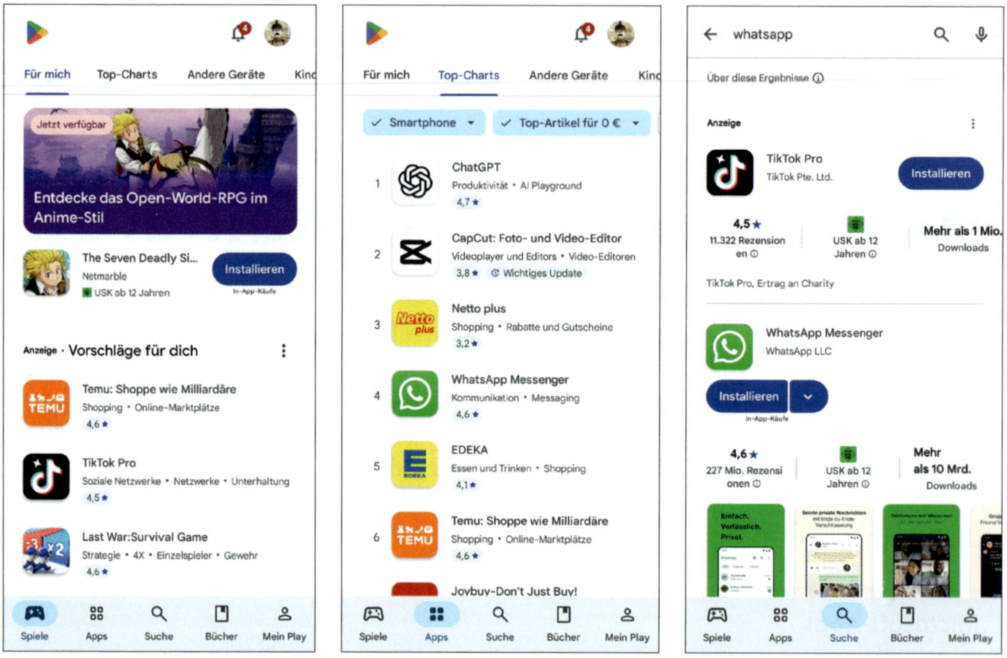

Der Google Play Store auf einem Samsung Smartphone, Mitte: Top-Charts, rechts: Werbung für eine andere App oberhalb eines Suchergebnisses

> **Bewertungen und Nutzerkommentare**
>
> Das Symbol *Empfehlung der Redaktion* sowie die Anzahl der Sterne und auch die Gesamtzahl der Installationen sind noch ein guter Richtwert für die Qualität der App.
>
> Die Nutzerkommentare sollten Sie dagegen besser ignorieren. Wie in fast allen Onlineshops zeugen diese von absolut mangelhaftem technischem Verständnis, dafür umso mehr von übersteigertem Geltungsbewusstsein einiger Nutzer. Besonders die Bewerter mit wenigen Sternen würden bereits im Deutschunterricht der ersten Klasse durchfallen. Wie viele andere Webseiten auch, würde sich Google Play einen Gefallen tun, wenn die Kommentare redaktionell gefiltert oder ganz abgeschaltet würden.

Um eine bestimmte App zu finden, können Sie die Suchfunktion verwenden, wobei man auch hier Vorsicht walten lassen muss, da Entwickler betrügerischer Apps alles daransetzen, unter beliebten Suchbegriffen in den Listen aufzutauchen. Suchen Sie bekannte Apps besser in den *Top-Charts*, um sicherzugehen, die richtige App zu installieren, da Sie in den meisten Fällen die bekannte App und nicht eine weniger beliebte gefälschte Version mit gleichem oder ähnlichem Namen installieren wollen. Bei den wichtigsten Apps hat Google hier mittlerweile nachgebessert und zeigt nicht mehr eine Liste von Suchergebnissen, sondern direkt die App im Google Play Store an. **Seit einiger Zeit zeigt der Google Play Store aber in vielen Fällen über der gesuchten App eine Werbung für eine andere App an. Passen Sie hier auf, die richtige App zu installieren und nicht die als Anzeige gekennzeichnete Werbung.**

Der Google Play Store listet auf dem Smartphone immer nur die Apps auf, die auf dem jeweiligen Gerät auch tatsächlich laufen. Zu jeder App werden eine Beschreibung sowie Screenshots angezeigt. Bei einigen Apps gibt es auch YouTube-Videos, die die Funktionen näher erläutern. Da die Beschreibungen sowie die Videos nicht von Google selbst stammen, sondern von den Entwicklern geliefert werden müssen und nur minimalen Qualitätskontrollen unterliegen, sind sie häufig kaum brauchbar.

Google-Konto

Der Google Play Store braucht eine Anmeldung mit einem Google-Konto. Falls Sie bei der Einrichtung Ihres Smartphones kein Google-Konto angegeben haben, müssen Sie dies spätestens tun, wenn Sie den Google Play Store nutzen wollen.

Apps auf dem Smartphone installieren

Zur Installation auf dem Samsung Galaxy S26 brauchen Sie nach Auswahl der App nur noch auf *Installieren* zu tippen. Danach wird die App installiert, und Sie können sie direkt aus dem Google Play Store heraus öffnen. Selbstverständlich ist die neu installierte App auch in der Liste aller Apps zu finden. Um den Google Play Store übersichtlicher zu halten, werden die teilweise sehr umfangreichen Beschreibungstexte der Apps erst beim Tippen auf *Über diese App* angezeigt.

App-Berechtigungen

Der Google Play Store zeigte früher direkt auf der Seite einer App an, auf welche Systemkomponenten die jeweilige App zugreifen kann. Diese Berechtigungen wurden von vielen Medien missverstanden und in Verruf gebracht. Trotz der damals teilweise bedenklich klingenden Bezeichnungen sind so gut wie alle Berechtigungen für das Funktionieren einer App wirklich nötig.

In Android 6 war es erstmals möglich, bestimmte Berechtigungen von Apps nachträglich einzuschränken. Dies gilt seitdem für alle aktuellen Android-Versionen. Ob die App ohne die jeweiligen Berechtigungen noch sinnvolle Arbeit leistet, bleibt dem Nutzer überlassen. Da viele Nutzer übervorsichtig Berechtigungen verwehrt und anschließend schlechte Kritiken über die App veröffentlicht haben, werden die Berechtigungen mittlerweile nur noch über den Link *Weitere Informationen* ganz am Ende der App-Beschreibung angezeigt. Nutzer mit geringem technischem Verständnis sollen so weniger verwirrt werden.

Apps werden in Android 16 direkt installiert, ohne dass der Benutzer den Berechtigungen zustimmen muss. Die App fordert die Berechtigungen erst an, wenn sie erstmals benötigt werden. Alle Beschreibungen in diesem Buch gehen davon aus, dass alle von Apps angeforderten Berechtigungen auch gewährt wurden.

Regelmäßige App-Updates

Unter *Apps und Gerät verwalten* im Menü des Google Play Store beim Antippen des eigenen Profilbildes rechts oben speichert der Google Play Store alle von dort heruntergeladenen Apps. In dieser Liste werden auch Update-Benachrichtigungen angezeigt, wenn von einer App eine neue Version verfügbar ist. In der Liste *Verwalten* sehen Sie die letzten installierten Updates. Tippen Sie auf den kleinen Pfeil bei einer App, zeigen viele Apps kurze Update-Beschreibungen an.

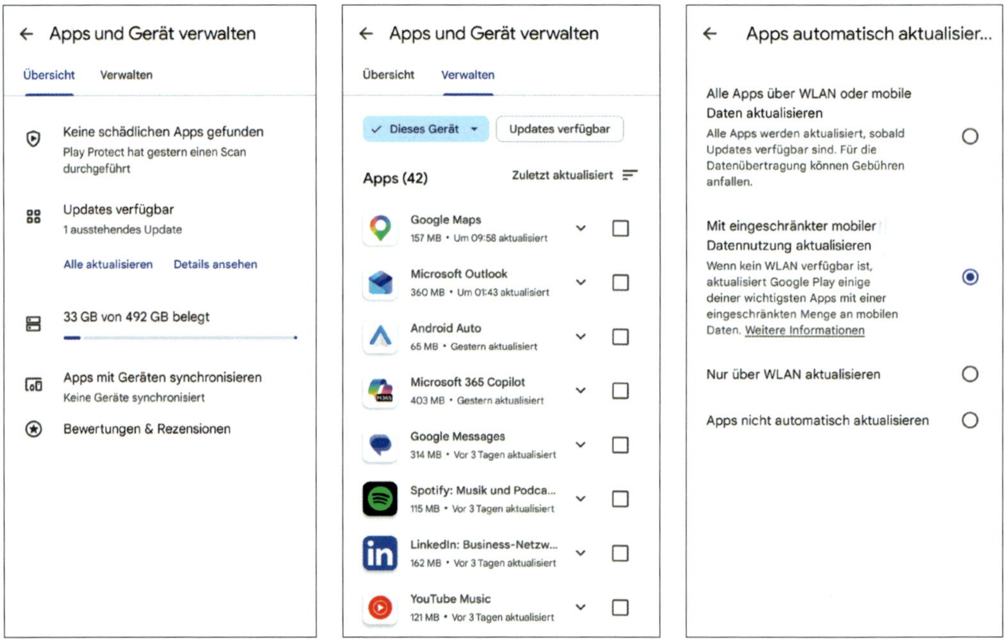

Update-Benachrichtigungen und automatische App-Updates im Google Play Store

Automatische App-Updates

Möchten Sie sich über Updates keine Gedanken machen müssen, schalten Sie über den Menüpunkt *Einstellungen* im Google Play Store unter *Netzwerkeinstellungen* die Funktion *Apps automatisch aktualisieren* ein. Um Mobilfunk-Datenvolumen zu sparen, sollten Sie hier die Option *Nur über WLAN* aktivieren. Damit werden automatische Updates nur heruntergeladen, wenn sich das Smartphone in einem WLAN befindet. Manuell können Sie trotzdem jederzeit App-Updates auch über Mobilfunk installieren.

Einige Apps erhalten häufig Updates. Um nicht jede App manuell updaten zu müssen, können Sie auch alle anstehenden Updates auf einmal aktualisieren.

Auch wenn automatische Updates aktiv sind, können Sie bei einzelnen Apps über das Menü oben rechts die automatischen Updates abschalten, wenn zum Beispiel bekannt ist, dass neue App-Versionen Kompatibilitätsprobleme, Werbung, Bezahlfunktionen oder Funktionseinschränkungen mit sich bringen.

Automatisches Update beim ersten Start

Bereits direkt nach dem Start meldet fast jedes Smartphone, dass Updates zur Verfügung stehen. Dabei handelt es sich um einige Google-Apps, die inzwischen in einer neueren Version angeboten werden als der, mit der die Geräte im Herstellerwerk vorkonfiguriert wurden. Die Meldung brauchen Sie nicht weiter zu beachten, da diese Updates automatisch installiert werden.

So kann man Apps kaufen

Kostenpflichtige Apps können im Google Play Store mit verschiedenen Zahlungsmethoden bezahlt werden, etwa mit einer gültigen Kreditkarte oder über die Mobilfunkrechnung. Spätestens beim ersten Kauf einer App müssen Benutzer in ihrem Google-Konto eine Zahlungsmethode und auch eine gültige Postanschrift hinterlegen. Vor jedem Kauf können Sie die Zahlungsmethode wechseln, und es muss sicherheitshalber noch einmal das Passwort des Google-Kontos eingegeben werden, solange Sie diese Abfrage in den Einstellungen des Google Play Store unter *Zahlungen und Abos/Bestätigung von Käufen* nicht deaktiviert haben.

Alternativ können Sie Prepaid-Guthaben für den Google Play Store in Form von Geschenkkarten bei verschiedenen Supermarkt- und Tankstellenketten kaufen und beim Onlinekauf einlösen. Weitere Informationen finden Sie unter *play.google/giftcards*. Der Google Play Store unterstützt auch das Prepaid-System PaysafeCard sowie Klarna und PayPal als Zahlungsmethoden. Dabei kann ein beliebiges PayPal-Konto eingetragen werden. Dieses muss nicht mit der E-Mail-Adresse Ihres Google-Kontos übereinstimmen.

Eine App, die Sie einmal auf einem Android-Gerät gekauft haben, können Sie auf weiteren Geräten mit demselben Google-Konto installieren, ohne sie neu zu kaufen. Wählen Sie dazu im Menü des Google Play Store *Apps und Gerät verwalten*. Dort finden Sie neben den auf diesem Gerät installierten Apps auch alle Apps, die Sie jemals mit diesem Google-Konto auf irgendeinem Android-Gerät heruntergeladen haben – Freeware sowie Kauf-Apps. Hier werden auch Apps angezeigt, die mit dem Samsung Galaxy S26 nicht kompatibel sind. Diese können dann aus der Liste nicht installiert werden.

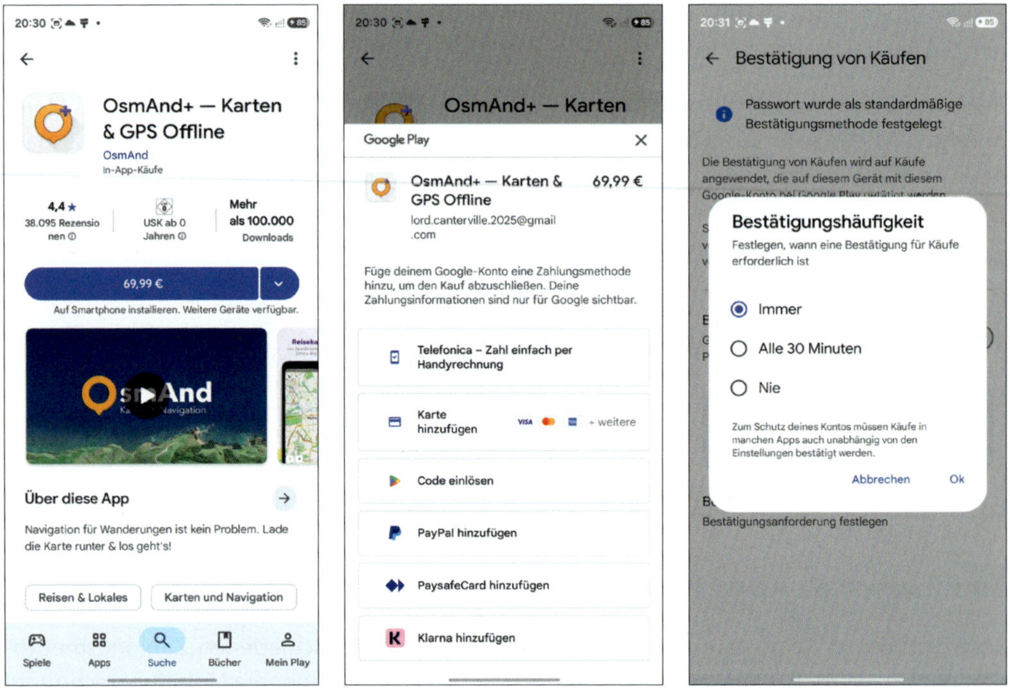

App kaufen und Zahlungsmethode wählen, rechts: Einstellungen zur Bestätigung von Käufen

> **Vorsicht: Betrug mit Google-Play-Prepaidkarten**
>
> Immer wieder versuchen Betrüger, über Phishing-E-Mails oder Anrufe an die Codes von Google-Play-Geschenkkarten zu kommen. Verwenden Sie niemals Google-Play-Geschenkkarten, um Steuern, Kautionen oder sonstige Beträge außerhalb von Google Play zu bezahlen. Google-Play-Geschenkkarten können ausschließlich für Käufe im Google Play Store verwendet werden.

Der Google Play Store auf dem PC

Der Google Play Store ist auch vom PC über einen beliebigen Webbrowser unter *play.google.com/store/apps* zu erreichen. Hier kann man Apps finden und auch direkt auf seinen Geräten installieren. Zur Installation von Apps müssen Sie auf dem PC im Browser mit dem Google-Konto angemeldet sein, das auch auf dem Smartphone verwendet wird. Klicken Sie auf das Profilbild rechts oben und wählen Sie im Menü *Mediathek und Geräte*. Hier können Sie Ihre verwendeten Geräte verwalten. Auf der Seite *Apps* sehen Sie alle auf Ihren Android-Geräten installierten Apps.

Um eine App auf dem Smartphone zu installieren, klicken Sie auf dem PC bei der jeweiligen App auf den Button *Auf weiteren Geräten installieren*. Wählen Sie jetzt noch das gewünschte

Gerät aus, wenn Sie unter Ihrem Google-Konto mehrere Android-Geräte angemeldet haben. Anhand von Betriebssystemversion, Bildschirmgröße und einigen anderen technischen Kriterien wird ermittelt, mit welchen der Geräte die App kompatibel ist.

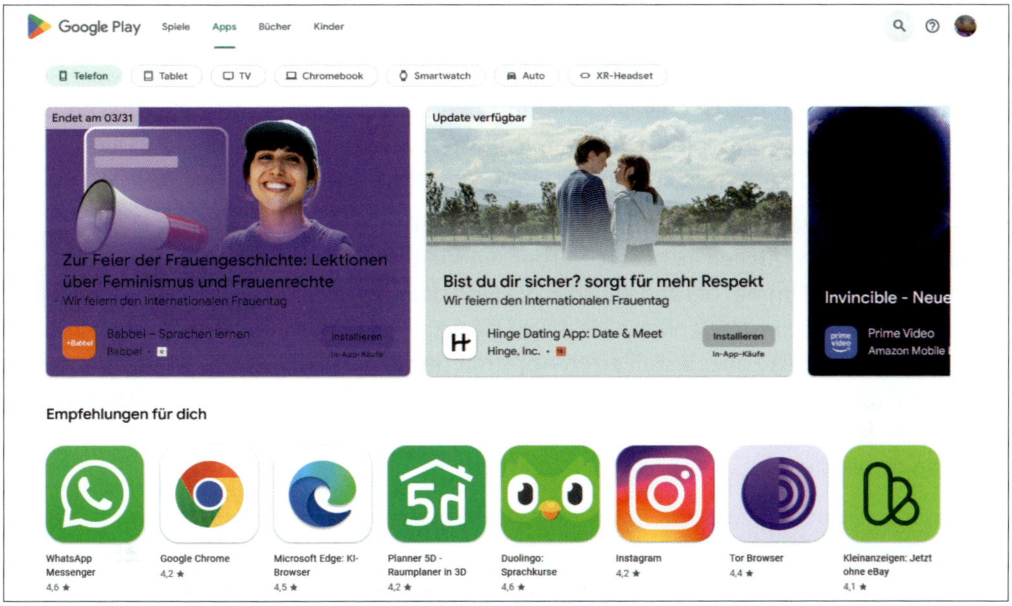

Der Google Play Store auf dem PC

Um die Installation auf dem jeweiligen Gerät brauchen Sie sich keine Gedanken mehr zu machen. Die App wird nun vollautomatisch an Ihr Smartphone geschickt und dort installiert. Sie werden darüber in der Benachrichtigungszeile informiert. Beachten Sie hierbei, dass die Bestellung sofort per Push auf Ihr Smartphone geschickt wird. Das verbraucht Datenvolumen oder erzeugt Kosten, falls Sie keine Flatrate besitzen. Besonders schnell und kostenlos geht es natürlich, wenn Ihr Smartphone per WLAN online ist.

4.2 Nicht mehr benötigte Apps und Werbe-Apps deinstallieren

Irgendwann ist der Speicher des Samsung Galaxy S26 voll oder Sie wollen mal wieder den Überblick in der App-Liste haben. Wie auch immer, es wird der Zeitpunkt kommen, an dem Sie bestimmte Apps wieder von Ihrem Smartphone entfernen möchten. Leider funktioniert dies nicht mit allen der vorinstallierten Werbe-Apps. Apps können auf drei verschiedenen Wegen wieder deinstalliert werden. Leider funktioniert nicht immer jede Methode bei jeder App, was unterschiedliche Gründe haben kann.

- **Apps über die App-Liste deinstallieren** – Am einfachsten deinstallieren Sie Apps direkt aus der App-Liste. Halten Sie den Finger länger auf die zu deinstallierende App, bis

Symbole erscheinen. Tippen Sie auf *Deinstallieren* und bestätigen Sie die Sicherheitsabfrage. Bei Apps, die im ROM des Smartphones vorinstalliert sind, erscheint das *Deinstallieren*-Symbol gar nicht erst.

- **Apps über den Google Play Store deinstallieren** – Im Google Play Store finden Sie auf der Seite *Apps und Gerät verwalten* alle aus dieser Quelle installierten Apps. Wählen Sie die Apps aus, die entfernt werden sollen, und tippen Sie oben auf das Papierkorbsymbol. Auch auf der Detailseite jeder installierten App gibt es die Schaltfläche *Deinstallieren*. Vor der endgültigen Deinstallation erscheint noch eine Sicherheitsabfrage. Die ausgewählte App wird mit einem weiteren Klick deinstalliert.
- **Apps über die Systemeinstellungen deinstallieren** – Apps, die aus anderen Quellen installiert wurden, werden im Google Play Store nicht immer gefunden. Über die *Einstellungen* unter *Apps* können Sie normalerweise jede App deinstallieren. Hier sehen Sie eine Liste aller installierten Apps mit den Angaben, wie viel Speicherplatz jede einzelne App belegt. Wählen Sie in dieser Liste diejenige App aus, die Sie entfernen möchten. Auf der nächsten Bildschirmseite können Sie diese App dann deinstallieren.

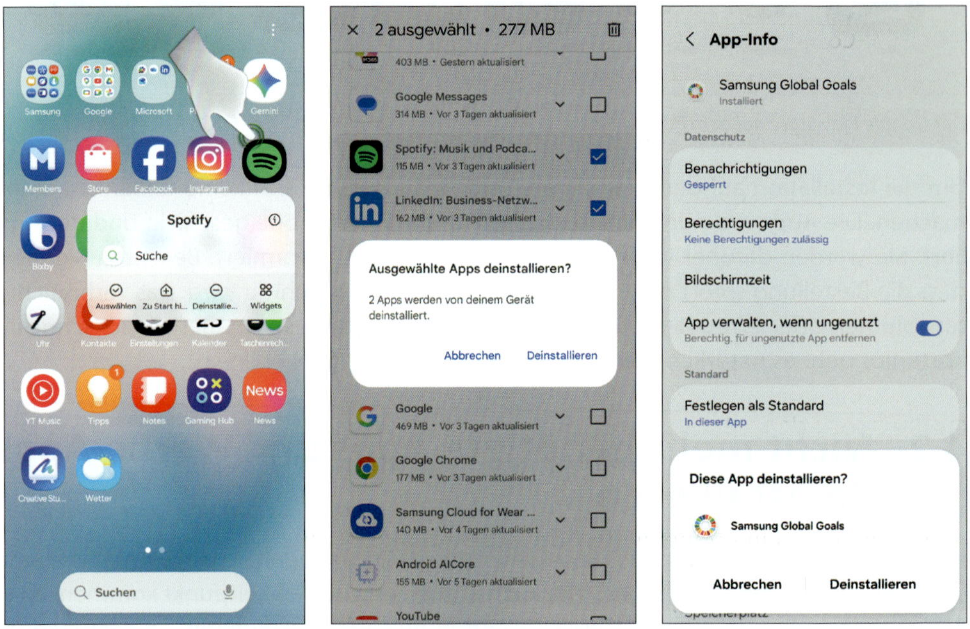

Nicht benötigte App über den App-Bildschirm, den Google Play Store oder die Einstellungen deinstallieren

Apps, die im ROM des Smartphones vorinstalliert sind, lassen sich auf diesem Weg nur deaktivieren. Das heißt, sie laufen nicht mehr automatisch im Hintergrund und erscheinen auch nicht auf dem App-Bildschirm oder dem Startbildschirm. Bei App-Symbolen, die fest zum Betriebssystem gehören, erscheint das *Deinstallieren*-Symbol erst gar nicht.

4.3 Apps per QR-Code installieren

Immer mehr Plakate und andere Offlinewerbeformen zeigen Internetadressen, die sich der vorbeigehende Betrachter allerdings merken oder aufschreiben muss. Im Gegensatz zur Bannerwerbung kann man eine URL auf einem Plakat nicht einfach anklicken.

QR-Codes (**Q**uick **R**esponse = schnelle Antwort) bieten hier eine komfortable Lösung. Sie sind der schnelle Weg zu einer Webseite, ohne Adressen abzutippen. Diese grobpixeligen Schwarz-Weiß-Grafiken findet man inzwischen auch auf Fahrscheinen, Visitenkarten und T-Shirts. Auch an Straßenbahnhaltestellen, Fahrkartenautomaten und touristischen Sehenswürdigkeiten sind aktuelle Infos häufig per QR-Code abrufbar.

Um die mobile Version einer Webseite zu bewerben, bieten auch viele Webseitenbetreiber auf ihren Seiten QR-Codes an, die einen Link auf die mobile Seite enthalten. Scannt man mit der Smartphone-Kamera so einen Code, wird dieser von der entsprechenden Software ausgewertet, und die darin enthaltenen Daten werden direkt an den Browser übergeben.

> **QR-Code-Scanner vorinstalliert**
>
> Auf dem Samsung Galaxy S26 ist eine QR-Code-Lese-App vorinstalliert. Eine zusätzliche QR-Code-Scanner-App ist nicht nötig.

Der QR-Code-Scanner kann schnell über ein Symbol im QuickPanel aufgerufen werden. Der QR-Code-Scanner scannt QR-Codes, wertet sie aus und startet automatisch einen Browser, wenn es sich bei der im QR-Code gespeicherten Information um einen Weblink handelt. QR-Codes können neben Weblinks auch Telefonnummern, Kurztexte oder Kontaktdaten beinhalten.

Über QR-Codes können Sie Apps auf dem Smartphone installieren. Scannen Sie dazu die im Buch abgedruckten QR-Codes. Diese führen direkt zum Google Play Store.

1. Starten Sie den QR-Code-Scanner über das Symbol im QuickPanel.
2. Halten Sie die Kamera auf einen QR-Code.
3. Sobald der Code erkannt wurde, öffnet sich automatisch der Google Play Store und Sie können die App installieren.

> **QR-Codes mit Google Lens scannen**
>
> Alternativ können Sie auch Google Lens zum Scannen von QR-Codes verwenden. Weitere Informationen dazu finden Sie in Kapitel 5.3.

4.4 Alternativen zum Google Play Store

Neben dem Google Play Store gibt es noch weitere unabhängige Anbieter von Android-Apps, die auch andere Zahlungsmethoden anbieten, etwa Lastschrift oder Sofortüberweisung.

Hobby-Programmierer und Open-Source-Projekte können auch nicht immer für jede Betaversion oder Neuentwicklung die Gebühr bezahlen, die Google für das Einstellen in den Play Store verlangt. Einige Open-Source-Apps werden von Google mit Einschränkungen versehen, um bestimmten Richtlinien des Google Play Store zu entsprechen. Daher sind manche freie Entwickler dazu übergegangen, ihre Apps zusätzlich oder sogar ausschließlich über ihre eigenen Webseiten oder unabhängige Downloadportale anzubieten.

Apps werden außerhalb des Google Play Store als APK-Dateien zum Download angeboten. Diese können direkt über den Browser oder auch aus dem Dateianhang einer E-Mail auf dem Smartphone installiert werden. Die heruntergeladenen Dateien sind direkt nach dem Herunterladen über die Benachrichtigungen zu finden oder auch später noch über den Dateimanager *Eigene Dateien* auf dem Samsung Galaxy S26 unter *Installationsdateien*.

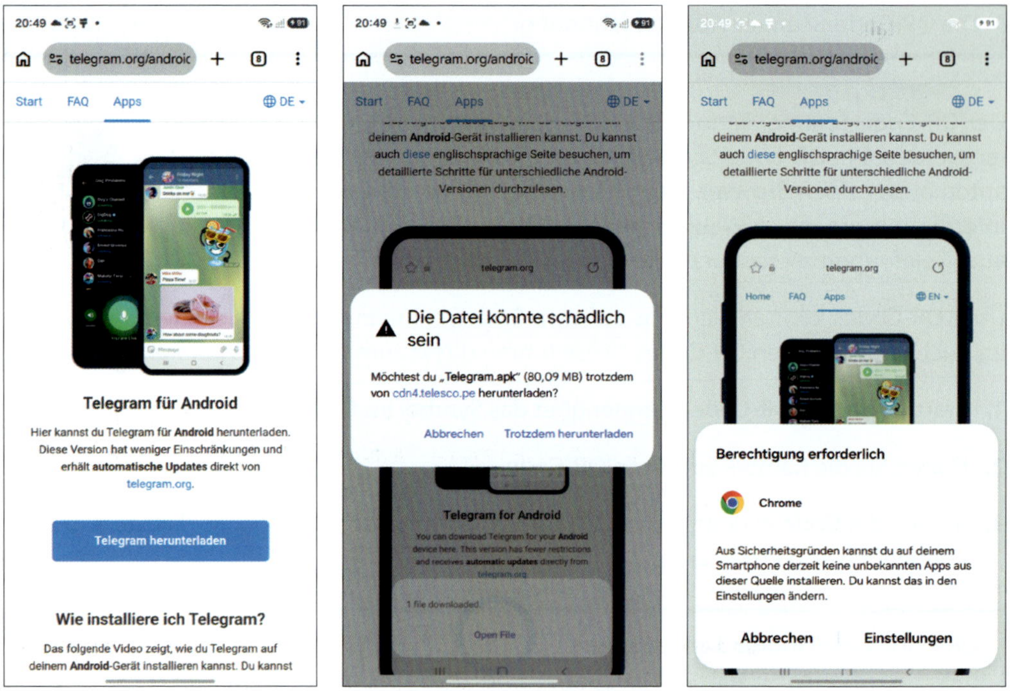

Dateien aus unbekannter Herkunft herunterladen und installieren

Bei der ersten Installation einer APK-Datei aus einer anderen Quelle, z. B. einem Cloud-Speicher oder einem Browser, erscheint ein Hinweis, dass Installationen aus unbekannten Quellen nicht zulässig sind. Direkt aus dieser Meldung besteht Zugriff auf die zugehörige Systemeinstellung, mit der man die Installation aus unbekannter Herkunft zulassen kann.

Android vergibt die Berechtigung zur Installation unbekannter Apps für einzelne Apps und nicht mehr pauschal. Damit wird es leichter möglich, aus einem Browser oder einem App Store eines anderen Anbieters als Google Play Apps zu installieren. Die automatischen Downloads und Installationen von Werbe- und Spam-Apps aus Spielen heraus bleiben aber unterbunden.

Tippen Sie in den *Einstellungen* unter *Apps* oben rechts auf das Menü und wählen Sie *Spezieller Zugriff/Unbekannte Apps installieren*. Hier sind alle Apps aufgelistet, und bei jeder wird angezeigt, ob die Berechtigung zur Installation anderer Apps gewährt wurde. Hier können Sie den Apps das Recht neu gewähren oder auch wieder entziehen.

Hintergrund – gefährliche Apps

Die Installation einer App aus einer APK-Datei einer anderen vertrauenswürdigen Quelle ist technisch gleichermaßen sicher wie aus dem Google Play Store. Mit den Warnungen innerhalb des Betriebssystems macht Google Marketing für seinen Play Store. Auch dort haben es Entwickler immer wieder geschafft, bösartige Software zu verbreiten. Letztendlich ist jeder Anwender selbst dafür verantwortlich, welche Apps er auf seinem Smartphone installiert. Diese Verantwortung kann einem kein App-Store-Betreiber abnehmen, egal ob Google Play oder ein anderer. Apps von unbekannten chinesischen Downloadseiten oder gar über ein Werbebanner zu installieren, ist dagegen leichtsinnig.

Samsung Galaxy Store statt Bloatware

Samsung bietet den eigenen App-Shop **Galaxy Store** an, der auf dem Samsung Galaxy S26 über eine vorinstallierte App genutzt werden kann. Der Galaxy Store bietet spezielle Apps für Samsung-Nutzer an. Hier gibt es immer mal wieder Apps und Spiele kostenlos, die bei Google Play bezahlt werden müssen. Außerdem bekommen Samsung-Kunden bei speziellen Aktionen Gutscheincodes zum Download von Apps. Dieser Store wird auch genutzt, um diverse vorinstallierte System-Apps regelmäßig zu aktualisieren oder Erweiterungen wie zusätzliche Bildschirmthemen oder spezielle Kamera-Erweiterungen für das Samsung Galaxy S26 anzubieten.

Diese finden Sie in den Listen unter *Samsung-Apps*. Beim ersten Start erscheinen, ähnlich wie im Google Play Store, einige Updates. Dabei handelt es sich um Samsung-Apps, die seit der Vorkonfiguration des Smartphones im Herstellerwerk aktualisiert wurden.

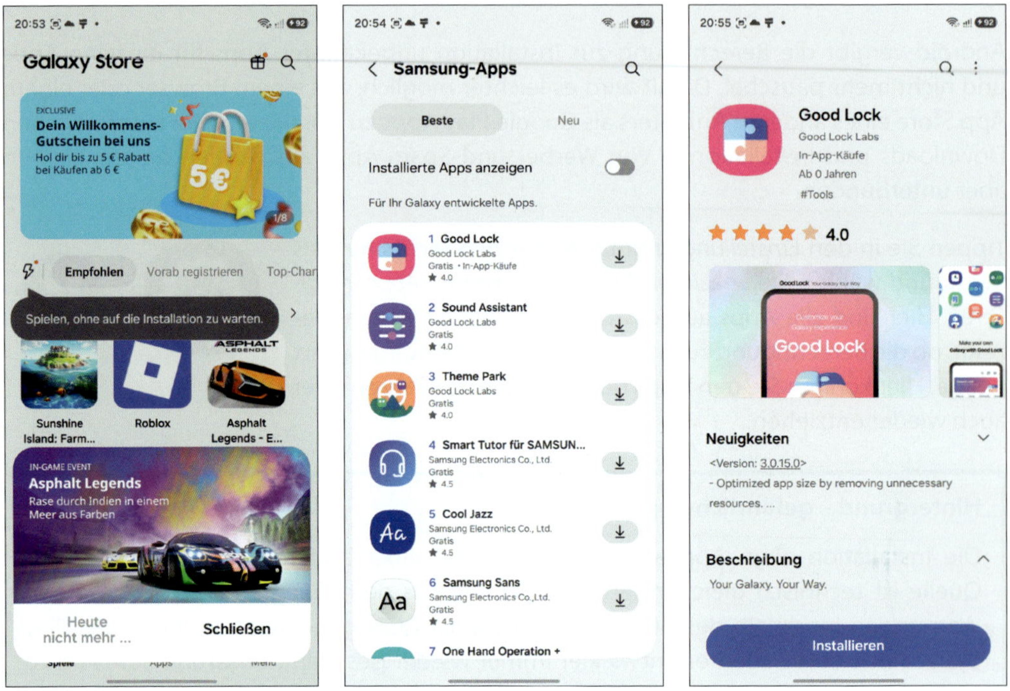

Der Samsung Galaxy Store

Zur Installation von Apps aus dem Galaxy Store braucht der Schalter *Unbekannte Quellen* nicht aktiviert zu sein. Dieser Store gilt auf Samsung-Smartphones automatisch als genauso vertrauenswürdig wie der Google Play Store.

Bloatware

Frühere Generationen von Samsung-Smartphones enthielten jede Menge sogenannte Bloatware, Werbe-Apps für Pizzalieferdienste, Hotelbuchungsportale oder Streaming-Anbieter. Bloatware bedeutet auf Deutsch »Blähware«, Software, die das Betriebssystem aufbläht. Derartige Apps sind moderne Formen von Werbebannern, man sieht sie ständig in der App-Liste seines Smartphones, ohne sie wirklich zu brauchen.

Im Galaxy Store sind die Apps ähnlich wie im Google Play Store nach Kategorien oder Top-Listen geordnet. Über das Suchsymbol rechts oben können Sie Apps suchen. Zur Verwendung ist auf dem Smartphone ein Samsung Account erforderlich, der in den meisten Fällen bereits bei der Ersteinrichtung eines Samsung-Galaxy-Smartphones angelegt wurde.

Kapitel 5

Online mit dem Samsung Galaxy S26

Das Internet unterwegs zu nutzen, ist heute Alltag. Viele Nutzer verbringen inzwischen mehr Zeit mit dem Smartphone im Internet, als damit zu telefonieren. Schnell eine Fahrplanauskunft holen, etwas bei Wikipedia nachschlagen oder die aktuellsten Nachrichten des Tages lesen – die vorinstallierten Webbrowser auf dem Samsung Galaxy S26 machen es möglich.

5.1 Tipps zum Samsung-Browser

Samsung bietet den eigenen Browser wieder auf allen Samsung-Galaxy-S26-Geräten vorinstalliert an, da in diesen Browser einige Funktionen der Galaxy AI integriert wurden. Wie auf allen aktuellen Android-Smartphones ist auch der Google-Chrome-Browser auf dem Samsung Galaxy S26 vorinstalliert.

Der Samsung-Browser startet mit einer Seite, die eine Palette für Schnellzugriffe zeigt, eine besondere Art von Lesezeichen. Hier sind Werbelinks vorinstalliert. Tippen Sie länger auf eines der Symbole, können Sie mehrere markieren und löschen. Über das Plussymbol am Ende der Liste fügen Sie die aktuell geöffnete Webseite dieser Liste hinzu. In der Adresszeile oben können Sie wie bei jedem Browser beliebige Internetadressen eingeben.

Wie in den meisten Browsern können auch hier mehrere Webseiten in Registerkarten geöffnet werden, um schnell hin und her zu schalten. Ein Symbol in der unteren Symbolleiste zeigt die Anzahl offener Registerkarten. Tippen Sie darauf, um zur Übersicht zu gelangen.

Das Menü unten rechts zeigt einige Extras des Samsung-Browsers. Hier finden Sie Downloads und eine Verlaufsliste, können einen Seitenlink teilen oder innerhalb der geöffneten Seite suchen.

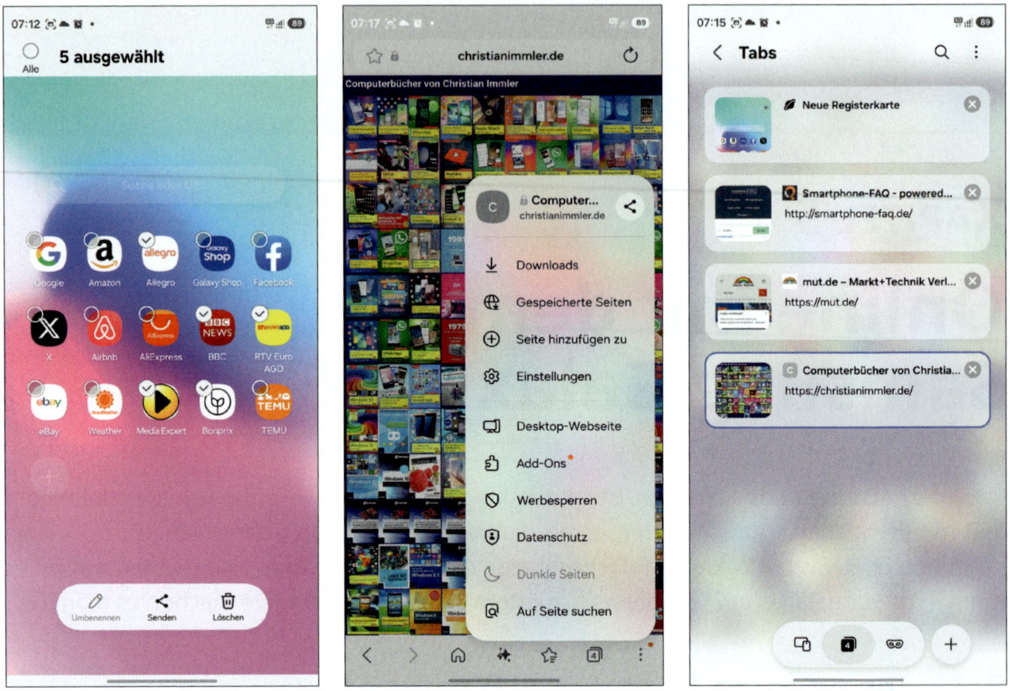

Samsung-Browser mit Schnellzugriff, Menü und Registerkarten

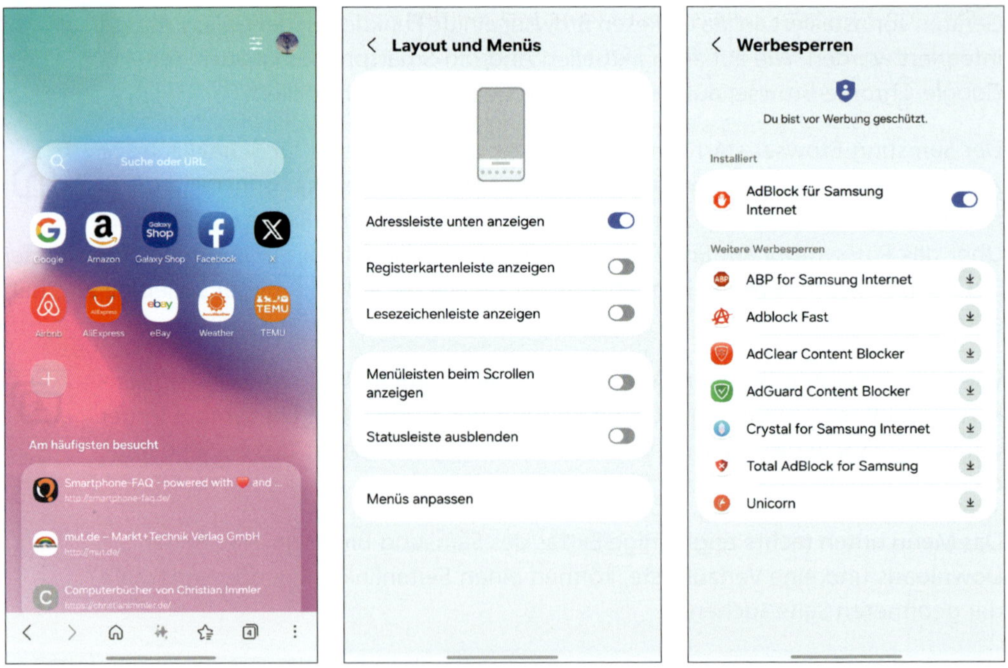

Häufig besuchte Seiten, Browser-Einstellungen und Werbesperren im Samsung-Browser

In den *Einstellungen* können Sie unter anderem die Startseite und auch die Suchmaschine verändern. Besonders interessant sind die Werbesperren. Hier finden Sie eine Auswahl unterschiedlicher Werbeblocker, die sich mit einem Klick installieren lassen. Die Werbeblocker blockieren Werbung auf Webseiten, sodass diese schneller aufgebaut werden, besser lesbar sind und weniger Datenvolumen benötigen.

Das Schloss- oder Infosymbol links oben zeigt Datenschutz-Informationen der geöffneten Webseite. Hier sehen Sie, wie viele Verfolgungstracker automatisch vom Browser blockiert wurden. Außerdem können Sie die von dieser Webseite gesammelten Cookies löschen.

Favoriten im Samsung-Browser

Das Sternsymbol in der unteren Symbolleiste zeigt die im Samsung-Browser gespeicherten Favoriten, in anderen Browsern auch als Lesezeichen bezeichnet. Über das Menü rechts oben können Sie Ordner anlegen, um bei vielen Favoriten die Übersicht zu behalten. Tippen Sie auf das Sternsymbol oben links, speichern Sie die gerade geöffnete Webseite als Favoriten. Nach dem Speichern können Sie den automatisch vergebenen Namen des Favoriten ändern und diesen in einen Ordner einsortieren.

Browsing-Assistent – die KI im Samsung-Browser

Der Browsing-Assistent bringt drei KI-Tools in den Samsung-Browser. Die aktuelle Seite kann zusammengefasst oder übersetzt werden. Zusätzlich kann die KI die Highlights auf einer Seite finden und dann als kurze Zusammenfassung vorlesen.

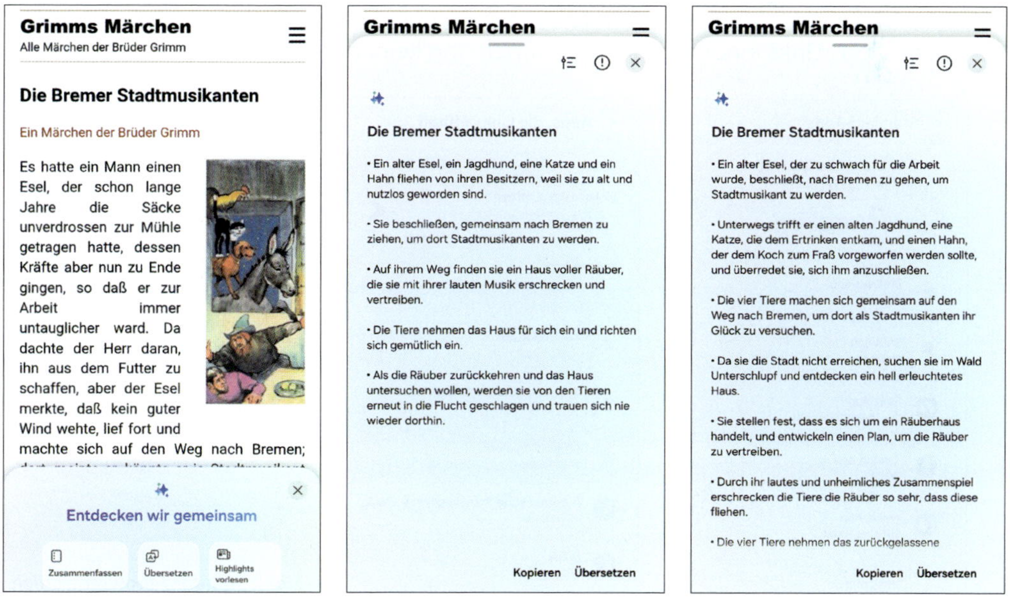

Ein Märchen zusammenfassen: einfache und detaillierte Zusammenfassung

Beim Zusammenfassen können Sie über das Symbol rechts oben zwischen zwei Zusammenfassungsstilen wählen. Eine Zusammenfassung kann einen ersten Eindruck vom Inhalt des Textes geben, aber besonders bei längeren Texten auch unvollständig sein oder sogar einen falschen Eindruck vermitteln, wenn Inhalte für die Zusammenfassung unterschiedlich gewichtet werden.

Der Übersetzer im Browsing-Assistenten ähnelt dem bekannten Google Übersetzer, verwendet aber andere Wörterbücher. In der Leiste am oberen Bildschirmrand wählen Sie die Sprache der Übersetzung und können leicht zwischen Übersetzung und Original hin- und herschalten. Im Menü oben rechts laden Sie Sprachpakete herunter, um auf dem Smartphone auch offline zu übersetzen.

Samsung-Browser als Standard-Browser einrichten

Wie auf dem PC ist auch auf dem Smartphone immer ein Browser der Standard-Browser, der automatisch gestartet wird, wenn man in einer anderen App auf einen Link tippt. Möchten Sie immer den Samsung-Browser nutzen, legen Sie diesen als Standard-Browser fest. Beim ersten Start des Samsung-Browsers zeigt dieser einen Hinweis, auf den Sie nur tippen müssen, um den Browser zum Standard-Browser zu machen.

1. Um den Standard-Browser zu wechseln, öffnen Sie die Einstellungen. Wählen Sie hier *Apps/Standard-Apps auswählen*.
2. Tippen Sie auf *Browser-App*, um den neuen Standard-Browser festzulegen.
3. Über die Zeile *Links öffnen* ganz unten können Sie festlegen, dass bestimmte unterstützte Apps Links innerhalb der App öffnen und keinen externen Browser aufrufen.

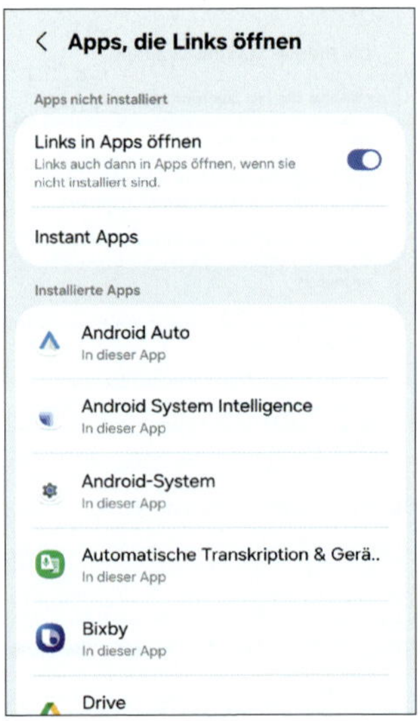

Links: Standard-Browser wählen, rechts: Apps, die Links öffnen

5.2 Tipps zum Chrome-Browser

Chrome – der zurzeit weltweit beliebteste Browser – ist auf aktuellen Android-Smartphones vorinstalliert – auch auf dem Samsung Galaxy S26. Chrome bietet wie auf dem PC einen sehr schnellen Seitenaufbau, flüssiges Zoomen und Scrollen sowie Surfen in mehreren Tabs. Ein großer Vorteil von Chrome ist: Tabs, Verlauf und Lesezeichen werden zwischen PC und Smartphone synchronisiert, sodass man zu Hause direkt weitersurfen kann, wenn man unterwegs eine interessante Webseite entdeckt hat. Melden Sie sich dazu beim ersten Start mit Ihrem Google-Konto in Chrome an.

Die Bedienung des Browsers ähnelt dem Chrome-Browser auf dem PC mit ein paar Besonderheiten für den kleinen Touchscreen und die Android-typischen Bedienelemente.

Oben in die Browserzeile gibt man die gewünschte URL ein. Diese Zeile verschwindet automatisch bei einer Wischbewegung nach oben, um Platz auf dem Bildschirm freizugeben. Wischen Sie den Bildschirm nach unten, um diese Eingabezeile wieder einzublenden.

Webseiten, die nicht speziell für Smartphones optimiert sind, lassen sich im Querformat oft besser darstellen. Halten Sie das Smartphone quer, dreht sich die Darstellung automatisch, sodass in der Breite mehr Platz zur Verfügung steht – vorausgesetzt, der Schalter *Bildschirm drehen* im QuickPanel ist aktiviert.

Surfen in mehreren Tabs

Möchten Sie schnell etwas nachsehen, ohne die gerade geöffnete Webseite zu verlassen, öffnen Sie auf dem PC einen neuen Tab im Browser, in manchen Browsern auch als Registerkarte bezeichnet. Dies funktioniert auf dem Smartphone ebenfalls.

Ein Symbol mit der Zahl oben rechts neben der Adresszeile des Browsers öffnet eine Liste der offenen Browserfenster. Hier können Sie zwischen den Tabs hin- und herwechseln und nicht mehr benötigte schließen, was Sie auch regelmäßig tun sollten, da offene Tabs viel Speicher benötigen und teilweise durch automatische Aktualisierung im Hintergrund auch Datenvolumen verbrauchen. Statt auf das Symbol zu tippen, können Sie auch einfach die Adresszeile des Browsers nach unten ziehen.

Mit dem Plussymbol oben links können Sie einen neuen Tab anlegen. Die Seite für neue Tabs schlägt zuletzt besuchte Webseiten und interessante Nachrichtenartikel vor. Einige Links auf Webseiten öffnen auch automatisch neue Tabs im Browser.

Über den Menüpunkt *Zuletzt geöffnete Tabs* finden Sie nicht nur die auf dem Samsung Galaxy S26 zuletzt geöffneten und wieder geschlossenen Tabs wieder, sondern auch Tabs, die auf anderen Geräten mit demselben Google-Konto geöffnet waren. So können Sie unterwegs Informationen wiederfinden, die Sie zu Hause auf dem PC oder Tablet gefunden haben, und umgekehrt.

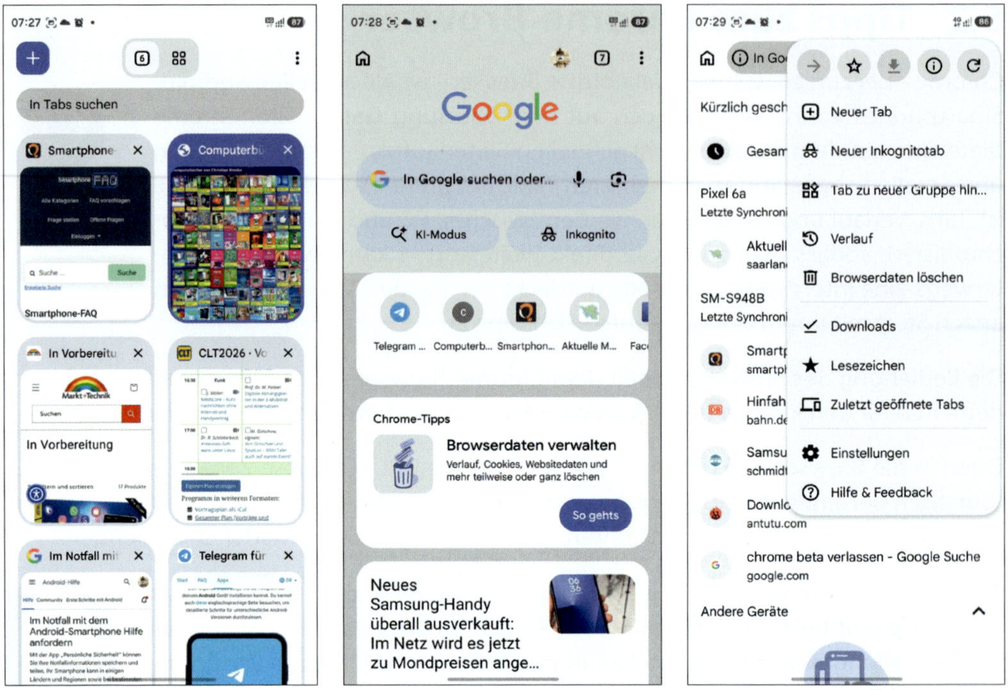

Links: Liste der offenen Browser-Tabs, Mitte: Seite für einen neuen Tab, rechts: Gesamtliste der offenen Tabs auf allen eigenen Geräten

Lesezeichen im Chrome-Browser

Lesezeichen helfen, im Browser eine bestimmte Webseite wiederzufinden. Speichern Sie deshalb Internetadressen, die Sie voraussichtlich später noch einmal brauchen, als Lesezeichen ab.

Tippen Sie dazu auf das Menüsymbol mit den drei Punkten oben rechts und dort dann auf das Sternsymbol. Damit wird, ohne einen weiteren Schritt bestätigen zu müssen, ein Lesezeichen gespeichert. Möchten Sie dieses Lesezeichen bearbeiten, z. B. umbenennen, tippen Sie unten auf die Informationsleiste, die aber nur ein paar Sekunden zu sehen ist. Waren Sie nicht schnell genug, tippen Sie einfach noch einmal auf das Sternsymbol im Menü. Jetzt erscheint ein Formular, in dem der Titel der Webseite und die Adresse bereits eingetragen sind. Beide Einträge können an dieser Stelle noch geändert werden. Wählen Sie dann einen der vorgegebenen Lesezeichenordner aus oder legen Sie einen neuen an.

Über den Menüpunkt *Lesezeichen* kommen Sie jederzeit schnell in die Liste aller gespeicherten Lesezeichen. Gerätehersteller und Mobilfunk-Netzbetreiber legen häufig auch Lesezeichen im Browser an.

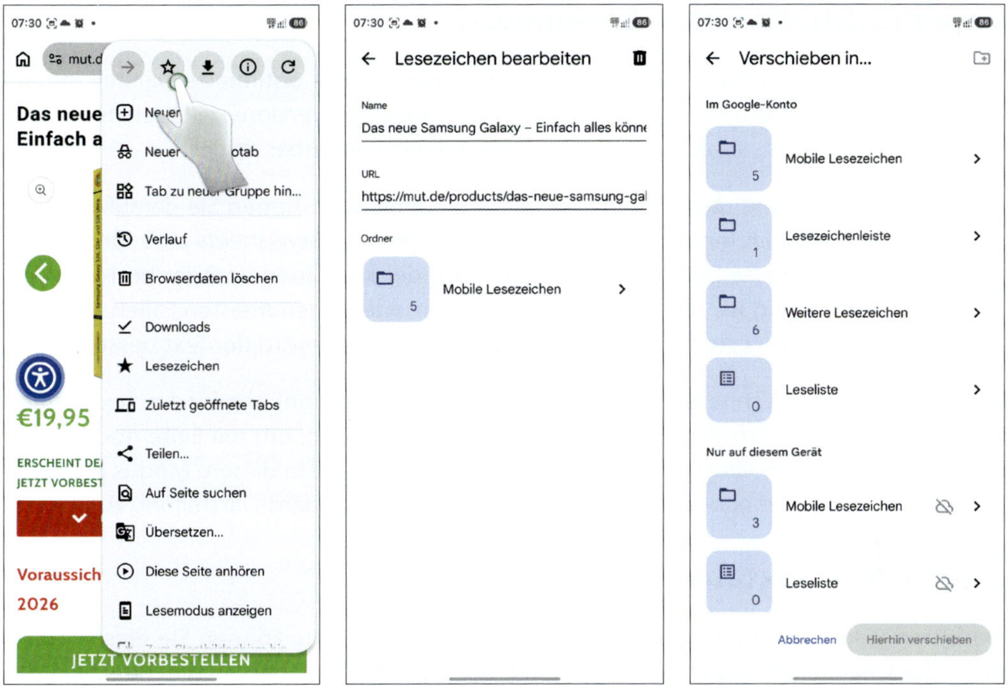

Links: Webseite als Lesezeichen speichern, Mitte: Lesezeichen bearbeiten, rechts: Lesezeichenverwaltung

Lesezeichen, die auf dem PC angelegt wurden, werden automatisch mit angezeigt, wenn Sie auf dem PC und dem Smartphone mit demselben Google-Konto in Chrome angemeldet sind. Zusätzlich zu den Lesezeichen im Google-Konto können Sie auch Lesezeichenordner nur auf Ihrem Gerät anlegen, die dann nicht mit anderen Geräten synchronisiert werden. Das Gleiche gilt auch für die Verlaufsliste und zuletzt geöffnete Tabs auf anderen Geräten, die automatisch auch auf dem Smartphone verfügbar sind. Tippen Sie länger auf ein Lesezeichen, können Sie dieses bearbeiten, löschen oder in einen anderen Ordner verschieben.

Lesezeichen auf dem Startbildschirm

Besonders häufig besuchte Webseiten können Sie sich auch direkt auf den Startbildschirm des Smartphones legen. Tippen Sie auf diese Verknüpfung, startet der Chrome-Browser und ruft direkt das Lesezeichen auf.

Öffnen Sie die gewünschte Webseite im Chrome-Browser, tippen Sie auf das Menüsymbol und wählen Sie *Zum Startbildschirm hinzufügen*. Tragen Sie dann noch den gewünschten Titel ein, der mit der Verknüpfung angezeigt werden soll.

Wenn Sie jetzt zum Startbildschirm zurückgehen, finden Sie dort ein neues Symbol mit dem Lesezeichen. Tippen Sie darauf, wird automatisch der Browser mit dieser Seite gestartet.

Vereinfachte Ansicht – Lesemodus

Noch lange nicht jede Webseite bietet eine für Smartphones optimierte Darstellung an. Der Google-Chrome-Browser stellt Webseiten, die nur als PC-Version existieren, möglichst originalgetreu dar, was sie auf dem Smartphone schwer bedienbar macht.

Auf solchen Seiten wird das Symbol *Lesemodus* eingeblendet. Tippen Sie darauf, versucht Chrome durch Ignorieren von Formatierungen und Stylesheets eine für Smartphones optimierte Darstellung der Seite, auf der kein Zoomen oder horizontales Scrollen nötig ist, zu bauen und anzuzeigen, was in den meisten Fällen auch gut funktioniert. Durch Verzicht auf Hintergrundfarben und -bilder wird der Text besser lesbar.

Im Panel ganz unten können Sie eine lesefreundliche Hintergrundfarbe für den Text wählen sowie Schriftart und Schriftgröße dieser Darstellung anpassen, um die Seite noch besser lesbar zu machen. Der Original-Hintergrund der Webseite wird in diesem Modus ignoriert. Mit dem Symbol *Lesemodus* rechts oben kommen Sie zur Standard-Darstellung zurück.

Intelligente Textauswahl

Markieren Sie ein Wort oder einen Textbereich durch Antippen, können Sie diesen direkt in die Zwischenablage kopieren, mit anderen Apps teilen oder über die drei Punkte in der Symbolleiste bei Google, Bing oder im Wörterbuch suchen.

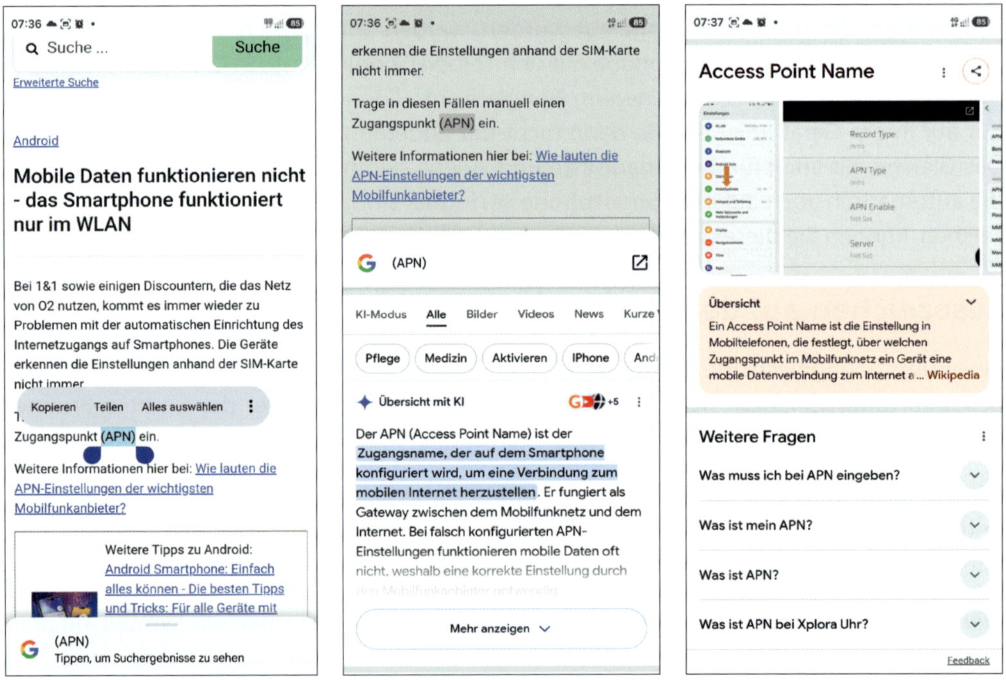

Text auf einer Webseite markieren und bei Google suchen

Hier besteht zudem die Möglichkeit, einzelne Wörter oder markierte Sätze in eine andere Sprache übersetzen zu lassen.

Ziehen Sie an einem der blauen Griffe, können Sie die Markierung auf einen größeren Textbereich ausdehnen. Diese sogenannte intelligente Textauswahl steht nicht nur im Chrome-Browser, sondern auch in diversen anderen unterstützten Apps zur Verfügung.

Google versucht, den Begriff mit KI zu erklären, und macht zusätzlich automatisch Suchvorschläge, wenn in der Markierung ein sinnvoller Suchbegriff erkannt wird. In diesen Fällen erscheint am unteren Bildschirmrand ein Balken mit dem Suchbegriff. Tippen Sie darauf, werden die ersten Suchergebnisse in einem eigenen Fenster angezeigt, ohne den Browser komplett zu überdecken. Tippen Sie auf ein Suchergebnis, um dieses in einem neuen Browser-Tab anzuzeigen. Das Fenster mit den Suchergebnissen können Sie durch Herunterschieben einfach wieder schließen.

Fremdsprachiges Wort im Wörterbuch nachschlagen

Mithilfe der intelligenten Textauswahl können Sie fremdsprachige Wörter oder auch Wortkombinationen nachschlagen, übersetzen und auch vorsprechen lassen. Samsung hat im Chrome-Browser die ehemals eigenen Wörterbücher aus dem Galaxy Store aufgegeben und nutzt jetzt die Lösung von Google.

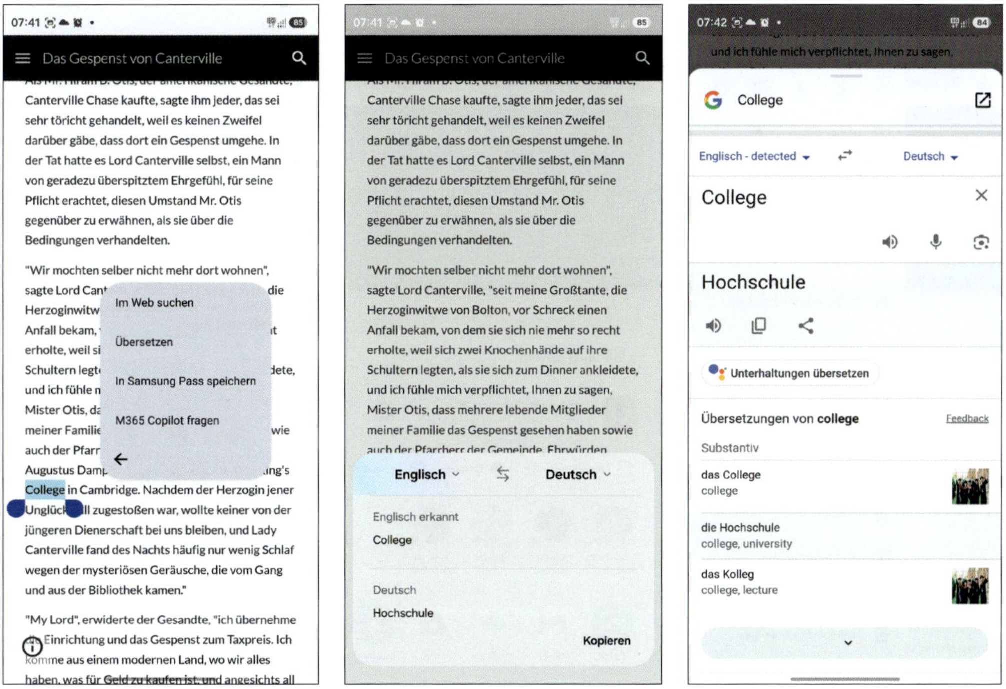

Fremdsprachiges Wort im Wörterbuch nachschlagen und vorsprechen lassen

1. Markieren Sie ein fremdsprachiges Wort im Chrome-Browser. Automatisch erscheint am unteren Rand ein Fenster von Google.
2. Ziehen Sie dieses nach oben, erscheint eine Übersetzung. Sollte die Ausgangssprache falsch erkannt worden sein, können Sie hier die richtige Sprache einstellen.
3. Tippen Sie auf das Lautsprecher-Symbol, um sich das Wort vorsprechen zu lassen. Hier finden Sie auch Anwendungsbeispiele und ähnliche Wörter. Bei englischen Wörtern können Sie zwischen britischer und amerikanischer Aussprache umschalten.

Seitenlinks weitergeben

Wenn Sie eine interessante Internetseite gefunden haben, können Sie diese, ohne sie sich merken zu müssen, an Freunde weiterleiten.

Wählen Sie dazu im Menü des Chrome-Browsers die Option *Teilen*. Jetzt öffnet sich die Auswahl aller im System eingetragenen Kommunikationsmethoden, die sich zum Weiterleiten oder Speichern von Internetadressen eignen. Standardmäßig sind auf dem Samsung Galaxy S26 bereits diverse Apps dafür installiert. Nach der Installation weiterer Apps tragen sich unter anderem auch *WhatsApp*, *Facebook* und *X* (ehemals Twitter) in diese Liste ein. Wählen Sie hier die gewünschte Methode aus und leiten Sie so den Link zur aktuellen Webseite weiter.

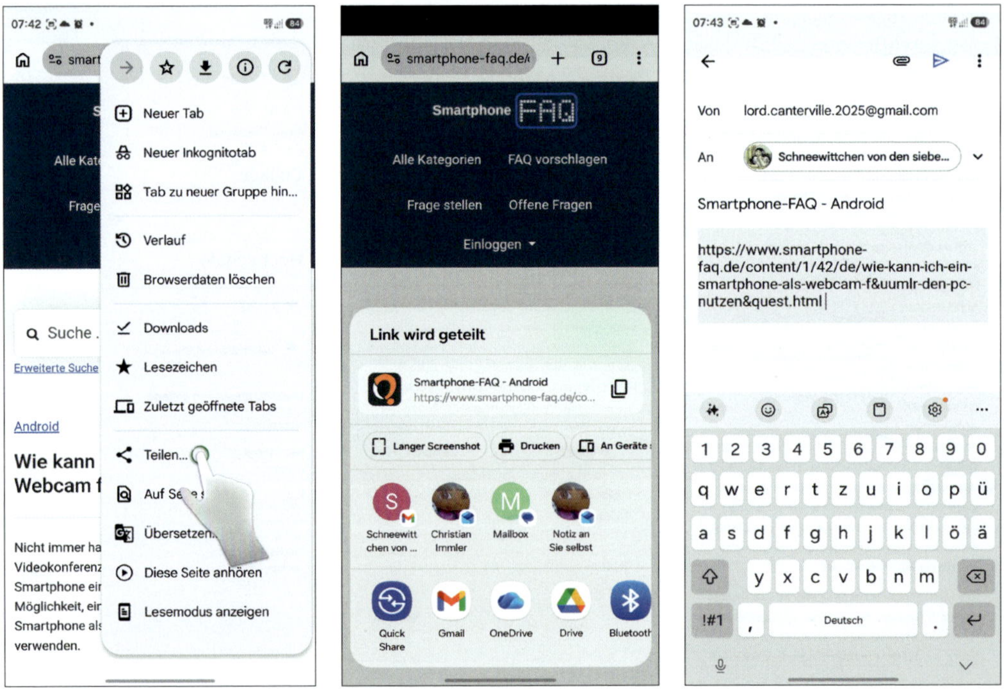

Webseite im Chrome-Browser teilen

Die zuletzt verwendete Teilen-App kann über ein Symbol ganz rechts in der Zeile *Teilen* im Menü direkt ausgewählt werden.

Bei E-Mails wird die Betreffzeile automatisch mit dem Seitentitel gefüllt und der eigentliche Link in den Mailtext eingetragen, sodass der Empfänger lediglich darauf zu klicken braucht. Sie müssen nur noch den Empfänger angeben und vielleicht noch einen freundlichen Satz in die Mail schreiben, damit die Internetadresse nicht ganz so unvermittelt beim Empfänger ankommt.

Das Symbol *Link kopieren* in der *Teilen*-Palette kopiert die Internetadresse in die Zwischenablage, um sie als Text in eine beliebige andere App einfügen zu können.

Link als QR-Code teilen

Das Symbol *QR-Code* in der *Teilen*-Palette erzeugt einen QR-Code für die gerade geöffnete Webseite. Diesen können Sie mit einem anderen Smartphone scannen und so den Link weitergeben. An dieser Stelle können Sie den QR-Code auch herunterladen, um ihn auszudrucken oder anderweitig weiterzugeben. In der heruntergeladenen Grafik steht außer dem QR-Code auch der Link im Klartext.

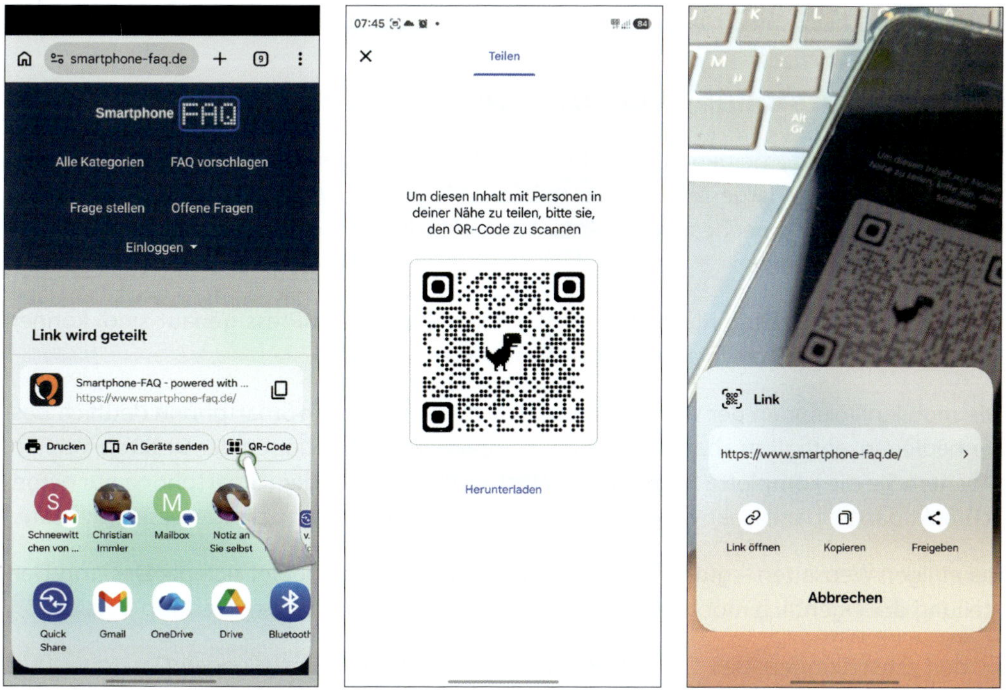

Link als QR-Code teilen und mit dem Chrome-Browser scannen

Links vom PC an ein Smartphone senden

Im Chrome-Browser auf dem PC geöffnete Webseiten erscheinen automatisch in der Verlaufsliste und in der Liste zuletzt geöffneter Tabs im Chrome-Browser auf dem Galaxy S26. Allerdings kann diese Synchronisierung eine kurze Zeit dauern, und danach muss man die Seite in den Listen erst wiederfinden.

Chrome bietet in der PC-Version zusätzlich eine einfache Methode zum Teilen von Links an:

1. Wählen Sie im Chrome-Browser auf dem PC im Menü *Streamen, speichern und teilen*.
2. Klicken Sie auf *An meine Geräte senden* und wählen Sie dann das gewünschte Gerät aus.
3. Auf dem Smartphone erscheint eine Benachrichtigung mit dem gesendeten Link. Tippen Sie darauf, öffnet sich der Link im Browser.

> **Teilen per QR-Code**
>
> Im Menü *Streamen, speichern und teilen* des Chrome-Browsers auf dem PC können Sie einen QR-Code erzeugen, um den Link an ein Smartphone weiterzugeben, auf dem ein anderes Google-Konto angemeldet ist.

Desktop-Darstellung von Webseiten auf dem Smartphone

Viele Webserver entscheiden anhand der Browserkennung, die ein Gerät sendet, welche Version einer Webseite dargestellt werden soll. Fast alle großen Webportale bieten ihre Inhalte für Smartphones in einer besonders schlanken, auf kleine Bildschirme und Touchbedienung optimierten Version an.

Webseiten, die mit Content-Management-Systemen wie WordPress gebaut sind, können sich automatisch an verschiedene Bildschirmgrößen anpassen.

Die mobilen Versionen der Webseiten lassen sich zwar auf dem Smartphone deutlich besser bedienen, enthalten aber oft nicht die kompletten Informationen der Desktop-Version. Möchten Sie die komplette Seite sehen, selbst wenn diese auf dem Smartphone nur eingeschränkt darstellbar ist, aktivieren Sie im Menü des Browsers den Schalter *Desktopwebsite*.

Bei einigen Webseiten – gut zu sehen bei Wikipedia – unterscheidet sich die Desktop-Darstellung der eigentlich mobil optimierten Seite von der tatsächlichen Desktop-Version.

In den Einstellungen des Chrome-Browsers unter *Website-Einstellungen/Desktopwebsite* können Sie festlegen, dass immer die Desktop-Version einer Seite angezeigt wird. Sie können hier aber auch Regeln festlegen, dass bestimmte Seiten immer in der mobilen Version oder immer in der Desktop-Version angezeigt werden.

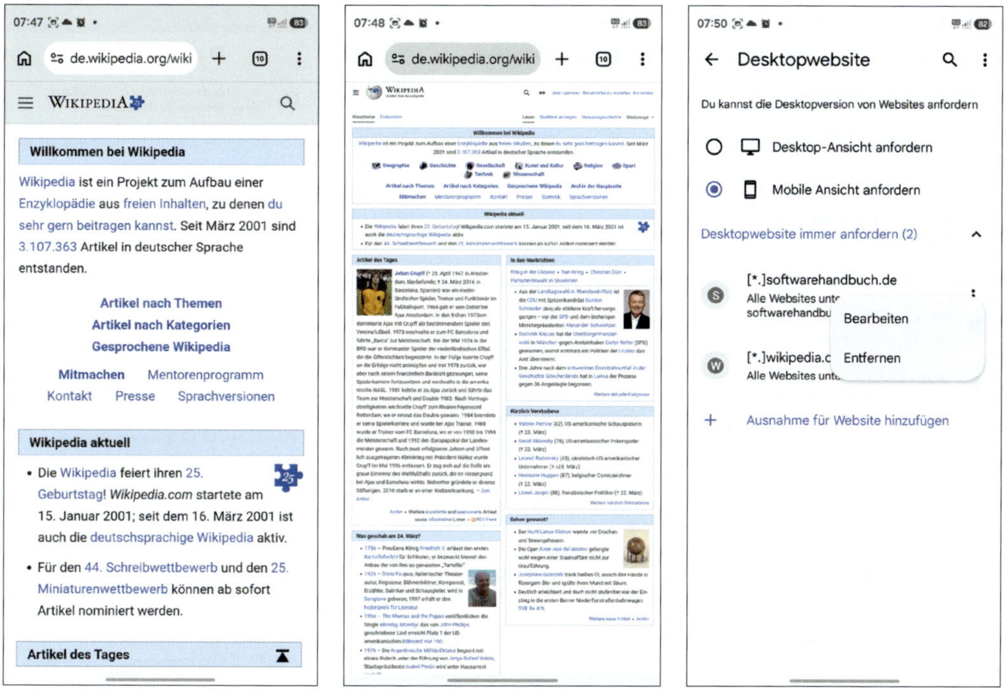

Wikipedia in mobiler Version und Desktop-Darstellung, rechts: Einstellungen zur Darstellung als Desktopwebsite

Funktioniert nicht immer

Dieses Umschalten zwischen mobiler oder Desktop-Darstellung funktioniert nicht auf jeder Seite. Das hängt von der Methode ab, die der jeweilige Webserver verwendet, um PCs von Smartphones zu unterscheiden. Bedenken Sie auch, dass die Desktop-Versionen von Webseiten ein deutlich höheres Datenübertragungsvolumen verursachen als die für mobile Geräte optimierten Versionen.

Downloads und Offline-Webseiten

Chrome bietet die Möglichkeit, komplette Webseiten herunterzuladen, um sie offline weiterlesen zu können. Tippen Sie dazu im Menü oben auf das Download-Symbol.

Nach dem Herunterladen wird die Seite offline angezeigt und oben in der Adressleiste mit einem schwarzen *Offline*-Symbol gekennzeichnet. Tippen Sie darauf, können Sie die Seite online öffnen. Interaktive Webseiten, die auf PHP basieren, wie heute die meisten Seiten, die über Content-Management-Systeme gebaut sind, zeigen nach dem Download nur die Texte der Startseite an. Menüs und interne Links auf andere Seiten funktionieren in den meisten Fällen offline nicht.

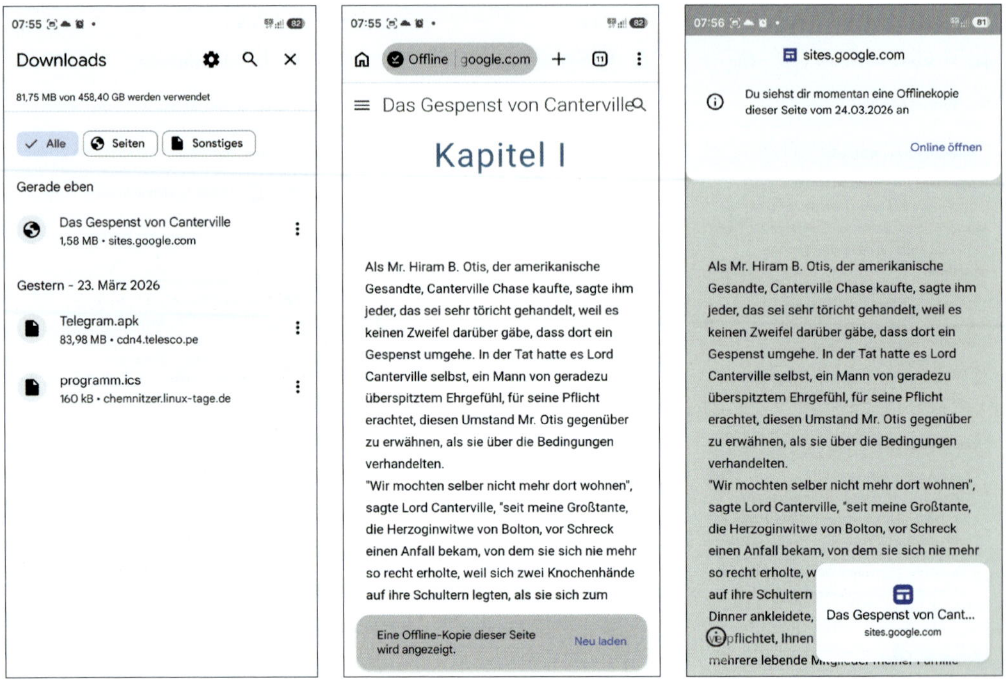

Webseite zum Offlinelesen herunterladen

Über den Menüpunkt *Downloads* finden Sie die offline heruntergeladenen Seiten und auch über Links im Browser heruntergeladene Dateien mit einer Angabe zur Datenmenge. Halten Sie länger auf einen Eintrag in der Liste, können Sie diesen löschen oder über verschiedene Apps teilen.

Anonym surfen und Spuren verwischen

Der Chrome-Browser auf Smartphones hinterlässt genauso wie ein PC-Browser in der Verlaufsliste, in Cookies und Temporärdateien Spuren des eigenen Tuns im Netz. Diese bieten jedem, der Zugriff auf das Gerät hat, freien Einblick auf alle Seiten, die Sie zuletzt besucht haben.

Möchten Sie nicht, dass ein anderer Benutzer Ihres Gerätes sieht, dass Sie bestimmte Webseiten besucht haben, können Sie für diese Seiten den Inkognito-Modus nutzen. Dazu wird immer ein neues Browserfenster gestartet. Wählen Sie dazu im Menü *Neuer Inkognito-Tab*. Es öffnet sich ein neues Fenster mit einem Hinweis zum Inkognito-Modus. Zur deutlichen Unterscheidung haben Inkognito-Tabs oben eine dunkle Titelleiste und werden nicht in der Verlaufsliste gespeichert und auch nicht mit anderen Geräten synchronisiert.

Öffnen Sie einen Link aus einem Inkognito-Tab, der einen neuen Tab öffnet, wird dieser ebenfalls im Inkognito-Modus geöffnet. Mit dem Schließen des letzten Inkognito-Tabs wird dieser Modus wieder beendet. Ein Symbol in der Benachrichtigungsleiste erinnert daran, die Inkognito-Tabs wieder zu schließen. Bevor Sie Ihr Smartphone aus der Hand geben, können Sie hier mit einem Antippen alle geöffneten Inkognito-Tabs auf einmal schließen.

Möchten Sie nachträglich Ihre Spuren verwischen, die sich beim Surfen im »normalen« Modus angesammelt haben, wählen Sie im Menü des Browsers *Einstellungen/Datenschutz und Sicherheit/Browserdaten löschen*. Dort können Sie den Cache und Verlauf sowie Cookies, gespeicherte Formulardaten und Passwörter löschen.

Wählen Sie einen Zeitraum, aus dem die Daten gelöscht werden sollen. So können Sie kürzlich besuchte Webseiten verschwinden lassen, aber Ihre Verlaufsliste der letzten Tage behalten. Wählen Sie die zu löschenden Daten aus und tippen Sie dann ganz unten auf *Daten löschen*. Bedenken Sie beim Löschen, dass der Browser-Verlauf des angegebenen Zeitraums auf allen synchronisierten Geräten mit gelöscht wird.

App-Shortcuts

Über App-Shortcuts (langes Antippen des App-Symbols) lassen sich neue Tabs ebenso wie Inkognito-Tabs schnell aufrufen. Bei Bedarf können diese Shortcuts auf den Startbildschirm gelegt werden.

5.3 Websuche mit Google

Um bei Google zu suchen, müssen Sie nicht erst den Browser starten, geben Sie einfach den gesuchten Begriff in das Suchfeld auf dem Startbildschirm ein. Bei der Eingabe im Suchfeld zeigt Google bereits Suchvorschläge. Die Suchergebnisse werden in der Google-App angezeigt. Über das Menü kann eine angezeigte Seite auch direkt in den Chrome-Browser übernommen werden, um sie als Lesezeichen zu speichern oder über die Verlaufsliste auf andere Geräte zu synchronisieren.

Bei beliebten Suchbegriffen versucht Google, vor den eigentlichen Ergebnissen der Websuche eine allgemeingültige kurze Erklärung zum gesuchten Begriff anzuzeigen. Die Daten dafür stammen von Wikipedia und anderen bekannten Webseiten.

Die Google-Suche zeigt bei vielen Suchbegriffen am Anfang Werbung und dann erst wirkliche Ergebnisse an. Scrollen Sie auf dem Bildschirm weiter nach unten, um zu den tatsächlichen Suchergebnissen zu kommen. Mit der Leiste oben unterhalb des Suchfeldes suchen Sie unter anderem nach aktuellen Nachrichten, Bildern oder Shopping-Ergebnissen.

Tippen Sie oben rechts auf das Profilbild und dann im Menü auf *Suchverlauf*, um die zuletzt verwendeten Suchthemen wiederzufinden.

Alternativ zum Suchfeld auf dem Startbildschirm können Sie einen Suchbegriff auch in die Adresszeile des Browsers eintragen. Er wird dann über Google gesucht.

Regionale Suche

Die Google-Suche auf dem Smartphone bietet neben der Websuche auch eine lokale Suche nach Restaurants, Cafés und anderen Lokalitäten, sofern der eigene Standort erkannt wird. Damit dies funktioniert, müssen Sie beim ersten Aufruf der Google-Suche die Standortdienste zulassen. Möchten Sie Ergebnisse für eine andere Region, tippen Sie oberhalb der Suchergebnisse auf *Region auswählen*.

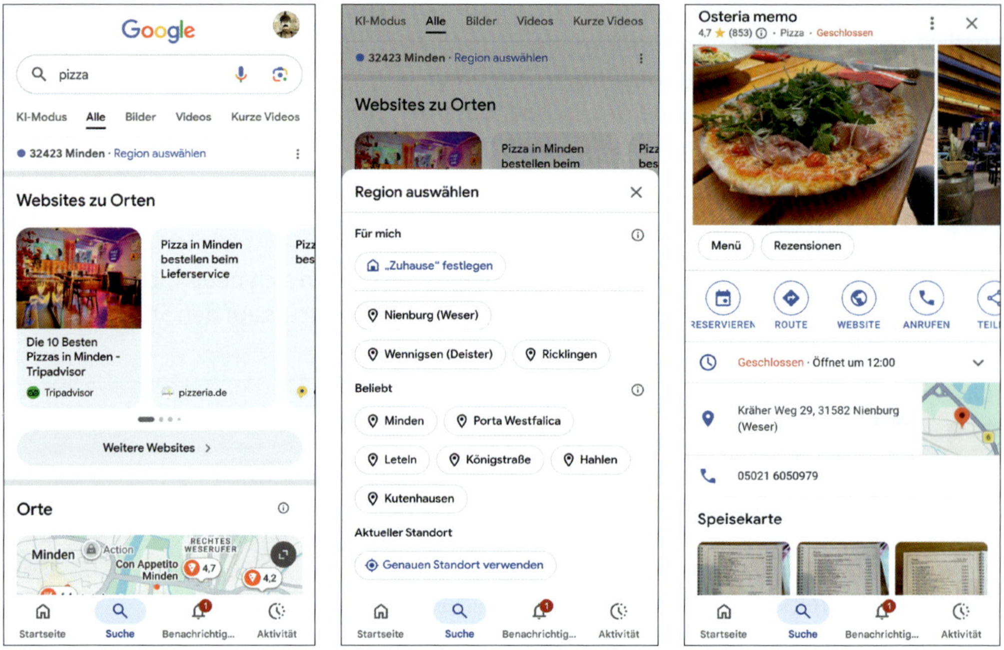

Regionale Suchergebnisse, Mitte: Region auswählen, rechts: Detailanzeige eines Suchergebnisses

Tippen Sie auf die Karte, um sich die Ergebnisse auf einem Stadtplan der Umgebung anzeigen zu lassen. Hier können Sie auch durch Verschieben oder Zoomen mit den Fingern einen anderen Kartenausschnitt wählen und dann dort nach dem gleichen Suchbegriff suchen.

Google kann zur lokalen Suche einen ungefähren Standort verwenden, der anhand der Daten des Internetproviders und von WLANs in der Umgebung ermittelt wird. Wesentlich genauere Ergebnisse gibt es allerdings mit der GPS-Position. Dazu muss GPS auf dem Samsung Galaxy S26 eingeschaltet und in den *Einstellungen* unter *Standort* der Schalter *Standort* aktiviert sein. Die Liste zeigt, welche Apps zuletzt auf den Standort zugegriffen haben. Sollte es mit einer App Probleme geben, können Sie unter *App-Berechtigungen* bestimmten Apps nachträglich den Standortzugriff erlauben.

Aktivieren Sie dann unter *Standortdienste/Google-Standortgenauigkeit* den Schalter *Standortgenauigkeit verbessern*, um die Genauigkeit auch bei schlechtem GPS-Empfang zu optimieren. Zusätzlich muss den Apps *Google* und *Google Maps* der Standortzugriff gewährt werden, damit regionale Suchergebnisse gefunden und auch angezeigt werden können. Dies wird beim ersten Aufruf der Apps abgefragt.

Android-Smartphones können zur Positionsbestimmung neben GPS auch Mobilfunkzellen und bekannte WLAN-Standorte nutzen, sodass die Positionsermittlung auch innerhalb von Gebäuden relativ genau funktioniert.

Mit der Kamera suchen

Statt eine Suchanfrage bei Google einzutippen, fotografieren Sie einfach ein Objekt, Bild oder Logo und finden es so im Internet. Google Lens funktioniert mit Text, Sehenswürdigkeiten, Büchern, Gemälden, Logos und zahlreichen anderen Objekten. Nachdem man etwas mit der Smartphone-Kamera fotografiert hat, wird das Bild analysiert, und kurz darauf werden passende Suchergebnisse bei Google angezeigt. Bei bekannten Sehenswürdigkeiten findet Google Lens auch den Standort auf Google Maps, Wikipedia-Artikel sowie Beiträge bei Instagram und YouTube.

Google Lens im Google-Suchfeld auf dem Startbildschirm

Google Lens braucht nicht mehr als eigene App installiert zu werden, sondern ist in die Google-App integriert. Tippen Sie einfach auf das Lens-Symbol im Google-Suchfeld. Auf der Startseite von Google Lens können Sie entweder ein auf dem Smartphone gespeichertes Bild durchsuchen lassen oder direkt die Kamera zur Suche nutzen. Jetzt versucht Google Lens, passende Ergebnisse zu finden, und zeigt diese in einem Fenster an, das Sie nach oben ziehen können, um es zu vergrößern. Fallen die Ergebnisse nicht wie erwartet aus, schieben Sie das Fenster nach unten und suchen erneut.

Schalten Sie in der Leiste oben auf *Produkte*, um kaufbare Produkte besser zu erkennen und direkt Shopping-Links angezeigt zu bekommen. *Orte* erkennt Gebäude und nutzt dabei auch den Standort Ihres Samsung-Smartphones. Mit der Option *Restaurant* fotografieren Sie die Speisekarte des Restaurants, in dem Sie sich gerade befinden, und bekommen dann Fotos von Gerichten. Erkennt Google Lens das Motiv nicht, werden ähnliche Fotos im Internet gesucht und vorgeschlagen. Diese sind oft hilfreich, um ein unbekanntes Objekt zu erkennen.

QR-Codes mit Google Lens scannen

Google Lens kann auch QR-Codes scannen. Halten Sie die Kamera auf einen QR-Code, wird, nachdem dieser erkannt wurde, ein Link angezeigt. Tippen Sie auf den Kameraauslöser, öffnet sich der Standard-Browser mit der entsprechenden Webseite. Bei QR-Codes für Apps öffnet sich beim Antippen des Links der Google Play Store. QR-Codes mit Kontaktdaten können automatisch als Kontakt übernommen werden.

Google Lens ersetzt Google-Bildersuche

Haben Sie im Internet etwas Interessantes gefunden und suchen ähnliche Informationen, brauchen Sie sich nicht unbedingt einen passenden Suchbegriff auszudenken. Suchen Sie einfach anhand der Bilder andere Webseiten, die die gleichen Dinge darstellen. Google hat die frühere Bildersuche durch Google Lens ersetzt, das deutlich mehr Möglichkeiten bietet.

1. Tippen Sie länger auf ein Bild im Chrome-Browser, bis ein Kontextmenü erscheint. Wählen Sie hier *Bild an Google Lens senden*.
2. Google Lens sucht das gleiche oder ähnliche Bilder im Internet und versucht auch, passende Objekte oder Gebäude zu finden.
3. Die Symbolleiste unter dem Suchfeld findet Produkte, Aufgaben und ganz rechts Informationen zu dem Bild, was besonders bei Abbildungen von Kunst hilfreich sein kann.
4. Ziehen Sie den Bildschirm nach oben, erscheinen ähnliche Suchanfragen in Textform, über die Sie meistens deutlich mehr Ergebnisse finden.

Sie können auch direkt beim Start von Google Lens aus dem Google-Suchfeld ein Bild auf dem Samsung Galaxy S26 auswählen und mit Google Lens durchsuchen lassen. Bei Bildern in der Google-Fotos-App tippen Sie unten auf das Lens-Symbol, um nach ähnlichen Bildern zu suchen.

Google-Suche überall aufrufen

Die Google-Suche erscheint bei längerem Berühren des unteren Bildschirmrands und wird über kurz oder lang das klassische Suchfeld auf dem Startbildschirm der Smartphones ersetzen.

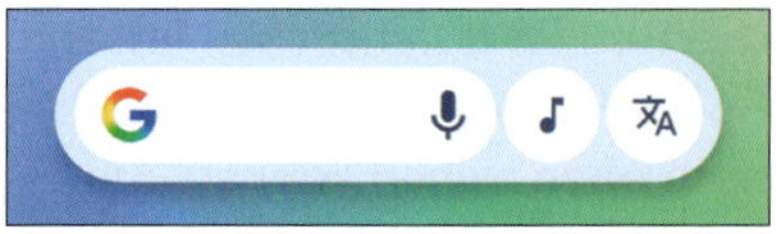

Geben Sie einen Suchbegriff in das Suchfeld ein, werden die Suchergebnisse wie bei Google üblich angezeigt. Tippen Sie links im Suchfeld auf das Google-Logo, erscheint Google Discover.

Google-Sprachsuche

Wenn Sie bei einem Suchbegriff nicht genau wissen, wie er geschrieben wird, ist es oft einfacher, ihn zu sprechen statt zu schreiben.

Tippen Sie auf das Mikrofon-Symbol rechts im Google-Suchfeld. Sprechen Sie jetzt einen oder mehrere Suchbegriffe. Google setzt das gesprochene Wort in Text um und sucht den Begriff. Dazu wird automatisch die Google-Suche geöffnet. Die Ergebnisse werden wie gewohnt angezeigt. Wenn es von der Seite mit dem ersten Suchergebnis unterstützt wird, wird der Text auch gesprochen.

> **Achtung: Datenvolumen**
>
> Die Sprachsuche erfolgt nicht direkt auf dem Smartphone, sondern das gesprochene Wort wird als Audiodatei an einen Google-Server übertragen, über den die Auswertung stattfindet. Hier fällt erheblich mehr Datenvolumen an als bei der Eingabe eines Suchbegriffs mit der Bildschirmtastatur. Die gesprochenen Antworten stammen aus einer lokal installierten Sprachdatei.

Suche auf dem Bildschirm

Google kann auf dem Bildschirm nach gerade angezeigten Inhalten suchen. Das funktioniert in den meisten Apps, in Bildern, Videos oder Texten.

1. Starten Sie die Google-Suche durch langes Antippen des unteren Bildschirmrands, während das zu durchsuchende Bild oder Video angezeigt wird.

2. Kreisen Sie im Bild das zu suchende Objekt mit dem Finger ein oder tippen Sie bei eindeutig identifizierbaren Objekten einfach darauf. Jetzt wird automatisch ein rechteckiger Bildausschnitt markiert, den Sie an den Ecken noch beliebig ziehen können.

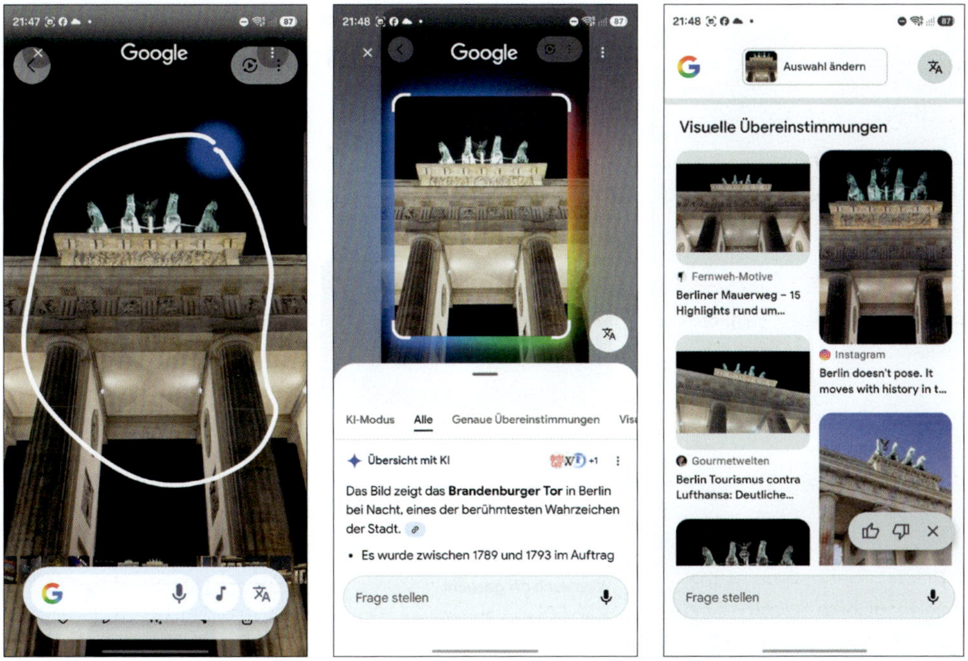

Die Google-Suche auf dem Bildschirm erkennt oft schon an kleinen Bildausschnitten das richtige Objekt

3. Google Gemini versucht, das abgebildete Objekt zu identifizieren, was bei bekannten Gebäuden und auch vielen anderen Objekten gut funktioniert, selbst wenn nur ein markanter kleiner Teil davon zu sehen ist. Darunter zeigt Google passende Suchergebnisse und Bilder.

4. Tippen Sie oben auf *Auswähl ändern*, können Sie den ausgewählten Bildbereich vergrößern oder verkleinern, falls fehlerhafte Ergebnisse angezeigt wurden oder um die Suche noch zu verfeinern.

Welches Lied läuft gerade?

Jeder kennt das: Im Radio läuft ein schöner Musiktitel, aber man weiß nicht, wie er heißt und wer ihn singt, weil man die Ansage davor verpasst oder einfach nicht zugehört hat. Hier hilft die Google-Suche, den Titel zu finden.

Tippen Sie, wenn Sie ein Lied hören, das Sie identifizieren möchten, länger auf den unteren Bildschirmrand und dann auf das Notensymbol. Google hört ein paar Sekunden zu, zeichnet die Musik auf und überträgt sie an einen Server, der die Aufnahme auswertet und mit hoher Treffsicherheit den passenden Titel findet.

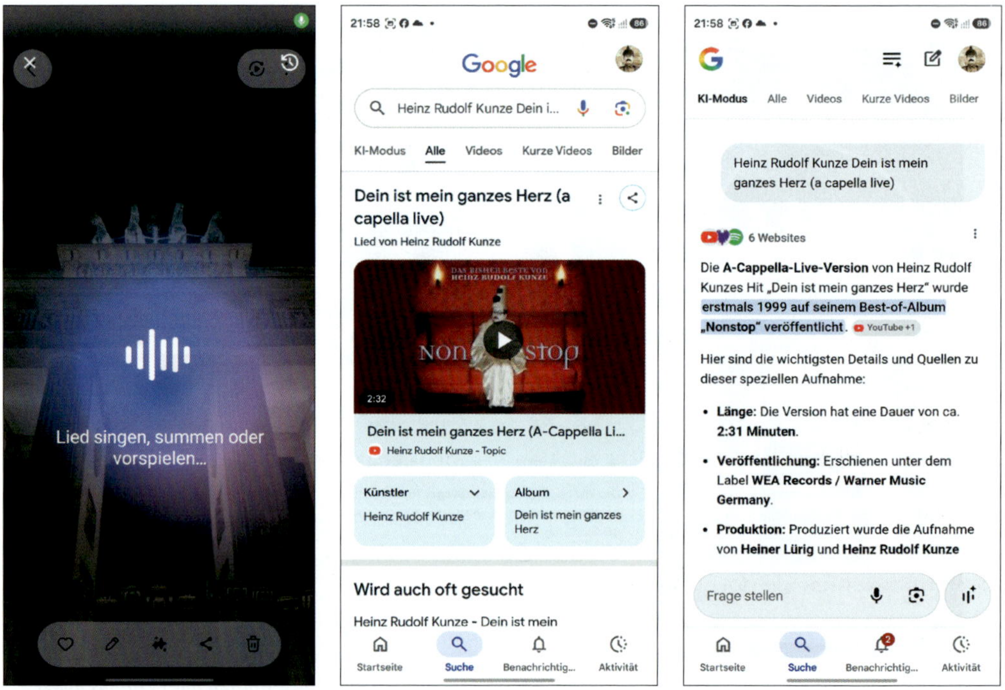

Die Musiksuche findet Infos und Liedtexte zu laufender Musik, rechts: KI-Modus

Neben dem Songtitel findet die Musiksuche oft noch weitere Informationen wie Albumtitel, Veröffentlichungsdatum und den Interpreten. Bei vielen Titeln findet Google auf YouTube Music das vollständige Lied und oft auch den Text. Tippen Sie oben auf *KI-Modus*, stellt Google Gemini weitere Informationen zum Lied zusammen.

Google Discover einrichten und nutzen

Wischen Sie auf dem Startbildschirm nach rechts, um Google Discover, eine Seite mit personalisierten Nachrichten, einzublenden. Hier erscheinen aktuelle Nachrichten sowie eine Wettervorhersage für den eigenen Standort.

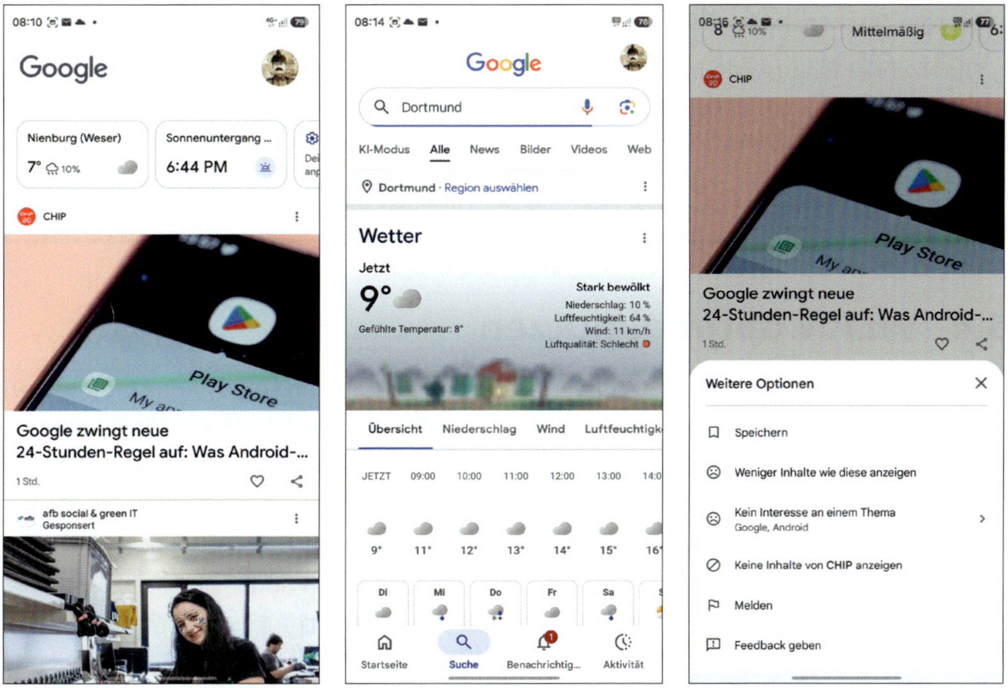

Google Discover mit Nachrichten und Wetterbericht, rechts: Interessen verwalten

Ganz oben wird das Wetter am aktuellen Standort angezeigt. Tippen Sie darauf, erhalten Sie einen ausführlicheren Wetterbericht mit Vorhersage für die nächsten Tage.

Erscheint Google Discover nicht, tippen Sie länger auf den Startbildschirm und dann auf das Symbol *Einstellungen*. Aktivieren Sie die Option *Medienseite zum Startbildschirm hinzufügen* und wählen Sie dort *Google Discover*.

Google Discover zeigt automatisch auf sogenannten Karten Kurznachrichten und Informationen an, basierend auf den persönlichen Interessen. Tippen Sie auf eine dieser Karten, wird der entsprechende Artikel im Original angezeigt. Sollten Sie dabei feststellen, dass das Thema des Artikels nicht relevant ist, also nicht in Ihr Interessengebiet passt, oder gar die gesamte Quelle dieses Artikels unseriös ist, tippen Sie auf das Symbol mit den drei Punkten rechts unterhalb einer Nachricht. Jetzt können Sie das Thema oder auch die Nachrichtenquelle abschalten, damit derartige Kacheln in Zukunft nicht mehr angezeigt werden.

Bei neu vorgeschlagenen Themen erscheint direkt die Frage *Wie hilfreich ist diese Empfehlung?* Hier können Sie uninteressante Themen sofort ausblenden.

Auf allen Karten befindet sich ein kleines Symbol mit einem Herz. Tippen Sie darauf, werden zu diesem Thema mehr Nachrichten angezeigt. Nutzen Sie dieses Symbol regelmäßig, um Google Discover zu trainieren.

Google Discover ist lernfähig

Die Nachrichtenauswahl in Google Discover richtet sich nicht nur nach den eingestellten Präferenzen, sondern auch nach der Häufigkeit, mit der bestimmte Nachrichten gelesen werden. Wenn Sie ein Thema also nicht interessiert, ignorieren Sie entsprechende Nachrichten konsequent und tippen nicht darauf. So verschwindet dieses Thema mit der Zeit automatisch vom Google-Discover-Bildschirm.

5.4 WLAN optimal nutzen

Zu Hause gehen Sie am besten über Ihren WLAN-Router mit dem Smartphone ins Internet. Dies spart nicht nur wertvolles Datenvolumen Ihrer Mobilfunk-Flatrate, die Übertragungsraten sind auch deutlich höher. Wie ein WLAN eingerichtet wird, haben Sie bereits bei der Ersteinrichtung des Smartphones gesehen.

Über ein Symbol im QuickPanel lässt sich das WLAN schnell ein- und ausschalten. Ziehen Sie die Benachrichtigungsleiste nach unten und tippen Sie dann auf das WLAN-Symbol. Es zeigt den Namen des verbundenen WLANs. Schalten Sie über das Symbol im QuickPanel WLAN ein, sucht sich das Smartphone automatisch unter den gespeicherten WLAN-Verbindungen die zuletzt verwendete oder die mit der besten Signalstärke und verbindet sich damit.

Tippen Sie länger auf dieses Symbol, finden Sie alle WLANs in der Nähe und können sich nach Eingabe des Schlüssels mit einem WLAN verbinden. Bei einigen WLAN-Routern, unter anderem der FRITZ!Box, wird der Link *Verwalten des Routers* angezeigt, der direkt zur Anmeldeseite der Router-Konfiguration führt.

Tippen Sie auf der Seite *WLAN* oben rechts auf das Menü und dann auf *Erweiterte Einstellungen*. Hier finden Sie ein paar nützliche Optionen.

- **Mit Samsung Cloud synchronisieren** synchronisiert die gespeicherten WLAN-Profile und Passwörter mit der Samsung Cloud, damit sie auch auf anderen Smartphones mit demselben Konto zur Verfügung stehen.
- **Netzwerke verwalten:** Hier sind alle WLANs aufgelistet, mit denen einmal eine Verbindung bestand. In der Liste können Sie einzelne WLANs wieder entfernen, weil Sie sie nicht mehr verwenden wollen oder eine automatische Verbindung durch Änderung des Schlüssels nicht mehr möglich ist.
- **Verlauf für WLAN ein-/aus** zeigt Apps an, die WLAN ein- oder ausschalten können.
- **Hotspot 2.0:** Dieser Schalter ermöglicht die automatische Verbindung mit öffentlichen WLANs, die den Hotspot-2.0-Standard unterstützen. Hier ist keine zusätzliche Benutzeranmeldung erforderlich.
- **WEP-Netzwerke zulassen:** Das ältere Verschlüsselungsverfahren WEP wird nur noch von alten Routern und einigen WLAN-Extendern genutzt. Das Samsung Galaxy S26 unterstützt dieses Verfahren optional noch.
- **Netzwerkzertifikate installieren:** Hier können Zertifikate zur sicheren Verbindung mit Firmennetzwerken auf dem Smartphone installiert werden.

Der Menüpunkt *Intelligent Wi-Fi* bietet weitere Optionen, die dazu beitragen, die Verbindungsqualität zu verbessern oder Strom zu sparen.

- **Zu mobilen Daten wechseln** schaltet auf die Mobilfunkverbindung um, wenn die WLAN-Verbindung sehr langsam oder instabil ist, was allerdings das verbrauchte Datenvolumen erhöht, da Daten über das Mobilfunknetz übertragen werden, obwohl ein WLAN in Reichweite wäre.
- **Zu besseren WLANs wechseln** schaltet automatisch auf ein anderes WLAN um, wenn die WLAN-Verbindung sehr langsam oder instabil ist.
- **WLAN automatisch ein-/ausschalten:** Mit dieser Einstellung können Sie deutlich Strom sparen, wenn Sie das WLAN außerhalb der Reichweite bekannter WLANs ausgeschaltet lassen. WLAN mit oder ohne Empfang saugt den Akku schnell leer. Sobald das Smartphone an einen Ort kommt, an dem Sie häufig WLAN verwenden und ein WLAN auf dem Gerät gespeichert ist, wird das WLAN automatisch wieder eingeschaltet.
- **Echtzeitdaten priorisieren** weist bei schwacher WLAN-Verbindung Apps, die empfindlich auf Verzögerungen reagieren, etwa Spiele oder Videotelefonie, eine höhere Priorität zu. Hintergrund-Apps bekommen weniger Netzwerkpriorität.
- **Verdächtige Netzwerke erkennen:** Hier wird das verbundene WLAN automatisch auf verdächtige Aktivitäten überwacht. Eigene private Netze können als Ausnahme eingetragen werden, da der Dienst etwas von der verfügbaren Bandbreite wegnimmt.
- **Automatische Hotspot-Verbindung:** Wenn das Samsung Galaxy S26 über keine Internetverbindung verfügt, können Auto-Hotspot-Geräte automatisch verbunden werden, um eine Internetverbindung herzustellen.

Smartphone per QR-Code im WLAN anmelden

Immer wieder das alte Thema: Das Mobilfunknetz ist schlecht ausgebaut, das Datenvolumen begrenzt, man möchte seinen Gästen Zugang zum heimischen WLAN geben, weiß aber das komplizierte, hochsichere Passwort des eigenen Routers nicht mehr. Viele Router bieten die Möglichkeit, in den WLAN-Einstellungen einen QR-Code auszudrucken, den man nur noch Gästen im Haus zu zeigen braucht, damit diese ihre Smartphones im WLAN anmelden können. Das Samsung Galaxy S26 ermöglicht es, die Daten einer auf einem Smartphone angemeldeten WLAN-Verbindung per QR-Code mit Freunden zu teilen.

1. Tippen Sie dazu in der Liste der WLANs auf das *Einstellungen*-Symbol neben dem verbundenen WLAN und auf dem nächsten Bildschirm auf das *Teilen*-Symbol mit dem angedeuteten QR-Code.

2. Zur Sicherheit müssen Sie, wenn auf dem Smartphone eine Bildschirmsperre eingerichtet ist, Ihre Identität auf dem Galaxy S26 mit Fingerabdruck, PIN oder Sperrmuster bestätigen. Damit soll verhindert werden, dass sich jemand Zugang zu einem WLAN verschafft, indem er ein herumliegendes Smartphone einer gerade nicht anwesenden Person nutzt.

3. Der nächste Bildschirm zeigt Verbindungsdetails. Tippen Sie in der Zeile *Passwort* auf das Augensymbol, erscheint das Passwort im Klartext.

4. Tippen Sie unten auf das QR-Code-Symbol, erscheint auf dem Bildschirm ein QR-Code, mit dem sich ein anderes Smartphone im gleichen WLAN anmelden kann.

WLAN mit Geräten in der Nähe teilen

Das Samsung Galaxy S26 bietet zusätzlich zum QR-Code eine Möglichkeit, WLAN-Zugangsdaten drahtlos über **Quick Share** zu übertragen.

1. Auf dem empfangenden Smartphone müssen *Bluetooth* und *Quick Share* eingeschaltet sein. Das sendende Smartphone kann Bluetooth zur Quick-Share-Übertragung automatisch aktivieren.

2. Tippen Sie auf dem Smartphone, dessen WLAN-Zugang Sie teilen möchten, auf das Quick-Share-Symbol auf dem Bildschirm mit dem QR-Code für das WLAN oder in den Einstellungen des angemeldeten WLANs ganz unten auf *Netzwerk freigeben*.

3. Jetzt werden Geräte in der Nähe gesucht. Wählen Sie das gewünschte Smartphone, startet die Datenübertragung.

4. Auf dem anderen Smartphone erscheint eine Benachrichtigung, in der Sie den Empfang der Daten akzeptieren müssen. Zur Sicherheit wird auf beiden Smartphones die gleiche PIN angezeigt.

5. Nach dem Empfang der WLAN-Zugangsdaten verbindet sich das Smartphone automatisch mit dem WLAN.

Ganz unten in der Zeile *Freigeben für Kontakte* können Sie per SMS einen Link an Kontakte schicken, die sich nicht in unmittelbarer Nähe aufhalten. Über diesen Link können sich die Empfänger am WLAN anmelden.

Öffentliche WLANs nutzen

An immer mehr öffentlichen Plätzen, Bahnhöfen, in Geschäften, Hotels und Cafés kann man per WLAN mit dem Smartphone eine Verbindung ins Internet herstellen, ohne das Datenvolumen der Mobilfunk-Flatrate aufzubrauchen. In vielen Ländern sind öffentliche WLAN-Hotspots kostenlos nutzbar und auffällig gekennzeichnet.

WLAN im Ausland

Im Ausland gibt es fast überall kostenloses WLAN in Restaurants, Hotels und auf öffentlichen Plätzen. Dagegen sind die Roamingkosten für die Mobilfunknutzung außerhalb der EU extrem hoch. Schalten Sie im Nicht-EU-Ausland die mobile Datenübertragung aus. Am besten schützen Sie sich vor Roamingkosten, wenn Sie bei Auslandsreisen die SIM-Karte aus dem Smartphone nehmen.

Die meisten öffentlichen WLANs verlangen vor der Nutzung die Bestätigung der Geschäfts- und Datenschutzbedingungen durch den Nutzer. Der Anmeldevorgang funktioniert mit Android einfach, denn die Seite kann direkt in den WLAN-Einstellungen über eine Benachrichtigung aufgerufen werden.

1. Tippen Sie länger auf das WLAN-Symbol im QuickPanel, um die Liste der WLANs in der Nähe zu sehen. Tippen Sie auf das gewünschte WLAN in der Liste.

2. Nachdem die Verbindung hergestellt wurde, erscheint unter dem Netzwerknamen der Hinweis *Im Netzwerk anmelden*.
3. Tippen Sie darauf, erscheint automatisch die Anmeldeseite des WLANs, auf der Sie Bedingungen bestätigen oder Anmeldedaten eingeben müssen. Danach sind Sie mit dem WLAN verbunden.

Anmeldeseite erscheint nicht

Sollte nach der Verbindung mit einem öffentlichen WLAN die Anmeldeseite nicht erscheinen, schalten Sie in den *Einstellungen* unter *Verbindungen/Datennutzung* den Modus *Daten sparen* aus und versuchen es erneut.

Hotspots von Telekom und Vodafone nutzen

Die Telekom rüstet in Großstädten und an touristisch interessanten Orten Telefonzellen mit Hotspots aus, über die man mit persönlicher Zugangskennung oder über direkte Bezahlung mit einem eigenen Notebook, Tablet oder Smartphone ins Internet kommt.

Telekom-Hotspots werden in der Liste verfügbarer WLANs als offene Netzwerke angezeigt. Verbinden Sie das Smartphone mit diesem WLAN. Nach der Verbindung erscheint die Benachrichtigung *In WLAN-Netzwerk anmelden*. Tippen Sie darauf und geben Sie auf der Anmeldeseite, wenn nötig, Ihre Zugangsdaten ein. Erst danach können Sie andere Apps über dieses WLAN nutzen.

Die meisten Telekom-Hotspots zeigen auf der Anmeldeseite unterschiedliche Möglichkeiten zur Anmeldung, über einen HotSpot Pass, einen Gutscheincode oder mit Benutzername und Passwort aus einem Telekom-Mobilfunkvertrag. Manche Telekom-Hotspots werden in Zusammenarbeit mit städtischen Tourismuseinrichtungen kostenlos zur Verfügung gestellt. Die als Telekom_FON gekennzeichneten Hotspots lassen sich auch mit einem Login der Fon-Community, die vor einigen Jahren von der Telekom übernommen wurde, kostenlos nutzen. An einigen Telekom-Hotspots kann man sich auch mit Zugangsdaten von Roamingpartnern anmelden.

Vodafone bietet immer mehr öffentliche Hotspots in Städten und touristischen Orten an. Einige Vodafone-Hotspots bieten 30 Minuten kostenlose Nutzung jeden Tag an. Über *Vodafone Homespot* können Nutzer von Kabelanschlüssen einen Teil ihrer Bandbreite freigeben und bekommen im Gegenzug eine Nutzungsberechtigung für andere Homespots.

WLAN in der Bahn

Mittlerweile sind fast alle ICE- und IC-Züge der Deutschen Bahn mit kostenlosem WLAN ausgestattet. Das WLAN erscheint unter dem Namen *WIFIonICE* in der Liste der WLANs und verwendet eine Anmeldeseite, bei der Sie nur auf eine Schaltfläche tippen müssen.

Das WLAN im ICE funktioniert über gebündelte LTE- und 5G-Verbindungen mehrerer Mobilfunkanbieter. Dennoch müssen sich mehrere Hundert Fahrgäste die Bandbreite teilen. Damit alle Fahrgäste vom WLAN profitieren können und nicht einzelne mit Videostreams die Geschwindigkeit für alle anderen Mitreisenden bremsen, wird das Datenvolumen nach der Nutzung von 200 MB pro Tag und Gerät gedrosselt.

Nachdem private Bahngesellschaften zunehmend WLAN für ihre Fahrgäste anbieten, stattet auch die Deutsche Bahn nach und nach Regionalzüge und S-Bahnen mit WLAN aus. Die WLAN-Hotspots in den Regionalzügen und auf vielen Bahnhöfen heißen *WIFI@DB* und funktionieren nach einem ähnlichen Prinzip wie in den ICEs. Besucher der DB-Lounges können die Hotspots im Bereich der DB-Lounges an vielen Bahnhöfen ohne Zeit- oder Volumenbegrenzung nutzen.

Kapitel 6

Kommunikation mit dem Smartphone

Die ursprüngliche Aufgabe eines Handys war schon immer die Kommunikation. Neben Telefonieren und SMS sind auf Smartphones diverse moderne Kommunikationsformen hinzugekommen. So ist es heute selbstverständlich, dass man seine E-Mails auf dem Smartphone liest und beantwortet und auch Kontakte in sozialen Netzwerken von unterwegs pflegt.

6.1 Gmail – Google Mail

Android und Google sind zwei enge Verwandte, so wundert es nicht, dass Google-Mail-Konten auf Android-Smartphones besonders gut unterstützt werden. Auf den Geräten ist eine eigene App für Googles Mailservice Gmail vorinstalliert, die ständig mit dem Google-Konto synchronisiert wird, sodass man über neue E-Mails automatisch in Echtzeit benachrichtigt wird.

Gmail = Google Mail

Google Mail tritt in den meisten Ländern inzwischen unter dem Markennamen Gmail auf. In Deutschland und Großbritannien durfte dieser Name wegen eines Rechtsstreits mit dem Betreiber eines privaten Postdienstes lange Zeit nicht genutzt werden. Google verwendet mittlerweile einheitlich *mail.google.com*. Die E-Mail-Adressen *@googlemail.com* und *@gmail.com* können gleichwertig verwendet werden. In Polen und China darf Google den Namen Gmail weiterhin nicht verwenden. Mit über 1,8 Milliarden Nutzerkonten ist Gmail der weltweit größte E-Mail-Anbieter.

Die Gmail-App synchronisiert automatisch mit dem bei der Einrichtung des Smartphones festgelegten Google-Konto. Zusätzlich zu diesem können Sie in der Gmail-App später noch weitere Google-Konten sowie auch E-Mail-Konten anderer Anbieter hinzufügen.

E-Mails lesen

Kommt eine neue E-Mail an, ertönt ein Benachrichtigungston und in der Benachrichtigungsleiste erscheint das Gmail-Symbol. Ein kleiner Punkt am Symbol der Gmail-App zeigt die Zahl neuer E-Mails an.

Ziehen Sie die Benachrichtigungsleiste nach unten, werden Absender, Betreff und Zeit der E-Mail angezeigt. Android fasst in aktuellen Versionen mehrere eingegangene E-Mails in einer Benachrichtigung zusammen. Tippen Sie auf den kleinen Pfeil oben rechts neben der E-Mail-Adresse, um die E-Mails einzeln anzuzeigen. Tippen Sie auf den Pfeil rechts oben in der Benachrichtigung einer einzelnen E-Mail, werden die ersten Zeilen dieser E-Mail angezeigt.

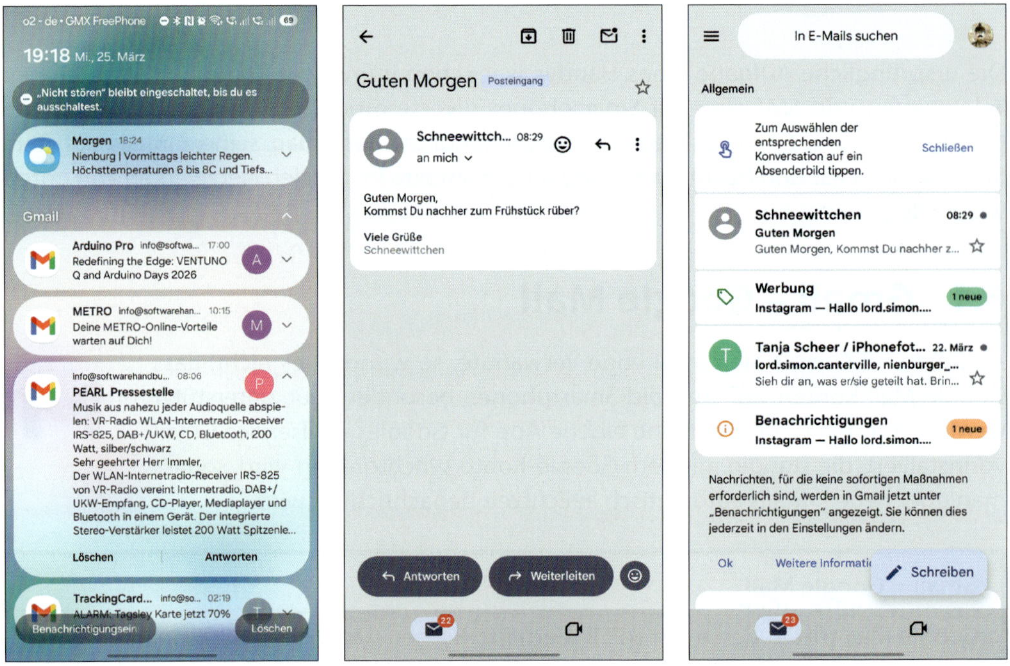

Neue E-Mails in Gmail

Tippen Sie auf eine E-Mail in einer Benachrichtigung, wird diese in voller Länge in der Gmail-App geöffnet. Mit dem Pfeilsymbol oben links kommen Sie aus der Ansicht einer E-Mail zurück in den Posteingang. Gmail fasst mehrere E-Mails zum gleichen Betreff zu einem Thread zusammen, wenn zum Beispiel mehrere Antworten hin und her geschickt wurden, auch von verschiedenen Personen in einer Gruppenmail.

Ist vom Absender ein Kontaktfoto bei Google oder im eigenen Google-Konto hinterlegt, wird automatisch ein Bild des Absenders anstelle des Anfangsbuchstabens in der E-Mail angezeigt.

E-Mails beantworten

Um eine E-Mail zu beantworten, tippen Sie auf *Antworten* unterhalb der E-Mail. Hier können Sie direkt Ihre Antwort schreiben. Der Cursor wird automatisch an der richtigen Stelle oberhalb der eingegangenen E-Mail positioniert, sodass Sie direkt mit dem Schreiben der Antwort beginnen können.

Genauso können Sie eine E-Mail auch an andere weiterleiten und dabei vorher noch einen Text ergänzen. Tippen Sie auf die drei Punkte, um den zitierten Text der Original-E-Mail zu sehen.

Haben Sie die Antwort geschrieben, tippen Sie oben rechts auf das Symbol mit dem Pfeil, um die E-Mail abzuschicken.

Auf E-Mails reagieren

Ähnlich wie in Chats können Sie auch auf eine E-Mail mit einem Emoji reagieren, ohne einen Antworttext zu schreiben. Tippen Sie dazu auf das Emoji-Symbol rechts neben den Antwort-Buttons. Eine Symbolleiste zeigt beliebte Emojis. Tippen Sie auf das Plussymbol, um beliebige Emojis auszuwählen. Nutzer von Gmail sehen die Reaktion direkt in der Mail, Nutzer anderer E-Mail-Programme erhalten eine E-Mail als Antwort.

E-Mails schreiben

Eine neue E-Mail zu schreiben, funktioniert prinzipiell genauso, wie eine E-Mail zu beantworten. Tippen Sie dazu in der Gmail-App unten rechts auf das Symbol *Schreiben*. Haben Sie mehrere E-Mail-Konten in der Gmail-App eingerichtet, tippen Sie oben auf Ihre Absenderadresse, um das gewünschte Konto auszuwählen.

Sinnvolle Betreffzeile

Tragen Sie in die Betreffzeile etwas Sinnvolles ein, damit der Empfänger sofort weiß, worum es in der Mail geht. Die Betreffzeile ist auch ein wichtiges Kriterium für Spam-Filter-Software. Schreiben Sie hier vollständige deutsche Wörter und nicht nur »Hey« oder Ähnliches, wenn Sie möchten, dass Ihre Mail auch ankommt.

In den E-Mails können Emojis über die Sonderzeichentastatur verwendet werden. Beim Eintippen des Empfängers werden automatisch Personen aus der Kontaktliste vorgeschlagen, die Sie durch einfaches Antippen auswählen können.

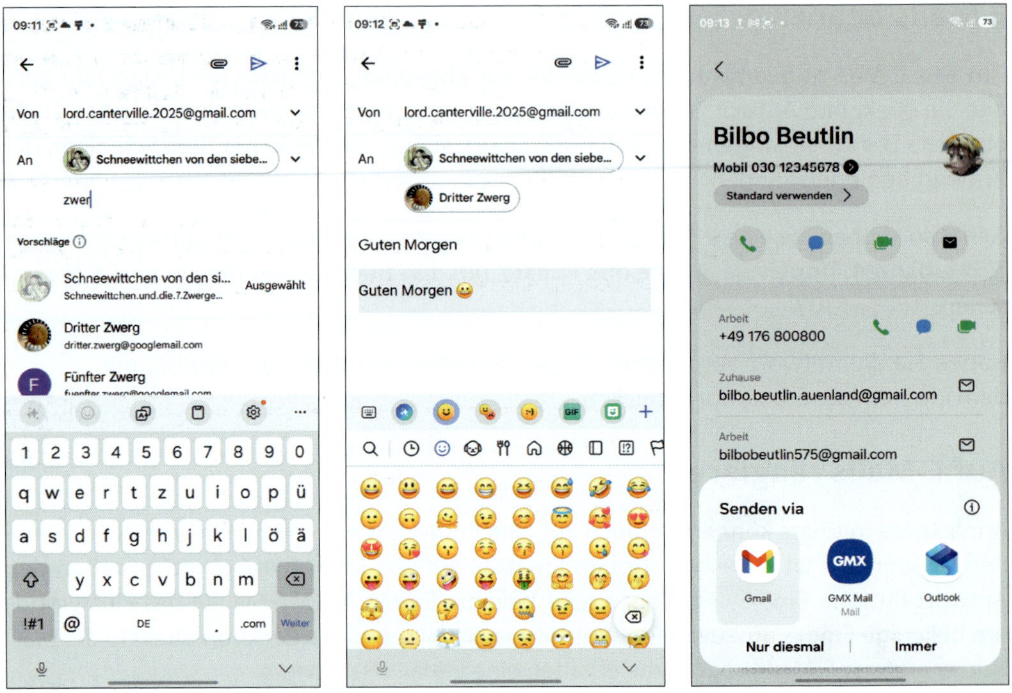

Links: Kontaktvorschläge beim Schreiben einer E-Mail, Mitte: Emojis in E-Mails verwenden, rechts: E-Mail aus der Kontakte-App schreiben

Üblicherweise schreiben Sie eine E-Mail nicht einfach, um eine E-Mail zu schreiben, sondern um einer bestimmten Person etwas mitzuteilen. Da liegt es nahe, direkt aus der *Kontakte*-App zu starten.

1. Rufen Sie die App *Kontakte* auf und suchen Sie die betreffende Person.
2. Tippen Sie auf den gewünschten Personeneintrag, erscheinen die Kontaktdetails. Tippen Sie hier auf das E-Mail-Symbol oder auf eine der angezeigten E-Mail-Adressen dieser Person.
3. Sind mehrere E-Mail-Apps installiert, wählen Sie *Gmail* oder eine andere E-Mail-App. Möchten Sie immer Gmail nutzen, tippen Sie anschließend auf *Immer*, und Gmail wird als Standard zum Schreiben von E-Mails festgelegt.
4. Danach oder auch, wenn nur *Gmail* installiert ist, öffnet sich automatisch die Gmail-App, und der Cursor springt gleich in die Betreffzeile. Der E-Mail-Empfänger ist automatisch eingetragen, als Absender wird das E-Mail-Konto gewählt, aus dessen Adressbuch der Kontakteintrag stammt.

App-Shortcuts und Widgets

Über App-Shortcuts (langes Antippen des App-Symbols) lassen sich schnell neue E-Mails an häufig kontaktierte Personen schreiben. Bei Bedarf können diese Shortcuts auf den Startbildschirm gelegt werden.

Das Widget-Symbol bietet zwei verschiedene Gmail-Widgets zur Auswahl. Eines zeigt eine Liste der neusten E-Mails in einem bestimmten Label, das andere öffnet die Gmail-App mit einem zuvor festgelegten Label.

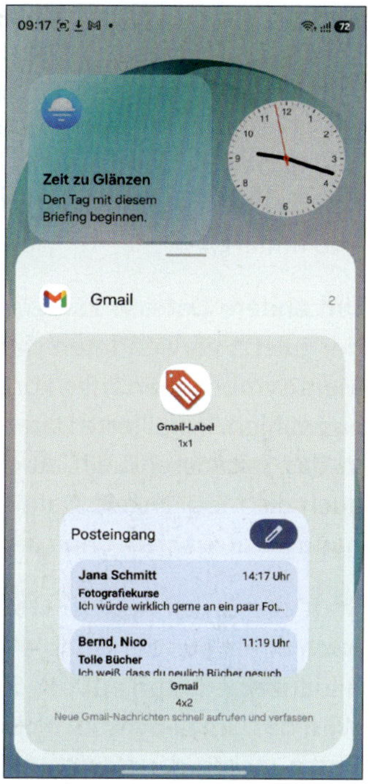

Widgets der Gmail-App

E-Mail an mehrere Personen schreiben

Wenn Sie E-Mails an mehrere Empfänger verschicken, gibt es diverse Möglichkeiten, die Adressen anzugeben:

Adressierung	Beschreibung
An:	Diese Empfänger werden direkt adressiert, sie stehen in der Zeile *An:* im Mailtext, die Adressen sind für alle Empfänger zu lesen.
Cc:	**C**arbon **C**opy: Die in dieser Zeile aufgeführten Empfänger erhalten einen »Durchschlag« der E-Mail zur Kenntnisnahme. In diesem Fall sind die Empfänger der Carbon Copy für alle anderen Empfänger der Mail zu erkennen.
Bcc:	**B**lind **C**arbon **C**opy: Eine Blindkopie verhindert, dass die Empfänger dieser Kopie beim Originalempfänger oder auch bei den Empfängern regulärer Carbon Copys erkannt werden können.

Wenn Sie eine E-Mail in Gmail schreiben, ist standardmäßig nur das Feld *An:* zu sehen. Die Felder für *Cc:* und *Bcc:* können Sie hinzufügen, indem Sie auf den kleinen Pfeil rechts im Feld *An:* tippen.

Fotos per E-Mail senden

Ähnlich wie vom PC lassen sich auch vom Samsung Galaxy S26 Dateien per E-Mail verschicken. Schreiben Sie dazu zunächst wie gewohnt in der Gmail-App die Mail und tippen Sie dann auf das Büroklammer-Symbol. Wählen Sie nun *Fotos*. Hier finden Sie Ihre Fotos in verschiedenen Ordnern für Kamera, Download, Screenshots und andere.

Um andere Dateien zu versenden, tippen Sie auf *Dateien*. Hier finden Sie eine Übersicht der zuletzt verwendeten Dateien, um schnell eine davon auszuwählen. Tippen Sie auf das Menüsymbol oben links, können Sie ein beliebiges auf dem Smartphone gespeichertes Foto auswählen. Installierte Dateimanager und verschiedene andere Apps klinken sich ebenfalls in das Seitenmenü ein. Auch darüber können Sie E-Mail-Anhänge auswählen. Sie haben auch die Möglichkeit, Dateien aus dem Cloud-Speicher Google Drive direkt als E-Mail-Anhang auszuwählen, ohne die Datei erst auf das Smartphone herunterladen zu müssen.

Statt die Gmail-App zu starten und dann das Bild zu wählen, können Sie auch direkt aus der Google-Fotos-App ein Bild verschicken. Tippen Sie in der Bildanzeige unten auf das Symbol *Teilen* und wählen Sie die Gmail-App aus. Wird das Gmail-Symbol nicht angezeigt, tippen Sie auf *Mehr* in der Liste ganz unten rechts, dann erscheinen noch weitere Apps zum Teilen von Fotos. Auf diesem Weg wird das Foto als Dateianhang geschickt.

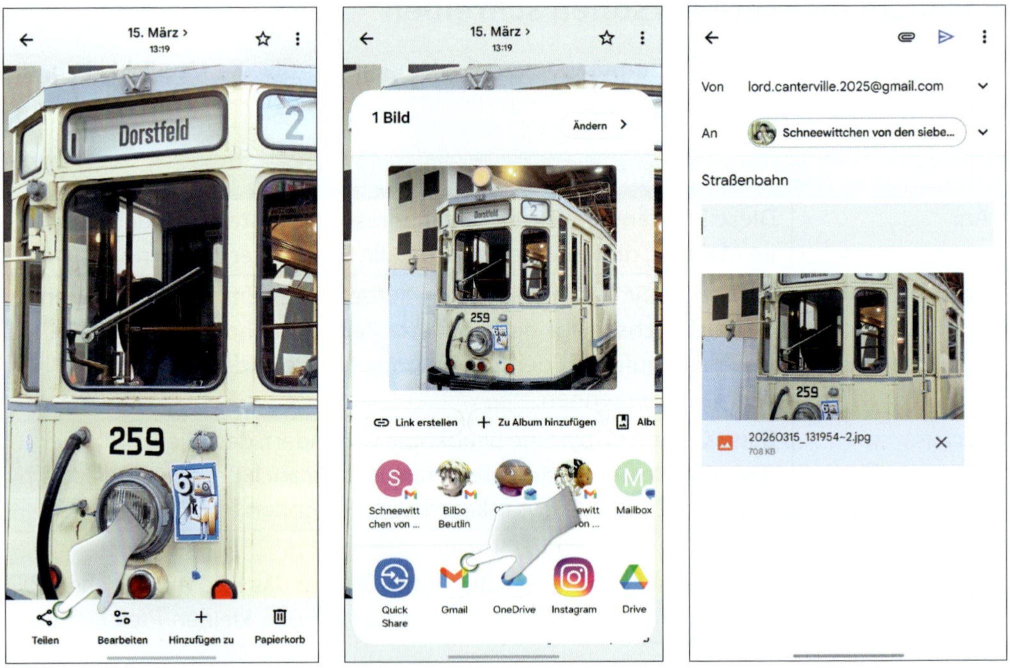

Foto aus der Google-Fotos-App versenden

6.2 Andere E-Mail-Konten einrichten und nutzen

Die Gmail-App unterstützt neben Gmail auch E-Mail-Konten anderer Anbieter, sodass nicht mehr wie früher mehrere E-Mail-Apps nötig sind. Bei den meisten E-Mail-Anbietern können Sie mit E-Mail-Adresse und Passwort das Mailkonto auf dem Samsung Galaxy S26 automatisch einrichten, da die Serverdaten in der App bekannt sind.

Bei E-Mails auf eigenen privaten Domains ist die automatische Einrichtung in den meisten Fällen nicht möglich.

1. Tippen Sie oben rechts in der Gmail-App auf Ihr Profilbild und dann auf *Weiteres Konto hinzufügen*.
2. Wählen Sie auf der nächsten Seite Ihren E-Mail-Anbieter. Die meisten bekannten E-Mail-Anbieter wie Outlook, GMX, Web.de, T-Online und andere sind bereits vorkonfiguriert.

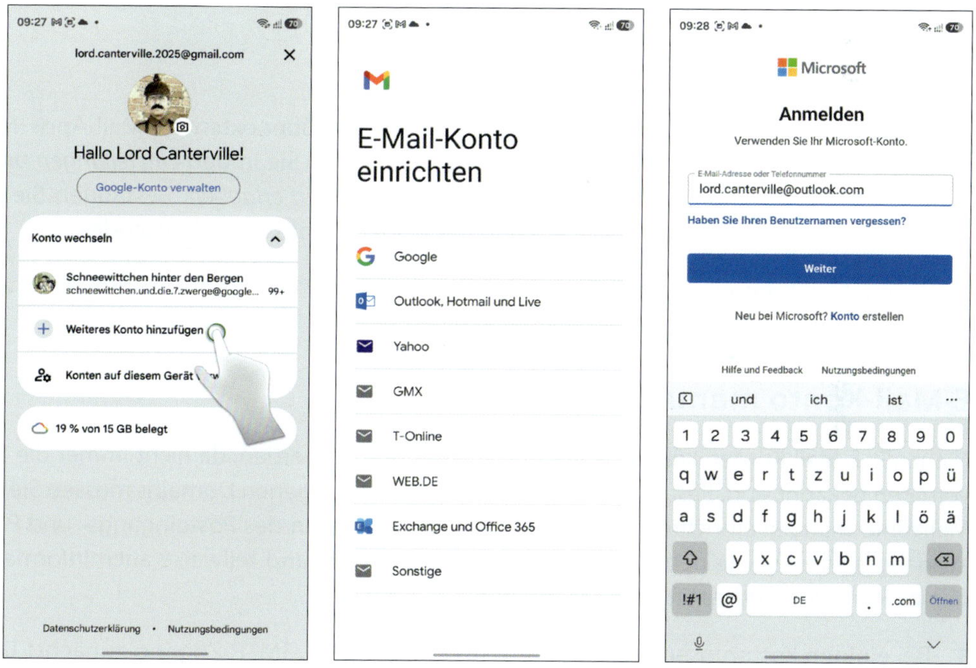

E-Mail-Konto bei einem anderen Anbieter in der Gmail-App eintragen

3. Jetzt erscheint automatisch der Einrichtungsassistent. Geben Sie hier Ihre E-Mail-Adresse und auf der nächsten Seite das Passwort an.
4. Wenn Sie auf *Weiter* tippen, richtet die Gmail-App das E-Mail-Konto automatisch ein, wenn die Serverdaten des E-Mail-Anbieters bekannt sind. Können die Serverdaten nicht automatisch ermittelt werden, schaltet der Einrichtungsassistent automatisch auf die manuelle Einrichtung um, bei der Sie alle Daten manuell eingeben können.

5. Bei Konten von Google und Microsoft erscheinen spezielle Anmeldeseiten dieser Anbieter, auf denen Zugriffsberechtigungen gewährt und Nutzungsbedingungen bestätigt werden müssen.

6. Bei Nicht-Google-Konten wählen Sie noch, wie oft die App auf dem Mailserver nach neuen Nachrichten sehen soll. Hier können Sie auch festlegen, ob beim Eingang neuer E-Mails eine Benachrichtigung erscheinen soll. In den Kontoeinstellungen können Sie später auch noch einen Klingelton für diese Benachrichtigungen auswählen.

7. Im letzten Schritt geben Sie dem neu eingerichteten E-Mail-Konto noch einen eindeutigen Namen. Wird kein Name vergeben, bekommt das Konto in der Liste die E-Mail-Adresse als Namen.

Danach ist das E-Mail-Konto eingerichtet. Jetzt wird eine Verbindung zum Server hergestellt und die E-Mails werden abgerufen. Tippen Sie auf das Profilbild oben rechts in der Gmail-App, um zwischen den Konten zu wechseln.

POP3/IMAP bei GMX und Web.de

GMX und Web.de deaktivieren standardmäßig den Zugriff über externe E-Mail-Apps. Melden Sie sich auf dem PC im Browser dort an und aktivieren Sie in den *Einstellungen* unter *E-Mail/POP3/IMAP Abruf* den Schalter *POP3 und IMAP Zugriff erlauben*. Bestätigen Sie die Änderung mit einem Klick auf *Speichern* und der Eingabe eines Sicherheitscodes.

Wird ein E-Mail-Konto längere Zeit nicht genutzt, wird der POP3-Zugriff automatisch wieder deaktiviert, kann aber jederzeit wieder aktiviert werden.

E-Mail-Konto manuell einrichten

Nicht alle E-Mail-Konten können automatisch konfiguriert werden, da nicht immer die Serverdaten bekannt sind. Besonders bei E-Mail-Adressen auf eigenen Domains müssen Sie das Mailkonto manuell einrichten. Dazu brauchen Sie die Namen des Posteingangs- und Postausgangsservers sowie den Benutzernamen, das Passwort und teilweise auch Informationen zu Ports und Authentifizierungsverfahren.

1. Bei einigen kostenlosen Mailanbietern muss der POP3-/SMTP-Zugang zunächst über die Weboberfläche freigeschaltet werden. Bei manchen Anbietern funktioniert der E-Mail-Versand per SMTP nur, wenn Sie auch über diese Anbieter im Internet sind.

2. Um ein Mailkonto manuell einzurichten, wählen Sie in den Einstellungen der Gmail-App *Konto hinzufügen* und tippen dann auf *Sonstige*.

3. Geben Sie Ihre Mailadresse ein und tippen Sie auf *Manuell einrichten*. Danach müssen Sie zwischen IMAP oder POP3 wählen.

4. Auf dem nächsten Bildschirm geben Sie das Passwort an. Mit dem Augensymbol können Sie dies im Klartext anzeigen lassen, um Ihre Eingabe zu überprüfen. Lassen Sie das Passwort in Gmail speichern, damit Sie es nicht jedes Mal zur Abfrage neuer E-Mails eingeben müssen.
5. Danach tragen Sie die Serverdaten und den Benutzernamen ein. Hier können Sie auch noch das Authentifizierungsverfahren festlegen. Die Gmail-App liefert automatisch Vorschläge, damit Sie nicht alle Daten manuell eintragen müssen.
6. Das Gleiche machen Sie danach noch für den Postausgangsserver. Bei den meisten Postausgangsservern muss der Schalter *Anmeldung erforderlich* ganz oben aktiviert sein. Anschließend erfolgt ein automatischer Verbindungstest mit dem Mailserver.
7. Nun müssen Sie noch wie bei der automatischen Einrichtung das Intervall für die Synchronisierung sowie den Anzeigenamen für gesendete E-Mails festlegen. Anschließend werden die E-Mails heruntergeladen und können gelesen sowie beantwortet werden.

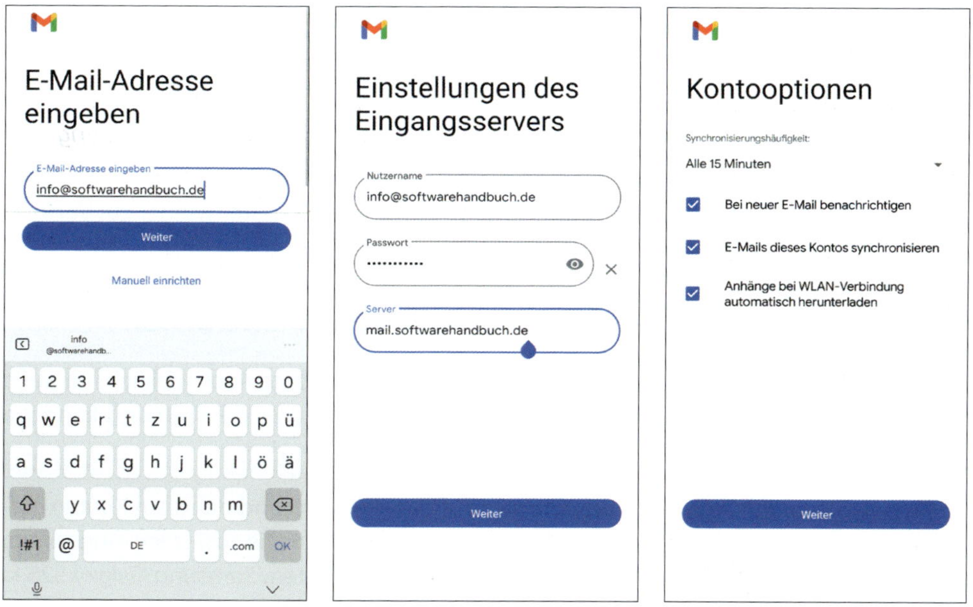

Einstellungen für Eingangs- und Ausgangsserver manuell eintragen

Probleme mit Zertifikatsfehlern

Bei E-Mail-Adressen auf eigenen Domains kann es zu Zertifikatsfehlern kommen, wenn der Anbieter zwar ein Sicherheitszertifikat für seine Server hat, aber nicht für jede einzelne Kundendomain. Lassen Sie sich in solchen Fällen das Zertifikat mit *Erweitert* anzeigen und scrollen Sie ganz nach unten. Tippen Sie hier auf *Trotzdem fortfahren*. Sollte es immer noch nicht funktionieren, tippen Sie auf *Zurück* und wählen auf dem nächsten Bildschirm ganz unten den Sicherheitstyp *STARTTLS (alle Zertifikate akzeptieren)*.

Das gleiche E-Mail-Konto auf Smartphone und PC nutzen

Wenn Sie eine E-Mail-Adresse auf PC und Smartphone nutzen, verwenden Sie diese am besten über einen IMAP-Server. Dann haben Sie alle Änderungen immer gleich auf beiden Geräten. Gesendete E-Mails, Vorlagen und Entwürfe sollten in den jeweiligen IMAP-Ordnern gespeichert werden, dann stehen sie ebenfalls auf beiden Geräten zur Verfügung. Die meisten großen E-Mail-Anbieter unterstützen mittlerweile sowohl POP3 als auch IMAP.

Sollte Ihr Mailserver kein IMAP unterstützen, haben Sie alle Mails beim automatischen Abruf vom POP3-Server sowohl auf dem PC als auch auf dem Smartphone. Hier sollten Sie sich gut überlegen, wo Sie E-Mails archivieren und wo Sie sie nur lesen wollen. In den meisten Fällen bewährt es sich, auf dem PC alle Mails aufzubewahren. Stellen Sie also dort das POP3-Konto so ein, dass Mails nach dem Löschen auch auf dem Server gelöscht werden. Diese Einstellung sollten Sie auf dem Smartphone nicht vornehmen. So können Sie auf dem Smartphone durch das Löschen gelesener E-Mails den Überblick behalten und haben auf dem PC trotzdem alle Mails. Nach dem Herunterladen auf den PC sollten die E-Mails aber weiterhin auf dem Server belassen werden, damit Sie sie auf dem Smartphone auch zur Verfügung haben.

Nutzen Sie auf dem PC in Thunderbird oder Outlook ein E-Mail-Konto per POP3, können Sie dieses nicht einfach auf IMAP umstellen. Das POP3-Konto muss im E-Mail-Programm zunächst entfernt und dann als IMAP-Konto neu installiert werden. E-Mails, die sich noch auf dem Server befinden, bleiben dabei erhalten und stehen später wieder zur Verfügung. Lokal auf dem PC abgelegte E-Mails müssen Sie vorher sichern.

E-Mail-Konto auf dem Samsung Galaxy S26 entfernen

Entfernen Sie ein E-Mail-Konto vom Smartphone, wird das Konto auch wirklich nur auf dem Smartphone entfernt, als E-Mail-Konto auf dem Server bleibt es erhalten und kann weiter von anderen Geräten genutzt werden.

1. Tippen Sie in der Gmail-App oben rechts auf das Profilbild und dann auf *Konten auf diesem Gerät verwalten*. Auf dem nächsten Bildschirm werden alle zusätzlich eingerichteten E-Mail-Konten aufgelistet. Das Haupt-Google-Konto auf dem Samsung Galaxy S26 kann auf diesem Weg nicht entfernt werden.

2. Tippen Sie auf das zu entfernende Konto und auf dem folgenden Bildschirm auf *Konto entfernen*.

3. Nach einer Sicherheitsabfrage wird das E-Mail-Konto vom Smartphone entfernt.

6.3 Tipps zur Gmail-App

Die Gmail-App bietet neben der Unterstützung für Mailkonten anderer Anbieter noch ein paar nette Kleinigkeiten, die den Umgang mit E-Mails vereinfachen.

Warten Sie auf eine E-Mail und wollen nicht abwarten, bis die App automatisch synchronisiert, wischen Sie einfach auf dem Bildschirm von oben nach unten. Damit wird eine manuelle Synchronisation mit dem Mailserver durchgeführt.

Das Symbol mit den drei Strichen oben links blendet ein Seitenmenü ein, in dem Sie alle Label und Ordner sehen. Kleine Zahlen zeigen, wie viele ungelesene E-Mails in den einzelnen Labels liegen.

Das Profilbild oben rechts zeigt, welches E-Mail-Konto gerade angezeigt wird. Tippen Sie darauf, um zwischen den Konten zu wechseln.

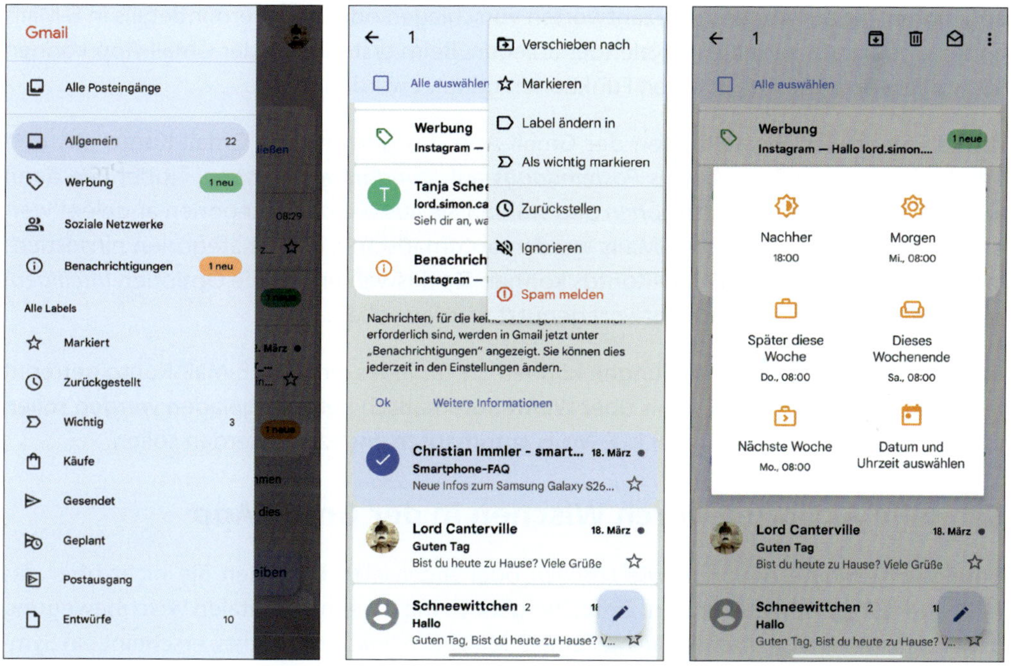

Links: Labels im Posteingang, Mitte: Auswahl mehrerer E-Mails, rechts: E-Mails zurückstellen

Mehrere E-Mails auf einmal zu löschen oder als gelesen zu markieren, ist einfacher geworden. Tippen Sie auf die runden Absendersymbole in der Liste der Mails, um diese zu markieren. Anschließend können Sie die markierten E-Mails mit den Symbolen und dem Menü oben rechts alle auf einmal löschen, als gelesen bzw. ungelesen oder als wichtig markieren.

Möchten Sie eine E-Mail jetzt nicht bearbeiten, aber später auch nicht vergessen, können Sie sie über den Menüpunkt *Zurückstellen* auf einen späteren Zeitpunkt zurückstellen. Sie verschwindet erst einmal aus dem Posteingang und wird zum eingestellten Zeitpunkt wieder als neu angezeigt. Sie finden die zurückgestellten E-Mails auch im Seitenmenü unter *Zurückgestellt*.

Haben Sie mehrere E-Mails gelöscht oder archiviert, erscheint kurze Zeit danach eine Leiste am unteren Bildschirmrand, in der sich eine versehentliche Aktion noch schnell rückgängig machen lässt.

Intelligente Funktionen im Posteingang

Bei Gmail-Konten können automatisch Kategorien für Werbung, soziale Netze und anderes angelegt werden. Zusätzlich werden in Gmail-Konten sogenannte *Intelligente Funktionen* angeboten, die automatisch Kurzantworten vorschlagen oder auch Termindetails in E-Mails finden und daraus Termine im Kalender anlegen. Beim ersten Start der Gmail-App können Sie wählen, ob diese intelligenten Funktionen genutzt werden sollen.

Wählen Sie in den Einstellungen der Gmail-App das gewünschte Gmail-Konto aus und schalten Sie in der Zeile *Art des Posteingangs* auf *Standardposteingang*. Tippen Sie dann auf die Zeile *Posteingangskategorien* und wählen Sie aus, welche Kategorien angelegt werden sollen. Neu eingehende E-Mails werden automatisch in diese Kategorien einsortiert. In den Einstellungen des Gmail-Kontos können Sie auswählen, ob die Optionen *Intelligentes Schreiben* und *Intelligente Antwort* genutzt werden sollen.

Ganz weit unten in den Einstellungen können Sie für jedes einzelne E-Mail-Konto getrennt festlegen, ob Anhänge in E-Mails über WLAN automatisch heruntergeladen werden sollen und ob extern verknüpfte Bilder in E-Mails automatisch angezeigt werden sollen.

Schnelle Aktionen durch Wischen in der Gmail-App

Häufig verwendete Aktionen wie *Löschen* oder *Archivieren* brauchen Sie nicht über das Menü der Gmail-App aufzurufen. Einfacher geht es mit einer horizontalen Wischbewegung in der Liste der Mails. Wischen Sie hier eine E-Mail nach links oder rechts, erscheint ein Symbol für die entsprechende Aktion. Wischen Sie die E-Mail noch weiter in die gleiche Richtung, wird die Aktion ausgelöst.

Welche Aktionen beim Wischen ausgeführt werden sollen, können Sie in den Einstellungen der Gmail-App unter *Allgemeine Einstellungen/Aktionen beim Wischen* festlegen.

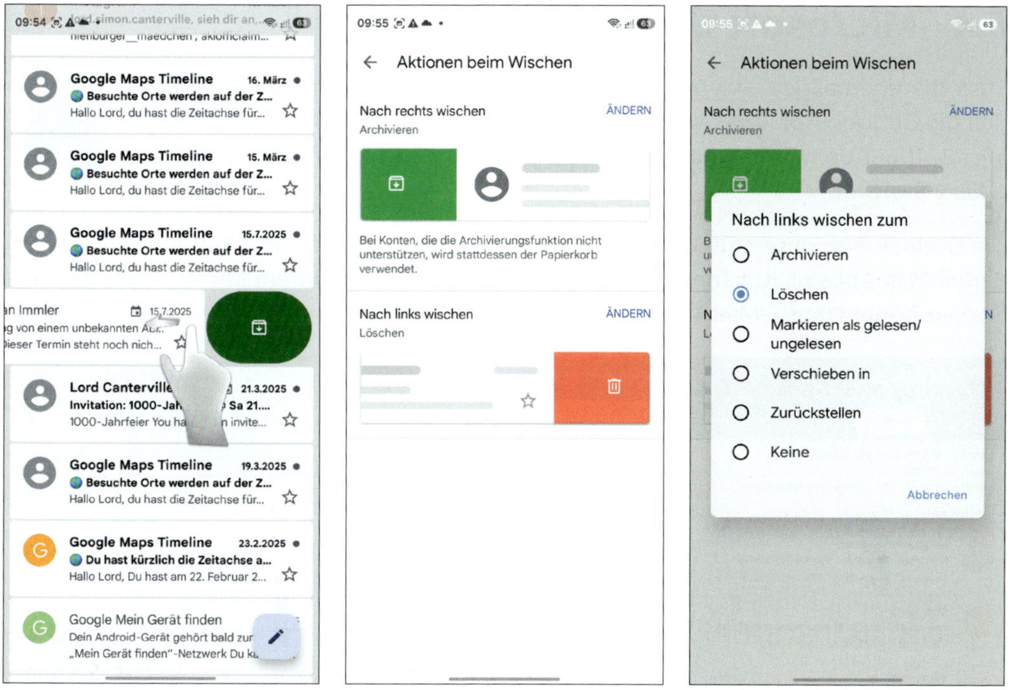

Aktionen beim Wischen in der Gmail-App

Intelligenter Spam-Filter in Gmail

Gmail hat einen eigenen Spam-Filter, der E-Mails mit typischen Spam-Merkmalen automatisch in den Ordner *Spam* verschiebt, wo sie nach 30 Tagen ebenfalls automatisch gelöscht werden. Da diese Spam-Erkennung in seltenen Fällen auch ehrlich gemeinte E-Mails als Spam klassifiziert, empfiehlt es sich, von Zeit zu Zeit in den Spam-Ordner zu sehen.

Bei jeder E-Mail wird angezeigt, warum Gmail sie als Spam einordnet. Tippen Sie auf *Kein Spam*, um eine E-Mail nicht nur aus dem Spam-Ordner zurück in den Posteingang zu verschieben, sondern auch, um den Spam-Filter zu trainieren, derartige E-Mails in Zukunft nicht mehr als Spam zu betrachten.

Haben Sie im Posteingang E-Mails, die offensichtlich Spam sind, aber nicht als solcher erkannt wurden, markieren Sie diese und wählen im Menü rechts oben *Spam melden*. Jetzt haben Sie noch die Wahl, diese E-Mails – meist Newsletter – über eine E-Mail an eine Unsubscribe-Adresse abzumelden, was aber bei echtem Spam nicht hilft. Alternativ melden Sie die E-Mails als Spam bei Google, um sie in Zukunft serverseitig auch für andere Gmail-Nutzer zu blockieren.

6.4 Microsoft Outlook

Statt der ehemaligen eigenen E-Mail-App empfiehlt Samsung seit einiger Zeit die Outlook-App von Microsoft und bietet diese vorinstalliert im Ordner *Microsoft* auf dem Samsung Galaxy S26 und auch als Download aus dem Galaxy Store an.

Die Outlook-App unterstützt den Posteingang mit Relevanz bei Microsoft-Konten, was andere E-Mail-Apps nicht kennen. In der App können Sie außer Ihrem Microsoft-Konto auch Google-Konten und E-Mail-Konten anderer bekannter Anbieter einrichten.

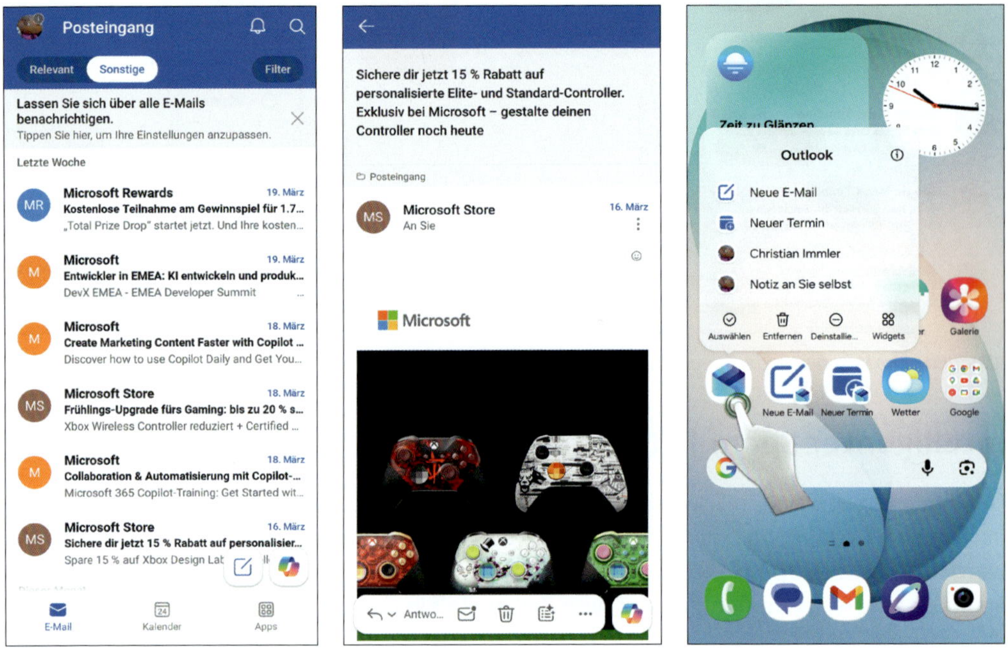

E-Mail-Posteingang mit Relevanz und App-Shortcuts der Outlook App

Der Outlook-Kalender wird nicht mit dem Google-Kalender synchronisiert. Sie können aber Google-Kalender anderer Konten in der Outlook-App mit anzeigen lassen.

App-Shortcuts und Widgets

Über App-Shortcuts (langes Antippen des App-Symbols) lassen sich schnell neue E-Mails schreiben oder Termine im Outlook-Kalender anlegen. Bei Bedarf können diese Shortcuts auf den Startbildschirm gelegt werden. Das Widget-Symbol bietet verschiedene Outlook-Widgets zur Auswahl. Eines zeigt eine Liste der neusten E-Mails in einem bestimmten Konto, wobei zwischen relevantem und gesamtem Posteingang unterschieden werden kann. Ein anderes Widget zeigt den Outlook-Kalender. Hier können Sie wählen, welche Kalender im Outlook-Konto auch im Widget dargestellt werden sollen.

6.5 Facebook

Die Kommunikation über soziale Netzwerke ist für viele Anwender inzwischen wichtiger als die klassische E-Mail oder SMS. Besonders auf Smartphones, die im Gegensatz zu PCs immer mehr in der Freizeit genutzt werden, spielen soziale Netzwerke eine große Rolle.

Eines der beliebtesten sozialen Netze ist Facebook. Bei Facebook trifft man seine Freunde, erfährt das Neuste von ihnen. Man tauscht sich aus, zeigt sich Fotos und lädt sich zu Partys ein.

Der bequemste Zugang zu Facebook ist die von Facebook selbst gelieferte App für Android, die auf dem Samsung Galaxy S26 vorinstalliert ist. Die Facebook-App benötigt eine einmalige Anmeldung mit den persönlichen Facebook-Nutzerdaten. Die App speichert die Nutzerdaten automatisch, sodass Facebook zukünftig jederzeit zur Verfügung steht.

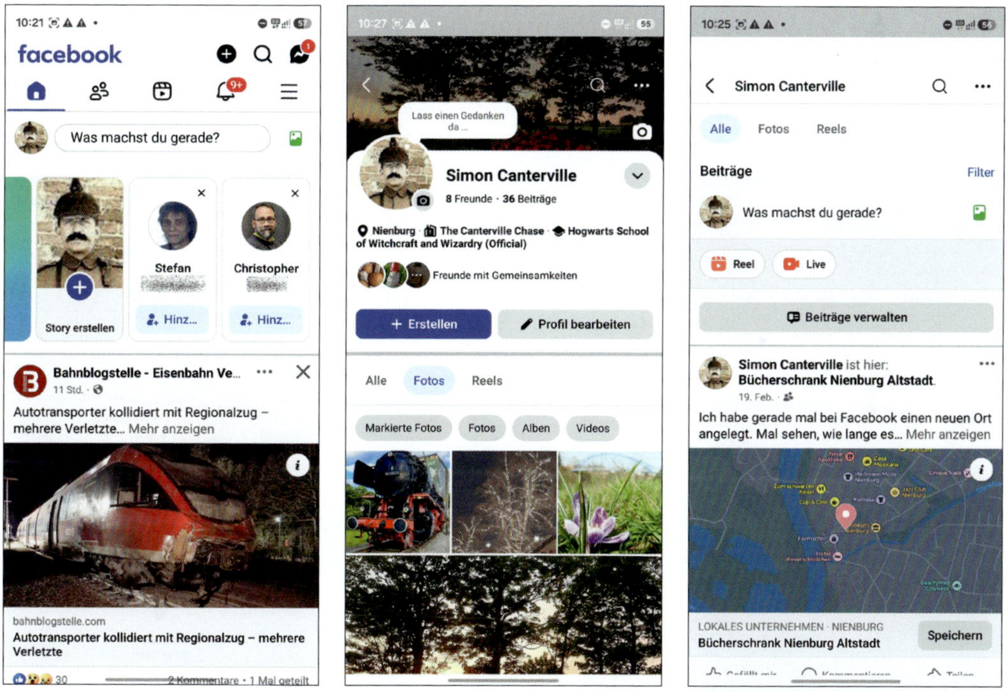

Facebook-Pinnwand, eigenes Profil und eigene Beiträge in der Facebook-App für Android

Die Facebook-App zeigt auf dem Smartphone Neuigkeiten, Freunde, Fotos, das Postfach und das eigene Profil an. Natürlich kann man auch auf Nachrichten antworten oder selbst Statusmitteilungen veröffentlichen.

Das Menü wird in der App über das Menüsymbol rechts oben eingeblendet. Alle wichtigen Funktionen innerhalb der Neuigkeiten sind wie auf der Facebook-Webseite automatisch mit einem Link hinterlegt. So brauchen Sie nur auf den Namen einer Person zu tippen und kommen sofort auf deren Pinnwand, um Nachrichten zu schreiben oder Infos und Fotos dieses Freundes zu sehen.

Über das Eingabefeld *Was machst du gerade?* können Sie jederzeit eine persönliche Statusmeldung eintippen und direkt absenden.

Fotos auf Facebook posten

Kaum eine Facebook-Meldung ist ohne Bild. Über das Bildsymbol unten können Sie direkt Fotos vom Smartphone in einen Beitrag einfügen. Alternativ können Sie auch direkt über das Symbol *Foto* neben *Was machst du gerade?* Fotos auf Facebook hochladen. Hier haben Sie die übliche Auswahl unter den auf dem Smartphone gespeicherten Bildern.

Aus den hochgeladenen Fotos wird automatisch ein Beitrag erstellt. Schreiben Sie noch einen kurzen Text dazu. Facebook bietet verschiedene Funktionen zum Bearbeiten von Fotos an. Über das Symbol *Bearbeiten* beim Hochladen eines Fotos können Sie Text, Sticker und Effektrahmen hinzufügen und auch in das Bild malen, um etwa besondere Stellen zu kennzeichnen. Das funktioniert nur, wenn Sie im ersten Schritt keine Effekte oder Filter angewendet haben.

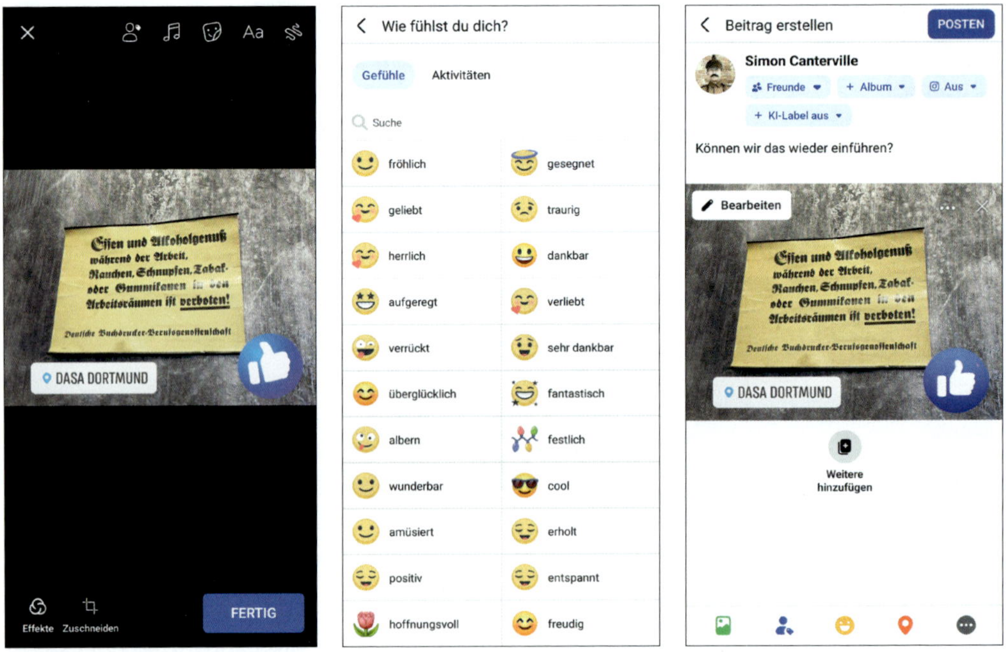

Fotos bearbeiten, Sticker, Gefühle und Personen hinzufügen und als Beitrag posten

Schreiben Sie noch einen kurzen Text dazu. Anschließend können Sie Freunde aus Ihrer Freundesliste wählen, die auch mit dabei sind. Diese werden über die Markierung sofort informiert. Der Standort wird anderen Freunden angezeigt, um sich leicht zu verabreden. Wie bei jeder Facebook-Statusmeldung können Sie noch Fotos hinzufügen.

In der Facebook-App geben Sie nicht nur an, wo Sie sind, sondern auch, was Sie dort tun. Dabei brauchen Sie keinen Text einzugeben, sondern können über die Kategorien *Gefühle* und *Aktivitäten* unter einer Vielzahl von Tätigkeiten und Stimmungen mit Bildsymbolen wählen.

Haben Sie ein Bild eingefügt, können Sie dieses noch bearbeiten. Bei den Stickern finden Sie Tags für die aktuelle Zeit, das Wetter und den Standort. Im Standort-Tag können Sie einen Ort oder eine Sehenswürdigkeit wählen, um in das Foto zu schreiben, wo Sie gerade sind.

Bei jeder Facebook-Statusmeldung können Sie angeben, ob sie öffentlich oder nur für Freunde sichtbar sein soll. Außerdem lassen sich Facebook-Beiträge auf Wunsch auch automatisch auf Instagram posten.

Einchecken mit Facebook

Mit dem Standortsymbol in der Statusmeldung können Sie an einem bestimmten Ort »einchecken« und damit Ihren Freunden bekanntgeben, wo Sie sich gerade befinden. Facebook sucht hier nach bekannten Orten in der unmittelbaren Umgebung – Gastronomie, Läden, Bahnhöfe, Schulen, öffentliche Einrichtungen – und bietet eine entsprechende Liste zur Auswahl an. Dabei wird die Standortbestimmung des Smartphones über GPS, WLAN oder Mobilfunkzellen genutzt. Um diese Funktion anwenden zu können, müssen Sie beim ersten Mal in der Facebook-App über die eingeblendete Meldung die Standortdienste aktivieren.

Wichtige Einstellungen in der Facebook-App

Innerhalb der Facebook-App sollten Sie noch ein paar wichtige Einstellungen vornehmen. Diese finden Sie über das Menüsymbol rechts oben. Wischen Sie dann nach unten zu *Einstellungen und Privatsphäre*.

Schalten Sie hier zuerst in den *Einstellungen* unter *Präferenzen/Medien* die Funktion *Autoplay* auf *Nur über WLAN*, da sie zu einem enormen Datenverbrauch im Mobilfunknetz führen kann. Standardmäßig spielt Facebook seit einiger Zeit Videos – vor allem auch Werbevideos – in der App automatisch ab. Sie können das automatische Abspielen von Videos allerdings unterbinden, um nicht ständig von dem damit verbundenen Lärm belästigt zu werden. Ist die Einstellung *Videos nie automatisch abspielen* gewählt, erscheint bei Videos zunächst nur ein Platzhalter. Erst beim Antippen wird das Video tatsächlich heruntergeladen und abgespielt. Mit dem Schalter *Reels starten mit Ton* können Sie zumindest den Lärm unterbinden, wenn Sie Videos schon automatisch abspielen möchten. Schalten Sie dann auch die Option *Soundeffekte und Hinweise in der App* aus.

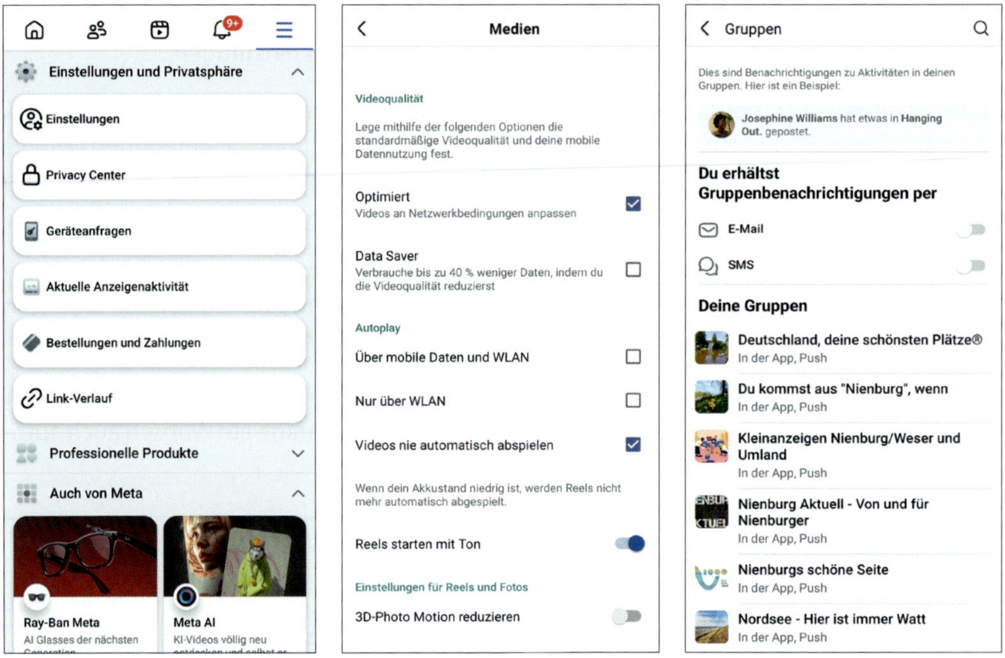

App-Einstellungen und Benachrichtigungseinstellungen in der Facebook-App

Schalten Sie auch die *Videoqualität* auf *Optimiert*, da hochauflösende Videos zu sehr hohem Datenverbrauch führen, nicht nur bei Ihnen selbst, sondern auch bei allen, die Ihre Beiträge ansehen. Mit dem *Data Saver* von Facebook sparen Sie noch mehr Datenvolumen im Mobilfunknetz, indem Fotos und Videos in geringerer Qualität gezeigt werden. In der Standardeinstellung öffnet Facebook externe Links im eingebauten Browser der App. Dies hat den Nachteil, dass sie nicht in der Verlaufsliste auf andere Geräte synchronisiert werden und man auch keine Lesezeichen anlegen kann. Zudem unterstützt der eingebaute Browser keine Erweiterungen und auch keine Werbeblocker. Aktivieren Sie unter *Medien* den Schalter *Links in externem Browser öffnen*, um Links aus Facebook im Chrome-Browser oder einem anderen installierten Browser auf dem Smartphone zu öffnen.

Weiterhin sollten Sie in den *Einstellungen* unter *Präferenzen/Benachrichtigungen* alle weniger wichtigen Benachrichtigungen ausschalten, da das Smartphone sonst bei jeder Kleinigkeit auf Facebook klingelt und blinkt und Sie wichtige von unwichtigen Meldungen nicht mehr unterscheiden können. Leider lassen sich nicht alle Arten von Benachrichtigungen in der Facebook-App unterdrücken.

Facebook-Spionage unterbinden

Facebook erfasst nicht nur Daten über Besuche von Angeboten innerhalb von Facebook und anderen Meta-Apps wie WhatsApp oder Instagram, sondern auch Besuche anderer Webseiten und die Nutzung von Apps. Wer nicht möchte, dass Facebook das eigene Surfverhalten außerhalb von Facebook erfasst und auswertet, kann dies unterbinden und auch die bereits gespeicherten Daten löschen lassen.

1. Tippen Sie in der Facebook-App oben rechts auf das Menü und dann auf *Einstellungen und Privatsphäre/Deine Aktivitäten und Berechtigungen/Aktivitätenprotokoll*.
2. Die nächste Seite zeigt, welche Informationen Facebook über andere Apps und Webseiten erfasst hat.
3. Tippen Sie auf *Bestimmte Aktivitäten trennen*, um die gespeicherten Daten zu löschen. Seiten, auf denen Sie über Facebook als Benutzer angemeldet sind, werden eine erneute Anmeldung anfordern. Alternativ können Sie auch einzelne Apps deaktivieren, deren Facebook-Informationen dann entfernt werden. Dabei darf Facebook auch in Zukunft in dieser App keine weiteren Daten von Aktivitäten außerhalb von Facebook erfassen.
4. Schalten Sie dann noch über den Menüpunkt *Künftige Aktivitäten verwalten* im Menü rechts oben den Schalter *Künftige Aktivitäten außerhalb von Facebook* aus und tippen Sie auf der nächsten Seite auf *Deaktivieren*.

Achtung: Keine Anmeldung über Facebook auf anderen Seiten möglich

Wenn Sie *Künftige Aktivitäten außerhalb von Facebook* deaktiviert haben, können Sie sich auf anderen Webseiten nicht mehr über Facebook anmelden. Alle Seiten, zum Beispiel Onlineshops, die diese Möglichkeit nutzen, bieten aber zusätzlich auch die klassische Anmeldung über eine E-Mail-Adresse und ein Passwort an.

6.6 SMS

SMS verlieren zwar – bedingt durch mobile Messenger und E-Mails – zunehmend an Bedeutung, was nicht zuletzt an den vergleichsweise hohen Kosten liegt. Sie sind aber immer noch eine beliebte Kommunikationsform, vor allem zwischen Benutzern einfacher Handys, die keinen Internetzugang haben. Außerdem werden SMS teilweise heute noch von Mobilfunk-Providern verwendet, um Konfigurationsdaten auf Smartphones zu übertragen. Viele Onlinedienste nutzen SMS, um Sicherheitscodes zu verschicken, da sich eine SMS im Gegensatz zu einer E-Mail wirklich nur von der Person lesen lässt, die über das Smartphone verfügt.

Beim Tarifwechsel beachten

SMS-Dienste wie zum Beispiel Fahrkarten oder Parkgebühren bezahlen machen die SMS auch auf Smartphones noch interessant. Beachten Sie allerdings beim Wechsel zu einem günstigen Smartphone-Tarif, dass einige der preiswerten Anbieter wie 1&1 keine Premium-SMS-Dienste unterstützen. Mit diesen SIM-Karten können also keine Parkgebühren oder Fahrscheine per SMS bezahlt werden. Einfache SMS an andere Handys funktionieren aber.

Natürlich können Sie auch mit dem Samsung Galaxy S26 SMS senden und empfangen. Kommt eine SMS an, ertönt ein Benachrichtigungston, die LED blinkt und in der Benachrichtigungsleiste erscheint neben den Anzeigen neuer E-Mails und Facebook-Nachrichten ein weiteres Symbol. Ziehen Sie die Benachrichtigungsleiste herunter, um die SMS zu lesen oder zu beantworten.

Samsung verwendet auf dem Samsung Galaxy S26 für SMS die App *Google Messages* anstatt der früheren eigenen SMS-App. Eine SMS zu schreiben, ist ganz einfach. Starten Sie die App, tippen Sie auf das Symbol für eine neue SMS unten rechts und tragen Sie oben die Nummer des Empfängers ein oder wählen Sie einen Kontakt aus der Liste.

Schreiben Sie dann unten den Text. Ist dieser länger als 160 Zeichen, wird die SMS automatisch als mehrere SMS verschickt, wobei auch die Verkettung einige Zeichen kostet. In eine doppelte SMS passen also nicht ganz 320 Zeichen.

Tippen Sie auf den Pfeil unten rechts, um die SMS zu versenden. Halten Sie länger darauf, können Sie die SIM-Karte für den Versand wählen oder die SMS zeitversetzt senden.

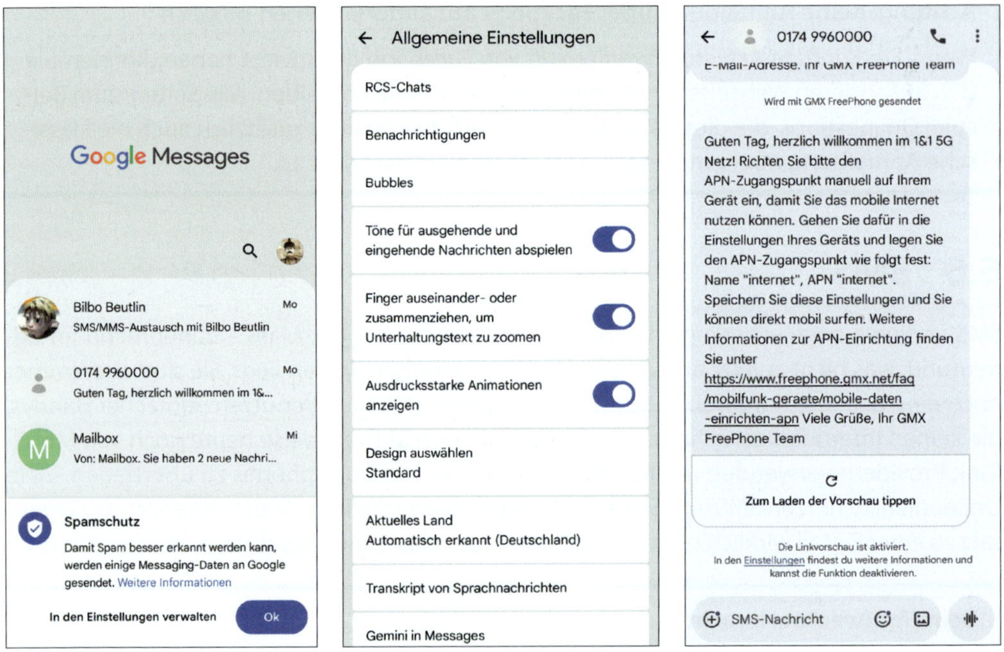

Links: Startbildschirm der Messages-App, Mitte: Einstellungen der Messages-App, rechts: Tarifinformationen per SMS

Alternativ können Sie den SMS-Empfänger in der *Kontakte*-App auswählen und dann in der Symbolleiste unter dem Foto auf das *SMS*-Symbol tippen. Sind bei einer Person mehrere Nummern gespeichert, tippen Sie rechts neben der gewünschten Telefonnummer auf das Nachrichtensymbol. Das startet die App *Google Messages*, die Nummer des Empfängers wird direkt übernommen.

> **MMS**
>
> Die MMS, ursprünglich als sehr teurer Nachfolger der SMS geplant, kam selbst in besten Zeiten kaum über 0,5 Millionen pro Tag, wurde inzwischen vollständig durch mobile E-Mail und Messenger ersetzt und ist mittlerweile aus den Statistiken verschwunden. Nur noch aus historischen Kompatibilitätsgründen unterstützt die *Messages*-App weiterhin auch MMS. Im Januar 2023 stellte Vodafone den MMS-Dienst komplett ein. Telekom und o2 wollten den Dienst bis zum Jahresende 2024 weiterlaufen lassen. Nun sind wir im Jahr 2026 und MMS läuft bei Telekom und o2 immer noch.

SMS-Spam

SMS wird immer häufiger auch von Spammern genutzt, um massenweise Werbung zu versenden. In den Einstellungen der *Messages*-App können Sie einen Spam-Schutz aktivieren, der Spam-SMS weitestgehend herausfiltert. Erhalten Sie eine SMS von einem Absender, der nicht in den Kontakten gespeichert ist, erscheint automatisch die Frage, ob Sie diese Nummer als Kontakt hinzufügen oder als Spam melden möchten. Beim Melden als Spam können Sie die Nummer auch gleich blockieren, damit Sie keine weiteren ähnlichen Nachrichten mehr erhalten.

Kostenfalle SMS-Services

Auf dem Samsung Galaxy S26 erscheint für jede SIM-Karte ein Symbol *SMS-Services*, manchmal auch als *Special* bezeichnet. Hier stehen verschiedene Dienste zur Auswahl, die per SMS die Wettervorhersage, Nachrichten, Sportergebnisse oder andere Informationen liefern. Diese SMS-Services sind auf der jeweiligen SIM-Karte vorkonfiguriert und werden von den Netzbetreibern zu teilweise sehr hohen Kosten angeboten. Die Preise werden bei den SMS-Services nicht angezeigt, sondern sind nur auf den Webseiten der Betreiber einzusehen.

6.7 RCS integriert Messenger-Funktionen in den SMS-Standard

RCS (**R**ich **C**ommunication **S**ervices) ist die neuste Erweiterung des GSM-Standards und wird daher auf jedem aktuellen Gerät ohne zusätzliche Apps unterstützt. Da RCS ein Systemstandard ist, wird keine zentrale Infrastruktur eines bestimmten Anbieters benötigt und auch keine besondere Benutzeranmeldung. Wie bei SMS erfolgt die Authentifizierung ausschließlich über die Handynummer. RCS nutzt die Internetverbindung des Smartphones, die sowohl über Mobilfunk als auch über WLAN laufen kann, was bei SMS nicht möglich ist. Im Vergleich zu SMS/MMS bietet RCS komfortable Funktionen wie Lesebestätigungen, Multimedia-Support, Gruppen-Chats. Wenn RCS nicht verfügbar ist, wird auf SMS/MMS zurückgeschaltet. RCS unterstützt umfangreiche Multimedia-Nachrichten, wobei die Bildqualität komprimiert werden kann.

Android unterstützt RCS theoretisch schon seit Version 5, es war aber in den klassischen vorinstallierten SMS-Apps nie wirklich brauchbar integriert.

Um RCS-Chats zu verwenden, nutzen Sie die für SMS bekannte App *Google Messages*. Achten Sie darauf, dass in den *Einstellungen* die Option *RCS-Chats aktivieren* eingeschaltet ist. Mit den Schaltern *Lesebestätigungen senden* und *Anzeigen, dass ich gerade schreibe* können Sie die aus *Messages* bekannten Funktionen ein- oder ausschalten.

Wenn der Schalter *Automatisch noch einmal als SMS/MMS senden* aktiviert ist, wird eine Nachricht über diese klassischen Wege versendet, sollte das Samsung Galaxy S26 keine Internetverbindung haben. Enthält die RCS-Nachricht Bilder oder andere Medien, wird hier der sehr teure alte MMS-Dienst genutzt, falls dieser vom Mobilfunk-Provider noch angeboten wird. Lassen Sie also diesen Schalter besser deaktiviert.

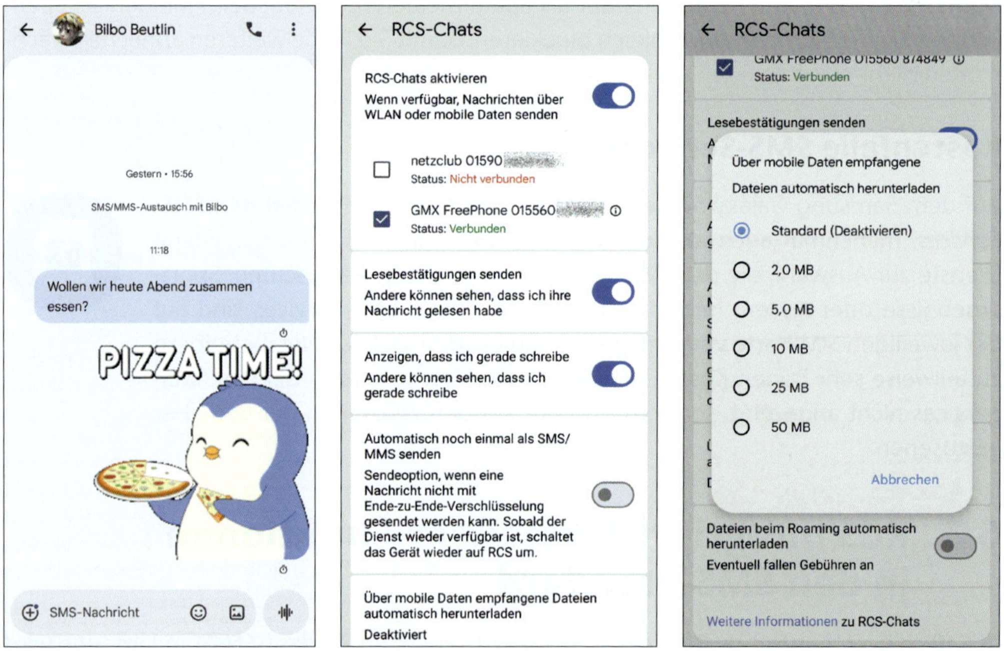

Links: RCS-Chat mit Emojis und Stickern, Mitte, rechts: Einstellungen für RCS-Chats

In der Zeile *Über mobile Daten empfangene Dateien automatisch herunterladen* wählen Sie aus, bis zu welcher Größe Dateien im Mobilfunknetz automatisch heruntergeladen werden.

Größere Dateien werden erst beim Antippen der Vorschau heruntergeladen. Hier empfiehlt es sich, kleine Werte zu wählen oder diese Funktion ganz zu deaktivieren, um die Mobilfunk-Flatrate nicht allzu sehr zu belasten. Wenn Sie sich öfter im EU-Ausland aufhalten, können Sie auch *Dateien beim Roaming automatisch herunterladen* einschalten. In Ländern, in denen das EU-Roaming nicht gilt, kann diese Option dagegen teures Datenvolumen kosten.

Wählen Sie wie von SMS gewohnt, einen Kontakt aus oder tippen Sie eine Handynummer ein, um einen RCS-Chat zu starten. Jetzt können Sie Texte tippen und dabei über die Tastatur auch Emojis und Sticker verwenden.

Bilder über RCS-Chat versenden

Bilder per Messenger zu versenden, ist mindestens genauso beliebt, wie Textnachrichten zu schreiben. Das können Urlaubsfotos, Selfies oder witzige Bilder und Sprüche aus dem Internet sein, die auf diese Weise schnell mit Freunden geteilt werden.

1. Tippen Sie in der Texteingabezeile rechts auf das Bild- und Kamerasymbol.

2. Jetzt können Sie direkt mit der Kamera ein Bild aufnehmen oder aus den zuletzt verwendeten Bildern und Screenshots eines oder mehrere auswählen. Tippen Sie anschließend auf *Fertig*.

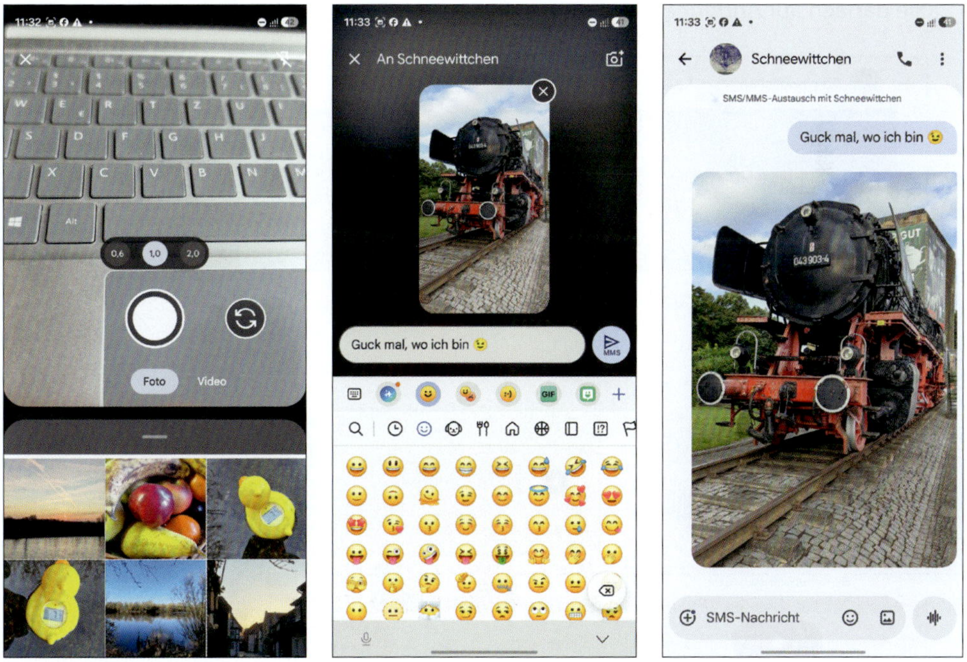

Bild auswählen oder aufnehmen, Bildunterschrift schreiben und absenden

3. Mit dem Symbol *Ordner* unterhalb der Bildauswahl legen Sie einen bestimmten Ordner auf dem Smartphone fest, um Fotos auszuwählen.

4. Schreiben Sie jetzt noch eine Bildunterschrift dazu. Dabei können auch Emojis verwendet werden.

5. Tippen Sie auf den Pfeil rechts unten, um die Nachricht mit dem Bild abzusenden.

Sprachnachrichten über RCS-Chat versenden

Haben Sie gerade keine Hand zum Tippen frei? Der RCS-Chat bietet wie die meisten Messenger die Möglichkeit, Sprachnachrichten zu versenden, die der Chatpartner anhören kann. Das macht die Nutzung auch für Personen möglich, die Schwierigkeiten mit der Bedienung der Touch-Tastatur haben.

1. Tippen Sie rechts neben der Texteingabezeile auf das Symbol für Sprachnachrichten.

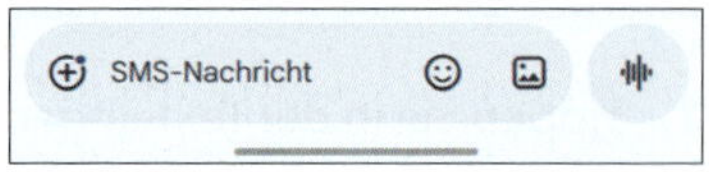

2. Tippen Sie dann ganz unten auf das Mikrofon-Symbol und sprechen Sie in das Mikrofon Ihres Samsung-Gerätes. Um die Aufzeichnung zu beenden, tippen Sie auf das rote Stopp-Symbol.

3. Jetzt können Sie noch einen Hintergrund für die Sprachnachricht auswählen. Tippen Sie danach auf *Anhängen*.

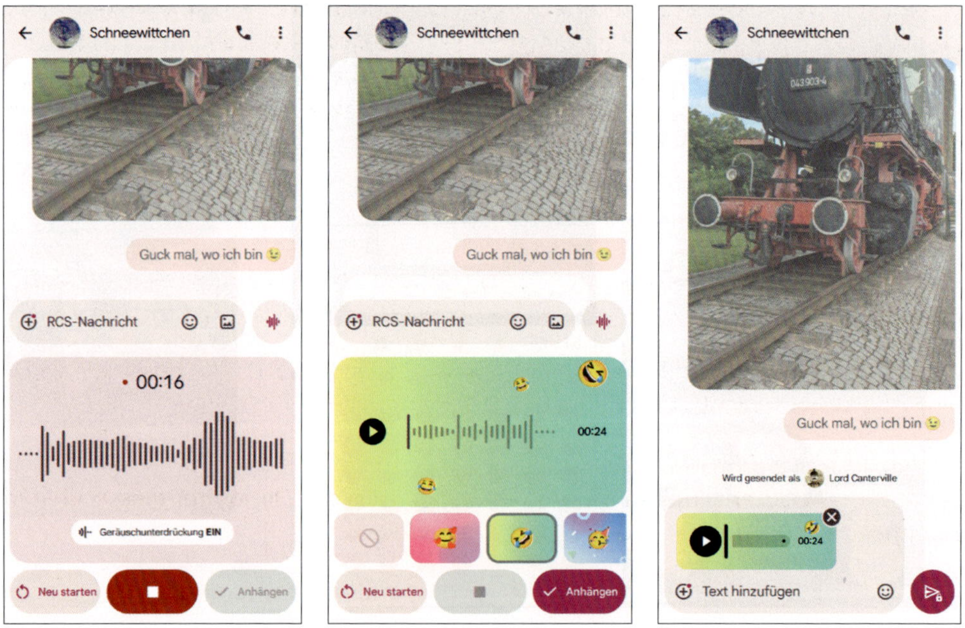

Sprachnachricht aufzeichnen und abschicken

4. Schreiben Sie eine kurze Notiz über den Inhalt der Sprachnachricht, was aber nicht unbedingt nötig ist.
5. Abschließend tippen Sie auf den Pfeil rechts unten, um die Sprachnachricht zu senden.

Der Versand einer Sprachnachricht dauert – bedingt durch das Datenvolumen von etwa 1 MB pro Minute – etwas länger als bei einer Textnachricht. Der Empfänger findet die Sprachnachricht in seinem Chat und kann sie durch einfaches Antippen anhören. Das Symbol zeigt auch die Dauer der Sprachnachricht an.

Standort und andere Daten über RCS-Chat senden

Neben Fotos und Sprachnachrichten kann die App *Messages* über den RCS-Chat auch verschiedene andere Datentypen wie GIFs, Sticker, Kontakte oder den eigenen Standort verschicken.

Schreiben Sie eine Nachricht und tippen Sie im Texteingabefenster links auf das Pluszeichen. Jetzt können Sie den gewünschten Dateityp auswählen und an die Nachricht anhängen.

Um sich leicht zu verabreden, können Sie den aktuellen Standort verschicken. Damit das zuverlässig funktioniert, muss natürlich GPS auf dem Samsung Galaxy S26 eingeschaltet sein, und die App *Messages* muss Zugriff auf die Standortdienste haben.

Tippen Sie auf das Symbol *Standort*, erscheint eine Karte mit Ihrer aktuellen Position. Tippen Sie hier auf *Standort senden*, um den angezeigten Standort zu verschicken. Sollte dieser etwa durch eine Gebäudeverschattung nicht genau stimmen, wählen Sie in der Liste darunter ein bekanntes Gebäude in der Nähe aus. Der Empfänger bekommt einen Kartenausschnitt mit Google-Maps-Link, in dem Ihr Standort eingetragen ist.

Chatdesign in Messages anpassen

In der App *Messages* können Sie den Chats mit besonderen Freunden ein eigenes Design geben. Das trägt auch dazu bei, diese Chats nicht mit anderen zu verwechseln.

Tippen Sie auf dem Chatbildschirm ganz oben auf den Namen des Chatpartners, erscheint eine Übersichtsseite mit Handynummern, Bildern und anderen Daten.

Tippen Sie hier auf *Farben ändern* und wählen Sie ein Farbdesign aus. Die Vorschau oben zeigt, wie es aussieht. Tippen Sie auf *Bestätigen*, wird das Design für diesen Chat übernommen.

SMS und RCS vom PC mit Messages Web

Solange man zu Hause ist, ist es mühsam, SMS auf dem Smartphone zu tippen, einfacher geht es auf dem PC.

1. Tippen Sie in der *Messages*-App auf das Profilbild und dann auf *Gerätekopplung*. Bestätigen Sie Ihr Google-Konto.
2. Besuchen Sie mit dem Browser auf dem PC die Seite *messages.google.com/web* und melden Sie sich dort mit dem gleichen Google-Konto an.
3. Zur Bestätigung der Gerätekopplung wird auf dem PC ein Emoji angezeigt. Wählen Sie das passende in der *Messages*-App aus.
4. Jetzt haben Sie vom PC aus Zugriff auf Ihre SMS, können sie dort lesen und beantworten.

Alternativ können Sie das Smartphone auch ohne Google-Konto mit einem QR-Code, der auf dem PC angezeigt wird, zur SMS-Nutzung koppeln.

Messages Web ermöglicht das Schreiben von SMS auf dem PC

SMS auch über Link zu Windows

Die aktuelle Version der Microsoft-Lösung *Link zu Windows* bzw. *Smartphone-Link* zur Verbindung von Smartphones mit PCs ermöglicht das Bearbeiten von SMS und RCS-Chats auf dem PC. Weitere Informationen dazu finden Sie im Download-PDF.

6.8 Messenger

Schon lange vor dem modernen SMS-Nachfolger RCS gab es verschiedene Messenger zum Chatten und Austauschen von Fotos und anderen Medien. Viele sind auch heute noch deutlich weiter verbreitet als RCS und gehören daher zu den wichtigsten Apps auf einem Smartphone. Inwieweit der plattformübergreifende Standard RCS in Zukunft proprietäre Messenger an Bedeutung verlieren lässt, ist noch nicht abzusehen.

WhatsApp

Die Nummer eins der kostenlosen Apps im Google Play Store ist immer wieder der Messenger *WhatsApp*. Er überzeugt durch sein Konzept sowie die einfache Installation und Nutzung. WhatsApp ist das Vorbild für diverse ähnliche Messenger-Systeme.

WhatsApp ist ein Messenger, der speziell für Smartphones entwickelt und nicht vom PC aufs Smartphone portiert wurde. Bei der Installation kann die App automatisch das Adressbuch auf dem Smartphone durchsuchen und alle Kontakte finden, die bereits WhatsApp nutzen. Damit wird die Verwendung so einfach wie SMS, nur kostenlos und nicht auf 160 Zeichen begrenzt. WhatsApp integriert sich automatisch in das Adressbuch auf dem Smartphone, sodass Sie auch von dort eine Nachricht per WhatsApp an eine in den Kontakten gespeicherte Person schicken können.

Über das Büroklammer-Symbol unten rechts lassen sich auch Bilder, Dokumente, Videos und Internetlinks verschicken. Alternativ können Sie auch aus allen unterstützten Apps über das *Teilen*-Symbol Daten per WhatsApp versenden.

Standort versenden

Um sich leicht zu verabreden, kann WhatsApp die aktuelle Position verschicken. Der Empfänger bekommt einen Google-Maps-Link, in dem die Position des Absenders eingetragen ist. Damit dies wirklich zuverlässig funktioniert, muss natürlich GPS eingeschaltet sein und die Standortdienste müssen aktiviert sein.

Die Fotos lassen sich vor dem Versand mit Filtern bearbeiten. Über die Symbolleiste oben beim Verschicken eines Fotos bauen Sie Texte oder Grafiken in die Fotos ein, um zum Beispiel auf bestimmte Details hinzuweisen.

Mit dem Mikrofon-Symbol zeichnen Sie Sprachnachrichten auf. Das Smiley links im Eingabefeld schaltet auf die Emoji-Tastatur um.

WhatsApp bietet die Möglichkeit, über die Internetverbindung zu telefonieren, auch mit Video. Damit sind etwa kostenlose Gespräche ins Ausland möglich, wenn beide Gesprächspartner eine Datenflatrate in ihrem Land haben oder ein WLAN nutzen. WhatsApp-Gespräche verbrauchen nur Datenvolumen, aber keine Gesprächsminuten des Mobilfunkvertrags und schon gar keine überhöhten Tarife für Auslandsgespräche. Im Gegensatz zu WhatsApp-Textnachrichten, die immer und überall funktionieren, stellt die Videotelefonie sehr hohe Anforderungen an die Qualität der Internetverbindung. Telefonate sind nur zwischen WhatsApp-Nutzern möglich, nicht ins öffentliche Telefonnetz.

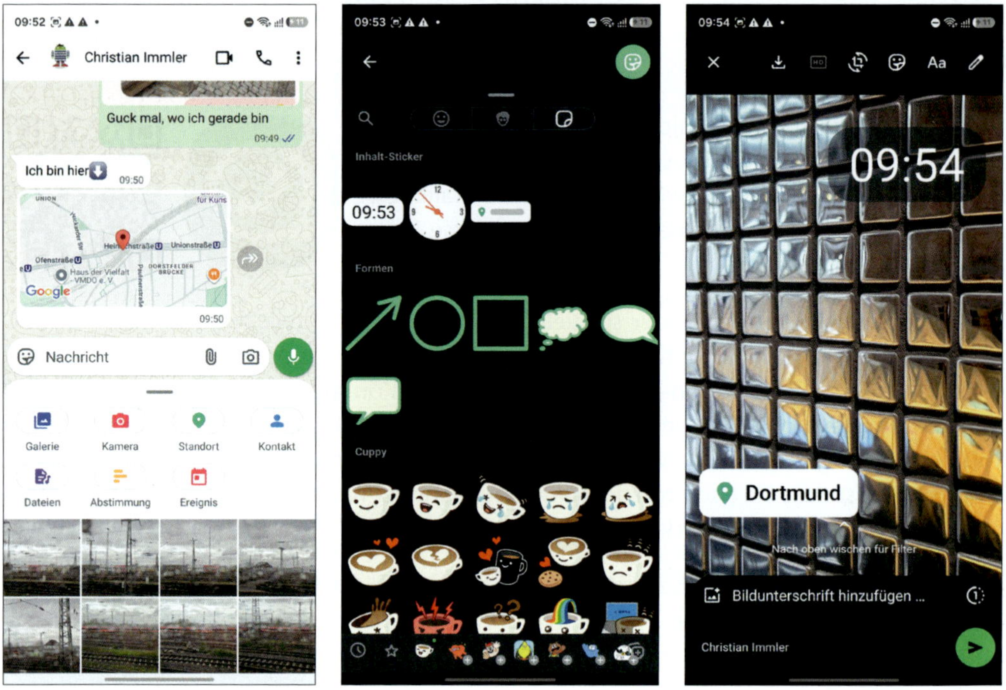

Bilder bearbeiten und versenden

WhatsApp benötigt zur Nutzung kein Google-Konto. Dieses ist nur erforderlich, um in wählbaren Zeitabständen automatisch alle Daten auf Google Drive zu sichern. Um dort Speicherplatz zu sparen, können Sie die Videos von der Sicherung ausnehmen.

Zwei WhatsApp-Konten auf dem Samsung Galaxy S26 nutzen

Auf dem Samsung Galaxy S26 können Sie zwei WhatsApp-Konten parallel nutzen. Haben Sie zum Beispiel für die beiden SIM-Karten zwei WhatsApp-Konten, können Sie diese auf demselben Smartphone verwenden. Seit WhatsApp diese Funktion in den *Einstellungen* unter *Konto/Konto hinzufügen* von sich aus anbietet, ist der *Samsung Dual Messenger* nicht mehr nötig. Er wird aber in den *Einstellungen* unter *Erweiterte Funktionen* noch angeboten für Messenger, die nur ein Konto auf dem Smartphone zulassen.

Facebook Messenger

Facebook ist mit seinen Nutzerzahlen eines der meistgenutzten sozialen Netzwerke. Da wundert es nicht, dass auch die Chatfunktion in Facebook sehr beliebt ist.

Facebook bietet eine eigene Messenger-App an. Diese kann auch im Hintergrund laufen und den Benutzer bei eingehenden Chatnachrichten per LED oder Signalton benachrichtigen. Die klassische Facebook-App für Android bietet seit einiger Zeit keine Chatfunktion mehr an. Beim Versuch, einen Chat zu starten, wird direkt auf den *Facebook Messenger* verwiesen.

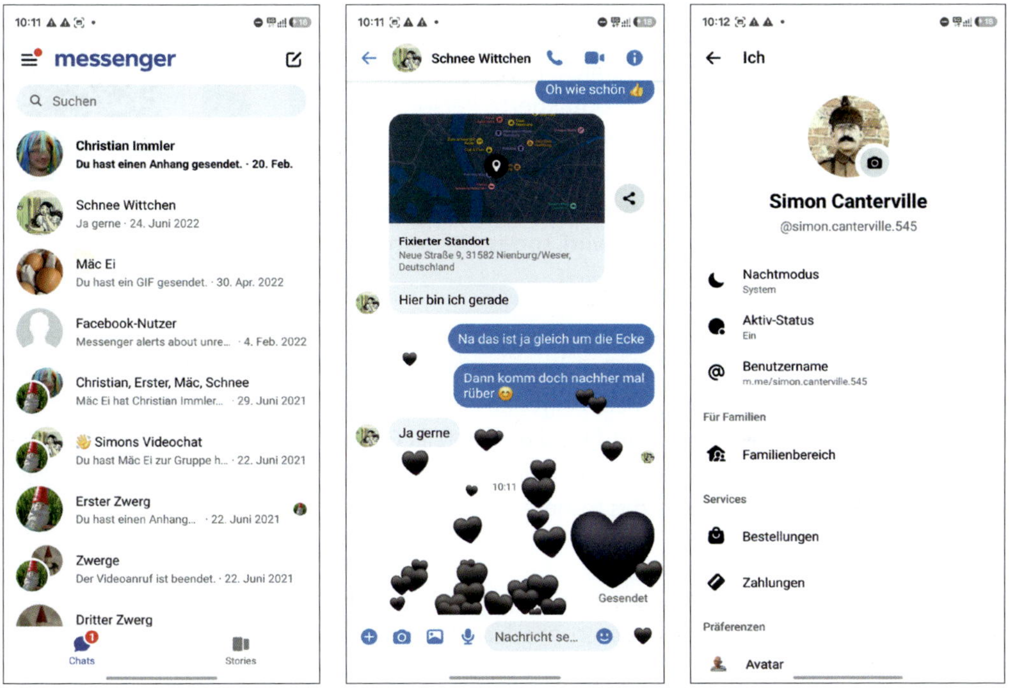

Der Facebook Messenger für Android, rechts: Einstellungen im Facebook Messenger

Der Facebook Messenger ermöglicht auch Gruppenunterhaltungen sowie den Versand von Fotos oder Ortsangaben an Facebook-Freunde. Der Messenger sollte ursprünglich die schnelle Facebook-Kommunikation ermöglichen, ohne erst die »große« App zu starten. Allerdings stellt auch der Messenger hohe Ansprüche an die Qualität der Internetverbindung. WhatsApp funktioniert dagegen auch noch bei schwacher Netzabdeckung. Der Facebook Messenger kann sich über laufende Apps legen, wenn eine neue Chatnachricht eintrifft. Ähnlich wie WhatsApp bietet auch der Facebook Messenger Videotelefonie an. Er verwendet zur Identifizierung das Facebook-Konto und keine Handynummer.

Um die *Einstellungen* aufzurufen, tippen Sie im Messenger auf das Menü oben links und dann auf das *Einstellungen*-Symbol. Unter *Benachrichtigen und Töne* können Sie in den *Einstellungen* festlegen, wann der Facebook Messenger benachrichtigen soll.

Facebook Messenger auf dem PC

Statt der Facebook-Seite mit dem winzigen Chatfenster kann man auf dem PC im Browser auch über *www.messenger.com* chatten. Diese Seite hat ein deutlich übersichtlicheres Design und verhält sich auch sehr flüssig.

Google Meet

Google Meet ist eine Messenger-App von Google, die Videoanrufe mit einem Fingertipp möglich macht. Die übersichtliche Oberfläche zeigt häufig kontaktierte Personen, die durch einfaches Antippen angerufen werden können. Bei der ersten Anmeldung müssen Sie nur Ihre Telefonnummer bestätigen. Sie erhalten dann per SMS einen Code, der automatisch eingetragen wird, sodass Sie sofort loslegen können.

Mit dem Symbol *Neu* können Sie sofort einen Videoanruf starten oder eine Videokonferenz eröffnen. Die zuletzt kontaktierten Personen werden direkt auf dem Startbildschirm angezeigt. Die Kontaktliste in *Google Meet* zeigt alle Personen aus dem eigenen Adressbuch an. Sie können aber nur Personen anrufen, die ebenfalls *Google Meet* auf ihrem Smartphone haben. Bei allen anderen öffnet sich die SMS-App, um die Person per SMS zu *Google Meet* einzuladen. *Google Meet* ersetzt das frühere Google Duo.

KAPITEL 7

Fotografieren mit dem Samsung Galaxy S26

Ein Smartphone eignet sich bestens als digitaler Bilderrahmen. Dank heutiger Speichergrößen von mehreren Gigabyte kann man Tausende von Fotos bequem mit sich herumtragen.

7.1 Die Galerie auf dem Samsung Galaxy S26

Die vorinstallierte *Galerie*-App zeigt alle Bilder, die sich im Gerätespeicher befinden. Diese können vom PC übertragen, aus dem Internet heruntergeladen oder mit der Kamera fotografiert worden sein.

Die Galerie auf dem Samsung Galaxy S26, Mitte: Alben, rechts: Ansicht eines Fotos

Auf der Seite *Bilder* sind alle Fotos chronologisch geordnet, auf der Seite *Alben* nach Ordnern im Speicher. Auf der Seite *Alben* können Sie mit *Wichtige Alben auswählen* festlegen, welche Alben auf dieser Seite zu sehen sein sollen. Tippen Sie auf *Alle anzeigen*, sehen Sie alle auf dem Samsung Galaxy S26 gespeicherten Alben sowie auch alle Alben, die über den Samsung Account synchronisiert werden.

Mit einer Zweifingerspreizgeste lässt sich die Größe der Vorschaubilder und damit die Anzahl gleichzeitig dargestellter Vorschaubilder verändern. Tippen Sie länger auf ein Bild, wird der Auswahlmodus aktiviert. Jetzt können Sie durch Antippen oder Drüberstreichen mit dem Finger mehrere Bilder markieren und diese dann über das Menü rechts unten in ein Album kopieren oder verschieben, Tags setzen oder den Standort korrigieren. Beim Kopieren oder Verschieben in ein Album können Sie auch neue Alben anlegen.

Tippen Sie auf eines der Vorschaubilder, wird das Foto groß dargestellt. Tippen Sie oben links auf den Pfeil, um von der Einzelbildansicht wieder zurück zur Galerie zu kommen. Drehen Sie das Samsung Galaxy S26 in der Hand, erscheinen Querformatfotos in voller Größe. Dazu muss im QuickPanel die Bildschirmdrehung aktiv sein.

Mit zwei Fingern lässt sich weiterzoomen. Einfaches Wischen mit dem Finger horizontal über den Bildschirm blättert zu den nächsten oder vorherigen Bildern weiter bzw. zurück. Tippen Sie mitten ins Bild, um die Bedienelemente ein- oder auszublenden. Ohne die Symbolleisten wirken Fotos auf dem fast randlosen Bildschirm des Samsung Galaxy S26 viel besser.

Fotos mit KI in der Galerie finden

Die *Galerie* auf dem Samsung Galaxy S26 enthält eine komfortable Suchfunktion, die von der Galaxy AI unterstützt wird. Tippen Sie auf das Lupensymbol und geben Sie einen Suchbegriff ein. Galaxy AI versucht, passende Bilder zu finden.

Dabei können Sie auch nur innerhalb bestimmter Alben suchen oder Aufnahmteypen einschränken, beispielsweise nur Querformat und keine Videos.

Suchen Sie nach Standorten, werden passende Bilder auf einer Landkarte angezeigt. Innerhalb der Suchergebnisse können Sie über das Symbol *Standorte* links unten Bilder von einem bestimmten Ort anzeigen lassen.

Um Standortinformationen in den Fotos zu speichern, muss in den Einstellungen der *Kamera*-App die Option *Geotagging* eingeschaltet sein. Tippen Sie in der Kartenansicht oben rechts auf das Menü und wählen Sie *Alle Standorte anzeigen*, dann sehen Sie alle Fotos auf der Karte.

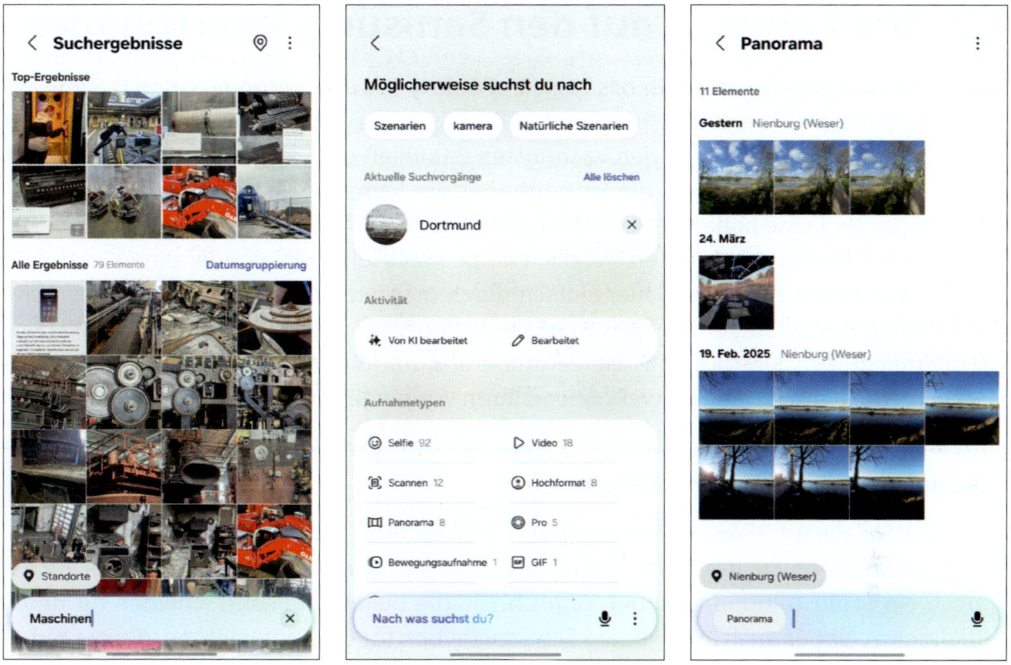

KI-gestützte Suche in der Galerie

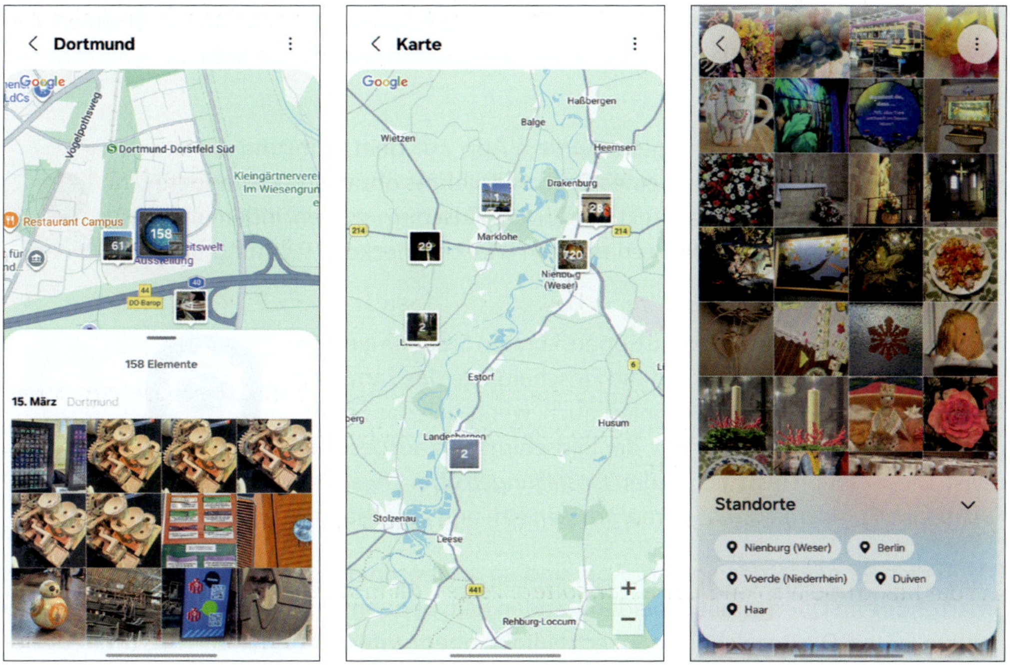

Links: Fotos auf einer Landkarte anzeigen, Mitte: Kartenübersicht, rechts: Standorte in gefundenen Fotos

7.2 Die Kameras auf den Samsung-Smartphones

Betrachtet man eine Werbung für das Samsung Galaxy S26 und besonders für das Samsung Galaxy S26 Ultra, fällt erst auf den zweiten Blick auf, dass man damit auch telefonieren kann. Die Kameras gehören zu den wichtigsten Bauteilen dieses Smartphones. Beim Blick auf die Rückseite fällt auf, dass die Smartphones der Samsung-Galaxy-S26-Serie mehrere Kameras haben. Diese haben verschiedene Brennweiten und spezielle Funktionen. Was bei klassischen Kameras durch unterschiedlich lange Wechselobjektive oder einen analogen Zoom bewerkstelligt wird, wird hier einfach durch mehrere Kameras gelöst, die über eine gemeinsame App gesteuert werden. Stärkere Vergrößerungen werden durch den Hybridzoom erreicht, bei dem die optische Vergrößerung mit digitaler Bildberechnung kombiniert wird. Die Kameras ähneln weitgehend ihren Vorgängermodellen.

Achtung: Kameralinse nicht verkratzen

Achten Sie darauf, dass die Kameralinsen auf der Rückseite des Smartphones nicht verkratzen, wenn Sie das Gerät in die Tasche stecken und sich dort zum Beispiel auch noch ein Schlüsselbund befindet. Ähnlich wie die beliebten Schutzscheiben für den Bildschirm gibt es auch aufklebbare Schutzscheiben für die Kameralinsen, die die Aufnahmequalität nicht beeinträchtigen.

Das Samsung Galaxy S26 kann in vielen Fällen die klassische Digitalkamera ersetzen. Die Kameras im Samsung Galaxy S26 Ultra gehören zu den besten, die aktuelle Smartphones zu bieten haben.

Die Kamera wird über eine eigene *Kamera*-App auf dem Samsung Galaxy S26 gestartet. Bei Verwendung eines Sperrbildschirms ohne PIN oder andere Sperre kann man die Kamera direkt vom Sperrbildschirm starten, indem man das Kamerasymbol aus der rechten unteren Bildschirmecke in Richtung Bildschirmmitte zieht.

Anstatt auf das Kamerasymbol zu tippen, können Sie auch einfach zweimal kurz hintereinander auf die Einschalttaste des Samsung Galaxy S26 drücken. Das funktioniert auch, wenn sich das Smartphone im Ruhezustand befindet, der Bildschirm also ausgeschaltet ist. Diese Option lässt sich in den *Einstellungen* über *Erweiterte Funktionen/Funktionstaste/Zweimal drücken* ein- und ausschalten.

Die Bedienelemente der *Kamera*-App sind so angeordnet, dass sie sich, wenn man das Smartphone im Querformat in beiden Händen hält, bequem mit Daumen und Zeigefingern steuern lassen. Die Bezeichnungen rechts/links, oben/unten im folgenden Abschnitt beziehen sich auf das Halten der Kamera im Querformat.

- Die große Schaltfläche rechts ist der Auslöser. Tippen Sie darauf, um ein Bild aufzunehmen. Die Lautstärketasten dienen in der Grundeinstellung zusätzlich als Auslöser. In den Kameraeinstellungen unter *Allgemein/Auslöser* können Sie stattdessen auch die Zoomfunktion auf die Lautstärketasten legen.
- Ganz rechts unten wird immer das letzte Foto als Minibild angezeigt. Tippen Sie darauf, öffnet sich die Galerie, in der Sie dieses Foto und auch alle anderen betrachten können.
- Nicht immer ist der Autofokus die beste Wahl. Um das Bild an einer bestimmten Stelle scharf zu stellen, tippen Sie dort auf den Bildschirm.

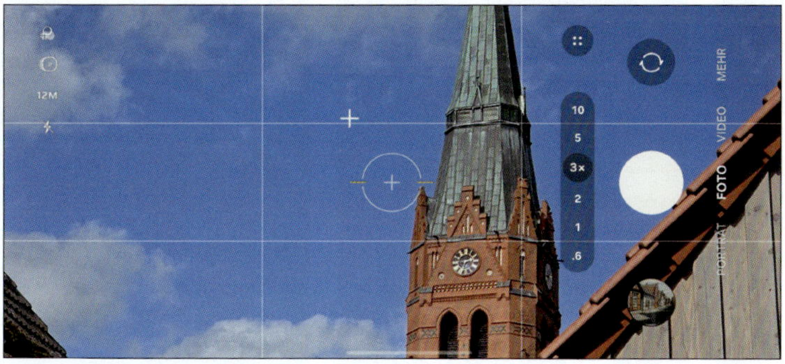

Die Kamera-App auf dem Samsung Galaxy S26

Der grüne Punkt im Kamerabild

Immer, wenn die Kamera aktiv ist, leuchtet in der rechten oberen Bildschirmecke ein grüner Punkt. Daran ist zu erkennen, dass die Kamera verwendet wird, auch wenn sie durch andere Apps gestartet wurde und das Kamerabild selbst nicht auf dem Bildschirm zu sehen ist. Dieser Punkt ist auf den Screenshots nicht zu sehen, da er hardwareseitig eingeblendet wird und von Betriebssystem und Apps weder erkannt noch verändert werden kann. Auf fotografierten Bildern erscheint er natürlich auch nicht.

Zoom mit mehreren Kameras

Die Kameras bieten vier verschiedene feste Brennweiten und bei jeder die volle Bildqualität. Solange Sie die festen Brennweiten nutzen, ergeben sich keine Qualitätsverluste wie beim digitalen Zoom der typischen Smartphone-Kameras.

Mit den Symbolen neben oder über dem Auslöser wählen Sie die vorgegebenen Zoomstufen aus. Zusätzlich können Sie auch mit der altbekannten Zweifingergeste im Bild stufenlos zoomen.

Softwareoptimierte Zoomstufen wie 10x, 20x, 30x oder beim Samsung Galaxy S26 Ultra sogar 100x sind ebenfalls als Symbole auf dem Bildschirm zu finden. Der interaktive Zoom schaltet automatisch auf die jeweils günstigste Kamera um. Bei sehr starker Vergrößerung hilft ein Übersichtsfenster, den Bildausschnitt zu finden. Tippen Sie auf dieses Übersichtsfenster, um den automatischen Schutz vor Verwackeln zu aktivieren. Bei einem extremen Zoom ist es kaum noch möglich, das Bild auch nur annähernd scharf zu bekommen. Die eigentlichen Aufnahmen sind jedoch oftmals schärfer als die Kameravorschau.

Starke Vergrößerung, 10x, 30x, 100x in der Kamera-App des Samsung Galaxy S26 Ultra

Fokus – Motiv scharf stellen

Sind einzelne Objekte auf dem Bild weit im Vordergrund, erscheint der Hintergrund oft unscharf, besonders bei schwachen Lichtverhältnissen. Tippen Sie auf dem Kamerabild auf die Stelle, an der das Motiv scharf dargestellt werden soll. Dort erscheint ein Kreis mit einem Schloss-Symbol. An dieser Stelle ist das Foto scharf.

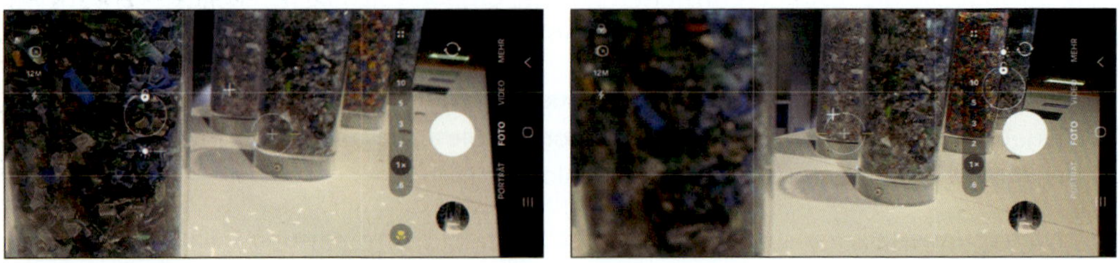

Verschiedene Fokus-Einstellungen

Die wichtigsten Symbole auf dem Kamerabildschirm

Der Kamerabildschirm zeigt rechts in Fingerreichweite des Auslösers einen Balken, auf dem sich durch Verschieben unterschiedliche Kameramodi auswählen lassen.

Die Symbole in der Kamera-App rechts neben dem Auslöser im Querformat oder unter dem Auslöser im Hochformat

Das Symbol mit den beiden runden Pfeilen rechts oder oberhalb des Auslösers schaltet zwischen Hauptkamera und Frontkamera um. Das Gleiche funktioniert noch einfacher mit einer horizontalen Wischbewegung über den Kamerabildschirm im Querformat oder mit einer vertikalen Wischbewegung im Hochformat.

Mit dem linken Daumen erreichen Sie Symbole für wichtige Einstellungen. Je nach Kameramodus erscheinen hier auch noch weitere Symbole. Diese Symbole sollen vorrangig den Status bestimmter Aufnahmeeinstellungen anzeigen, können aber auch als Schalter verwendet werden.

Dieses Symbol blendet eine Symbolleiste mit allen wichtigen Kamerafunktionen ein.

Um alle Symbole zu finden, verschieben Sie die Symbolleiste nach links oder rechts.

Das *Einstellungen*-Symbol ruft die Einstellungen der Kamera auf.

Bei Dunkelheit kann das zu fotografierende Objekt mit der Blitz-LED auf der Rückseite des Samsung Galaxy S26 beleuchtet werden. Im automatischen Modus wird die LED abhängig von der Umgebungshelligkeit bei dunklen Szenen eingeschaltet. Diese sehr helle LED verbraucht viel Akkustrom und sollte daher nur sparsam eingesetzt werden. Bilder mit Blitz wirken oft unecht und sind dank des sehr guten Verhaltens der Kamera bei geringem Licht auf dem Samsung Galaxy S26 kaum noch nötig.

Mit einem Zeitauslöser können Sie die Aufnahme um 2, 5 oder 10 Sekunden verzögern, um zum Beispiel selbst noch ins Bild springen zu können.

Seitenverhältnisse und Bildauflösungen

Die Kameras haben unterschiedliche maximale Bildauflösungen. Bei den Modellen Samsung Galaxy S26 und Samsung Galaxy S26+ sind die Kameras gleich, das Samsung Galaxy S26 Ultra verfügt über deutlich bessere Kameras mit wesentlich höheren Auflösungen.

	Samsung Galaxy S26	Samsung Galaxy S26+	Samsung Galaxy S26 Ultra
Hauptkamera	50 MP F1.8 8.688 x 5.792	50 MP F1.8 8.688 x 5.792	200 MP F1.4 16,455 x 12,155
Ultraweitwinkelkamera	12,2 MP F2.2 4.272 x 2.848	12,2 MP F2.2 4.272 x 2.848	50,3 MP F1.9 8.688 x 5.792
Telekamera 1	10 MP F2.4 3.648 x 2.736	10 MP F2.4 3.648 x 2.736	10 MP F2.4 4.272 x 2.848
Telekamera 2			50 MP F2.9 8.688 x 5.792
Frontkamera	12,2 MP 4.272 x 2.848	12,2 MP 4.272 x 2.848	12,2 MP 4.272 x 2.848

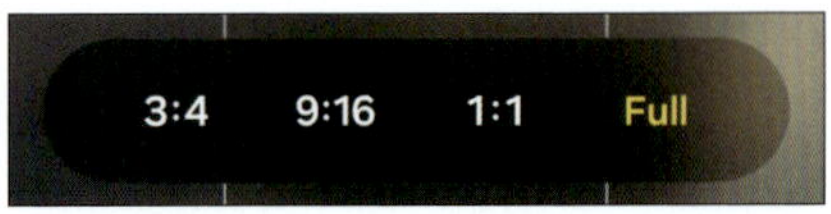

Fotografiert man mit dem Samsung Galaxy S26 Fotos im Standard-Seitenverhältnis 4:3, bleibt beim Zeigen auf dem Smartphone immer ein erheblicher Teil des Bildschirms schwarz. Mit verschiedenen Symbolen schaltet die Kamera zwischen den Seitenverhältnissen um. Nur im Format 3:4 liefert die Kamera die volle Auflösung. Die anderen Formate sind lediglich entsprechende Ausschnitte aus dem 3:4-Format.

- **3:4** – klassisches Format für Papierausdrucke aus Druckautomaten in Drogeriemärkten und Onlinefotodiensten.
- **9:16** – typisches Format moderner Monitore und Fernsehbildschirme
- **1:1** – Quadratformat, besonders beliebt bei *Instagram*
- **Full** – Seitenverhältnis des Bildschirms des Samsung Galaxy S26

Das Samsung Galaxy S26 bietet im Gegensatz zu den älteren Modellen Samsung Galaxy S23 und S22 wieder die Möglichkeit, bei gleichbleibendem Seitenverhältnis zwischen verschiedenen Auflösungen zu wählen. Die auf dem Schalter angezeigten Auflösungen *12M* und *50M*, beim Samsung Galaxy S26 Ultra auch *200M*, gelten für das 3:4-Format. In anderen Formaten sind die Auflösungen entsprechend geringer.

Die Bewegungsaufnahme nimmt vor einem Foto eine kurze Videosequenz auf. Diese kann in der *Galerie*-App automatisch vor dem Foto dargestellt werden. Daraus kann ein kleiner Film oder ein animiertes GIF erstellt werden. Deaktivieren Sie diesen Schalter am besten, da bei vielen Schnappschüssen die Sekunden vorher, wenn das Smartphone aus der Tasche gezogen wird, eher stören als nutzen und die Bilder mit dem Bewegungsvideo erheblich mehr Speicherplatz verbrauchen.

In der *Kamera*-App des Samsung Galaxy S26 lässt sich auch im Standardmodus – ohne in den PRO-Modus zu wechseln – die Belichtung nachjustieren, um eine Szene heller oder dunkler erscheinen zu lassen.

Filter in Echtzeit anwenden

Die *Kamera*-App bietet verschiedene Filter, die direkt in Echtzeit über das auf dem Bildschirm angezeigte Kamerabild gelegt werden, noch bevor man den Auslöser drückt. Tippen Sie auf das Filtersymbol, um die Filterpalette einzublenden. Unter den Filtern finden Sie bekannte Optionen wie *Warm*, *Frostig* und *Graustufen*, aber auch interessante verfremdende Effekte. Wählen Sie den gewünschten Filter aus, sehen Sie ihn sofort im Bild.

Bei allen Filtern können Sie über den Schieberegler *Stärke* die Intensität des Filtereffekts einstellen. Einige Filter bieten noch die Option, weitere Parameter einzustellen. Mit dem Button *Original anzeigen* kehren Sie zum Originalbild zurück.

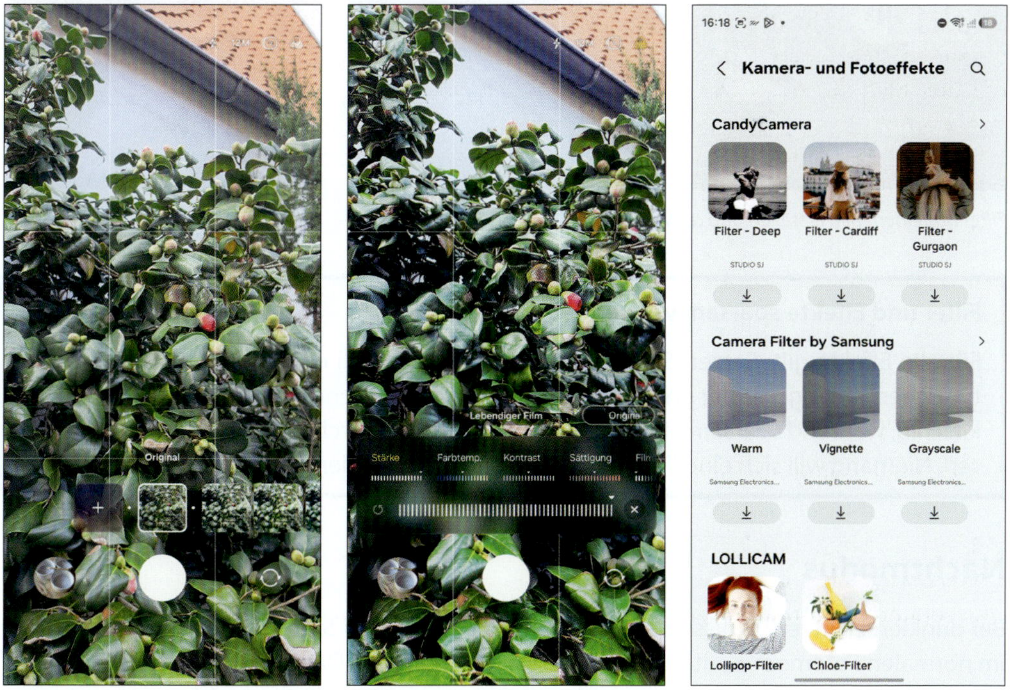

Die Vorschaubilder schalten zwischen verschiedenen Filtern um, die direkt beim Fotografieren angewendet werden, rechts: Filter aus dem Galaxy Store herunterladen

Über das Download-Symbol ganz rechts in der Liste können Sie weitere Filter und Kameraeffekte aus dem Galaxy Store herunterladen. Mit dem Plussymbol links in der Liste erstellen Sie eigene Filter aus gespeicherten Bildern. Wählen Sie dazu ein Bild aus. Der neu erstellte Filter kann unter einem beliebigen Namen gespeichert werden. Auch hier haben Sie die Möglichkeit, einzelne Parameter nachträglich anzupassen. Tippen Sie länger auf einen selbst erstellten Filter, können Sie ihn löschen oder auch mit anderen teilen.

Filter aus einem Bild erstellen und anwenden

> **Filter und Effekte sparsam verwenden**
>
> Für alle Effekte gilt: Setzen Sie sie sparsam und effektvoll ein. Begehen Sie nicht den typischen Anfängerfehler und versehen jedes Bild mit irgendeinem Filter. Das wirkt nur kitschig, während sparsam eingesetzte Effekte ein Bild durchaus interessant wirken lassen. Niemand will sich eine Fotosammlung ansehen, bei der jedes Bild einen Effekt hat.

Nachtmodus

Bei dunklen Lichtverhältnissen schlägt die *Kamera*-App des Samsung Galaxy S26 im normalen Fotomodus automatisch den Nachtmodus vor. Dabei zeigt ein gelbes Mondsymbol an, wenn der Nachtmodus aktiv ist. Möchten Sie ihn nicht nutzen, tippen Sie darauf. Ein weißer Mond bedeutet, der Nachtmodus wird nicht genutzt.

Im Modus *Nacht* werden Aufnahmen in der Nacht durch besondere Berechnungsverfahren aufgehellt und verbessert. Da auch eine längere Belichtungszeit verwendet wird, ist es hier besonders wichtig, das Smartphone ruhig zu halten oder irgendwo abzustützen. Zur deutlichen Unterscheidung erscheint der Auslöser in Gelb und ein Countdown läuft, während das Bild verarbeitet wird.

Links: Aufnahme im Nachtmodus, rechts: Foto im Normalmodus

PRO – der Profimodus der Kamera

Im Profimodus können Sie manuell scharf stellen sowie Belichtung, Weißabgleich, ISO-Empfindlichkeit und Farbton einstellen. Wählen Sie in der Leiste das Symbol *MEHR* und tippen Sie dann auf *PRO*. Das Symbol *Foto* schaltet immer wieder zur normalen Kamerafunktion zurück.

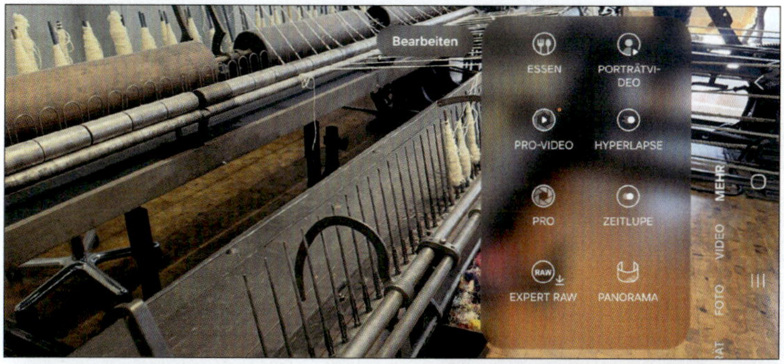

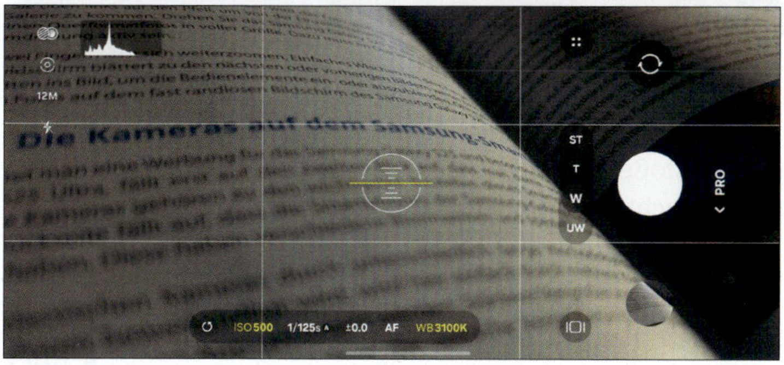

Weitere Kameramodi und detaillierte Belichtungseinstellungen im PRO-Modus

Über die Symbolleiste neben dem Auslöser können Sie im PRO-Modus direkt die einzelnen Kameras **ST** (Supertele), **T** (Tele), **W** (Weitwinkel), **UW** (Ultraweitwinkel) des Samsung Galaxy S26 in ihren nativen Auflösungen ansteuern, um Verluste durch den Softwarezoom auszuschließen.

Das Histogramm oben in der Ecke im PRO-Modus zeigt beim Antippen einen Verlauf der Helligkeit jeder Farbe, um die passende Belichtungszeit leichter einstellen zu können.

Die Parameter im PRO-Modus lassen sich mit diversen Schiebereglern einstellen. Veränderte Parameter werden gelb hervorgehoben. Um alle Parameter wieder auf die Grundeinstellung zurückzusetzen, tippen Sie auf den runden Pfeil ganz links.

Einstellbare Parameter im PRO-Modus

Autofokus-Modus

Im PRO-Modus lässt sich auswählen, ob der Autofokus auf die Mitte fokussieren soll oder auf mehrere Bereiche. Dabei erscheinen kleine Quadrate an Stellen im Bild, wo fokussiert wird.

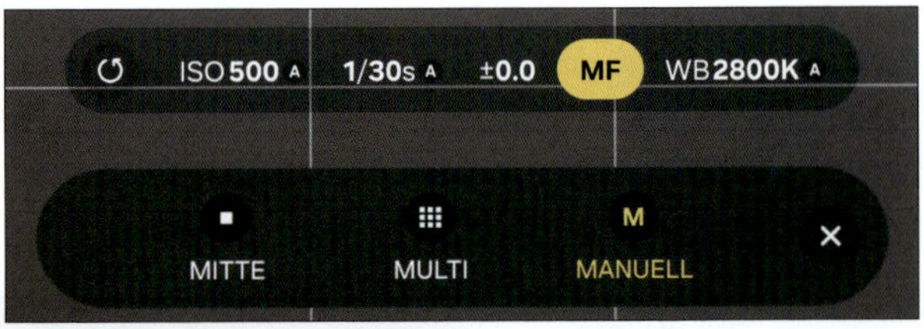

Multi-Autofokus im PRO-Modus der Kamera

Bei Fotos mit großer räumlicher Tiefe empfiehlt es sich, den Fokusbereich manuell einzustellen. Über einen Regler auf dem Kamerabildschirm legen Sie fest, ob der Autofokus auf Objekte in der Nähe oder eher in größerer Entfernung scharf stellen soll. Erkannte Kanten im Bild werden zum Fokussieren leuchtend grün hervorgehoben.

Belichtung

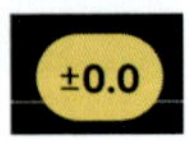

Die Belichtungsautomatik findet nicht immer die optimale Belichtung. Besonders bei starkem Gegenlicht oder extrem schwachen Lichtverhältnissen empfiehlt es sich, manuell nachzuhelfen.

Tippen Sie auf dieses Symbol, können Sie die Belichtung manuell einstellen. Bei höheren Belichtungswerten werden die Bilder heller, bei zu hohen Werten verblassen sie dann.

Weißabgleich

Je nach Lichtfarbe können Sie einen Weißabgleich beim Fotografieren einstellen. Durch unterschiedliche Einstellungen der Farbtemperatur geben Sie Bildern im grellen Sonnenlicht, bei bewölktem Tageslicht, beim Licht von Glühbirnen oder Kerzen ein realistisches Aussehen.

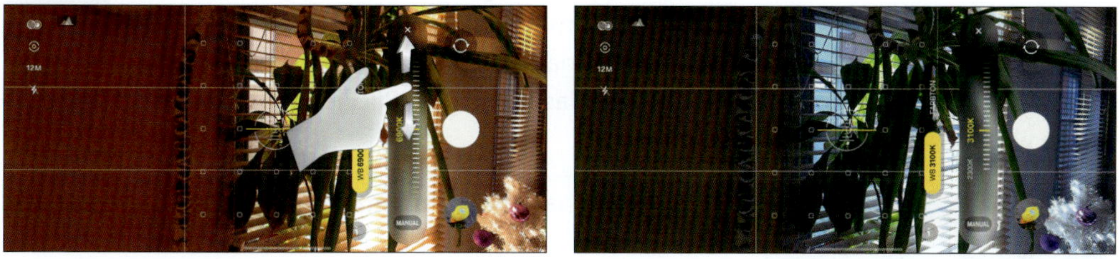

Verschiedene Einstellungen für den Weißabgleich, auffällig bei Szenen, in denen Tageslicht und Kunstlicht gleichzeitig zu sehen sind

Der Weißabgleich kann, wie auch einige andere Effekte, mit dem Schalter *Auto/Manual* ganz unten zwischen Automatik und manueller Einstellung umgeschaltet werden.

Belichtungszeit

Im Automatikmodus passt die Kamera die Belichtungszeit automatisch an. Im PRO-Modus kann die Belichtungszeit manuell gewählt werden. Mit dem Schalter *Auto/Manual* wechseln Sie auch hier schnell zwischen automatischer und manueller Einstellung.

ISO

Die Maßeinheit ISO gibt die Lichtempfindlichkeit an. Früher wurde diese durch das Filmmaterial vorgegeben, heute stellt man darüber die Lichtempfindlichkeit des Kamerasensors ein. Bei schwachem Licht braucht man höhere ISO-Werte, bei hellem Licht geringere. Diese ISO-Werte lassen sich im PRO-Modus der *Kamera*-App simulieren. Die Belichtungszeit der Kamera wird automatisch an den verwendeten ISO-Wert angepasst.

Helligkeitsmessung

Der PRO-Modus bietet drei Methoden zur Helligkeitsmessung im Bild: *Mittenbetont*, *Matrix* oder *Spot*. Tippen Sie einen Punkt auf dem Kamerabild an, an dem die Messung erfolgen soll.

Weitere interessante Kameramodi

Die Samsung-Kamera-App bietet neben der ganz normalen Automatikaufnahme und dem PRO-Modus noch weitere spezielle Aufnahmemodi für Sonderfälle an. Wir stellen hier die interessantesten vor. Tippen Sie auf dem Kamerabildschirm auf das Symbol *MEHR*.

Panorama

Mit dieser Funktion fotografieren Sie eindrucksvolle Landschaftspanoramen. Drücken Sie den Auslöser und drehen Sie sich langsam um Ihre eigene Achse. Halten Sie dabei das Samsung Galaxy S26 möglichst ruhig. Die Kamera fotografiert automatisch mehrere Fotos nacheinander und setzt diese nahtlos zu einem einzigen Panoramabild zusammen, das mit jedem Bildbetrachter angesehen werden kann.

Nicht immer hält die Aufnahme genau nach einer Drehung von 360° an. So kann es passieren, dass Objekte, die an einem Bildrand stehen, am anderen Bildrand ein zweites Mal auftauchen. Achten Sie auch darauf, dass keine sich schnell bewegenden Objekte während der Aufnahme in das Bild geraten, da diese sonst mehrfach erscheinen. Sie können jederzeit die Panoramaaufnahme durch Antippen des Auslösers mit dem Stopp-Symbol stoppen, auch bevor die 360° erreicht sind.

Panoramafoto im Hoch- oder Querformat auf dem Samsung Galaxy S26

In der *Galerie*-App sieht das Panorama in der Vorschau verzerrt aus, auch wenn Sie einfach ins Bild tippen, um es im Vollbildmodus zu betrachten.

Tippen Sie in einem Panorama auf *Panorama anzeigen*, können Sie das Panorama interaktiv betrachten, indem Sie das Smartphone wie bei der Aufnahme des Panoramas drehen.

Google Fotos besser als Galerie

Betrachten Sie Panoramafotos noch besser in der Google-Fotos-App. Die Bilder sind in der Bildübersicht der Google-Fotos-App mit einem runden Pfeilsymbol gekennzeichnet und sehen verzerrt aus. Hier erscheinen sie beim Antippen im Gegensatz zur *Galerie* weitgehend unverzerrt und lassen sich interaktiv drehen. Tippen Sie auf das Kompass-Symbol links unten, dreht sich das Panorama automatisch in die passende Richtung, wenn Sie sich mit dem Smartphone in der Hand bewegen.

Essen

Im Modus *Essen* wird ein runder Bereich in der Mitte scharf gestellt und die Randbereiche werden leicht weichgezeichnet. Weiterhin bietet dieser Modus einen speziellen Farbabgleich, um Fotos von Lebensmitteln besonders appetitlich erscheinen zu lassen.

Porträt

Der *Porträt*-Modus versucht, ein Gesicht zu erkennen, und bietet verschiedene Möglichkeiten, den Hintergrund unscharf zu stellen oder ganz auszublenden.

Szenenoptimierung

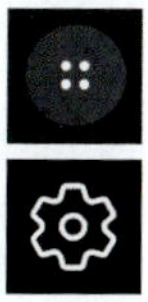

Die Szenenoptimierung versucht, automatisch entsprechend der Szene bestimmte Einstellungen vorzunehmen. Damit das funktioniert, müssen in den Kameraeinstellungen die Funktionen *Foto-Optimierung/Szenenerkennung* und *Aufnahmevorschläge* eingeschaltet sein. Bei Dunkelheit kann das Bild automatisch aufgehellt werden.

Texte scannen

Wird ein Text erkannt, kann die *Kamera*-App in einen speziellen *Scannen*-Modus umschalten, der den Kontrast erhöht und den Text entzerrt sowie Schatten und Wellen etwa auf dem Papier zu unterdrücken versucht.

Tippen Sie auf das T-Symbol, um den Text zu extrahieren und weiterverarbeiten zu können. Der zu scannende Textbereich im Bild wird automatisch erkannt. Sie können aber auch mit den blauen Griffen einen Textbereich markieren, um nicht den gesamten Text zu übernehmen.

Der Text kann in die Zwischenablage kopiert und in andere Apps übernommen werden. Solange Sie nicht viel anderes gemacht haben, wird kopierter Text in der Zwischenablage oberhalb der Tastatur angezeigt und kann so direkt jederzeit wieder eingefügt werden.

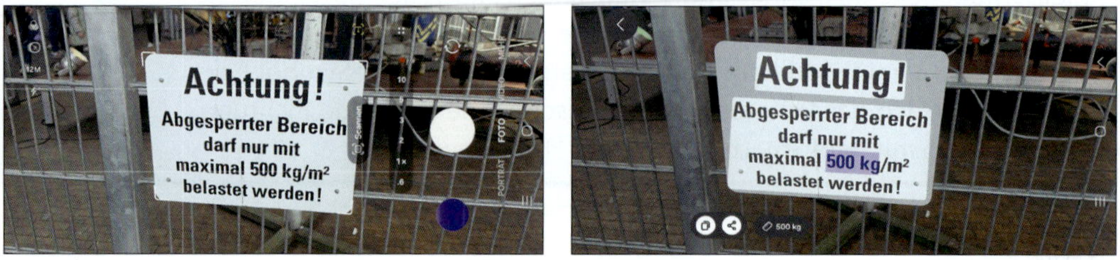

Schild fotografieren und Text erkennen

Ist der Text dort nicht mehr zu sehen, tippen Sie auf das Symbol der Zwischenablage oberhalb der Tastatur. Jetzt werden die letzten Inhalte der Zwischenablage angezeigt, und Sie können den gewünschten Textblock übernehmen.

Oder Sie teilen den erkannten Text direkt in eine App, z. B. eine E-Mail. In vielen Fällen müssen Sie nur noch Zeilenumbrüche korrigieren.

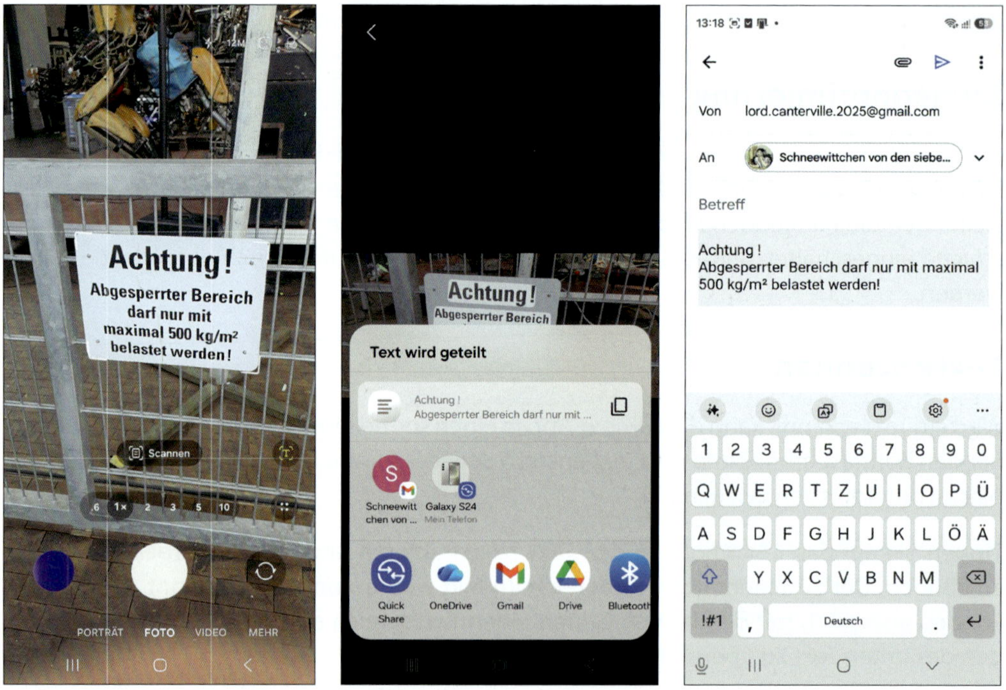

Text erkennen und als E-Mail teilen

Werden im Text eine Zahl, ein Maß oder andere verwertbare Daten entdeckt, bietet die Galaxy AI erweiterte Funktionen dazu an. So werden etwa Maße in andere Maßeinheiten umgerechnet. Die Ergebnisse lassen sich direkt in die Zwischenablage kopieren.

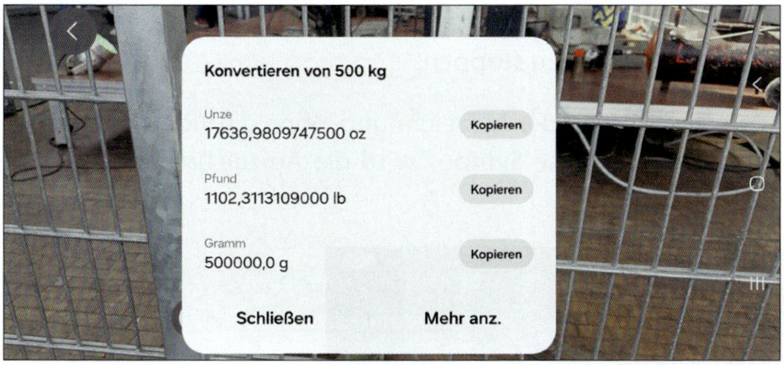

Automatische Umrechnung von Maßen in erkannten Texten

Im *Scannen*-Modus können Sie die Ecken noch ziehen, um diesen Bereich genau einzugrenzen und das Bild besser zu entzerren. Der entzerrte Bildbereich wird als eigenes Bild gespeichert.

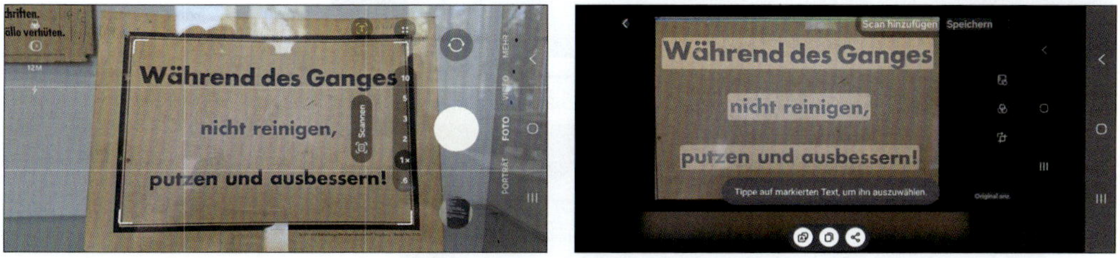

Fotografiertes Schild entzerren

Selfies mit der Frontkamera

Sich selbst mit dem Handy zu fotografieren, war früher mit viel Zufall und akrobatischem Geschick verbunden. Auf dem Samsung Galaxy S26 können Sie über dieses Symbol oder mit einer horizontalen Wischbewegung in der *Kamera*-App auf die Frontkamera zum Fotografieren umschalten, wenn das Smartphone quer gehalten wird. Halten Sie es im Hochformat, wischen Sie vertikal. Jetzt sehen Sie sich selbst auf dem Bildschirm und können wesentlich einfacher Selbstporträts – heute vielfach als Selfies bezeichnet – aufnehmen. Ist die Frontkamera eingeschaltet, werden beim Wischen von links nach rechts allerdings weniger Kameramodi zur Auswahl angeboten als bei der Hauptkamera.

Gruppen-Selfie

Im Modus *Gruppen-Selfie* können Sie eine größere Gruppe von Personen fotografieren, die nicht auf einmal auf das Bild passen würden. Drehen Sie dazu das Smartphone ähnlich wie bei einer Panoramaaufnahme.

Videos aufnehmen, bearbeiten und abspielen

VIDEO

Im Videomodus tippen Sie auf den Auslöser, der jetzt einen roten Punkt zeigt, um die Aufnahme zu starten. Oben im Bild läuft eine Anzeige mit der aktuellen Länge des Videos. Tippen Sie auf das quadratische Symbol, das anstelle des Auslösers angezeigt wird, um die Aufnahme zu stoppen.

Die Pause-Taste ermöglicht Pausen während der Aufzeichnung, ohne die Videodatei zu beenden. Tippen Sie noch einmal auf das Pause-Symbol, wird die Aufzeichnung derselben Datei fortgesetzt.

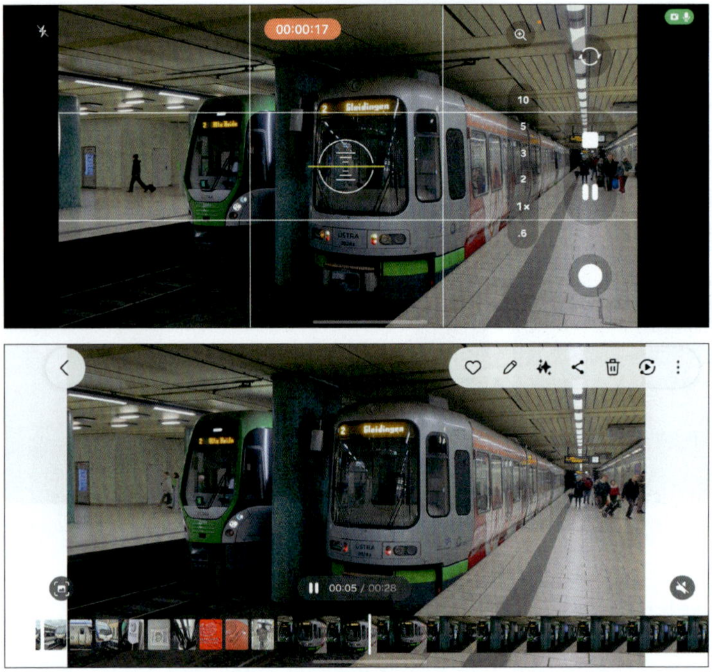

Video mit der Kamera aufnehmen, unten: Videos in der Galerie abspielen

Die *Galerie* zeigt Vorschaubilder der Videos, die nacheinander auch die Videos in der Vorschau abspielen. Tippen Sie auf ein Video, um es im Großformat abzuspielen. Nach dem Antippen wird das Vorschaubild gestreckt und zeigt eine Zeitleiste des abgespielten Videos. In dieser Zeitleiste können Sie auf jeden Zeitpunkt im Video vor- und zurückspringen.

Tippen Sie auf das laufende Video, wird es im Vollbildmodus abgespielt. Die Bedienelemente verschwinden.

Mit dem Videoeditor legen Sie Filter über das Video, schneiden zeitliche Bereiche aus dem Video, lassen bestimmte Abschnitte schneller oder langsamer abspielen, fügen Sticker ein oder schneiden den Bildausschnitt zu. Über das Menü oben rechts speichern Sie das bearbeitete Video als Kopie, um das Original nicht zu beschädigen.

Pro-Video

Der PRO-Videomodus ähnelt dem PRO-Modus der Kamera. Auch hier werden erweiterte Kameraeinstellungen angeboten.

Zeitlupe

Der Modus *Zeitlupe* nimmt ein Video so auf, dass es beim Abspielen langsamer läuft als im Original.

Hyperlapse

Der Modus *Hyperlapse*, auf Deutsch »Zeitraffer«, nimmt ein Video mit geringerer Bildrate auf, sodass es später schneller und nicht langsamer abgespielt wird als im Original.

Porträtvideo

Der Modus *Porträtvideo* dient besonders zum Erstellen der beliebten Storys für Facebook oder Instagram. Bei WhatsApp heißt es Status. Videos im Hochformat können auch mit dem normalen Videomodus aufgenommen werden. Der Modus *Porträtvideo* enthält zusätzliche Funktionen zur Gesichtserkennung sowie besondere Videoeffekte.

Wichtige Kameraeinstellungen

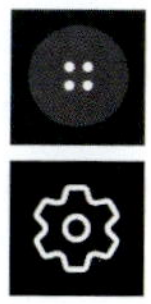

Über das *Einstellungen*-Symbol in der Symbolleiste der *Kamera*-App können Sie verschiedene wichtige Einstellungen vornehmen. Diese sind nach unterschiedlichen Kategorien aufgeteilt.

Automatisch beste Aufnahme finden

In den Anfangszeiten halbautomatischer Kameras witzelten Fotografen, die ihr Handwerk noch mit mechanischen Kameras beherrschten, über die sogenannte Motivklingel, die die Leute, die nur noch mit Automatik fotografieren, an geeignete Motive erinnert, damit sie selbst die Motivwahl wie alle anderen Einstellungen nicht mehr selbst vornehmen müssen.

Die *Aufnahmevorschläge* in den Kameraeinstellungen liefern auf dem Samsung Galaxy S26 eine praktische Lösung.

Ist diese Einstellung aktiviert, erscheint ein grauer Ring mit einem Kreuz in der Bildschirmmitte. Zusätzlich ist ein weiteres Kreuz zu sehen. Bringen Sie die beiden Kreuze übereinander, um eine Szene zu finden, die in Komposition und Ausleuchtung möglichst optimal erscheint.

Szene durch Aufnahmevorschläge verbessern

Intelligente Funktionen

- **Scannen:** Wird ein Dokument oder ein Hinweisschild im Bild erkannt, erscheint automatisch die Scanfunktion, um das Bild rechtwinklig zu ziehen und erkannten Text zu extrahieren. Hier können Sie auch den automatischen QR-Code-Scanner in der *Kamera*-App aktivieren.
- **Aufnahmevorschläge** zeigt den besten Bildausschnitt und die Kameraneigung.
- **Foto-Optimierung** versucht, während der Aufnahme die Bildqualität zu verbessern, was geringfügig zulasten der Aufnahmezeit gehen kann. Geringere Optimierungen führen zu schnelleren Aufnahmezeiten, wobei es allerdings nur um Bruchteile von Sekunden geht. Zusätzlich kann die *Szenenerkennung* aktiviert werden. Hier gibt es verschiedene Parameter, die automatisch verbessert werden.
- **Angepasste Filter** zeigt einen Hinweis, wie Sie in der Kameraansicht aus eigenen Bildern selbst Filter erstellen und beim Fotografieren anwenden können.

Einstellungen für Fotos

- **Fotoformat:** Hier finden Sie Optionen, um Fotos im HEIF-Format zu speichern, das bis jetzt aber nur von wenigen Apps und Bilderdiensten unterstützt wird. Fotos, die im PRO-Modus der Kamera aufgenommen wurden, können zusätzlich zum normalen JPEG-

Format auch als unkomprimierte RAW-Datei gespeichert werden. Bedenken Sie dabei, dass RAW-Bilder ein Vielfaches an Speicherplatz gegenüber JPEG-Bildern verbrauchen. Solange Sie Ihre Fotos nicht regelmäßig mit Profisoftware weiterbearbeiten, können Sie sich das Speichern von RAW-Dateien sparen.

- **Wasserzeichen** schreibt einen kleinen Text dezent in eine Ecke aller aufgenommenen Bilder. Statt des Modellnamens *Galaxy S26* können Sie auch Ihren eigenen Namen oder einen beliebigen Text einfügen. Zusätzlich können Datum und Uhrzeit der Aufnahme automatisch eingetragen werden. Schriftart und Ausrichtung des Wasserzeichens lassen sich auswählen.
- **Bewegungsfotos** sind Bilder mit einer kurzen Videosequenz. Diese werden über ein Symbol oben links auf dem Kamerabildschirm (Querformat) erstellt. In den *Einstellungen* legen Sie fest, ob vor und nach dem Auslösen eine kurze Bewegung aufgezeichnet werden soll.

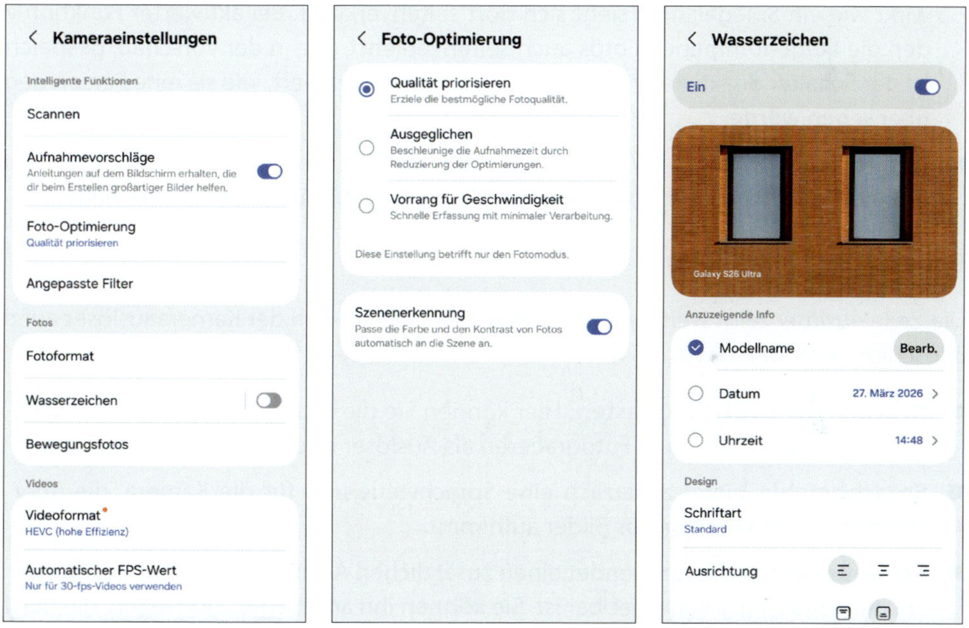

Kameraeinstellungen auf dem Samsung Galaxy S26 Ultra, Foto-Optimierung und Wasserzeichen

Allgemeine Einstellungen

- **Verfolgungs-Autofokus:** Um ein schnell bewegtes Objekt beim Filmen scharf zu halten, können Sie es mit dieser Option auf dem Vorschaubildschirm markieren und dann automatisch fokussieren und verfolgen.
- **Kompositionsanleitung:** Die Einstellung *Raster* blendet ein hauchfeines Gitternetz im Sucherbild ein, das dabei hilft, den Horizont wirklich gerade auf das Foto zu bekommen. Zusätzlich kann auch eine *Wasserwaage* eingeblendet werden, um Horizont oder

gerade Mauerkanten auch wirklich waagerecht oder senkrecht zu fotografieren und das Smartphone nicht versehentlich schräg zu halten. Diese Hilfslinien sind im endgültigen Foto nicht zu sehen.

- **Geotagging:** Die *Kamera*-App kann den eigenen Standort auswerten und mit dem Bild speichern, sodass Sie in Fotoalben, z. B. in der *Galerie*-App, Google Fotos oder Flickr, wie auch in diversen Apps genau auf einer Karte anzeigen lassen können, wo das Foto aufgenommen wurde.
- **Zu behaltende Einstellungen:** Hier legen Sie fest, welche Kameraeinstellungen für den nächsten Start der *Kamera*-App beibehalten werden sollen. Standardmäßig startet die Kamera immer mit den Grundeinstellungen.

Einstellungen für Selfies

- **Selfies wie angezeigt speichern** steuert das Speichern von Selfies. Die Frontkamera wirkt wie ein Spiegel, man sieht sich dort seitenverkehrt. Bei aktivierter Funktion werden die aufgenommenen Fotos auch seitenverkehrt, wie in der Vorschau, gespeichert. Ist der Schalter deaktiviert, werden die Fotos so gespeichert, wie sie eine Person gegenüber sehen würde.
- **Auf Vorschau nach oben/unten streichen** legt fest, ob eine senkrechte Wischbewegung auf dem Bildschirm zwischen Frontkamera und Hauptkamera umschaltet.

Bildauslöser einstellen

Die Zeile *Auslöser* zeigt weitere Einstellungen, mit denen sich der Kameraauslöser auf dem Bildschirm verändern lässt.

- **Drücken der Lautstärketasten:** Hier können Sie die Lautstärketasten an der Seite des Samsung Galaxy S26 beim Fotografieren als Auslöser oder zum Zoomen nutzen.
- **Sprachbefehle** bietet zusätzlich eine Sprachsteuerung für die Kamera, die über bestimmte Sprachkommandos Bilder aufnimmt.
- **Schwebender Auslöser** blendet einen zusätzlichen Auslöser in der Kamera ein, der frei auf dem Bildschirm verschiebbar ist. Sie können ihn an eine Position legen, die bei Ihrer typischen Kamerahaltung gut erreichbar ist.
- **Zeigen der Handfläche** in Richtung der Kamera macht ein Foto.

Einstellungen für Video

- **Videoformat:** Damit können Sie zwischen dem Videoformat HEVC für hohe Effizienz und dem H.264-Format für höchste Kompatibilität umschalten. Weiterhin lassen sich eine hohe Bitrate, HDR und andere Spezialeinstellungen für die Videoaufnahme festlegen.

- **Automatischer FPS-Wert** nimmt bei schlechten Lichtverhältnissen hellere Videos auf, indem die Bildwiederholrate automatisch angepasst wird.
- **Videostabilisierung** versucht, das Verwackeln bei Videoaufnahmen aus der freien Hand auszugleichen.

Camera Assistant

Der *Camera Assistant* bietet interessante Zusatzfunktionen für die *Kamera*-App. Die App muss zunächst aus dem Galaxy Store heruntergeladen werden. Anschließend lässt sich der *Camera Assistant* über ein eigenes App-Symbol oder aus den Einstellungen der *Kamera*-App aufrufen. Die neuen Einstellungen sind selbsterklärend im *Camera Assistant* beschrieben.

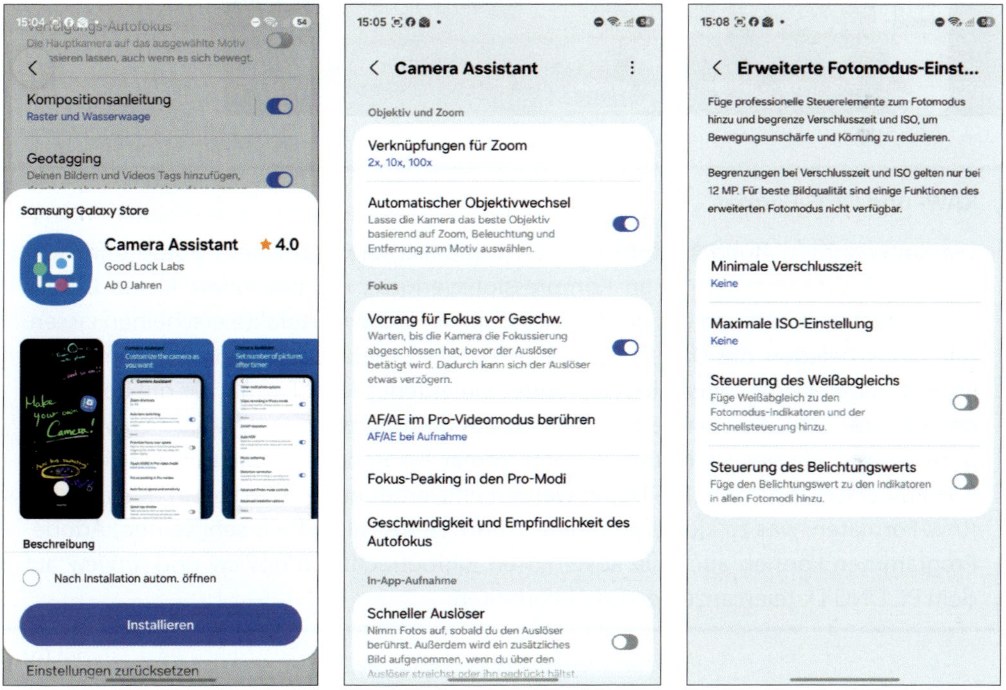

Erweiterte Kamerafunktionen im Camera Assistant

7.3 Expert RAW – die zusätzliche Kamera-App

Expert RAW ist eine zusätzliche Kamera-App für Samsung-Galaxy-S26-Smartphones sowie einige andere Smartphones früherer Ultra-Serien. *Expert RAW* ist nicht standardmäßig vorinstalliert, kann aber leicht über ein Symbol im Bereich *Mehr* der *Kamera*-App aus dem Galaxy Store heruntergeladen werden.

Expert RAW speichert Fotos im RAW-Format statt im komprimierten JPEG-Format wie die Standard-Kamera-App. Die Benutzeroberfläche von *Expert RAW* ähnelt weitgehend dem PRO-Modus der *Kamera*-App. Alle einstellbaren Parameter lassen sich über Schieberegler justieren. Um sie wieder auf die Automatik zurückzusetzen, schalten Sie ganz unten zwischen *Manual* und *Auto* um.

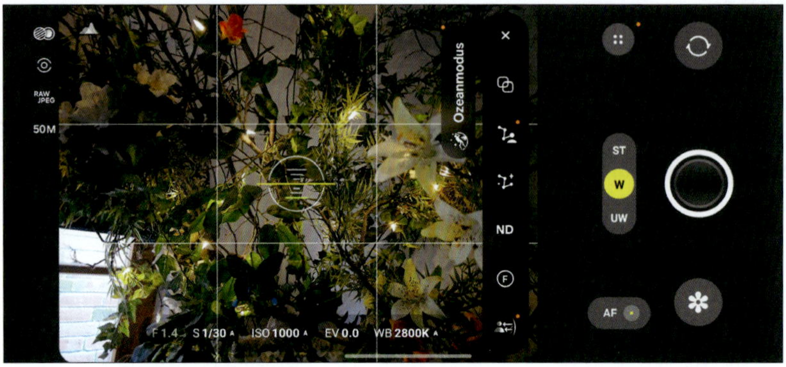

Die Kamera-App Expert RAW

RAW- und DNG-Format

Die sogenannten Rohdatenformate von Digitalkameras speichern Fotos ohne die für das JPEG-Format typischen Kompressionsverluste, die besonders kleine Details unkenntlich machen und auf großen einfarbigen Flächen Artefakte erscheinen lassen. Allerdings belegen die Dateien um ein Vielfaches mehr Speicherplatz als im JPEG-Format. Jeder Kamerahersteller verwendet ein eigenes RAW-Format für die Rohdaten der Kameras, was die spätere Bearbeitung auf dem PC erschwert. Adobe entwickelte mit DNG ein offenes, verlustfreies Datenformat für Rohdaten, das mittlerweile viele Kamerahersteller nutzen. Die Daten werden effizienter gespeichert als in den meisten RAW-Formaten, was zu kleineren Dateien führt. Neben allen (teils sehr teuren) Adobe-Programmen können auch die kostenlosen Bildbetrachter *IrfanView* und *XnView* auf dem PC DNG-Dateien anzeigen und bearbeiten.

Virtueller Reflektor

Der virtuelle Reflektor simuliert einen Reflektor in einem Fotostudio und sorgt so für weiches, natürliches Aussehen, besonders bei Porträtaufnahmen.

Virtuelle Blende

Mit der virtuellen Blende lässt sich die Tiefenschärfe einstellen, also ob Motiv und Hintergrund oder nur das Motiv scharf dargestellt werden soll.

ND – Neutraldichtefilter

Der virtuelle Neutraldichtefilter reduziert das Licht, um eine längere Verschlusszeit oder eine größere Blende verwenden zu können. Dadurch entsteht bei hellem Licht eine weiche Bewegungsunschärfe.

Astrofoto

Der Modus *Astrofoto* fotografiert den Sternenhimmel mit einer extrem langen Belichtungszeit von mehreren Minuten. Dazu muss das Samsung Galaxy S26 auf einem Stativ befestigt werden, um Verwacklungen zu vermeiden. Sie können zwischen drei Belichtungszeiten wählen. Tippen Sie auf den Auslöser und warten Sie ab, bis das langzeitbelichtete Foto aufgenommen wurde.

Astroporträt

In diesem Modus erstellen Sie eine Porträtaufnahme vor einem Sternenhimmel. Nach einem kurzen Blitz muss die Person das Blickfeld der Kamera verlassen. Diese nimmt danach mit einer langen Belichtungszeit den Sternenhimmel auf. Auch hier muss das Smartphone auf einem Stativ befestigt sein.

Mehrfachbelichtung

Bei einer Mehrfachbelichtung werden mehrere Fotos übereinandergelegt, um besondere Effekte zu erreichen. Dabei lässt sich die Anzahl der Belichtungen einstellen und festlegen, ob diese automatisch hintereinander ausgelöst werden oder jedes Mal auf den Auslöser getippt werden muss.

7.4 Fotos bearbeiten

Die *Kamera*-App des Samsung Galaxy S26 enthält bereits verschiedene Effektfilter, um Fotos zu gestalten. Meistens sind die Fotos bereits gut genug, um sie unverändert zu veröffentlichen. In einigen Fällen möchte man aber gern noch nacharbeiten. Dazu ist nicht unbedingt ein PC nötig. Verschiedene Apps ermöglichen es, Bilder direkt auf dem Smartphone nachträglich zu bearbeiten.

Bildbearbeitung in der Galerie-App

Die *Galerie*-App liefert einige Filter, Sticker und ein einfaches Malprogramm, um Bilder schnell zu bearbeiten.

Tippen Sie oben auf das Menüsymbol mit den drei Punkten und wählen Sie *Details*, zeigt die Galerie detaillierte Informationen zum Foto und Aufnahmeort.

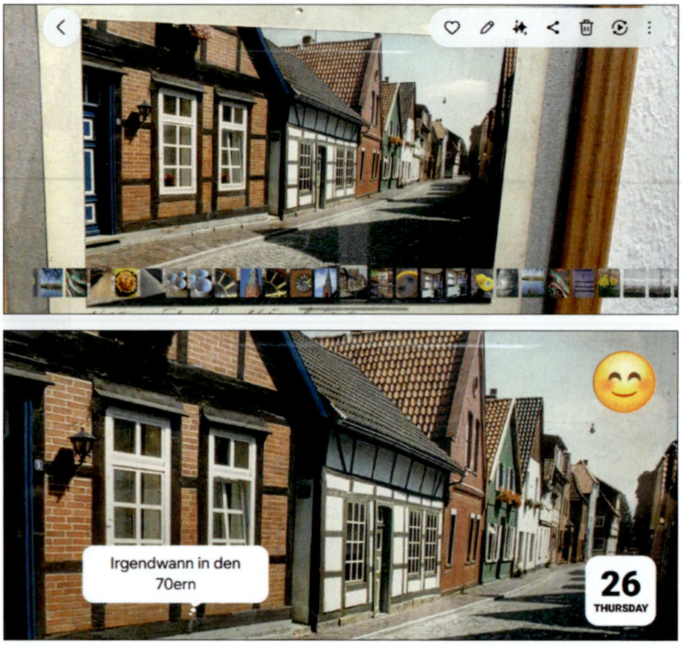

Foto in der Galerie zuschneiden und bearbeiten

Das Galaxy-AI-Symbol oben bietet KI-Tools an, um das Bild zu verbessern. Verschieben Sie die Trennlinie zwischen den beiden Bildhälften, um den Effekt vorher und nachher zu sehen. Danach können Sie eine Kopie des Bildes speichern oder direkt teilen.

Weitere Bearbeitungsfunktionen finden Sie, wenn Sie auf das Stiftsymbol in der Symbolleiste der Bildansicht tippen.

Dieses Symbol bietet Werkzeuge zum Zuschneiden und Drehen von Fotos. Beim Zuschneiden werden Standard-Seitenverhältnisse zur Auswahl angeboten. Sie können aber auch freie Ausschnitte festlegen. Durch Ziehen an den Ecken kann ein beliebiger Bildausschnitt gewählt werden. Das Symbol *1:1* schneidet das Bild auf ein Quadrat zu.

Mithilfe eines Rasters lassen sich schief aufgenommene Fotos gerade ausrichten, um zum Beispiel einen schiefen Horizont nachträglich zu korrigieren.

GIFs lassen sich so zuschneiden, dass sie genau die richtige Größe haben. Zusätzlich können die Funktionen zur Bearbeitung von Fotos auch für GIFs verwendet werden.

Das Symbol *Filter* liefert verschiedene Filter, die mit den Kamerafiltern vergleichbar sind, aber nachträglich über ein Foto gelegt werden können. Dabei lässt sich die Intensität der Filter einstellen. Das Symbol ganz rechts lädt weitere Filter aus dem Samsung Galaxy Store herunter.

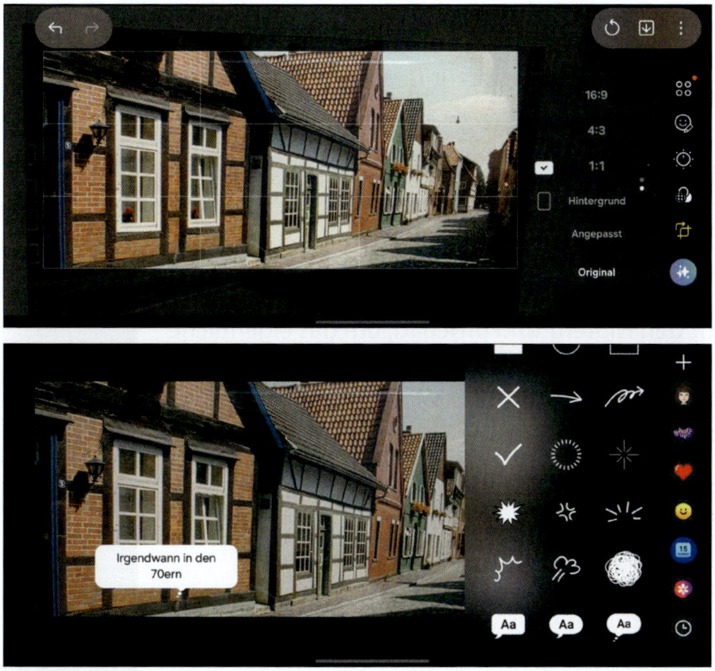

Oben: Bildformat anpassen, unten: Sticker ins Bild einfügen

Das Sonnensymbol bietet Einstellungen für Helligkeit, Belichtung, Kontrast, Sättigung, Farbton und Weißabgleich.

Das Smiley-Symbol zeigt verschiedene Malwerkzeuge und bietet die Möglichkeit, Sticker, Emojis und Texte in das Bild einzufügen.

Zeichnen

Das Symbol *Zeichnen* bietet einfache Malwerkzeuge mit unterschiedlichen Stiften, mit denen Sie in einem Foto malen oder Anmerkungen anbringen können. Halten Sie nach dem Zeichnen eines Rechtecks oder Kreises den Finger auf dem Bildschirm, damit die Linien sofort gerade gezogen und die Winkel optimiert werden. Mit dem Zurück-Pfeil löschen Sie einzelne gemalte Linien wieder. Das ursprüngliche Foto bleibt davon verschont.

Sticker

Das Symbol *Sticker* bietet eine umfangreiche Palette an Smileys und anderen Bildchen an, die in variabler Größe in ein Foto eingebaut werden können. Unter den Stickern sind auch die selbst erstellten AR-Emojis zu finden. Wenn Sie diese nicht brauchen, können Sie sie über das *Einstellungen*-Symbol ganz am Ende aus der Sticker-Ablage löschen.

Text

Das Symbol *Text* ermöglicht es, Texte in das Bild zu schreiben. Dabei sind verschiedene Schriftstile und Farben möglich. Die Schriftarten mit dem Pfeilsymbol müssen erst noch heruntergeladen werden.

Funktionen zur Bildverbesserung

Das Symbol mit den vier Kreisen liefert weitere interessante Bildbearbeitungstools in der *Galerie*-App.

Bereinigen entfernt störende Personen oder Objekte aus einem Bild. Umkreisen oder übermalen Sie die betreffenden Personen oder Objekte. Diese werden automatisch durch einen KI-generierten Hintergrund ersetzt, als wären sie nie dort gewesen.

Hintergrundunschärfe macht den Hintergrund unscharf, um das eigentliche Bildmotiv im Vordergrund zu betonen.

Lasso markiert durch eine Freihandlinie einen Bereich im Bild, der dann als eigenes Bild weiterverarbeitet werden kann.

Punktfarbe wandelt das Bild in Graustufen um. Jetzt lassen sich mit einer Lupe Bereiche markieren, die wieder ihre Originalfarbe bekommen. Damit lassen sich bestimmte Objekte im Bild deutlich hervorheben.

Farboptimierung verändert bestimmte Farben im Bild. Wählen Sie eine Farbe aus, danach können Sie deren Stärke im Bild erhöhen oder abschwächen.

KI-Tools und generative Bearbeitung

Das KI-Symbol bietet noch weitere Funktionen zur Bildbearbeitung. Mit der generativen Bearbeitung können Sie Objekte ausschneiden, verschieben oder durch einen KI-generierten Hintergrund ersetzen sowie den Stil des Bildes ändern, wobei oft auch Objekte verschoben oder hinzugefügt werden.

1. Übermalen Sie mit dem Finger die Objekte, die gelöscht oder verschoben werden sollen. Die KI versucht, die Objekte selbstständig zu erkennen und genau zu umgrenzen. Auf diese Weise können Sie mehrere Objekte nacheinander wählen.
2. Tippen Sie länger auf die Auswahl, um die ausgewählten Objekte zu verschieben oder mit dem Radierer-Symbol zu löschen.

3. Entscheiden Sie sich dann für *Erstellen*. Nach wenigen Sekunden erscheint das fertige Bild ohne die störenden Objekte. Tippen Sie auf *OK*, um es zu übernehmen. Mit dem Button *Vorheriges anzeigen* können Sie zum Vergleich das Bild vor dem letzten Arbeitsschritt anzeigen, ohne das neue Bild zu verlieren.

KI-Radierer

Je nach Bildmotiv schlägt der *KI-Radierer* automatisch zu entfernende Personen oder Objekte im Bild vor. Tippen Sie auf *Entf. vorschlagen*, um die störenden Elemente automatisch zu markieren. Tippen Sie anschließend auf *Löschen*, werden die markierten Personen oder Objekte gelöscht und die KI erstellt einen neuen Hintergrund.

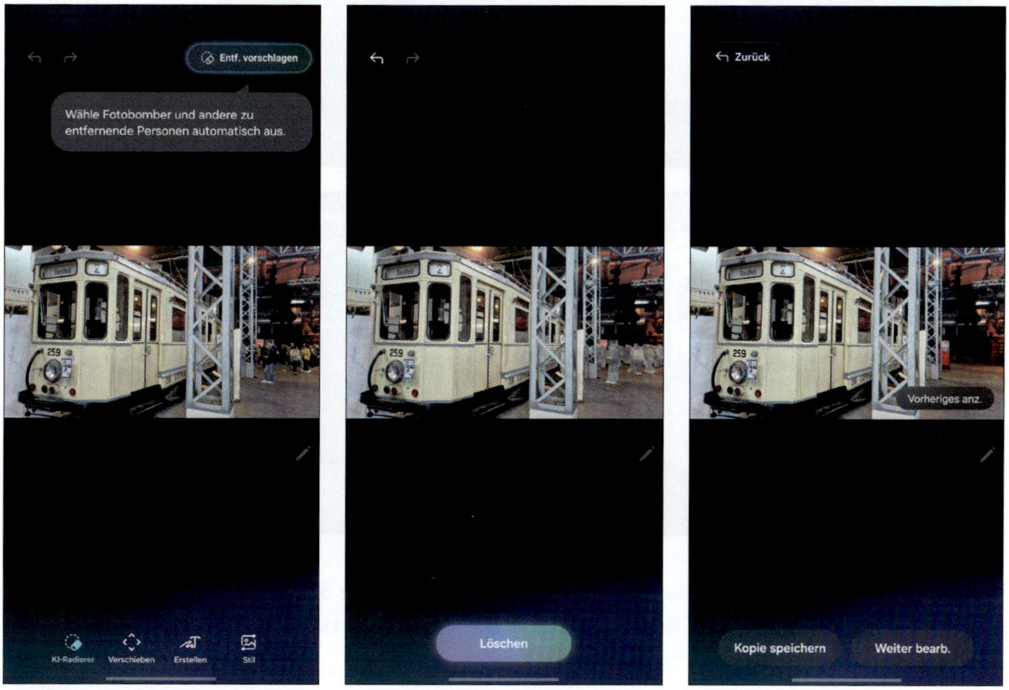

Fotobomber anhand eines KI-Vorschlags aus dem Bild entfernen

Objekte im Bild erstellen

Das KI-Tool *Erstellen* ermöglicht es, Gegenstände skizzenhaft in ein Foto einzuzeichnen. Anhand dieser Skizze werden dann fotorealistische Gegenstände in das Bild eingefügt. Auf dem Samsung Galaxy S26 Ultra zeichnen Sie mit dem S Pen deutlich genauer als mit dem Finger.

1. Zoomen Sie zur gewünschten Stelle im Bild und zeichnen Sie den Gegenstand. Mit dem Radierer-Symbol können Sie die Skizze wieder löschen.

2. Tippen Sie dann auf *Erstellen*. Nach wenigen Sekunden erscheint der Gegenstand im Bild. Mit dem Button *Vorheriges anzeigen* können Sie zum Vergleich das Bild vor dem letzten Arbeitsschritt anzeigen, ohne das neue Bild zu verlieren.

3. Tippen Sie auf *Kopie speichern*, um das neue Bild zu speichern, sodass das Original auch erhalten bleibt. *Weiter bearbeiten* ermöglicht weitere KI-gestützte Bearbeitungen im Bild.

Statt einer zweiten Straßenbahn wurde ein undefinierbares Gerät erzeugt

Im abgebildeten Beispiel sollte aus einer Skizze eine zweite Straßenbahn neben die erste gestellt werden. Stattdessen erzeugte die KI ein undefinierbares Gerät. In solchen Fällen können Sie mit einem Text-Prompt nachhelfen:

```
Ersetze das neue Objekt durch eine zweite Straßenbahn.
```

Der Prompt erstellte wirklich eine zweite Straßenbahn, die allerdings hinsichtlich Design und Epoche nicht zur ersten passte. Auch hier sollte ein neuer Text-Prompt Abhilfe schaffen:

```
Lösche die neue Straßenbahn und ersetze sie durch eine,
die wie die alte Straßenbahn aussieht.
```

Das typische Design deutscher Straßenbahnen der 30er-Jahre konnte die KI zwar nicht nachahmen, aber Farbgebung, Ziel, Liniennummer und sogar die Wagennummer wurden übernommen.

Die zweite von der KI erstellte Straßenbahn

Stil des Bildes ändern

Das KI-Tool *Stil* verleiht dem Bild einen künstlerischen Grafikstil. Wählen Sie aus den Symbolbildern den gewünschten Stil aus. Dabei wird in einigen Fällen auch zusätzlich ein neuer mehr oder weniger passender Hintergrund generiert.

RAW-Fotos mit Lightroom bearbeiten

Zur Bearbeitung von RAW-Fotos bietet Samsung im Galaxy Store eine spezielle Version der App *Adobe Lightroom* an. Die App bietet verschiedene Möglichkeiten der Nachbearbeitung von Farben, Kontrast und Helligkeit bei Fotos.

Lr

Tippen Sie auf ein Bild, um es zu bearbeiten. Die Symbolleiste unten zeigt verschiedene Werkzeuggruppen. Mit einem blauen Stern gekennzeichnete Werkzeuge stehen nur Nutzern eines kostenpflichtigen Abos zur Verfügung.

Halten Sie nach einem Bearbeitungsschritt den Finger länger auf dem Bild, können Sie das Original und die bearbeitete Version vergleichen.

- **Presets:** Passende Farb- und Kontrasteinstellungen sind oft schwer zu finden. Deshalb bietet die App *Lightroom* sogenannte Presets, vorgefertigte Kombinationen aus einstellbaren Parametern an, eine der großen Stärken des »großen« Lightroom-Programms für den PC.
- **Zuschneiden:** Hier können Sie das Bild auf einen Ausschnitt zuschneiden, wobei wahlweise wichtige Standard-Seitenverhältnisse angeboten werden. Zudem können Sie den Horizont ausrichten, das Bild drehen oder spiegeln.
- **Bearbeiten:** verschiedene Einstellungen wie Belichtung, Kontrast, Lichter, Tiefen, Weiß, Schwarz sowie Einstellungen für Farbkurven. Die Automatik ganz links versucht, ein Bild automatisch zu optimieren.

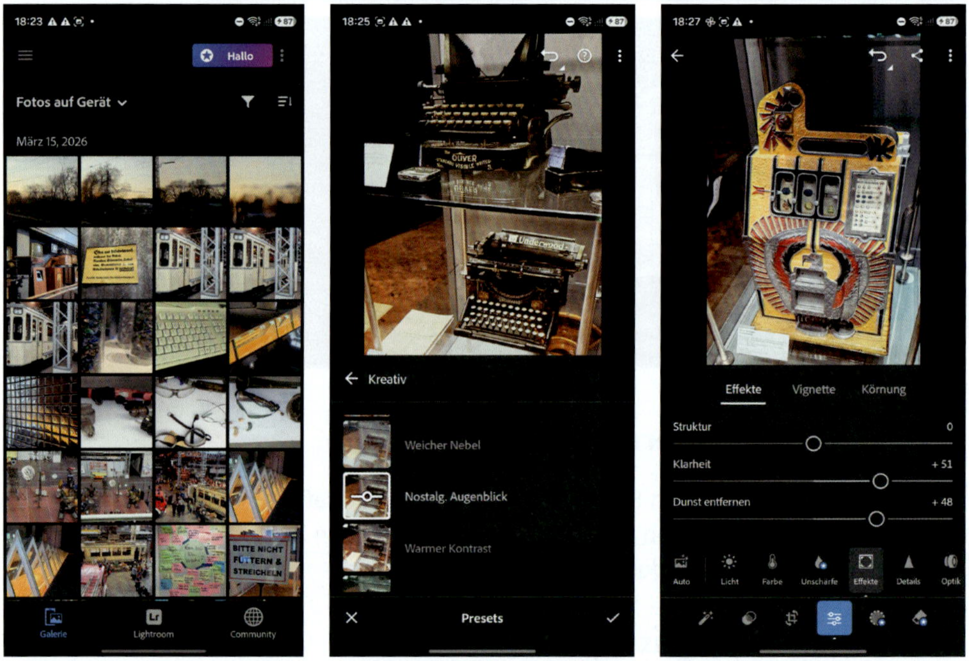

RAW-Fotos in Lightroom betrachten und bearbeiten, rechts: verschiedene Versionen eines Bildes

Mit den Pfeilen in der oberen Symbolleiste vergleichen Sie verschiedene Bearbeitungsstände eines Bildes oder setzen ein Bild auf einen früheren Stand zurück.

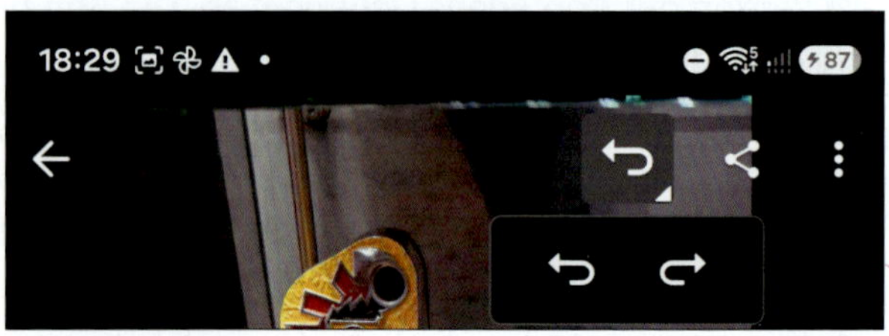

7.5 Fotos mit Google Fotos online zeigen und teilen

Wer seine Fotos online speichert, kann jederzeit und von überall darauf zugreifen. Außerdem sind Onlinefotoalben eine komfortable Lösung, um Fotos Freunden zu zeigen. So braucht man aus dem Urlaub nicht jede Menge Fotos einzeln per E-Mail zu verschicken. Ein Link auf die eigenen Fotos bei Google Fotos, OneDrive oder Instagram reicht aus.

Google Fotos (*photos.google.com*) bietet jedem Nutzer die Möglichkeit, seine Fotos online privat zu verwalten und auf Wunsch einzelne Bilder oder ganze Alben mit anderen zu teilen. Freunde können freigegebene Bilder kommentieren.

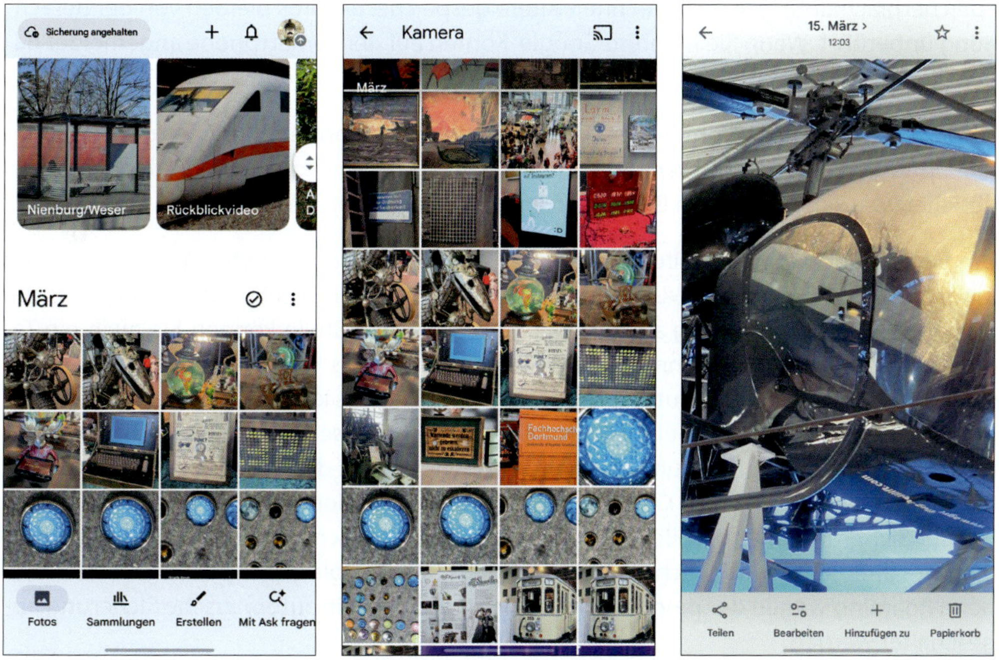

Google-Fotos-Alben und Fotos in der Google-Fotos-App auf dem Smartphone, rechts: Großansicht eines Fotos

> **Achtung: private Fotos**
>
> Die persönlichen Webalben werden automatisch in der Fotos-App des Smartphones angezeigt, auch Fotos, die mit anderen Smartphones oder Kameras fotografiert wurden. Dies gilt auch für Alben, die nur persönlich freigegeben sind und der Öffentlichkeit verborgen bleiben – auf dem Smartphone sind die Bilder alle zu sehen. Denken Sie daran, wenn Sie Ihr Smartphone mal aus der Hand geben, und verwenden Sie bei Bedarf einen gesperrten Ordner.

Smartphone-Fotos automatisch sichern

In den Einstellungen der Google-Fotos-App lässt sich festlegen, dass alle mit dem Smartphone aufgenommenen Fotos automatisch bei Google in einem privaten Album gesichert werden, auf das nur Sie selbst Zugriff haben. Auf diese Weise haben Sie jederzeit vom PC aus über *photos.google.com* Zugriff auf Ihre Fotos, ohne sie manuell übertragen zu müssen.

Google bietet 15 GB kostenlosen Speicherplatz für Fotos und andere Daten an. Stellen Sie in den Einstellungen der Google-Fotos-App, die Sie über das Profilbild rechts oben erreichen, unter *Sicherung* die *Sicherungsqualität* auf *Speicherplatz sparen*. Bei einer Auflösung von bis zu 16 Megapixeln war das Speichern lange Zeit unbegrenzt kostenlos. Seit Juni 2021 werden jedoch auch neu hochgeladene Fotos in einer geringeren Auflösung auf das Speicherplatzkontingent angerechnet. Ältere gespeicherte Fotos bleiben von der Berechnung unberührt. Wenn Sie mehrere Google-Konten auf dem Smartphone angemeldet haben, können Sie auswählen, in welchem die Fotos gesichert werden sollen.

Fotos von der Kamera werden bei eingeschalteter Synchronisation immer gesichert. Mit der Option *Geräteordner sichern* können Sie festlegen, welche weiteren Ordner ebenfalls gesichert werden sollen, zum Beispiel Screenshots und Downloads.

Um Datenvolumen im Mobilfunk zu sparen, enthält die Google-Fotos-App eine Einstellung, Fotos nur bei aktiver WLAN-Verbindung hochzuladen. Achten Sie darauf, dass die Option *Mobile Datennutzung* ausgeschaltet ist. An dieser Stelle können Sie auch ein Tageslimit für die mobile Datennutzung durch automatisches Hochladen festlegen. Videos sollte man am besten nicht automatisch sichern, da hier das kostenlose Datenvolumen im Mobilfunknetz sowie das Speicherkontingent bei Google sehr schnell erreicht wird. Leider hat Google die Option zum Abschalten von Videos bei der Synchronisation entfernt. In der aktuellen Version von Google Fotos ist es aber wieder möglich, Videos zumindest bei der Sicherung über mobile Daten auszuschließen. Verschieben Sie größere Videos in einen Ordner, der nicht synchronisiert wird, um Speicherplatz zu sparen. Ebenso sollte beim Roaming wegen der möglicherweise hohen Kosten die automatische Sicherung abgeschaltet werden.

Speicherplatz auf dem Smartphone freigeben

Beim Antippen des Profilbildes zeigt die Google-Fotos-App unter *Speicherplatz auf dem Gerät freigeben* einen Hinweis, wie viel Speicherplatz auf dem Smartphone freigegeben werden kann. In diesem Fall werden die lokalen Kopien der Fotos auf dem Smartphone gelöscht, die bereits auf Google Fotos gespeichert sind. Die Fotos werden in der App weiterhin angezeigt, müssen aber über das Internet heruntergeladen werden, da sie nicht mehr lokal im *Kamera*-Ordner liegen.

Fotos schneller finden

Die Google-Fotos-App bietet eine praktische Suchfunktion, um Fotos nach bestimmten Stichwörtern zu finden, ohne sie vorher manuell taggen zu müssen.

Tippen Sie auf das Symbol *Suche* ganz unten auf dem Startbildschirm der Google-Fotos-App. Sie können auch im Suchfeld einen Suchbegriff eingeben. Die App versucht, anhand von Ortsangaben oder typischen Motiven passende Fotos zu finden, was in den meisten Fällen auch sehr gut funktioniert. Fotos eines Ortes lassen sich über das Symbol *Sammlungen* auf einer Karte anzeigen. Diese Karte zeigt farblich markierte Bereiche, in denen mehr oder weniger Fotos aufgenommen wurden.

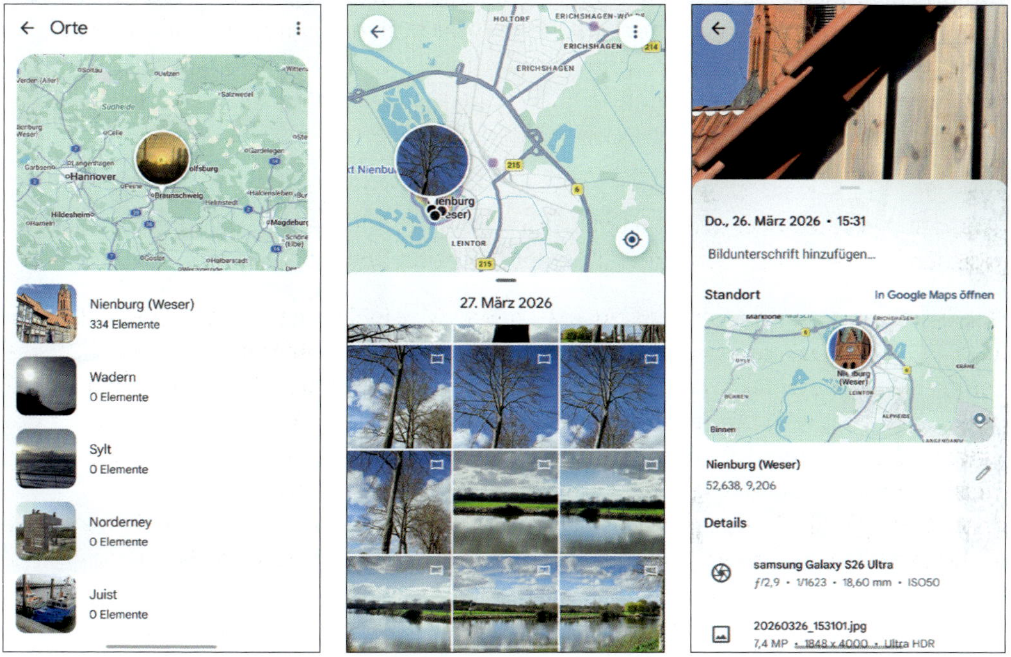

Fotos nach Aufnahmeorten suchen, rechts: Standortangabe in einem Foto

Wischen Sie in der Vollbildansicht eines Fotos von unten senkrecht nach oben, werden verschiedene Informationen zu dem Bild angezeigt und auch eine Karte mit der genauen Ortsangabe.

Standortfreigabe für Google Fotos

Damit Google Fotos nicht nur den im Foto gespeicherten Standort anzeigen kann, sondern auch nach Standorten suchen oder eine Übersichtskarte zeigen kann, muss in den *Einstellungen* unter *Standort/App-Berechtigungen* der Standortzugriff für die Google-Fotos-App aktiviert sein.

Bildbearbeitung in der Google-Fotos-App

Tippen Sie in der Google-Fotos-App auf ein Bild, wird dieses im Vollbildmodus angezeigt und Sie können es auch direkt bearbeiten.

Das *Bearbeiten*-Symbol unten bietet ein paar Filter sowie einfache Bearbeitungswerkzeuge an. Bei den Werkzeugen zur Bildkorrektur lässt sich die Stärke des Effekts mit Schiebereglern interaktiv einstellen.

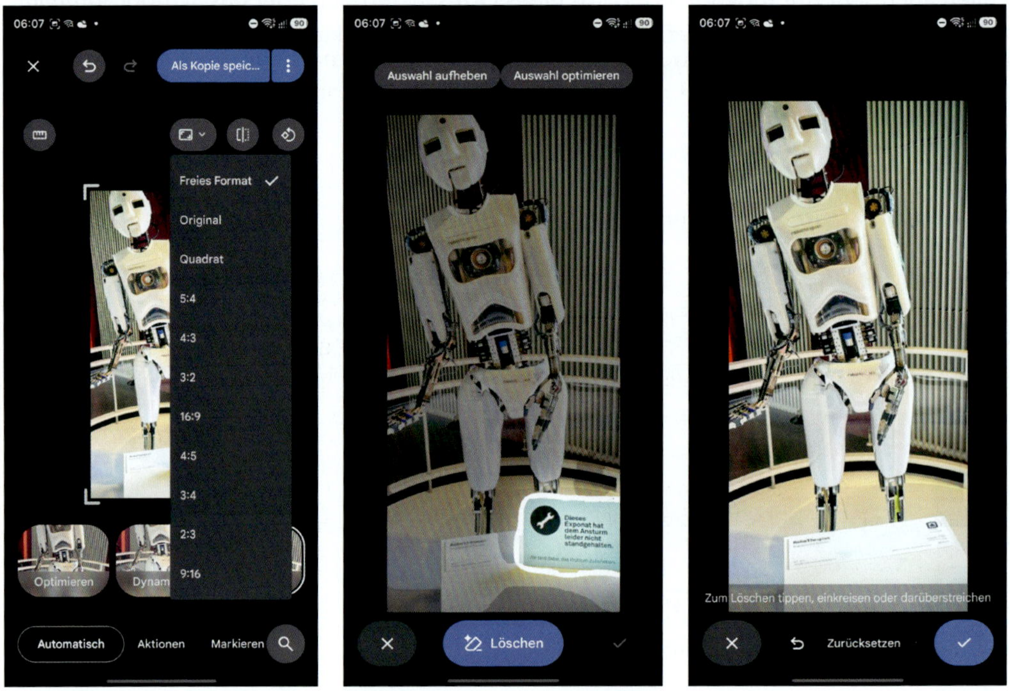

Foto in der Fotos-App bearbeiten und speichern. Mitte, rechts: Hinweisschild mit magischem Radierer entfernt

Direkt beim Öffnen eines Bildes kann dieses automatisch optimiert werden, oder die Farben können kälter oder wärmer eingestellt werden. Bei manchen Fotos schlägt Google Fotos vor, die Belichtung automatisch zu korrigieren.

Durch Ziehen an den Ecken kann ein beliebiger rechteckiger Bildausschnitt gewählt werden. Das Symbol oben schneidet das Bild auf ein bestimmtes Seitenverhältnis, etwa ein Quadrat, zu.

Das Symbol *Bester Bildausschnitt* links oben wählt den – nach Meinung der KI – besten Bildausschnitt und schneidet das Foto zu. Sie können diesen Ausschnitt jederzeit ändern, wenn Sie zum Beispiel ein bestimmtes Seitenverhältnis für das Foto brauchen.

Das Symbol *Spiegeln* spiegelt das Bild um die senkrechte Achse. Eine Spiegelung um die waagerechte Achse erreichen Sie in Kombination mit einer 180°-Drehung.

Das Symbol *Drehen* dreht das Bild in 90°-Schritten.

Um das Bild in freien Winkeln zu drehen, tippen Sie unten auf *Aktionen* und dann auf *Zuschneiden*. Hier können Sie einen Bildausschnitt wählen. Mithilfe einer Winkelskala lassen sich schief aufgenommene Fotos gerade ausrichten, um beispielsweise einen schiefen Horizont nachträglich zu korrigieren. Ein Raster hilft dabei, senkrechte oder waagerechte Kanten im Bild auszurichten.

Mit dem *Magischen Radierer* können Sie störende Objekte im Bild markieren und automatisch entfernen lassen. Die KI versucht, den Hintergrund sinnvoll zu ersetzen.

In den Bereichen *Filter* und *Belichtung* können Sie diverse Bildparameter wie Helligkeit, Kontrast, Weißpunkt, Schwarzpunkt, Wärme und andere einstellen. Bei diesen Werkzeugen zur Bildkorrektur lässt sich die Stärke des Effekts mit Schiebereglern interaktiv einstellen. Tippen Sie länger auf das Bild, um jederzeit einen Vergleich zwischen Original und Bearbeitung zu sehen. Die Filter sind hier nicht nach technischen Details, sondern mit Namen benannt, um sie sich leichter merken zu können.

Alle Filter und Werkzeuge werden erst über die Schaltfläche *Als Kopie speichern* wirklich auf das Bild angewendet. Dabei wird eine Kopie gespeichert, um das Originalfoto zu behalten.

Der gesperrte Ordner für geheime Fotos

Viele Menschen haben auf ihren Smartphones Fotos, die niemand anders auch nur zufällig sehen soll – seien es besonders private Bilder oder auch Fotos von Kreditkarten und Ausweisdokumenten, die man sicherheitshalber speichert, um es bei einem Verlust der Originale leichter zu haben.

Richten Sie bei Google Fotos einen gesperrten Ordner ein, auf den nur Sie selbst Zugriff haben. Die Fotos in diesem Ordner werden nicht über Google Fotos auf PCs oder andere Geräte synchronisiert:

1. Falls Sie keine Bildschirmsperre verwenden, richten Sie ein Sperrmuster, eine PIN oder einen Fingerabdruck ein. Diese Bildschirmsperre wird auch zum Öffnen des gesperrten Ordners verwendet.

2. Beim ersten Zugriff auf den gesperrten Ordner müssen Sie noch ein paar Hinweise bestätigen.

3. Suchen Sie ein oder mehrere Fotos in der Google-Fotos-App aus und wählen Sie dann im Menü oben rechts *In den gesperrten Ordner verschieben*. Die Fotos sind dann in den Listen der Google-Fotos-App nicht mehr zu sehen und auch über die Suche nicht mehr zu finden.

Um die Fotos im gesperrten Ordner zu sehen, tippen Sie auf der Seite *Sammlungen* ganz unten auf *Gesperrt*. Jetzt müssen Sie die Bildschirmsperre bestätigen. Um Fotos zurück in den öffentlichen Bereich zu verschieben, wählen Sie diese im gesperrten Ordner aus und tippen auf *Verschieben*.

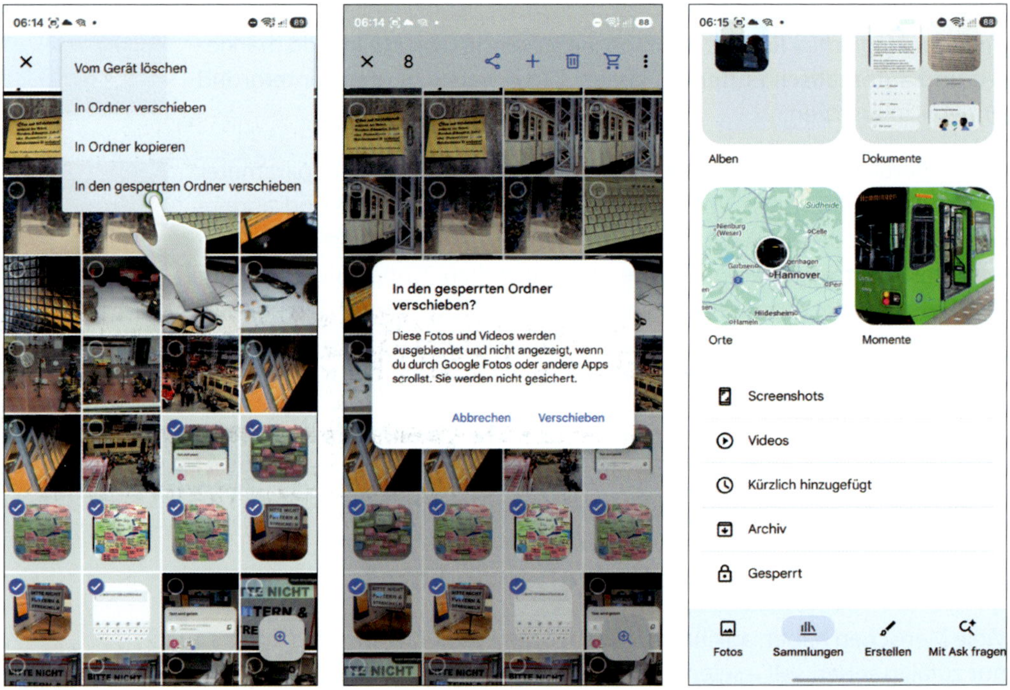

Fotos in den gesperrten Ordner verschieben, rechts: gesperrter Ordner in der Google-Fotos-App

> **Achtung bei Reset oder Gerätewechsel**
>
> Die Fotos im gesperrten Ordner werden beim Deinstallieren der Google-Fotos-App automatisch gelöscht. Sie werden auch bei einem Gerätewechsel nicht auf ein neues Smartphone übertragen, solange Sie nicht im gesperrten Ordner die Sicherung aktiviert haben.

Fotos mit Freunden teilen

Die Google-Fotos-App und auch die meisten anderen Android-Apps, die Fotos anzeigen, haben eine Funktion zum Senden von Fotos über verschiedene Kommunikationswege integriert.

1. Tippen Sie dazu in der Anzeige eines Bildes auf das *Teilen*-Symbol unten links.

2. Tippen Sie in der *Teilen*-Palette auf *In Fotos senden*, wählen Sie eine Person aus und schreiben Sie danach noch einen Kommentar. Die Person bekommt auf dem Smartphone eine Benachrichtigung.
3. Bei einem Album sehen Sie unter dem Albumtitel die Personen, mit denen dieses Album geteilt wurde. Tippen Sie auf das Plussymbol, um das Album mit weiteren Personen zu teilen.

Die Google-Fotos-App zeigt beim Empfänger eine Benachrichtigung. Über das Glockensymbol oben rechts in der App werden alle von Freunden erhaltenen und mit Freunden selbst geteilten Fotos und Alben angezeigt. Zusätzlich erhält der Empfänger des Fotos eine automatische E-Mail mit einem Link zum Foto. Der Empfänger kann den Link aus der E-Mail in jedem Browser auf Smartphones, PCs oder anderen Geräten öffnen und so das Bild sehen. So können Sie E-Mails mit einem Link auf das Foto verschicken, ohne es in voller Auflösung als Anhang senden zu müssen.

Fotos als Link teilen

Aus der Fotoübersicht der *Google-Fotos*-App können nicht nur einzelne, sondern auch mehrere Fotos auf einmal freigegeben werden, ohne dass man gleich ein ganzes Album freigeben muss. Dazu wird ein virtuelles Album angelegt, das nur in der Liste geteilter Alben auftaucht.

1. Tippen Sie länger auf ein Foto, wird es markiert und bei allen anderen Fotos erscheinen Markierungskästchen.
2. Wählen Sie jetzt die zusätzlichen Fotos aus und tippen Sie zum Schluss auf das *Teilen*-Symbol in der Symbolleiste oben.

3. Tippen Sie auf *In Fotos senden* und wählen Sie eine Person aus, um die Fotos in der Google-Fotos-App zu teilen.

4. Oder wählen Sie *Link erstellen*, dann wird ein Link erzeugt, der genau die gewählten Fotos freigibt. Geben Sie diesen Link per E-Mail, Messenger oder auf anderen Wegen an Ihre Freunde weiter. Diese können dann im Browser die ausgewählten Fotos sehen. Einige Apps werden unterhalb des angezeigten Links direkt vorgeschlagen.

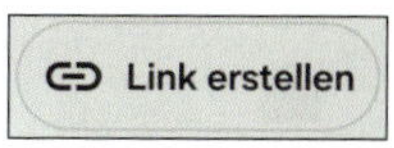

Fotos als E-Mail-Anhang verschicken

Im Gegensatz zur Funktion *Link erstellen* wird das Bild beim Teilen über das Gmail-Symbol oder an einen der vorgeschlagenen Gmail-Kontakte nicht als Link, sondern wirklich als – möglicherweise sehr großer – Dateianhang an die E-Mail gehängt.

Fotoalben anlegen

Zur besseren eigenen Übersicht oder auch zum Teilen können Sie bei Google Fotos Ihre Fotos in Alben ordnen.

1. Wählen Sie in der Google-Fotos-App mehrere Fotos aus: Nachdem Sie ein Foto ausgewählt haben, ziehen Sie mit dem Finger über den Bildschirm, um die folgenden Fotos schnell mit auszuwählen.
2. Tippen Sie unten in der Symbolleiste auf das Plussymbol *Hinzufügen zu*.
3. Tippen Sie dann auf *Album* und geben Sie im nächsten Schritt dem neuen Album einen aussagekräftigen Namen.

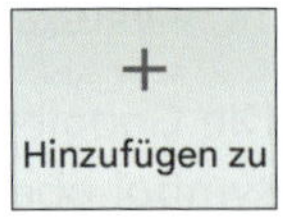

4. Entscheiden Sie sich für *Highlight hinzufügen*, um ein Titelbild auszuwählen oder die automatische Vorauswahl zu übernehmen.
5. Zudem können Sie auch noch einen Kommentartext und einen Standort hinzufügen.

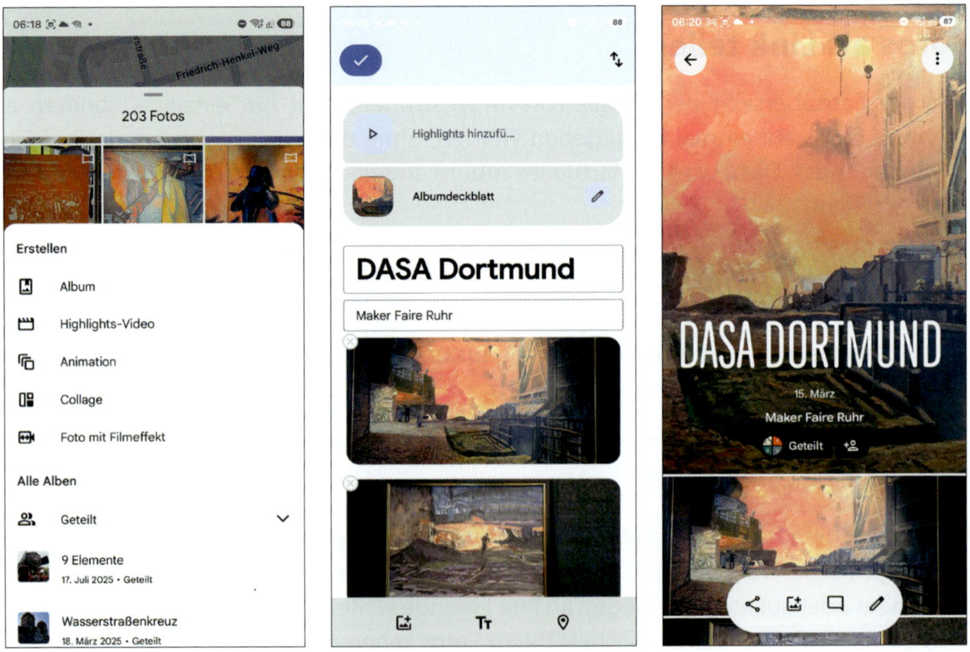

Fotos auswählen, zu einem Album zusammenstellen und teilen

6. An dieser Stelle können Sie direkt per Drag and Drop die Reihenfolge der Fotos im Album ändern, was aber auch später noch möglich ist. Bestätigen Sie alle Änderungen mit dem Häkchen links oben.

7. Über das *Teilen*-Symbol oben rufen Sie einen Link für das Album ab, um diesen an Freunde weiterzugeben, oder Sie teilen das Album direkt in der Google-Fotos-App.

Die Alben werden in der Google-Fotos-App unter *Sammlungen* angezeigt. Hier finden Sie auch Alben, die von Google Fotos automatisch erstellt werden. Selbstverständlich können Sie jedes Album nachträglich bearbeiten, Fotos ergänzen oder aus dem Album entfernen, ohne dass sie gleich bei Google Fotos gelöscht werden. Mit den Symbolen am oberen Bildschirmrand in der Bearbeitungsansicht können Sie dem Album auch nachträglich Ortsangaben und zusätzliche Texte hinzufügen.

Gemeinsame Alben für mehrere Personen

Für Reisegruppen, Partys und andere Gelegenheiten bietet Google Fotos Alben an, in denen mehrere Benutzer Fotos hochladen können.

1. Wählen Sie die Bilder aus und legen Sie ein *Album* an.

2. Geben Sie dem Album einen Namen, tippen Sie unten in der Symbolleiste auf *Teilen* und wählen Sie Personen aus, die das Album mitbenutzen dürfen.

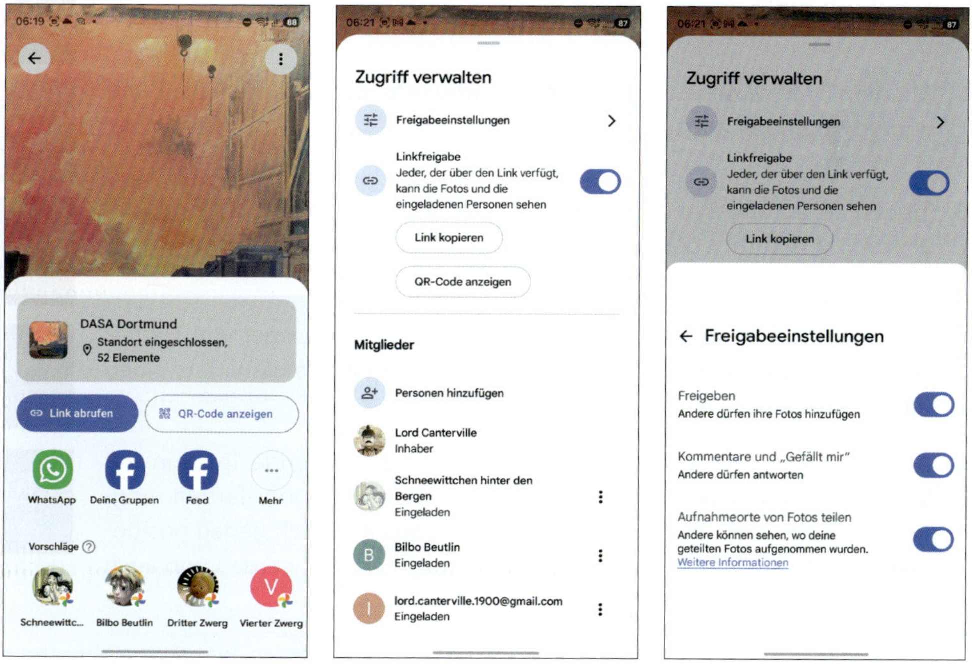

Album zur Zusammenarbeit freigeben

3. Wählen Sie im Menü der Albumansicht *Optionen* aus und aktivieren Sie dort den Schalter *Freigeben*.

4. In der Albumansicht bei den Freunden erscheint das Symbol *Fotos hinzufügen*. Tippen sie darauf, können sie eigene Fotos zum Album hinzufügen.

Highlights-Videos in der Fotos-App erstellen

Neben klassischen Fotoalben bietet die Google-Fotos-App die Möglichkeit, Highlights-Videos oder Collagen zu erstellen und zu speichern. Ein Highlights-Video ist eine kurze Diashow, die auf Wunsch mit einer Musik unterlegt werden kann.

1. Tippen Sie unten auf das Symbol *Erstellen* und dann auf *Highlights-Video*.

2. Wählen Sie zuerst eine Vorlage oder auch gleich die gewünschten Bilder aus. Sie können anhand von Vorschlägen oder eines Suchbegriffs Fotos automatisch auswählen lassen, oder Sie wählen sie direkt aus den Fotoübersichten in Google Fotos aus.

3. Das automatisch generierte Video wird als Vorschau angezeigt. Unten können Sie per Drag and Drop die Reihenfolge der Bilder verändern. Mit dem Plussymbol links unten fügen Sie weitere Bilder hinzu.

4. Über das Symbol *Größe ändern* unterhalb der Vorschau wählen Sie das Seitenverhältnis für das Video.

5. Mit dem Symbol *Anpassen* können Sie Farbwerte, Kontrast, Helligkeit und andere Parameter anpassen.

6. Tippen Sie auf das Symbol *Musik*, um einen auf dem Smartphone gespeicherten Musiktitel oder ein mitgeliefertes Musikthema als Hintergrundsound zu hinterlegen.

7. Mit dem Symbol *Audio* verschieben Sie die Lautstärkepegel von Hintergrundmusik und Originalaudio, wenn Videoclips mit in das Highlights-Video eingebaut werden.

8. Zusätzlich können Sie noch Beschriftungen und erklärende Texte in das Video einblenden. Hier sind verschiedene Schriftarten und -farben möglich. Die Texte können auf einer eigenen Videospur zeitlich genau positioniert werden, im Lauf des Videos ein- und ausgeschaltet werden und auch wechseln.

9. Tippen Sie rechts oben auf *Speichern*, um das Video zu sichern, was einige Minuten dauern kann. Gespeicherte Highlights-Videos erscheinen in Google Fotos unter *Kreationen*.

Animationen in der Fotos-App erstellen

Eine Animation ist eine automatisch ablaufende Diashow aus frei wählbaren Fotos. Tippen Sie auf das Symbol *Erstellen* und dann auf *Animation* und wählen Sie anschließend einige Fotos. Die Bilder werden automatisch hintereinandergefügt.

Die Reihenfolge der Bilder in einer Animation entspricht der Reihenfolge der Fotos in der Google-Fotos-App. Möchten Sie eine bestimmte Reihenfolge haben, legen Sie ein Album an, ziehen die Bilder in die gewünschte Reihenfolge und erstellen daraus eine Animation.

Vor- und Nachteile von Animationen oder Videos

Eine Animation wird als animiertes GIF gespeichert und kann so als Ganzes geteilt werden, ohne jedes Mal alle Bilder wieder auszuwählen oder ein Album anzulegen.

Im Gegensatz zu Animationen sind Filme Videodateien und keine Bilddateien, die mit einem Videobetrachter angezeigt und auch an beliebigen Stellen gestoppt werden können. Videos benötigen deutlich mehr Speicherplatz als Animationen. Die Bildqualität ist durch die Kompression geringer als bei den Originalfotos.

Collagen in der Fotos-App gestalten

Eine Collage ist ein Bild, das aus mehreren Bildern zusammengesetzt wird.

1. Tippen Sie auf *Erstellen* und dann auf *Collage*. Wählen Sie bis zu sechs Fotos aus. Diese werden zufällig angeordnet. In der Leiste unten können Sie zwischen verschiedenen Vorlagen für die Collage wählen.

2. Tippen Sie auf eines der Fotos, können Sie es bearbeiten oder durch ein anderes ersetzen.
3. Mit einer Zwei-Finger-Geste zoomen Sie einen Ausschnitt aus einem Foto.
4. Tippen Sie lange auf ein Foto, können Sie es an die gewünschte Position in der Collage schieben und mit dem dort angeordneten Foto tauschen.
5. Tippen Sie auf *Speichern*, um die Collage zu speichern.

Die Google-Fotos-App erstellt automatisch eine Collage und speichert diese als Bild, das wie jedes andere Bild geteilt werden kann.

Nach der Erstellung haben Sie noch die Möglichkeit, die Collage wie jedes andere Bild zu bearbeiten und mit Farbfiltern oder Effekten auszustatten.

7.6 Instagram

Fotos vom Smartphone in ein soziales Netzwerk hochzuladen, ist nichts Neues mehr.

Instagram (*www.instagram.com*) hat es geschafft, von einer einfachen App zum Teilen von Fotos zu einem der wichtigsten sozialen Netzwerke zu werden.

Schon früher wurden Urlaubsfotos und schöne Eindrücke als Fotos mit Freunden geteilt. Die rasche Verbreitung von Instagram und die komfortablen Funktionen zur Bildbearbeitung sowie zum Teilen und Kommentieren tragen dazu bei, dass es heute für viele selbstverständlich dazugehört, im Urlaub oder vom Essen Fotos zu machen und zu veröffentlichen.

Mit Instagram geben Sie dem Bild Stil und veröffentlichen gleich die passende Stimmung mit dazu. Dafür sind jede Menge Farbfilter, Rahmen und Effekte bereits in der App vorgegeben. Zudem enthält Instagram eine eigene Kamerafunktion, mit der Sie direkt fotografieren oder auch nachträglich Effekte auf bereits auf dem Smartphone gespeicherte Fotos legen können. Gerade die Vielzahl und grafische Qualität dieser Effekte und Filter unterscheidet Instagram von ähnlichen Apps und Netzwerken.

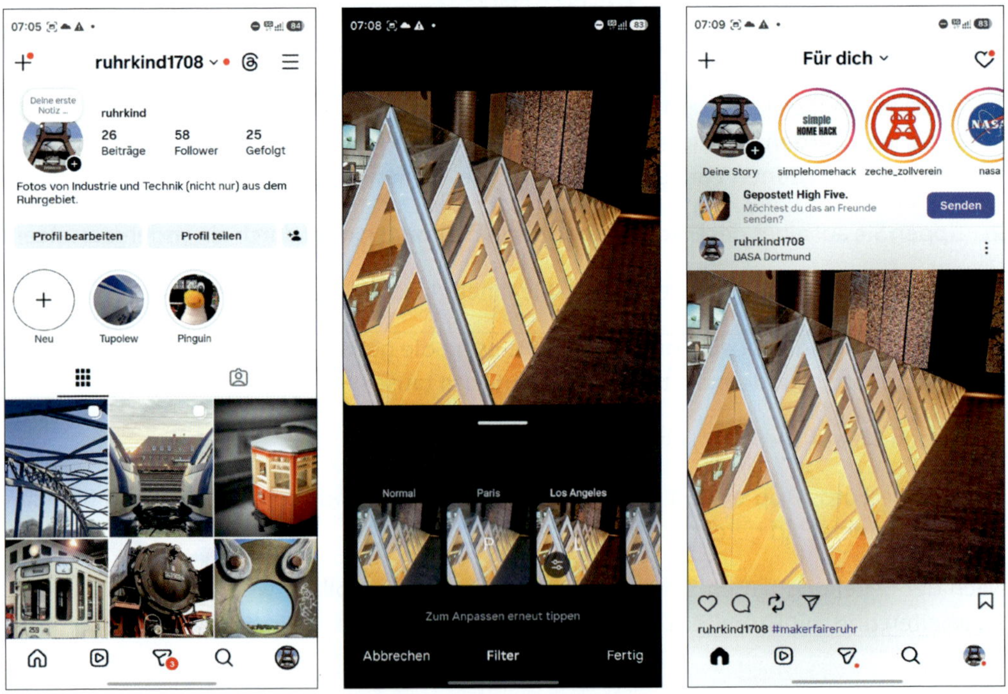

Eigene Fotos auf Instagram posten

Instagram ist mittlerweile eines der beliebtesten sozialen Netzwerke. Hier kann man direkt dem Fotostream von Freunden folgen, die auf diese Weise ihr Leben erzählen, und auch mit ihnen kommunizieren. Dabei werden üblicherweise Hashtags verwendet, um auch andere Fotos zum Thema zu finden. Nach Eingabe des #-Zeichens und der ersten Buchstaben schlägt die App automatisch passende Hashtags vor. Beim Veröffentlichen auf Instagram kann man seine Fotos auch direkt in anderen sozialen Netzwerken teilen, die mit dem eigenen Instagram-Konto verknüpft sind.

7.7 OneDrive

Die auf dem Samsung Galaxy S26 vorinstallierte Microsoft-App *OneDrive* bietet auch eine automatische Kamerasicherung für Fotos von Android-Smartphones. Durch die gute Integration von OneDrive in Windows 10 und 11 haben Sie die Fotos vom Smartphone auf dem PC automatisch sofort zur Verfügung. Dazu melden Sie sich in der App auf dem Samsung Galaxy S26 mit Ihrem Microsoft-Konto an, das Sie auch auf dem Windows-PC nutzen. Die *OneDrive*-App bietet auch grundlegende Bearbeitungswerkzeuge für Fotos an.

Automatischer Galerie-Upload auf dem Samsung Galaxy S26

Samsung fährt seine eigene Cloud-Lösung Schritt für Schritt zurück und setzt dafür im Rahmen einer Zusammenarbeit mit Microsoft auf *OneDrive*, was den Nutzern diverse Vorteile bringt, da *OneDrive* in Windows deutlich besser integriert ist.

In den Einstellungen der *Galerie*-App können Sie *Mit OneDrive synchronisieren* aktivieren. Verbinden Sie dann Ihr Microsoft-Konto mit dem Samsung Account, und die Fotos aus der *Galerie* werden automatisch in einem eigenen Ordner auf OneDrive gesichert. Schließen Sie am Ende die Werbung, wenn Ihnen ein kostenloses OneDrive-Standardkonto ausreicht.

Dabei können Sie wählen, ob die Fotos nur über WLAN oder auch über das Mobilfunknetz automatisch gesichert werden sollen, oder dass sogar nur dann Fotos automatisch hochgeladen werden, wenn das Smartphone am Ladegerät angeschlossen ist. Die Einstellungen der *Galerie*-App erreichen Sie über das Menüsymbol rechts unten. Hier können Sie unter *Zu synchronisierende Alben* festlegen, welche Alben mit OneDrive synchronisiert werden sollen.

Fotos mit der OneDrive-App teilen

OneDrive bietet umfangreiche Möglichkeiten, Fotos für Freunde oder öffentlich freizugeben. Dabei kann entweder ein Bild oder ein Link verschickt werden. Auch später noch kann zu jedem Foto in der App oder bei *onedrive.com* im Browser angezeigt werden, wer dafür eine Freigabe erhalten hat.

Fotoalben auf OneDrive

OneDrive bietet ähnlich wie Google Fotos die Möglichkeit, Alben anzulegen. Die Fotos in einem Album können dabei in unterschiedlichen Ordnern liegen. Bei Google Fotos stellt sich diese Frage nicht, da keine Ordner, sondern ausschließlich Alben verwendet werden.

Markieren Sie bei OneDrive im Browser auf dem PC die Fotos, klicken Sie dann oben auf *Zu Album hinzufügen* und legen Sie ein neues Album an oder fügen Sie die Fotos zu einem vorhandenen Album hinzu. Das Album kann anschließend mit Freunden geteilt werden.

1. In der *OneDrive*-App markieren Sie die Fotos, ziehen danach die Symbolpalette von unten ins Bild und tippen auf *Zu Album hinzu*.
2. Im nächsten Schritt wählen Sie ein Album aus oder legen mit dem Plussymbol oben rechts ein neues Album an. Tippen Sie dann auf die blaue Schaltfläche *Zu Album hinzu*.
3. Die Alben finden Sie auf der Seite *Alben* im Bereich *Fotos*. In der Ansicht des Albums geben Sie dieses mit dem *Teilen*-Symbol im Menü oben rechts frei. Dabei können Sie wählen, ob eingeladene Benutzer eigene Fotos zum Album hinzufügen dürfen.

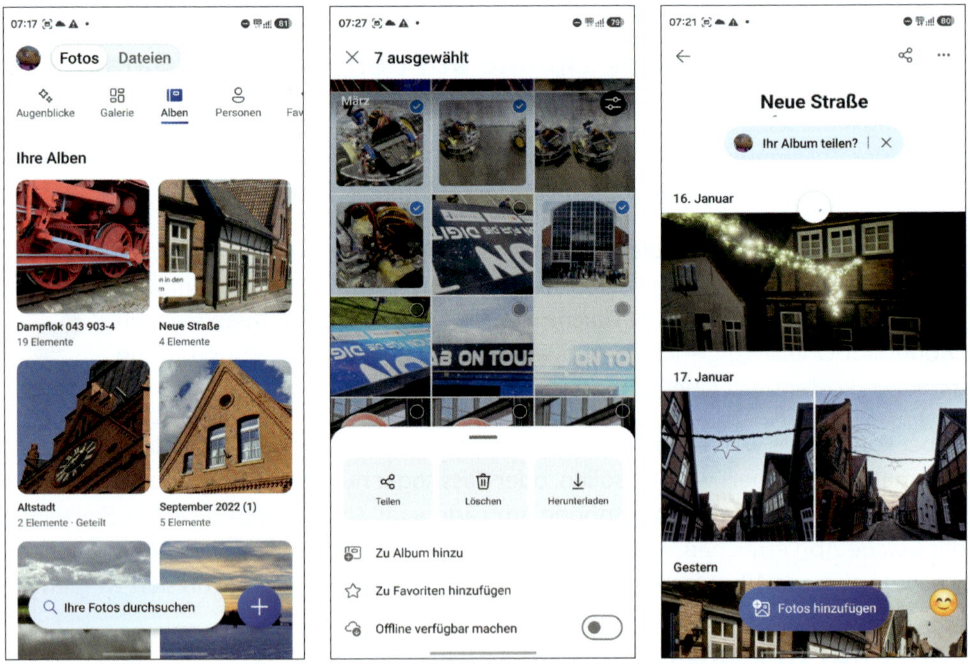

Fotos auf OneDrive betrachten, Album anlegen und bearbeiten

KAPITEL 8

Unterwegs mit dem Samsung Galaxy S26

Wer unterwegs ist, braucht eine Landkarte oder einen Stadtplan des Urlaubsortes. Landkarten auf dem Smartphone haben gegenüber ihren auf großformatiges Papier gedruckten Vorgängern einige Vorteile.

Sie können deutlich aktueller sein als Pläne aus Papier, die auch in Urlaubsregionen höchstens einmal im Jahr erneuert werden, und der eigene Standort lässt sich per GPS direkt auf der Karte anzeigen. Hinzu kommt eine präzise Suchfunktion, die selbst kleine Orte oder einzelne Straßen in Sekundenschnelle findet.

8.1 Google Maps

Google Maps hat sich zur wichtigsten Quelle für Landkarten und geografische Informationen im Internet entwickelt. Genauso einfach, wie die Suchmaschine Google irgendetwas im Internet findet, findet Google Maps die genaue Position in der realen Welt. Auf allen Android-Smartphones mit Google-Diensten ist eine App für Google Maps vorinstalliert, die noch mehr Funktionen bietet als die browserbasierte Version von Google Maps.

Gerätestandort in Google Maps nutzen

Beim ersten Start von Google Maps erscheint eine Abfrage, um Google Maps zu erlauben, den Gerätestandort abzurufen. Damit Google Maps sinnvoll funktionieren kann, wählen Sie hier die Option *Genau* und tippen dann auf *Bei Nutzung der App*.

Mit zwei Fingern lässt sich die Kartenansicht, die normalerweise nach Norden ausgerichtet ist, drehen. Tippen Sie auf das Kompass-Symbol, wird die Karte wieder genordet.

Das Ebenensymbol rechts oben blendet weitere Kartenebenen wie Radwege, Satellitenbild oder Geländeformationen ein.

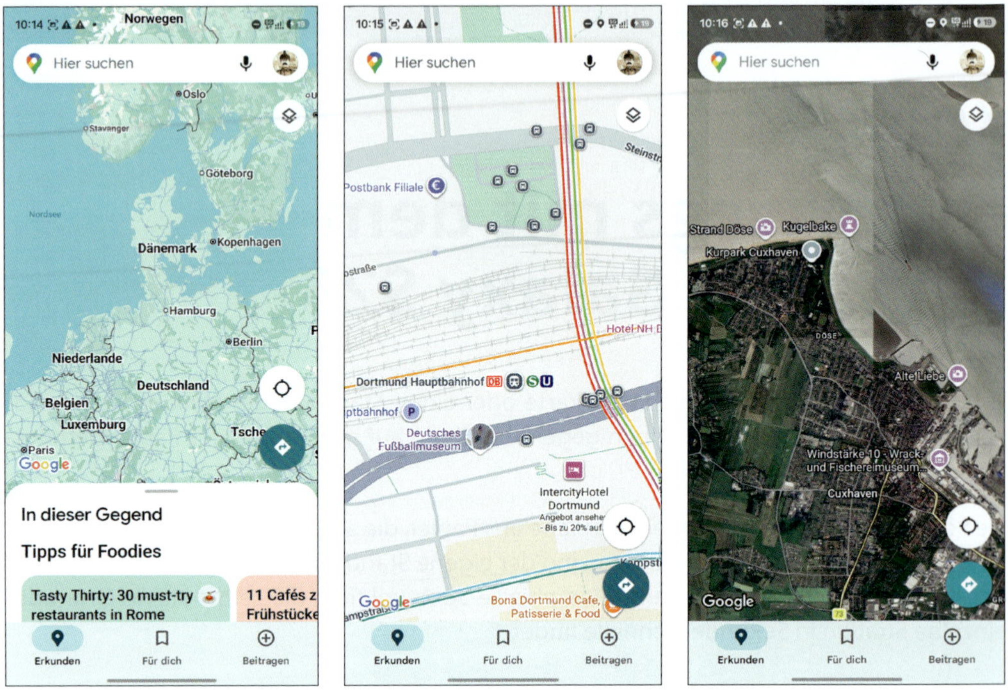

Google-Maps auf dem Samsung Galaxy S26, mit Infos zu öffentlichen Verkehrsmitteln und Satellitenbildern

Achtung: Datenvolumen

Bedenken Sie, dass die Satellitenbilder ein deutlich höheres Datenvolumen verursachen als die simple Vektorgrafik.

Region erkunden

Google bietet ein Firmen-, Kneipen- und Restaurantverzeichnis, das mit Daten verschiedener Anbieter gefüllt wird. Hier findet man unter anderem auch diverse Nutzerbewertungen, die allerdings wie überall mit Vorsicht zu genießen sind.

Google Maps zeigt neben Kneipen und Restaurants zudem Hotels, Geldautomaten, Veranstaltungen und viele andere interessante Orte. Die Listen von Restaurants und Geschäften lassen sich nach Eigenschaften wie *Jetzt geöffnet* oder Kategorien wie dem Preis filtern. In vielen Fällen lassen sich die gefundenen Telefonnummern auch direkt antippen und anrufen.

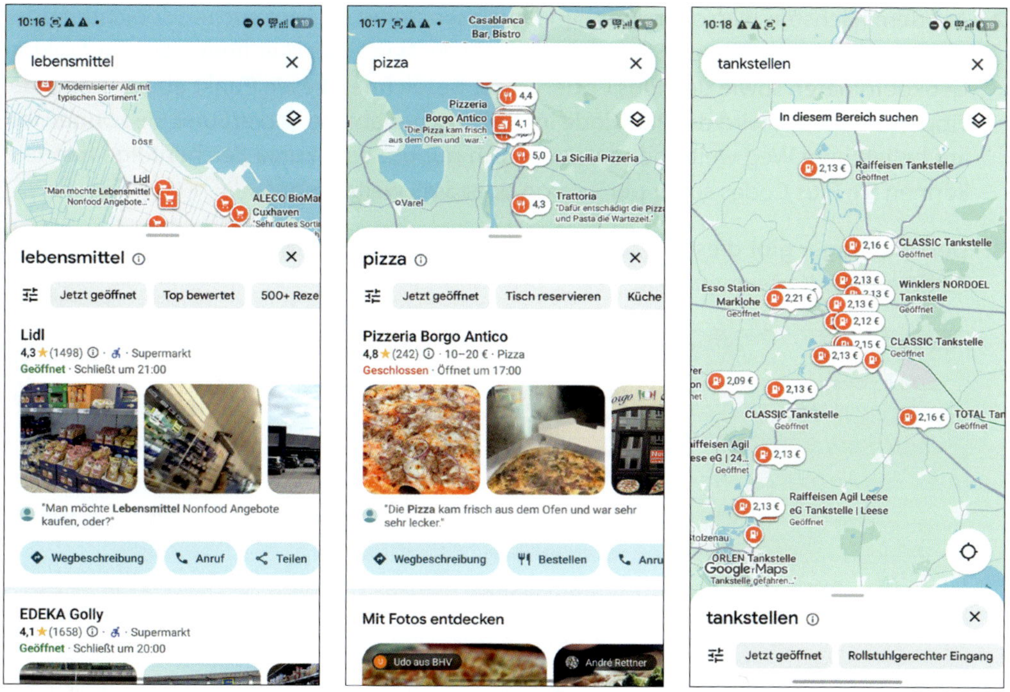

Suche nach Gastronomie, Supermärkten oder anderen regionalen Suchbegriffen, rechts: Benzinpreise bei Tankstellen

Im unteren verschiebbaren Bildschirmbereich zeigt die App Gastronomie, Läden und Fotos aus der auf dem Kartenausschnitt dargestellten Region an. Bei der Suche wird immer zuerst in der unmittelbaren Umgebung gesucht. Google Maps zeigt bei der Suche nach Tankstellen die aktuellen Benzinpreise auf der Karte an. Verschieben Sie den Kartenausschnitt, erscheint eine Schaltfläche, um in einem neuen Bereich zu suchen. Tippen Sie unten auf das Suchergebnis, werden weitere Informationen eingeblendet.

Das Standortsymbol unten rechts zeigt den Kartenausschnitt um den eigenen Standort.

Plus Codes

Einem Freund einen beliebigen Punkt auf der Karte mitzuteilen, ist nicht immer ganz einfach, besonders bei Punkten in der freien Landschaft, am Strand oder im Wald, die sich nicht über eine Adresse finden lassen.

1. Suchen Sie den gewünschten Punkt auf der Karte und halten Sie den Finger länger auf diese Stelle, bis eine rote Kartenmarkierung erscheint und die exakten Koordinaten dieses Punktes angezeigt werden. Tippen Sie dann unten auf das Feld *Gesetzte Markierung*.

2. Auf dem nächsten Bildschirm können Sie diesen Punkt als Lesezeichen speichern oder dorthin navigieren. Tippen Sie auf die Zeile *In der Nähe von*. Hier finden Sie die exakten Geokoordinaten sowie den Plus Code. Dieser bezeichnet diesen Punkt ebenfalls genau. Tippen Sie darauf, wird der Plus Code in die Zwischenablage kopiert und Sie können ihn auf beliebigem Weg weitergeben. Da es sich nur um eine kurze Zeichenfolge handelt, können Sie Plus Codes sogar per Telefon oder SMS weitergeben.
3. Der Empfänger gibt diesen Code in das Suchfeld in Google Maps ein. Danach wird der Punkt auf der Karte angezeigt.

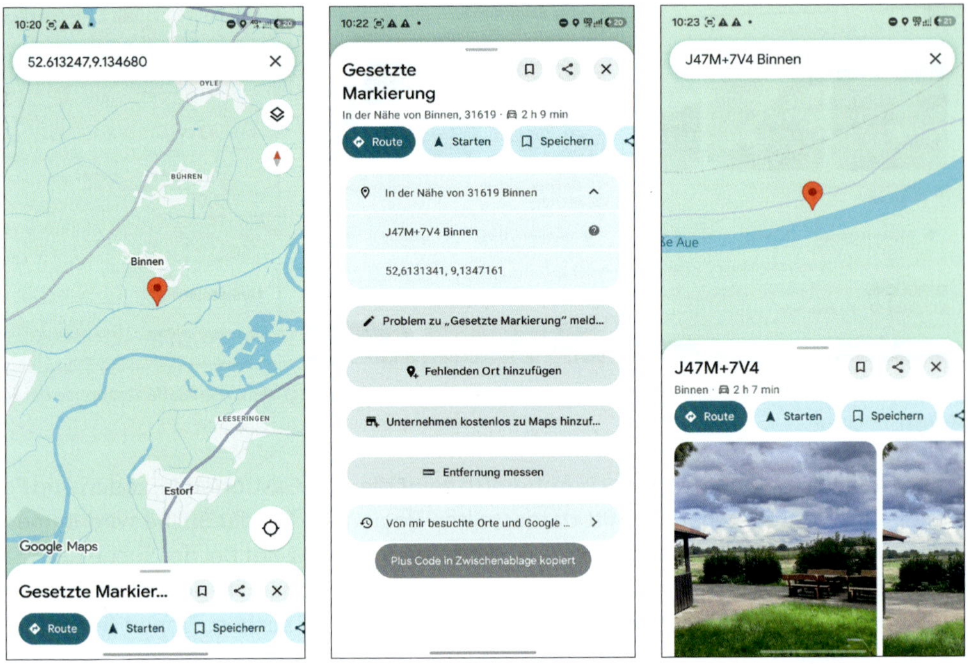

Plus Codes zur Bezeichnung eines Punktes auf der Karte

Routenplanung mit Google Maps

Google Maps enthält einen vollwertigen Routenplaner. Hier kann man wahlweise optimale Strecken für Autofahrer, Fußgänger oder Radfahrer errechnen lassen. Dabei wird neben der Entfernung auch die voraussichtliche Zeit für den Weg ermittelt. Ist in Innenstädten der Fußweg schneller als der Weg mit dem Auto, wird der Fußweg als Alternative mit angeboten, ohne umschalten zu müssen.

Bei Radrouten ist die angegebene Zeit – besonders bei mehrstündigen Fahrten – nicht einmal für extrem sportliche Radrennfahrer zu erreichen. Niemand fährt mit dem Fahrrad mehrere Tage lang 24 Stunden am Stück mit Höchstgeschwindigkeit. Trotz vielfacher Kommentare in diversen Foren hat Google hier seit Jahren nicht nachgebessert.

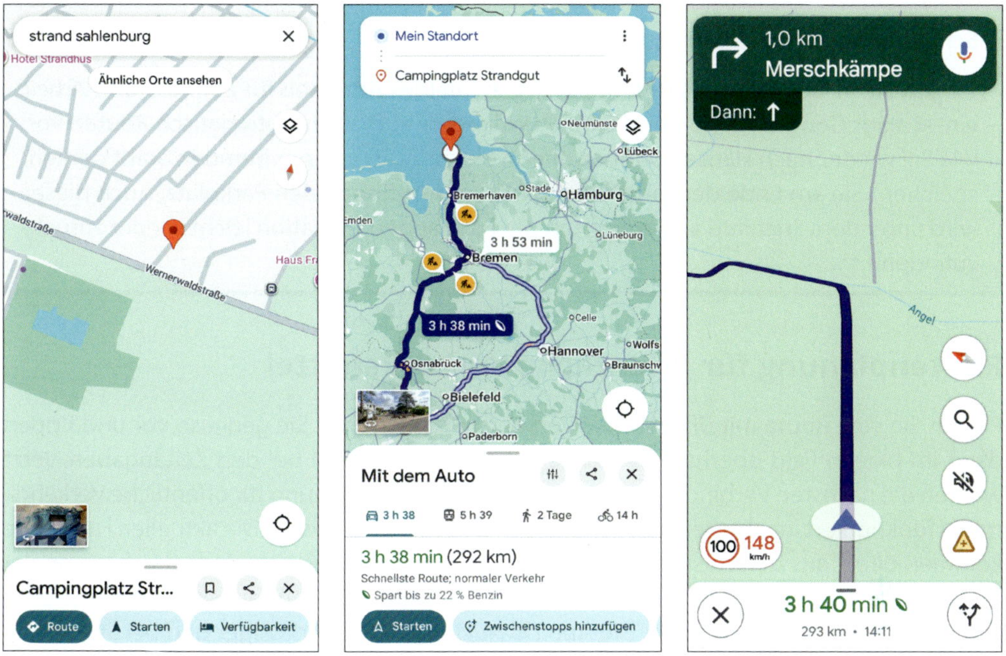

Routenplanung und Navigation für Autofahrer, rechts: die gleiche Route für Fahrradfahrer

1. Suchen Sie den Zielort und tippen Sie auf das blaue Symbol *Route*.
2. Danach startet die Berechnung der Route vom aktuellen Standort. Wählen Sie oben das gewünschte Verkehrsmittel aus. Hier können Sie auch noch einen anderen Startpunkt oder Routenoptionen einstellen.
3. Tippen Sie unten auf das blaue Symbol *Starten*, wenn Sie losfahren. Während der Fahrt zeigt Google Maps wie ein klassisches Navigationssystem Fahrtangaben mit Pfeilen an und spricht auch dazu.
4. Wischen Sie weiter nach unten, erhalten Sie eine Wegbeschreibung. Vor Fahrtbeginn können Sie diese Wegbeschreibung offline herunterladen, damit die Daten auch zur Verfügung stehen, wenn Sie unterwegs mal keine Internetverbindung haben.

Nutzen Sie während der Fahrt eine andere App, bleibt die Navigation in einem kleinen Bild-im-Bild-Fenster sichtbar, um jederzeit schnell wieder den Weg zu finden.

Auf Autobahnen und großen Bundesstraßen zeigt ein Farbcode die aktuelle Verkehrslage an. Dabei steht Grün für problemlos, Gelb für dichten Verkehr und Rot für Stau bzw. Staugefahr. Die Daten werden automatisch anhand der Fahrzeuge ermittelt, die sich auf der Strecke befinden und die Google-Maps-Navigation nutzen. Wird die Verkehrslage nicht angezeigt, tippen Sie auf das Ebenensymbol und aktivieren dort den Schalter *Verkehrslage*.

> **Schneller nach Hause oder zum Auto finden**
>
> Tragen Sie in Google Maps unterhalb des Suchfeldes Adressen für *Zuhause* und *Arbeit* ein, schlägt Google Maps, wenn Sie sich woanders aufhalten, automatisch Routen vor, wie Sie wieder nach Hause kommen. Wenn Sie Ihr Auto in einer fremden Stadt parken, speichern Sie am Ende der Fahrt durch einfaches Antippen den Parkplatz. Auch dieser wird unter dem Suchfeld angezeigt, um per Fußgängernavigation leicht wieder zurückzufinden.

Routenplanung für öffentliche Verkehrsmittel

Planen Sie eine Route mit öffentlichen Verkehrsmitteln, gehen Sie genauso vor und tippen dann im blauen Feld oberhalb der Karte auf das Bahnsymbol bei den Zeitangaben. Jetzt werden die nächsten Verbindungen angezeigt. Die Routenplanung für öffentliche Verkehrsmittel funktioniert inzwischen auch in Deutschland sehr zuverlässig. Die aktuellen Fahrpläne kommen direkt aus den Auskunftssystemen der Deutschen Bahn sowie anderer regionaler Verkehrsbetriebe. Allerdings kann es immer mal passieren, dass für eine bestimmte Strecke keine Fahrten gefunden werden. Die App *DB Navigator* ist zuverlässiger und bei Störungen im Betriebsablauf auch aktueller.

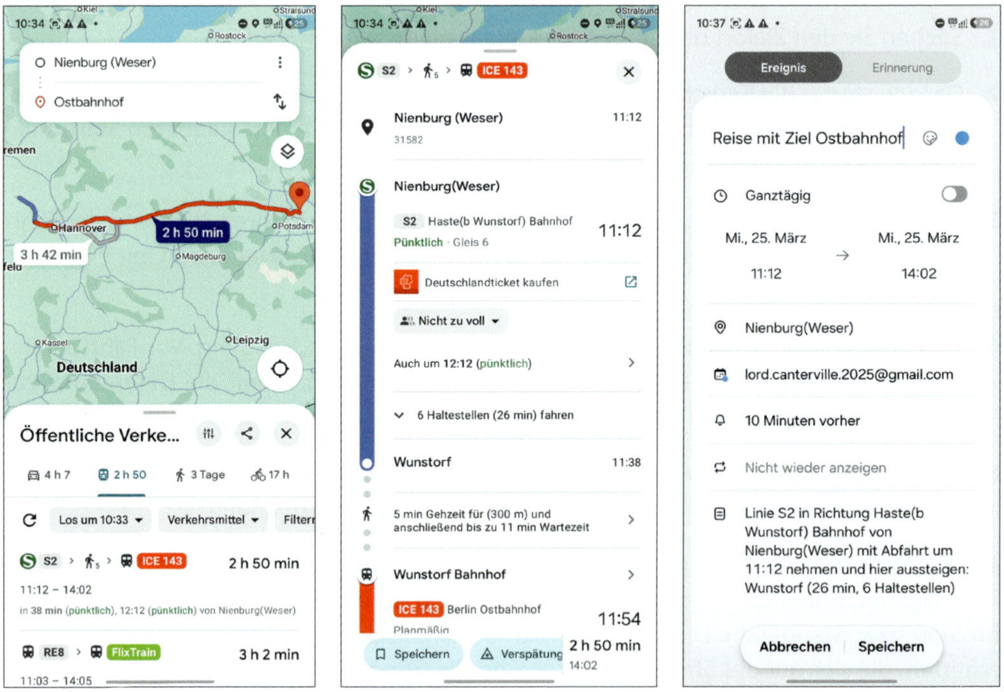

Fahrplanauskunft in Google Maps, rechts: Reise in den Kalender eintragen

Tippen Sie auf eine Verbindung, erhalten Sie Details zu den Zügen sowie Umsteigebahnhöfe und -zeiten. Fußwegstrecken am Start- oder Zielort lassen sich auf einem Kartenausschnitt detailliert anzeigen. Tippen Sie auf einen Bahnhof, werden weitere Abfahrten auf der gewählten Strecke angezeigt. Mit dem Link *Zu Kalender hinzufügen* ganz unten können Sie eine gewählte Reise direkt in den Kalender eintragen.

Google Maps offline nutzen

Bewegen Sie sich in Gegenden mit schlechter Mobilfunkversorgung oder im Nicht-EU-Ausland, ist die Onlinenutzung von Google Maps nicht möglich oder mit hohen Roamingkosten verbunden. Laden Sie deshalb die für eine Reise benötigten Kartenbereiche zu Hause über WLAN herunter, um sie dann vor Ort offline nutzen zu können.

1. Tippen Sie in Google Maps oben rechts auf das Profilbild und dann auf *Offlinekarten*.
2. Tippen Sie auf dem nächsten Bildschirm auf *Eigene Karte auswählen*.
3. Jetzt können Sie den herunterzuladenden Kartenbereich bestimmen. Tippen Sie dann auf *Herunterladen*. Beachten Sie, dass ein Kartenausschnitt für eine Offlinekarte höchstens 120.000 km² groß sein kann.

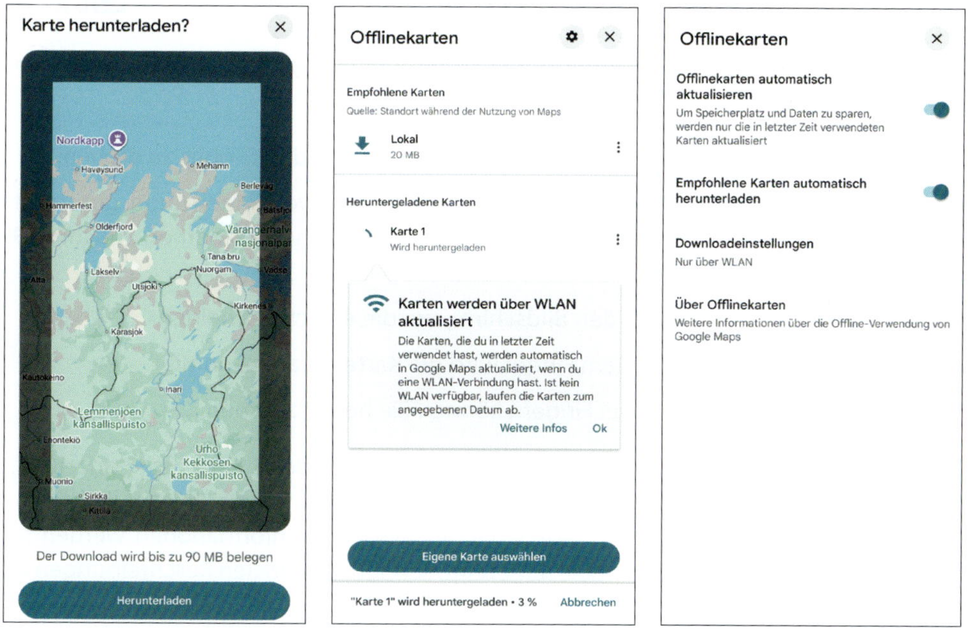

Karten zur Offlinenutzung (z. B. im Ausland) herunterladen, rechts: Einstellungen für Offlinekarten

Da das Kartenmaterial regelmäßig aktualisiert wird, haben die Offlinekarten nur eine begrenzte Gültigkeitsdauer von 30 Tagen. In den Einstellungen für Offlinekarten oben rechts können Sie festlegen, ob die Offlinekarten bei Ablauf automatisch aktualisiert werden.

Dabei sollten Sie die Standardeinstellung beibehalten, dass die Karten wegen der großen Datenmenge nur über WLAN aktualisiert werden.

Offline-Navigation nur für Autofahrer

Wenn Sie Offlinekarten nutzen, wird nur die Navigation für Autofahrer angeboten. Eine Routenplanung mit öffentlichen Verkehrsmitteln sowie Wegbeschreibungen für Radfahrer und Fußgänger stehen offline nicht zur Verfügung. Bei der Planung von Autorouten erscheint eine Meldung, aus der heraus Sie eine Offline-Wegbeschreibung herunterladen können, um auch in Regionen ohne Mobilfunkversorgung Fahrtanweisungen zu erhalten.

8.2 Google Earth

Bei dem Google-Vorzeigeprodukt Android darf natürlich der faszinierende interaktive Weltatlas Google Earth nicht fehlen. Mit einem Fingerstrich kann man um die ganze Welt reisen und über die Suchfunktion Orte, Plätze und sogar ausgewählte Geschäfte und Hotels finden.

Google Earth verwendet eine komfortable Multitouch-Navigation über Fingergesten mit einem oder zwei Fingern:

- Streichen Sie mit einem Finger über den Bildschirm, um den Globus zu drehen.
- Durch das Auseinander- und Zusammenziehen von zwei Fingern und gleichzeitiges Drehen können Sie die Karte heranzoomen bzw. wieder herauszoomen und Ihren Blickpunkt ändern.
- Ziehen Sie zwei Finger über den Bildschirm, um die Ansicht zu neigen.
- Durch Doppeltippen mit einem Finger wird die Karte herangezoomt.
- Durch Doppeltippen mit zwei Fingern können Sie herauszoomen.

Über das Ebenensymbol oben rechts lassen sich verschiedene Kartenstile anzeigen, die wichtige Orte, Straßen oder Sehenswürdigkeiten einblenden. Google zeigt Nutzerfotos und 360°-Aufnahmen in Google Earth lagegenau an. Wikipedia-Informationen werden schon länger nicht mehr als eigene Symbole angezeigt, sondern sind in den Beschreibungen angezeigter Sehenswürdigkeiten verlinkt.

Google Street View kann innerhalb der Google-Earth-App ebenfalls verwendet werden. Tippen Sie dazu auf das Männchen unten rechts und setzen Sie es an die gewünschte Position in den Straßen einer Stadt. Die Straßen, für die Street-View-Ansichten verfügbar sind, werden auf der Karte blau hervorgehoben.

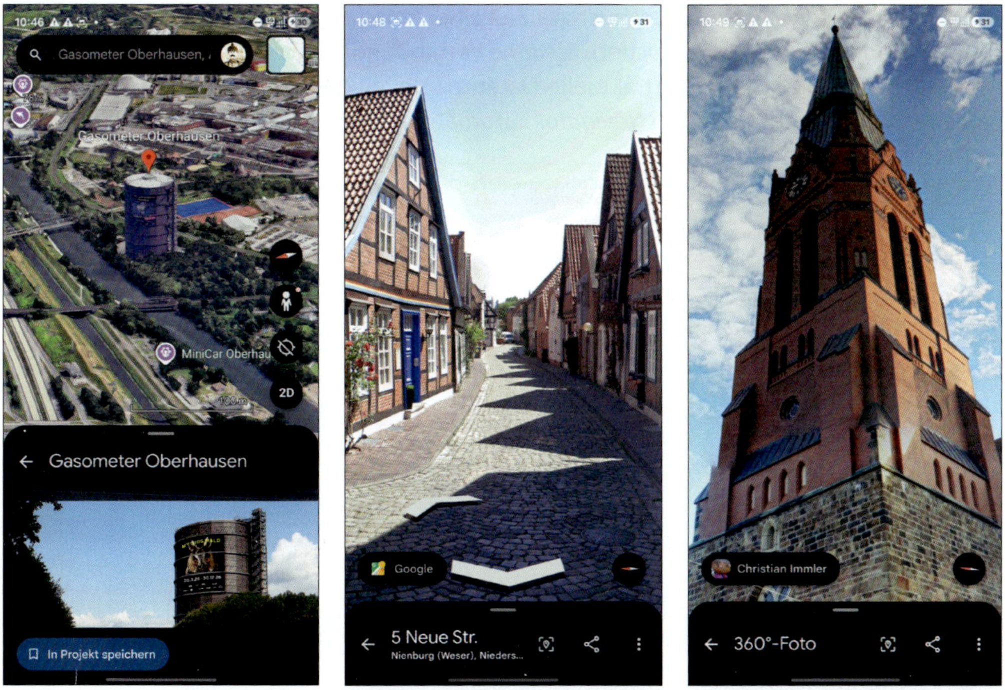

Google Earth mit Street View, rechts: 360°-Foto eines Nutzers

8.3 Fahrplanauskunft

Onlinefahrpläne gehörten schon zu Zeiten der ersten WAP-Handys zu den beliebtesten und meistgenutzten mobilen Anwendungen. Das hat sich bis heute nicht geändert. Ein aktueller Fahrplan ist für jeden, der unterwegs ist, unverzichtbar.

DB Navigator

Der *DB Navigator*, die Routenplaner-App der Deutschen Bahn, bietet eine Online-Fahrplanauskunft mit Echtzeitdaten zur aktuellen Verkehrslage. Hier findet man schnell die Information, ob ein Zug pünktlich ist und Anschlüsse passen. Anhand der eigenen Position kann die nächste Haltestelle in der Umgebung gefunden werden.

Sie brauchen nur Start und Ziel einzugeben, und die App sucht alle möglichen Verbindungen innerhalb eines bestimmten Zeitraums. Dabei werden nicht nur die Züge der Deutschen Bahn angezeigt, sondern auch Bahnen und Busse anderer Anbieter. Auf Wunsch kann die Anzeige auf Verbindungen gefiltert werden, auf denen das Deutschland-Ticket gilt. Beim ersten Start sollten Sie der App Zugriff auf Standort, Kontakte und Kalender geben. Dann können geplante Fahrten direkt als Termin in den Kalender eingetragen werden, und Sie können Adressen aus dem Adressbuch als Ziel einer Reise angeben, ohne die nächste Haltestelle kennen zu müssen. Speichern Sie eine Verbindung, die Sie fahren möchten, in der App, werden während der Fahrt aktuelle Daten zu Umstiegen angezeigt. Bei Unregelmäßigkeiten benachrichtigt der *DB Navigator* automatisch.

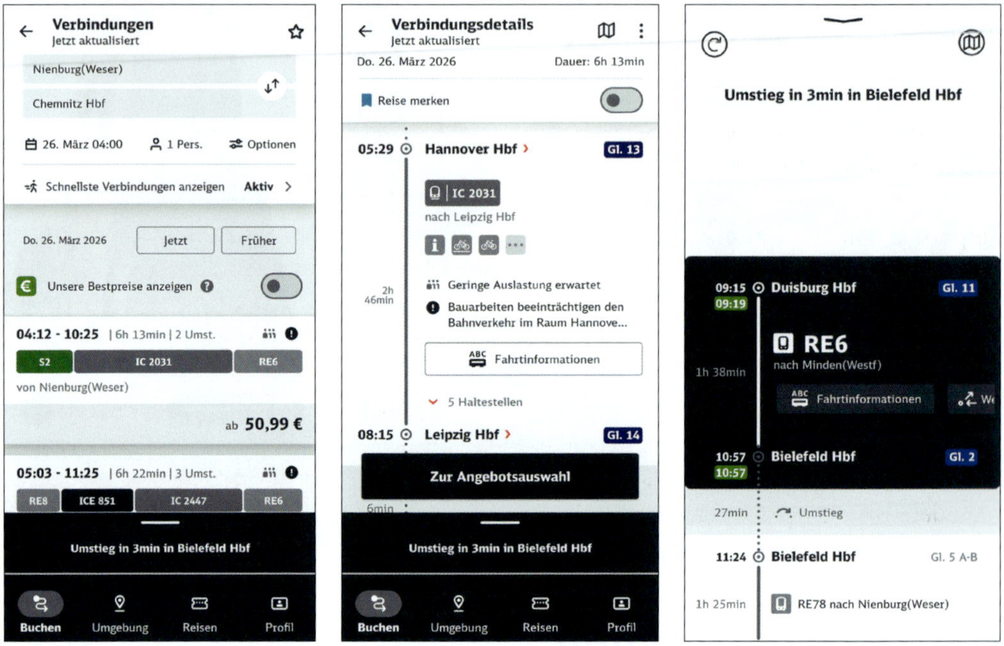

Aktueller Fahrplan mit dem DB Navigator, rechts: Live-Anzeige während der Fahrt

> **Fahrkarten und Deutschland-Ticket**
>
> Melden Sie sich mit Ihrem DB-Kundenkonto im *DB Navigator* an, brauchen Sie Ihre Onlinetickets nicht mehr auszudrucken, sondern können sie direkt auf dem Samsung Galaxy S26 speichern oder auch aus der App heraus Fahrkarten kaufen. Bei einer Kontrolle im Zug zeigen Sie nur noch den QR-Code auf dem Smartphone-Bildschirm vor. Das Deutschland-Ticket können Sie ebenfalls in der App speichern, allerdings immer nur auf einem Smartphone, wogegen gewöhnliche Fahrkarten automatisch auf mehreren Smartphones mit dem gleichen Kundenkonto angezeigt werden.

8.4 Wettervorhersage

Das aktuelle Wetter ist immer ein Gesprächsthema. Ändern kann man es zwar nicht, aber zumindest das Beste daraus machen. Internetseiten mit Wettervorhersagen gibt es wie Sand am Meer, und jeder hat darunter schon seine Lieblingsseite gefunden. Nur sind die meisten Wetterseiten mit viel Multimedia-Aufwand und jeder Menge Werbung gestaltet, sodass es nicht einfach ist, die wirklichen Wetterdaten zu finden, falls die Seiten auf dem kleinen Smartphone-Bildschirm überhaupt dargestellt werden. Wesentlich komfortabler ist eine der kostenlosen Wetter-Apps, die die Wettervorhersage für den Heimatort oder das Urlaubsziel direkt aufs Smartphone bringen.

Die Wetter-App auf dem Samsung Galaxy S26

Samsung liefert auf dem Samsung Galaxy S26 eine vorinstallierte *Wetter*-App mit. Verschiedene Widgets für den Startbildschirm zeigen das Wetter am eigenen Standort an (siehe Kapitel 3.1).

Tippen Sie auf das Wetter-Widget, zeigt die *Wetter*-App die Wettervorhersage für die kommenden Tage oder Stunden an. Weiter unten finden Sie auch Sonnenauf- und -untergangszeiten, eine Pollenvorhersage und andere Werte. Tippen Sie auf das Standortsymbol unten links, sehen Sie eine Liste aller bereits eingetragenen Standorte. Hier können Sie weitere Standorte auswählen, deren Wetterdaten angezeigt werden sollen. Tippen Sie auf die Wetterdaten, erhalten Sie eine detaillierte Vorhersage von *The Weather Channel*.

Die vorinstallierte Wetter-App auf dem Samsung Galaxy S26

Wetter in Google Discover

Google Discover zeigt das Wetter für den aktuellen Standort an und auch eventuelle amtliche Wetterwarnungen. Tippen Sie in Google Discover oben auf die Wetteranzeige, erscheint eine detaillierte Vorhersage für den nächsten Tag oder die nächsten zehn Tage. Google Discover ist über eine Wischbewegung von links nach rechts auf dem Startbildschirm zu erreichen. Über den Link *Region auswählen* können Sie sich das Wetter für einen anderen Ort anzeigen lassen. Weiter unten auf der Seite finden Sie Google-Suchergebnisse zu anderen Wetteranbietern.

8.5 Bezahlen mit dem Smartphone

Google Wallet, die App für den Bezahldienst *G Pay* (Google Pay) von Google, wird in Deutschland von immer mehr Läden akzeptiert. Um bezahlen zu können, müssen Sie mindestens eine Kreditkarte hinzufügen. Kreditkarten können Sie direkt aus der App fotografieren oder die Daten manuell eingeben. Die meisten Banken fordern eine SMS-Authentifizierung. Dabei muss ein per SMS erhaltener Code in der Google-Wallet-App eingegeben werden. Die Anmeldung von PayPal-Konten in *Google Wallet* wurde im April 2026 eingestellt.

Mit Google Wallet im Laden bezahlen

Zur Bezahlung mit *Google Pay* in einem Laden muss das Smartphone einen NFC-Chip enthalten, was beim Samsung Galaxy S26 der Fall ist. Sie brauchen das Smartphone nur zu entsperren und an das kontaktlose Bezahlterminal zu halten. Diese sind üblicherweise mit einem einheitlichen Zeichen – ähnlich einem um 90° verdrehten WLAN-Symbol – oder einem *G Pay*-Logo gekennzeichnet. Auf dem Smartphone erscheint ein Häkchen und die Bezahlung ist erledigt. Vorher muss im Google-Konto eine Kreditkarte hinterlegt werden, die vom Bezahlsystem akzeptiert wird. Mastercard und Visa-Karten funktionieren fast immer. Nach der Bezahlung erfolgt eine Bestätigung auf dem Smartphone. Außerdem lassen sich alle Bezahlvorgänge im Google-Konto nachvollziehen.

Auf vielen Smartphones mit reinem Android ist *Google Wallet* zum schnellen Zugriff in das sogenannte Power-Menü integriert, das bei längerem Druck auf den Ein-/Ausschalter des Smartphones erscheint. Samsung nutzt diese Möglichkeit zurzeit noch nicht.

Samsung Pay

Samsung bietet den eigenen Bezahldienst *Samsung Pay* an, der ähnlich wie Google Pay mit einer eigenen Wallet-App funktioniert. Verglichen mit *Google Pay* hat *Samsung Pay* in Deutschland nur langsam Verbreitung erlangt, da bis Ende 2025 nur die kaum bekannten Zahlungsanbieter Curve und VIMpay sowie die Bank N26 unterstützt wurden. Erst ab 2026 kamen mit Postbank, Deutsche Bank und Norisbank größere Banken dazu. Bezahlt werden kann an allen elektronischen Kassen mit NFC-Funktion und VISA- bzw. Mastercard-Kartenakzeptanz.

Kapitel 9

Sprachassistenten und KI-Funktionen

Sprachassistenten tauchen in immer mehr Situationen in unserem Alltagsleben auf und erleichtern diverse alltägliche Aufgaben durch Sprachsteuerung oder suchen im Internet per Spracheingabe nach bestimmten Informationen. Samsung bewirbt die neue Samsung-Galaxy-S26-Serie mit den neuen KI-Funktionen der *Galaxy AI*. Dabei kombiniert Samsung eigene Softwareentwicklungen mit der KI *Google Gemini*, die inzwischen für die meisten aktuellen Android-Smartphones zur Verfügung steht. Google Gemini läuft zurzeit noch parallel mit dem Google Assistant, wird diesen aber voraussichtlich zukünftig ersetzen.

9.1 Google Gemini

Am einfachsten starten Sie Google Gemini durch längeres Drücken der Ein-/Ausschalttaste. Jetzt erscheint unten ein Suchfeld, in das Sie Ihre Frage eintippen oder über das Mikrofon-Symbol auch sprechen können. Google Gemini antwortet als Text auf dem Bildschirm. Bei gesprochenen Fragen wird die Antwort zusätzlich vorgelesen.

Hey Google

Anstatt auf die Ein-/Ausschalttaste zu drücken, können Sie Google Gemini auch aktivieren, indem Sie einfach *Hey Google* oder *OK Google* sagen. Wenn dies bei der Ersteinrichtung des Smartphones aktiviert wurde, erscheint bei der ersten Spracheingabe in Google Gemini die Aufforderung, *OK Google* zu aktivieren. Dazu müssen Sie ein paar vorgegebene Sätze nachsprechen, um Gemini auf Ihre Stimme zu trainieren.

Sie können diese Einstellung unter *Google/Alle Dienste/Gemini/Mit Gemini sprechen, ohne tippen zu müssen* auch jederzeit wieder ändern. Bedenken Sie, dass das ständig im Hintergrund aktive Mikrofon für einen erhöhten Stromverbrauch des Smartphones sorgt.

Achten Sie zudem darauf, dass hier *Deutsch* als Standardsprache eingestellt ist, sonst wird die Sprachsuche alles fehlerhaft erkennen.

Links: Google-Gemini-Suchfeld, Mitte, rechts: Hey Google für Google Gemini einrichten

Allgemeine Fragen an Gemini

Stellen Sie Google Gemini komplexe Fragen zu verschiedenen Themen. Ob es um historische Ereignisse, wissenschaftliche Fakten oder aktuelle Nachrichten geht, Gemini versucht, präzise und verständliche Antworten zu liefern. Wenn man Gemini die Frage stellt: *Wie funktioniert Google Gemini auf dem Smartphone?*, erklärt Gemini seine eigenen Funktionen kurz.

Gemini erstellt Texte

Google Gemini kann auf Fragen mit einem längeren Text oder auch einer Tabelle antworten, wenn gezielt danach gefragt wurde.

Über das *Kopieren*-Symbol unten rechts unter einer Antwort kann die komplette Antwort in die Zwischenablage kopiert werden. So können Sie den Text leicht in *Google Docs* oder *Samsung Notizen* korrigieren oder weiterbearbeiten. Ein direkter Export als Google-Dokument oder Google-Tabelle ist leider nicht möglich. Dies funktioniert nur in der Desktop-Version von Google Gemini.

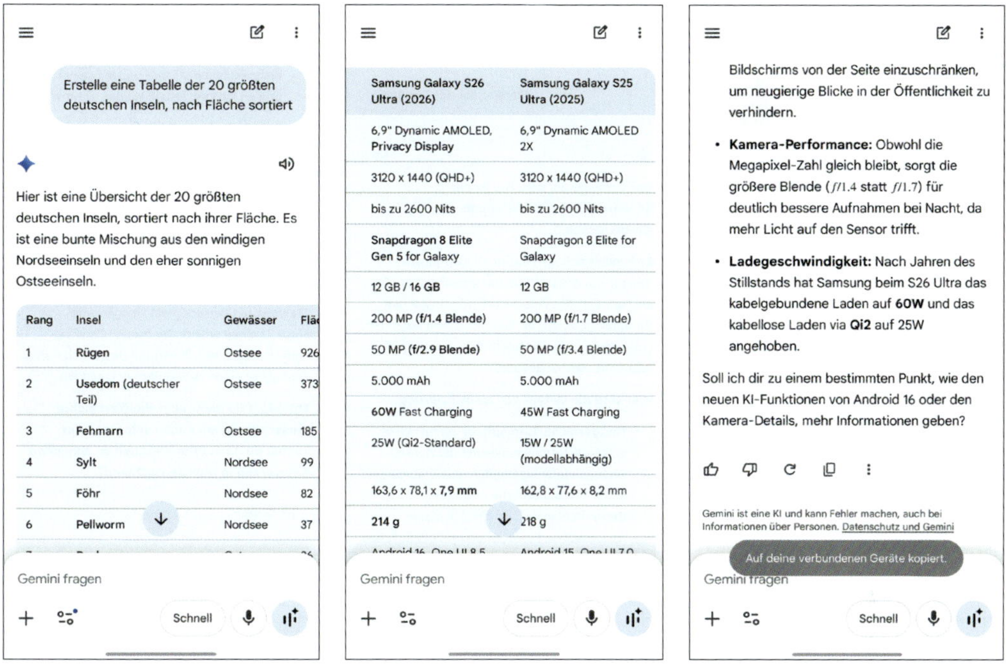

Von Gemini erstellte Tabelle und Text

Google Gemini liefert Informationen zu Bildern

Anstatt eines Textes oder zusätzlich können Sie auch Fotos an Google Gemini schicken und sich den Inhalt erklären lassen. Schreiben Sie als Prompt: *Was ist auf diesem Bild?* Bei vielen Bildern kann der Prompt sogar ganz entfallen und Google Gemini beschreibt das Bild auch ohne weitere Nachfragen.

1. Tippen Sie auf das Plussymbol links im Google-Gemini-Suchfeld und wählen Sie ein Foto aus.
2. Zur genaueren Klärung können Sie noch einen Text eingeben, was aber nicht unbedingt nötig ist.
3. Tippen Sie auf den Pfeil rechts im Google-Gemini-Suchfeld, um die Frage zu senden.

Im Beispiel war die erste Antwort sehr oberflächlich und passte auf viele Gebäude. Google Gemini hat die implizierte Frage des Benutzers, um welches Gebäude es sich handelt, nicht verstanden. Bei einer genaueren Nachfrage mit *Identifiziere das Gebäude* liefert Google Gemini eine sachlich, professionell formulierte Antwort, die aber inhaltlich falsch ist. Dabei hätte Google Gemini anhand seiner Annahme, es handele sich um einen Screenshot mit Google Lens Overlay einfach mal bei Google das Bild suchen können.

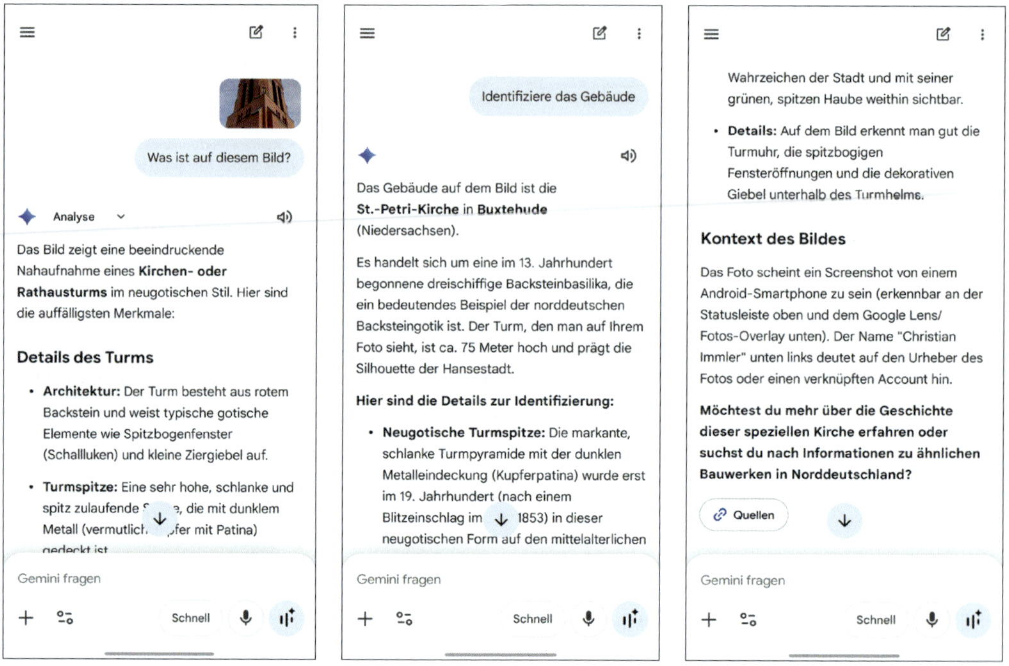

Google Gemini liefert Informationen zu einem Bild.

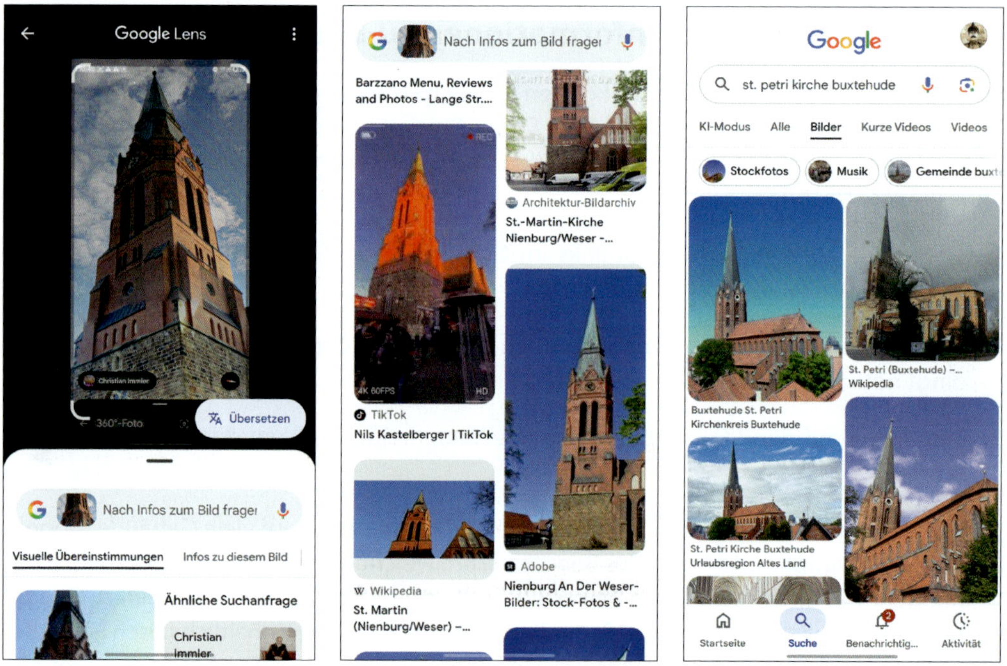

Google Lens erkennt das richtige Gebäude im Bild, rechts: zum Vergleich Bilder der St.-Petri-Kirche in Buxtehude, die deutlich anders aussieht

Zum Test wurde tatsächlich ein Screenshot verwendet, der die Kirche St. Martin in Nienburg/Weser bei Google Earth zeigt. Das Bild ist in Kapitel 8.2 zu Google Earth schon einmal zu sehen.

Google Gemini scheint nicht auf die gleichen Informationen wie Google Lens zuzugreifen, das das Gebäude korrekt erkennt. Eine einfache Bildersuche bei Google zeigt die auffälligen Unterschiede beider Kirchen.

KI-Antworten immer genau prüfen

Besonders bei bekannten Gebäuden oder Gegenständen sind die Antworten von Gemini meistens (aber nicht immer) richtig, aber oft sehr oberflächlich und deutlich als aus Textbausteinen zusammengesetzt zu erkennen. Generell gilt: Bevor Sie einen KI-generierten Text veröffentlichen oder als Ihren eigenen ausgeben, prüfen und korrigieren Sie ihn immer erst auf sachliche Richtigkeit.

Anstatt ein Foto hochzuladen, können Sie auch in Google Gemini die Kamera nutzen und direkt ein Bild fotografieren, um es zu analysieren. Tippen Sie dazu auf das Plussymbol links im Gemini-Suchfeld und wählen Sie dann *Kamera*.

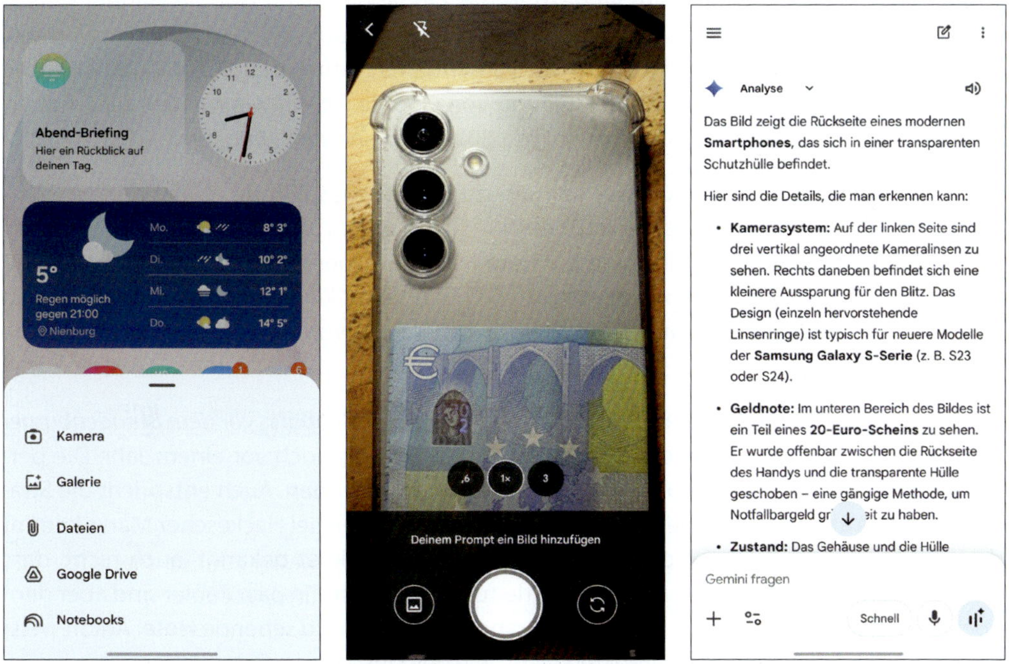

Foto mit der Kamera aufnehmen und mit Google Gemini analysieren

Dieses Beispiel zeigt deutlich, wie Google Gemini im Laufe eines Jahres dazugelernt hat. Es handelt sich tatsächlich um ein Samsung Galaxy S24 mit einer transparenten Hülle, unter der ein 20-Euro-Schein als Bargeld für den Notfall steckt. Bei dem gleichen Motiv traute sich Gemini vor einem Jahr noch nicht, das Modell zu erraten, und den Geldschein hielt Gemini für einen 5-Euro-Schein.

Fotos nach Google Gemini teilen

Statt ein Foto in die Google-Gemini-App hochzuladen, können Sie auch ein Bild aus der *Galerie*-App oder einer anderen App nach Google Gemini teilen.

1. Wählen Sie in der *Galerie*-App das Bild aus, und tippen Sie unten auf das *Teilen*-Symbol.
2. Wählen Sie unter den Apps zum Teilen *Google Gemini* aus.
3. Schreiben Sie bei Bedarf noch einen Text in das Eingabefeld und tippen Sie danach auf den Pfeil, um die Anfrage abzusenden.

Google Gemini erstellt Fantasiebilder

Google Gemini kann nicht nur Bilder analysieren, sondern auch anhand von Texteingaben selbst Bilder erstellen. Schreiben Sie dazu in das Eingabefeld von Google Gemini *Erstelle ein Bild*, und beschreiben Sie danach möglichst genau, was auf dem Bild zu sehen sein soll. Auch hier hat Google Gemini im Laufe des vergangenen Jahres deutlich dazugelernt. Die neue KI *Nano Banana 2*, die zur Bilderstellung von Google Gemini verwendet wird, hat erheblich mehr Faktenwissen als die bis Anfang 2026 verwendete KI *Imagen 3*.

Im Bild links erstellte Google Gemini ein nahezu realistisches Bild des Leuchtturms Obereversand. Nur der charakteristische Treppenturm und der Steg, der den Leuchtturm mit dem Festland verbindet, fehlen. Beide sind auf dem Foto, das Google Gemini als Quelle angibt, aber vorhanden. Vor einem Jahr hatte die KI noch überhaupt keinen Sinn für die Vielfalt und Einzigartigkeit eines jeden deutschen Leuchtturms. Damals wurden nur reine Fantasietürme erzeugt.

Auch das rechte Bild mit dem Prompt *Typische Berliner Straßenbahn vor dem Brandenburger Tor mit Blick von Osten* zeigt wesentlich mehr Fachwissen als noch vor einem Jahr. Die perfekte Symmetrie des Brandenburger Tors ist deutlich zu erkennen. Auch entspricht die Straßenbahn den aktuellen Berliner Fahrzeugen. Sogar das Linienziel Hackescher Markt kommt dort vor. Vor einem Jahr war der KI kein einziger dieser Fakten bekannt, auch nicht, dass Straßenbahnen auf Gleisen fahren und Oberleitungen nutzen. Ein paar Fehler sind aber dennoch offensichtlich. Das rechts hinter dem Brandenburger Tor zu sehende Hotel Adlon weist darauf hin, dass das Bild von Westen und nicht, wie gewünscht, von Osten aufgenommen ist. Und fragen Sie mal einen Ostberliner, in welche Richtung die Pferde der Quadriga blicken.

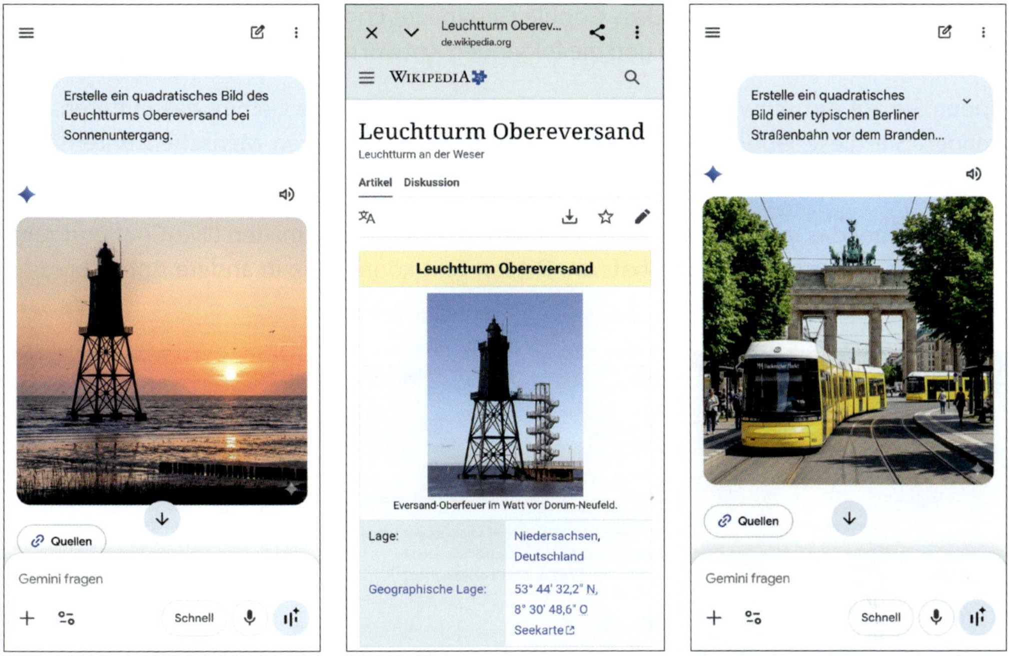

Google Gemini erzeugt Bilder und zeigt auch hier, was es innerhalb eines Jahres gelernt hat. Mitte: die angegebene Quelle zum linken Bild

Bilder von Menschen

Google Gemini erstellt seit etwa Anfang 2025 mit gewissen Einschränkungen auch Bilder von Menschen. Eine frühere Version generierte ausschließlich Menschen afrikanischen oder asiatischen Typs, was bei Fragen nach deutschen Kaisern, Päpsten oder Märchenfiguren wie Schneewittchen und Dornröschen weit an der Realität vorbeiging und nach viel Kritik dazu führte, dass Google die Notbremse zog und das Generieren von Menschen in Bildern komplett abschaltete. In der aktuellen Version wurde dieses Problem behoben. Um die missbräuchliche Verwendung KI-generierter Bilder zu vermeiden, erstellt Google Gemini keine Gewaltszenen, keine pornografisch angehauchten Bilder und auch keine Abbildungen, die real existierenden Personen stark ähneln. Wird ein Bild aufgrund dieser Richtlinien nicht erzeugt, ist die angezeigte Begründung für den Nutzer oft kaum nachvollziehbar, da sie diesen »Jugendschutzfilter« oft nicht erwähnt.

Google Gemini mit Live-Chat

Google Gemini bietet mit dem Live-Chat einen Chatbot, mit dem Sie direkt sprechen können. Die Antworten werden ebenfalls gesprochen. Tippen Sie rechts neben dem Eingabefeld von Google Gemini auf das Live-Chat Symbol, um den Live-Chat zu starten. Jetzt können Sie Ihre Fragen sprechen.

Hin und wieder kommt es vor, dass Google Gemini auf Englisch antwortet. Sagen Sie einfach *Bitte auf Deutsch antworten* und die folgenden Antworten ertönen wieder auf Deutsch.

Tippen Sie auf das schwarze Mikrofon-Symbol, pausiert Google Gemini das Zuhören. Verwenden Sie diese Option, wenn Sie sich im Raum mit anderen Menschen unterhalten möchten, ohne dass Google Gemini das als Frage interpretiert.

Tippen Sie auf das rote Beenden-Symbol, beendet Google Gemini den Live-Chat und zeigt ein Transkript des kompletten Chats an. Diesen Text können Sie in andere Apps kopieren oder weiter teilen.

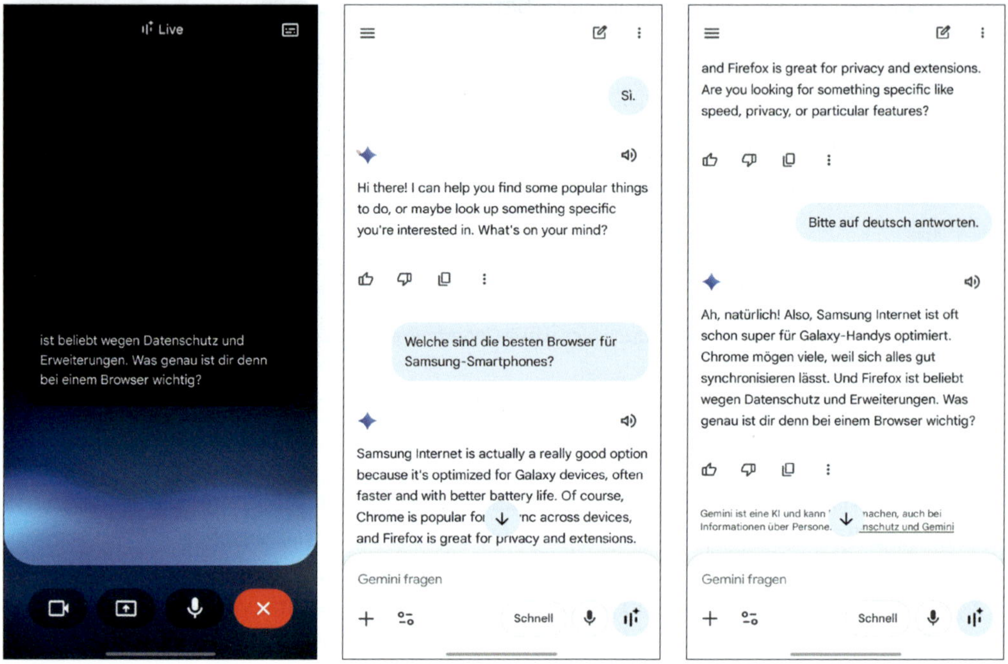

Google Gemini mit Live-Chat

Google Gemini von Ausschalttaste entfernen

Das Samsung Galaxy S26 verwendet den Ein-/Ausschalter – von Samsung als Funktionstaste bezeichnet – zum Aufruf von Google Gemini. Frühere Gerätemodelle starteten hier Samsungs eigenen Assistenten Bixby.

In den *Einstellungen* unter *Erweiterte Funktionen/Funktionstaste* können Sie eine App festlegen, die beim doppelten Drücken der Ausschalttaste aufgerufen wird. Wenn Sie Google Gemini eher selten verwenden, kann langes Drücken der Taste dann auch wieder wie gewohnt das Ausschalten-Menü aufrufen.

9.2 Live-Übersetzung

Die *Live-Übersetzung* in Android 16 erleichtert die Kommunikation in fremden Sprachen. An mehreren Stellen werden automatische Übersetzungsfunktionen angeboten, ohne dass die verwendeten Apps eigene Übersetzungen anbieten. Einige Übersetzungskomponenten funktionieren allerdings nur mit einer Internetverbindung.

Schilder und Texte mit der Kamera übersetzen

Schilder, Speisekarten oder kurze Erklärungstexte, die gedruckt vorliegen, können Sie mit der Kamera betrachten und automatisch übersetzen.

1. Tippen Sie, während ein Foto des zu übersetzenden Textes oder das Kamerabild angezeigt wird, länger auf den unteren Bildschirmrand.
2. Tippen Sie auf das *Übersetzen*-Symbol. Google versucht, die Sprache des Textes zu erkennen, und übersetzt diesen in Echtzeit direkt im Bild.
3. Sollte die Sprache falsch erkannt werden, wählen Sie in der Symbolleiste der Übersetzung die richtige Sprache aus.

Texte mit Google Lens übersetzen

Auf dem Samsung Galaxy S26 ist zusätzlich auch noch Google Lens installiert, das noch ein paar mehr Möglichkeiten beim Übersetzen bietet.

1. Tippen Sie auf das Google-Lens-Symbol im Google-Suchfeld auf dem Startbildschirm.
2. Wählen Sie unten den Modus *Übersetzen* und halten Sie die Kamera auf den zu übersetzenden Text.
3. Sollte die Sprache nicht richtig erkannt werden, wählen Sie oben die richtige Sprache aus. Hier können Sie statt *Deutsch* auch eine andere Zielsprache einsetzen.
4. Der Text wird in Echtzeit übersetzt, sodass Sie ihn vom Bildschirm ablesen können.
5. Tippen Sie auf *Alles auswählen*, um den Text direkt in die Zwischenablage zu übernehmen, in anderen Apps weiterzubearbeiten oder zu teilen.

Übersetzte Untertitel in Videos anzeigen

Sehen Sie sich ein YouTube-Video mit fremdsprachigem Ton an, können Sie automatisch Untertitel in Deutsch oder einer anderen Sprache erstellen lassen. Untertitel sind nicht für alle Videos verfügbar.

1. Tippen Sie im Video oben rechts auf das *Einstellungen*-Symbol und wählen Sie im Menü die Option *Untertitel*.
2. Entscheiden Sie sich für *Automatisch übersetzen* und danach für die gewünschte Sprache.
3. Die Untertitel werden nun im Video beim Abspielen angezeigt.

Galaxy AI als Dolmetscher

Der *Dolmetscher* aus der Galaxy AI kann einfache Sätze oder Wörter in eine andere Sprache übersetzen und das Ergebnis direkt aussprechen. Auf diese Weise können Sie sich mit einer Person verständigen, wenn Sie keine gemeinsame Sprache beherrschen. Jeder spricht seine Sätze und Google übersetzt sie. Das funktioniert auch, ohne die andere Sprache lesen zu können.

Der *Dolmetscher* kann auch über ein Symbol im QuickPanel und über das Seiten-Paneel aufgerufen werden. In den *Einstellungen* können Sie festlegen, dass auch ein App-Symbol auf dem App-Bildschirm erscheint.

1. Starten Sie den *Dolmetscher* und wählen Sie die Ausgangssprache, meistens Deutsch, sowie die Zielsprache. Hier ist Englisch vorinstalliert, weitere Sprachen können zur Offlinenutzung heruntergeladen werden.
2. Tippen Sie jetzt auf das Mikrofon-Symbol und sprechen Sie einen deutschen Satz. Der *Dolmetscher* stellt diesen als Text dar und übersetzt ihn in die Zielsprache. Auch hier wird der Satz als Text angezeigt und auch ausgesprochen. Ihr Gesprächspartner kann auf seiner gegenüberliegenden Seite des Bildschirms das Gleiche tun. Deshalb werden die beiden Seiten auf dem Bildschirm in unterschiedlichen Richtungen dargestellt. So können Sie sich unterhalten, ohne die jeweils andere Sprache zu verstehen.
3. Über das Uhrsymbol rechts oben können Sie das Gespräch und die Übersetzungen noch 24 Stunden lang nachlesen.

Der Dolmetscher aus der Galaxy AI

Live-Übersetzung am Telefon

In Kapitel 3.7 im Abschnitt »Anrufe automatisch übersetzen« erfahren Sie, wie Sie die Live-Übersetzung auch für Telefongespräche nutzen können.

9.3 Creative Studio

Creative Studio ist ein einfacher Bildgenerator der Galaxy AI, mit dem Sie aus einer einfachen Skizze, aus einem vorhandenen Bild oder auch aus einem Text-Prompt selbst Bilder erstellen können.

Bilder mit einem Text-Prompt erstellen

1. Beschreiben Sie das gewünschte Bild im Textfeld in einigen Sätzen.
2. Wählen Sie dann noch einen Bildstil aus und tippen Sie auf *Erstellen*.
3. Danach können Sie auch noch andere Bildstile zum Vergleich wählen. Jedes Mal, wenn Sie erneut auf *Erstellen* tippen, wird ein neues Bild mit dem gleichen Text-Prompt generiert. Jedes Bild unterscheidet sich von den anderen.

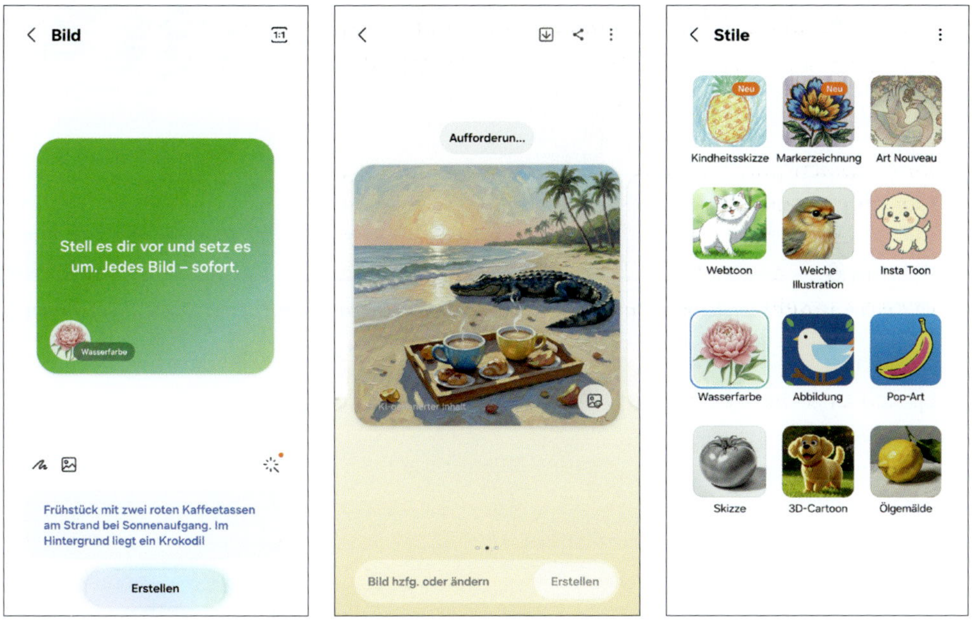

Bilder mit einem Text-Prompt erstellen, rechts: Stil auswählen

Die Symbolleiste am oberen Rand des Bildes bietet Werkzeuge, um das Bild herunterzuladen oder zu teilen.

Bilder aus einer Skizze erstellen

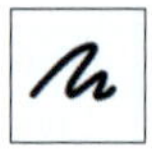

1. Mit dem Skizzen-Symbol können Sie aus einfachen Skizzen Bilder generieren lassen. Malen Sie einfach mit dem Finger mit ein paar Strichen Gegenstände oder Landschaften, die dann zu einem Bild umgesetzt werden.
2. Wählen Sie noch einen Bildstil aus und tippen Sie auf *Erstellen*.
3. Sie können auch ein gezeichnetes Objekt in ein vorhandenes Bild einfügen. Die letzten Text-Prompts und auch Skizzen bleiben gespeichert.

Bild aus einer Skizze erstellen, rechts: skizziertes Gebäude in ein zuvor generiertes Motiv übernehmen

Bilder aus einem Bild erstellen

1. Sie können auch ein auf dem Smartphone gespeichertes Bild als Grundlage für neu zu erstellende Bilder verwenden.
2. Legen Sie nach der Auswahl eines Bildes noch einen Bildstil fest und tippen Sie auf *Erstellen*.
3. Jedes Mal, wenn Sie auf *Noch eins generieren* tippen, wird ein neues Bild mit der gleichen Vorlage erstellt, das sich deutlich von den anderen Bildern unterscheidet.
4. Im Textfeld *Bild hzfg. oder ändern* können Sie mit einem kurzen Text Änderungswünsche formulieren. Im rechten Bild wurde so eine Küstenlandschaft im Hintergrund hinzugefügt.

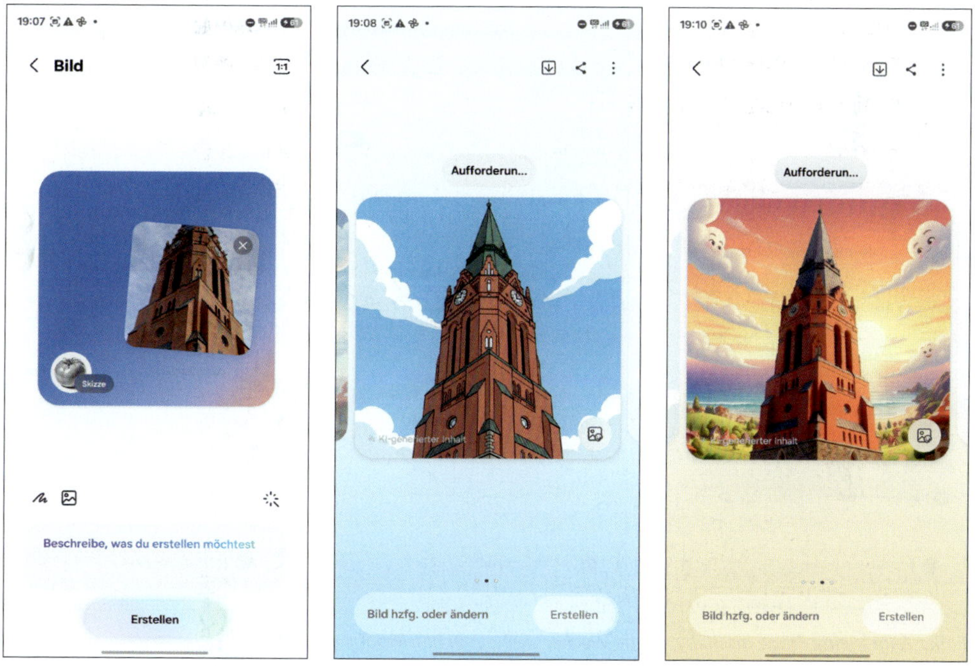

Bild aus einer Bildvorlage erstellen, rechts: Hintergrund dazu generieren

9.4 Bixby

Samsung brachte vor einigen Jahren mit Bixby einen eigenen Sprachassistenten auf den Markt. Bixby tritt auf dem Samsung Galaxy S26 im Vergleich zu Vorgängermodellen zugunsten von Google Gemini deutlich in den Hintergrund, kann aber weiterhin genutzt werden.

Die Sprachsteuerung in Bixby bietet verschiedene Möglichkeiten, über Sprachbefehle in klaren deutschen Sätzen Informationen zu liefern. Dabei kann Bixby zwar auch allgemeine Fragen beantworten, worin Google Gemini allerdings deutlich besser ist, aber auch direkt auf dem Smartphone Aufgaben und Einstellungen erledigen.

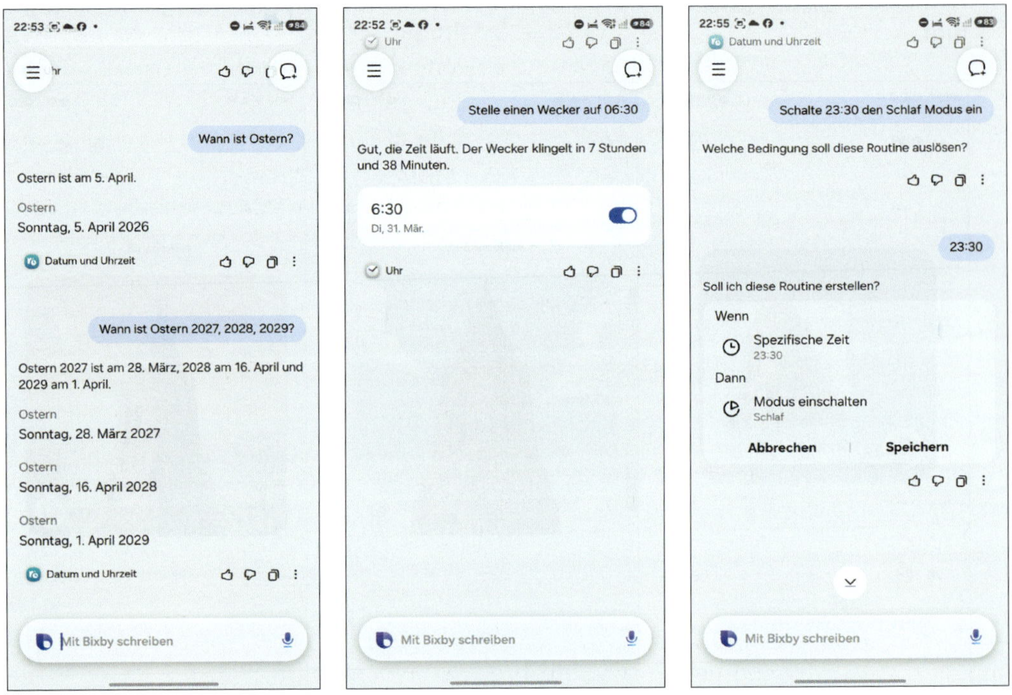

Links: Allgemeine Frage an Bixby, Mitte: Wecker stellen, rechts: Modus einstellen

Probieren Sie einfach aus, wie Bixby reagiert. Wenn Bixby einmal nicht wie gewünscht reagiert, sprechen Sie klar und deutlich. Oftmals reicht es auch, die Anfrage mit anderen Worten zu formulieren.

KAPITEL 10

Coole Apps

Jeder Computer wird erst durch die installierten Programme interessant. Das gilt natürlich auch für Android-Smartphones. Immer wieder veröffentlichen Zeitschriften und Webseiten die angeblich besten Apps. Aber welche sind die besten? Niemand installiert Apps aus Sammlerleidenschaft nur um der Apps willen. Man installiert das, was man braucht, und da muss jeder für sich selbst beurteilen, was wichtig ist und was nicht. Große Teile dieses Buches handeln von Apps und natürlich nur von den besten zu jedem Thema. In diesem Kapitel werden noch einige Apps zu Themen vorgestellt, die bisher unerwähnt blieben.

10.1 Musik und Videos auf dem Samsung Galaxy S26

Digitale Musik unterwegs zu hören, gehört zum Alltag. Fast jeder hört seine Musik nur noch auf dem Smartphone über Kopfhörer, deren Musikqualität mit dem, was man aus Walkman-Zeiten kannte, nicht mehr zu vergleichen ist.

YouTube Music

Der Musik-Streaming-Dienst YouTube Music findet Musik aus offiziellen Veröffentlichungen der Künstler anhand von Titeln, Stichwörtern oder Albumnamen. In der kostenlosen Version werden die Playlisten oft durch Werbung unterbrochen, und die Musik läuft auch nicht weiter, wenn der Bildschirm abgeschaltet ist oder eine andere App im Vordergrund läuft. Dies ist nur mit einem kostenpflichtigen Abo möglich. Samsung liefert auf aktuellen Smartphones die App *YouTube Music* vorinstalliert mit. Sie kann auch als Player für lokal gespeicherte Musik verwendet werden.

Beim ersten Start der App melden Sie sich mit dem Google-Konto an, in dem dann auch Musikvorschläge und Playlisten gespeichert werden. Wählen Sie anschließend bis zu fünf Lieblingskünstler aus. Daraus versucht YouTube Music Playlisten und Vorschläge zu erstellen, die automatisch abgespielt werden können. YouTube Music bietet ein vielfältiges Musikangebot, in dem man beliebig Titel suchen oder sich automatisch vorschlagen lassen kann.

> **Achtung: Kostenfalle**
>
> Tippen Sie beim ersten Start der App *YouTube Music* auf *Nein danke* und nicht auf *Kostenlosen Testzeitraum*, da Sie sonst den Musikdienst abonnieren, der zwar 30 Tage lang kostenlos ist, aber wer denkt schon daran, so etwas rechtzeitig wieder abzumelden. Die App funktioniert auch in der kostenlosen Version. Lediglich Bonusangebote von YouTube Music sind kostenpflichtig. Außerdem beendet die kostenlose Version die Musik, sobald eine andere App im Vordergrund läuft.

Wichtige Einstellungen in YouTube Music

Um den Klang noch weiter zu verbessern, verfügt die App *YouTube Music* über einen eigenen Equalizer, der sich in den *Einstellungen* versteckt. Tippen Sie dazu auf das Profilbild oben rechts und wählen Sie *Einstellungen/Wiedergabe*.

> **Achtung: Datenvolumen**
>
> Um unterwegs Datenvolumen zu sparen, sollten Sie in den *Einstellungen* unter *Niedriger Datenverbrauch* die Option *Nur über WLAN streamen* aktivieren. Damit verhindern Sie, dass über Playlisten oder die zufällige Wiedergabe Musik über eine Mobilfunkverbindung gestreamt wird. Das Abspielen lokal gespeicherter Musik ist weiterhin möglich.

Bluetooth-Kopfhörer oder Lautsprecher anschließen

Um unterwegs Musik zu hören, hat das Smartphone inzwischen alle klassischen CD- und MP3-Player verdrängt – um eine Party damit zu beschallen, eignen sich die eingebauten Lautsprecher allerdings nicht.

Viele Aktivboxen, Stereoanlagen und auch Autoradios lassen sich per Bluetooth koppeln und als Lautsprecher nutzen. Dabei werden alle Medien-Apps unterstützt, die Musik kann von *YouTube*, einem Webradio oder auch lokal vom Smartphone abgespielt werden.

> **Keine klassischen Kopfhörer am Samsung Galaxy S26**
>
> Das Samsung Galaxy S26 hat wie schon seine Vorgänger keine 3,5-mm-Klinkenbuchse zum Anschluss von Kopfhörern eingebaut und liefert auch kein Headset für den USB-C-Anschluss mit, um in Ruhe, ohne beispielsweise im Zug seine Mitmenschen zu belästigen, Musik zu hören. Offensichtlich geht man davon aus, dass inzwischen jeder Bluetooth-Kopfhörer hat und sie auch mit dem Samsung Galaxy S26 nutzt.

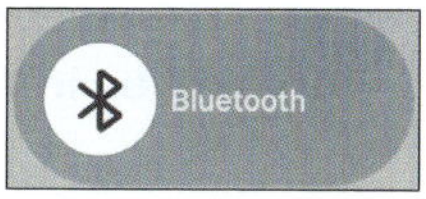

1. Zuerst schalten Sie den Lautsprecher in den Verbindungsmodus, manchmal auch als Kopplungsmodus bezeichnet. In den meisten Fällen muss dazu eine Taste, oft der Einschalter, länger gedrückt gehalten werden. Viele Bluetooth-Lautsprecher melden die Kopplungsbereitschaft mit einem Signalton oder einer Sprachausgabe.

2. Schalten Sie über das QuickPanel *Bluetooth* ein.

3. Tippen Sie länger auf dieses Bluetooth-Symbol, erscheinen Listen gekoppelter und verfügbarer Geräte.

4. Wählen Sie in der Liste *Verfügbare Geräte* den Lautsprecher aus. Bei einigen Lautsprechern müssen Sie jetzt eine Kopplungstaste drücken. Viele Geräte koppeln aber auch automatisch.

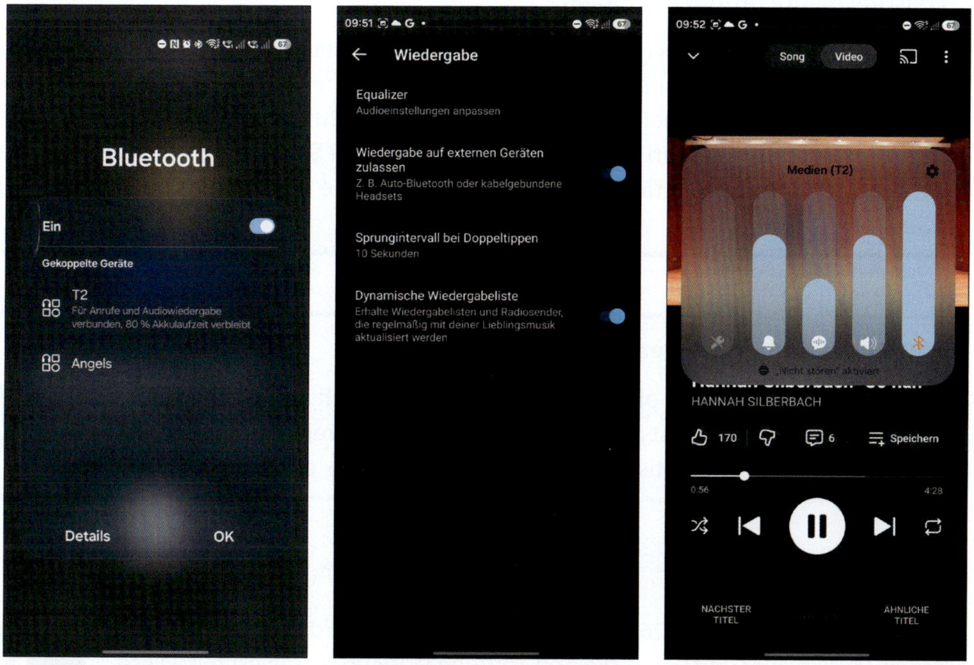

Bluetooth-Lautsprecher koppeln, Mitte: Einstellungen in YouTube Music, rechts: Lautstärke über Lautstärketasten einstellen

Haben Sie einmal einen Lautsprecher gekoppelt, erscheint dieser automatisch in der Liste und braucht nicht mehr neu gesucht zu werden. Beim Einschalten von Bluetooth wird er automatisch wieder gekoppelt.

Wiedergabe in YouTube Music zulassen

Die App *YouTube Music* spielt Musik nur auf Bluetooth-Lautsprechern oder Kopfhörern ab, wenn in den *Einstellungen* unter *Wiedergabe* der Schalter *Wiedergabe auf externen Geräten zulassen* aktiviert ist.

Über die Lautstärketasten des Smartphones können Sie die Lautstärke des Lautsprechers regeln. Einige Bluetooth-Lautsprecher haben gar keinen eigenen Lautstärkeregler. Tippen Sie auf dem Bildschirm auf das Symbol mit den drei Punkten über dem Lautstärkeregler, erscheint der Bildschirm zur Lautstärkeregelung verschiedener Audioquellen, nicht nur der Musik.

Freisprecheinrichtungen koppeln

Bluetooth-Freisprecheinrichtungen werden auf die gleiche Weise wie Lautsprecher gekoppelt. Bei Freisprecheinrichtungen mit Display, zum Beispiel in Autos, sollten Sie auch die Kontakte freigeben, damit die Freisprecheinrichtung den Namen des Anrufers anzeigen kann. Bei einigen derartigen Anlagen können Sie auch aus dem Adressbuch des Smartphones Anrufe tätigen, ohne das Smartphone dazu in die Hand nehmen zu müssen.

Musik auf Chromecast-Geräten abspielen

Das Chromecast-Symbol oben in YouTube Music spielt die Musik über ein Smart-TV oder Chromecast ab. Wählen Sie einfach ein erreichbares Gerät in der Nähe aus, es wird automatisch verbunden und die Musik darauf abgespielt.

Samsung Music

Auf dem Samsung Galaxy S26 verzichtet Samsung standardmäßig auf seinen eigenen Musikplayer und liefert die App *YouTube Music* vorinstalliert mit. Diese App wird auch als Standardplayer für lokale Musik auf dem Galaxy S26 verwendet. Samsung bietet aber über den Galaxy Store seinen eigenen Musikplayer *Samsung Music* weiterhin zum Download an. Die wesentlichen Vorteile dieser App gegenüber *YouTube Music* sind:

- Es wird keine Werbung zwischen den Musiktiteln oder davor abgespielt. Die einzige Werbung innerhalb der App ist eine Werbeseite für Spotify, die aber unauffällig ist und nicht weiter stört.

- Die Musik kann im Hintergrund weiterlaufen, während andere Apps benutzt werden.

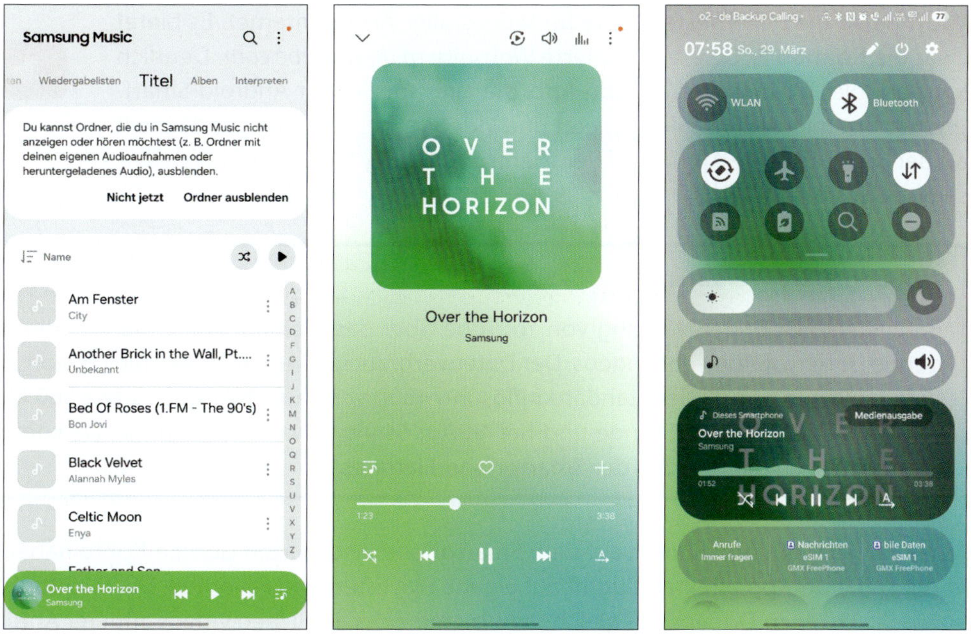

Der Samsung Music Player, rechts: Mini-Player für Samsung Music im QuickPanel

Die Bedienung ähnelt den bekannten Musikplayern auf anderen Plattformen: In jeder Ansicht ist ganz unten der gerade laufende Titel zu sehen. Mit den Bedienelementen lassen Sie die Musik pausieren oder springen zum nächsten Titel der aktuellen Wiedergabeliste. Sie können beliebige Titel zu einer Wiedergabeliste zusammenfassen. Mit dem Lupensymbol oben rechts finden Sie jeden Titel Ihrer Musiksammlung.

Während die Musik läuft, können Sie andere Apps nutzen. Der Musikplayer verschwindet in den Hintergrund, die Musik läuft weiter. Ziehen Sie die Benachrichtigungsleiste nach unten, erscheint der gerade abgespielte Titel mit Steuerelementen für den Player. Ein Sleep Timer in den *Einstellungen* lässt die aktuelle Playlist eine bestimmte Zeit lang zum Einschlafen laufen und schaltet sie danach automatisch ab.

Falsche Albumbilder

Wundern Sie sich nicht, wenn der Musikplayer falsche Albumbilder bei lokal gespeicherter Musik anzeigt. Dies ist leider ein gängiges Problem aller Musikplayer-Apps, wenn Musik auf verschiedenen Plattformen verwendet wird. In der MP3-Datei eingebettete Grafiken werden korrekt angezeigt. Einige Systeme verwenden aber zusätzliche Albumbilder im JPEG-Format. Wenn sich solche Bilder im Musikordner befinden, werden sie von den Musikplayern unterschiedlich und oft falsch zugeordnet.

YouTube

YouTube ist die beliebteste Quelle für Videos aller Art im Internet. Es bietet zwar die für mobile Geräte optimierte Webseite *m.de.youtube.com*. Deutlich komfortabler ist aber die YouTube-App, die eine speziell für Android-Smartphones optimierte Darstellung bietet und Videos erheblich flüssiger darstellt als der Browser. Diese App ist auf dem Samsung Galaxy S26 bereits herstellerseitig vorinstalliert.

Achtung: Datenvolumen

Bedenken Sie bei der Nutzung von YouTube über das Mobilfunknetz das zu übertragende Datenvolumen von Videos. Der Datenverbrauch hängt im Wesentlichen von der Videoauflösung ab. In der Standardauflösung 480p verbraucht YouTube etwa 560 MB/Stunde, bei HD 2–3 GB/Stunde und bei 4K-Auflösung etwa 10 GB/Stunde. Da kommt man schnell an die Grenzen der Smartphone-Flatrates.

Nach der Anmeldung mit dem auf dem Smartphone installierten Google-Konto haben Sie in der YouTube-App direkten Zugriff auf eigene Playlisten und Favoriten. Die Suchfunktion sowie die Listen mit Videos des gleichen Anbieters oder ähnlichen Videos anderer Anbieter stehen so, wie Sie es vom PC kennen, auch in der YouTube-App zur Verfügung.

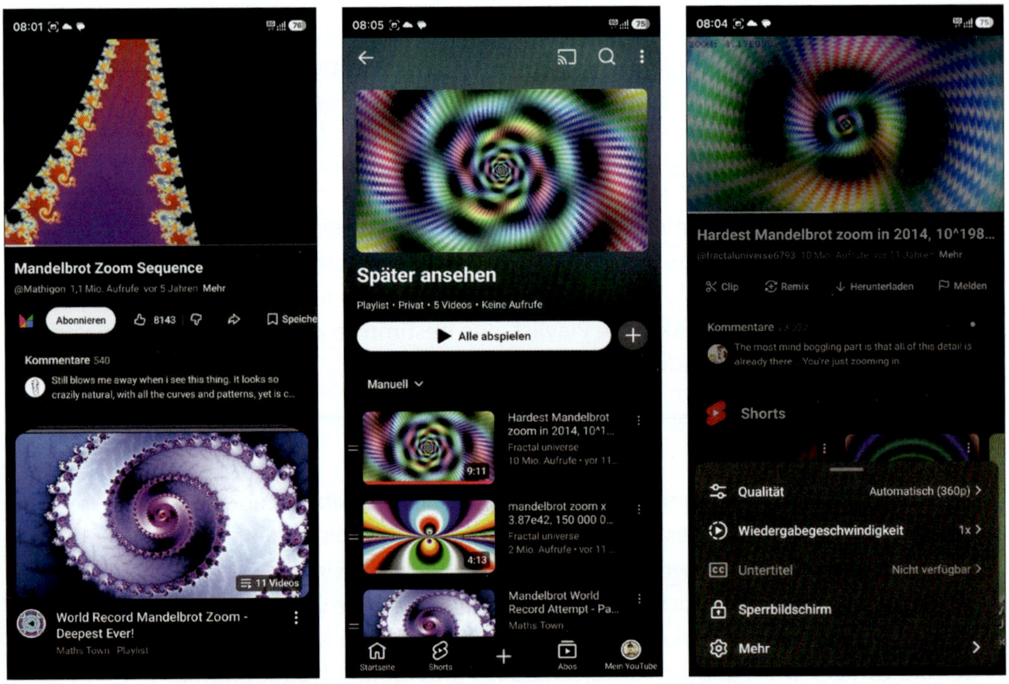

Die YouTube-App auf dem Samsung Galaxy S26, rechts: Wiedergabeeinstellungen in der YouTube-App

Natürlich lassen sich alle Videos auch im Vollbildmodus abspielen. Dazu braucht man das Smartphone nur quer zu halten. Um zurück zum Startbildschirm zu kommen, drehen Sie das Smartphone wieder in die Senkrechte. Damit wird der Vollbildmodus beendet, und alle Bedienelemente stehen wieder wie gewohnt zur Verfügung.

Auch die Funktionen, Videos zu bewerten oder Links an Freunde zu verschicken, sind in der App enthalten. Dabei werden alle installierten Kommunikations-Apps wie *E-Mail*, *Facebook*, *WhatsApp* und weitere unterstützt.

Videohelligkeit optimieren

Zur Verbesserung der Videodarstellung auf YouTube empfiehlt es sich, die Videohelligkeit auf hell zu setzen. Diese finden sie in den *Einstellungen* unter *Erweiterte Funktionen*. Diese Videooptimierung funktioniert auch mit einigen anderen Video-Apps auf dem Samsung Galaxy S26. In anderen Apps wird der Bildschirm nicht aufgehellt.

Mit der YouTube-App können Sie auch eigene Videos, die mit der Smartphone-Kamera aufgenommen wurden, direkt auf YouTube hochladen, ohne dass Sie einen PC dafür benötigen.

10.2 Dateimanager

Was dem Android-Betriebssystem lange Zeit fehlte, war ein leistungsfähiger Dateimanager. Offenbar gehen die Entwickler der Plattform davon aus, dass Anwender sich für die einzelnen Dateien auf ihren Geräten nicht interessieren, bereits heruntergeladene Dateien einfach erneut herunterladen, und wenn der Speicher voll ist, ein neues Smartphone kaufen.

Der Samsung-Dateimanager »Eigene Dateien«

Samsung liefert auf dem Samsung Galaxy S26 einen Dateimanager mit Namen *Eigene Dateien* im Ordner *Samsung* in der App-Liste mit, der zwar nicht den Funktionsumfang externer Dateimanager bietet, aber für die meisten alltäglichen Aufgaben völlig ausreicht. Hier können Sie Dateien löschen, kopieren, verschieben, über verschiedene Kommunikationskanäle senden oder auch neue Ordner anlegen.

Der Dateimanager zeigt aktuell verwendete Dateien und häufig gebrauchte Kategorien an und unterstützt nach der Anmeldung Verbindungen zu Google Drive und OneDrive.

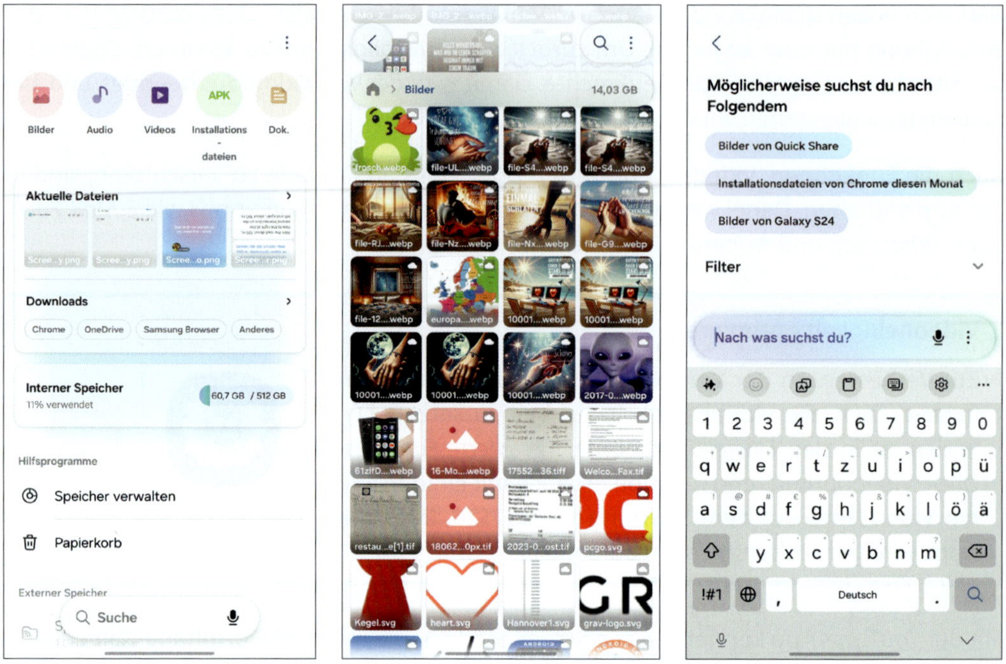

Der Dateimanager »Eigene Dateien« auf dem Samsung Galaxy S26, rechts: Suche im Dateimanager

Halten Sie den Finger länger auf einer Datei, schaltet der Dateimanager in einen Auswahlmodus um, in dem Sie mehrere Dateien markieren können. Mit den Symbolschaltflächen ganz unten können Sie die ausgewählten Dateien kopieren, verschieben, löschen oder über *Senden* verschicken. Dabei werden alle für diesen Dateityp geeigneten Kommunikationskanäle zur Auswahl angeboten.

Vorsicht!

Der Dateimanager hat zwar nur Zugriff auf den Benutzerbereich des internen Speichers und nicht auf die Systempartition – Sie sollten aber trotzdem die Dateien im Verzeichnis *Android* und in den untergeordneten Verzeichnissen nicht verändern oder verschieben. Löschen Sie auch keine Datei, die Sie nicht selbst angelegt haben, und auch keinen scheinbar leeren Ordner.

Mit dem Suchfeld ganz unten finden Sie schnell bestimmte Dateien auf dem Samsung Galaxy S26. Über verschiedene Filter wählen Sie zusätzlich zum Suchbegriff einen Zeitraum oder Dateityp aus. Bestimmen Sie, ob Sie überall oder nur im aktuellen Ordner nach Dateien suchen möchten, ob Sie nur nach Dateinamen oder nach Text in Dokumenten oder nach Standortinformationen in Bildern suchen möchten. Ganz unten werden in Echtzeit passende Suchergebnisse angezeigt. Ist die Suche abgeschlossen, lassen sich die Ergebnisse nach Name, Datum, Größe oder Dateityp sortieren.

10.3 Datenaustausch über Cloud-Speicherdienste

Cloud-Speicherdienste sind die ideale Lösung, um Dateien aller Art komfortabel zwischen Smartphone und PC oder auch mehreren PCs auszutauschen. Musste man früher Smartphones noch mühsam per USB-Kabel mit dem PC verbinden, um Daten auszutauschen, funktioniert es heute über das Internet vollautomatisch, wenn die Daten in den entsprechenden Verzeichnissen liegen.

Die bekanntesten derartigen Dienste – Google Drive, OneDrive von Microsoft, MEGA und Dropbox – bieten alle neben PC-Anwendungen auch Android-Apps an. Die verschiedenen Anbieter unterscheiden sich nur in kleinen Details. Wer also bereits einen dieser Dienste auf dem PC nutzt, sollte die passende App auf dem Smartphone installieren.

Wo ist die Samsung Cloud?

Auf dem Samsung Galaxy S26 ist die OneDrive-App für Android vorinstalliert und ersetzt inzwischen zur Sicherung von Fotos und anderen Daten die ehemalige Samsung Cloud, die nur noch zum Synchronisieren von Konfigurationsdaten aus Samsung-Apps und zur Datensicherung genutzt wird.

OneDrive

Microsoft bietet mit OneDrive (*onedrive.com*) eine Cloud-Speicherlösung an. Diese ist in Windows 11 und Windows 10 bereits fest integriert und hat dadurch große Beliebtheit gewonnen. Nutzer älterer Windows-Versionen können OneDrive nur noch im Browser verwenden. Mit der passenden Android-App können Sie auch mit Ihrem Samsung Galaxy S26 auf Ihre persönlichen Dateien zugreifen, automatisch Dateien hochladen und sie mit Freunden teilen.

Zur Anmeldung wird ein Microsoft-Konto benötigt. Dies kann mit einer Windows-Installation angelegt worden sein, oder Sie melden sich bei *onedrive.com* oder auch direkt in der App kostenlos neu an. OneDrive macht an vielen Stellen in der App Werbung für kostenpflichtige Dienste. Solange Ihnen Ihr kostenloser Speicherplatz ausreicht, können Sie diese Werbung einfach wegklicken.

Ein integrierter Betrachter zeigt Office-Dokumente auf OneDrive in den gängigen Formaten direkt in der App an. Über das *Teilen*-Symbol bei jeder Datei können Sie Links auf eigene Dateien bei OneDrive leicht mit Freunden teilen und dabei festlegen, welche Personen die Datei nur sehen dürfen und wer sie auch bearbeiten darf.

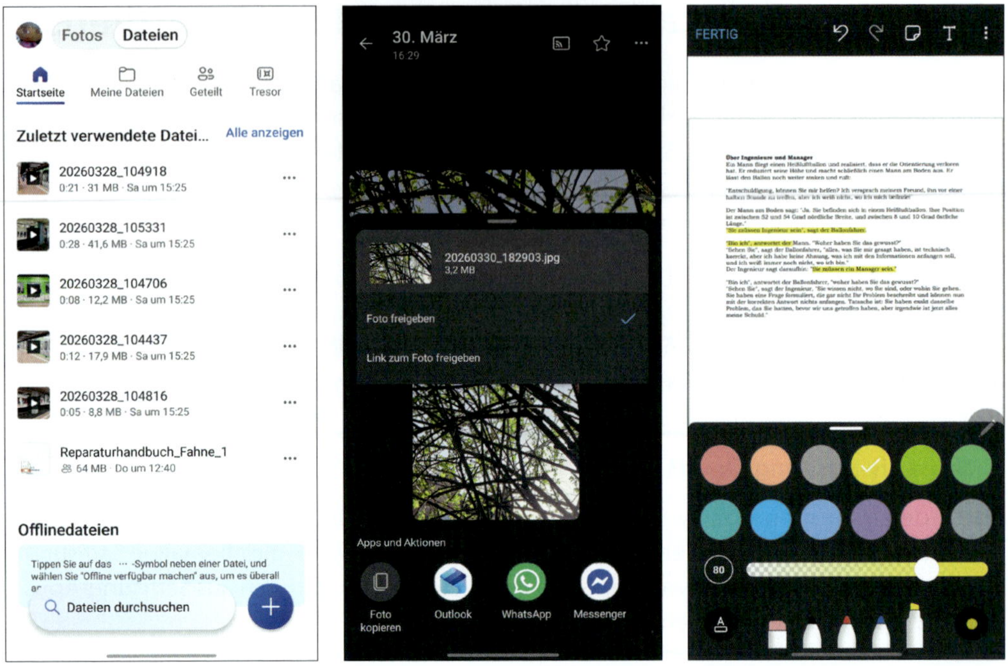

Die OneDrive-App auf dem Samsung Galaxy S26, rechts: integrierter Betrachter für Office-Dokumente

Google Drive

Google bietet mit Google Drive (*drive.google.com*) allen Benutzern bis zu 15 GB kostenlosen Onlinespeicherplatz, der für beliebige Dateien genutzt werden kann. Bei regelmäßiger Nutzung und durch Bonusaktionen kann dieser kostenlose Speicherplatz automatisch wachsen.

Die im Ordner *Google* auf dem Samsung Galaxy S26 vorinstallierte Google-Drive-App enthält für viele gängige Dateiformate integrierte Betrachter, um diese Dateien auf dem Smartphone darstellen zu können, ohne spezielle Apps installieren zu müssen. Fotos aus Google Drive werden automatisch in der Google-Fotos-App angezeigt.

Bei jeder Datei kann auf dem Smartphone über das Menü mit den drei Punkten bei der Datei eingestellt werden, ob sie zur Offlinenutzung auf das Gerät heruntergeladen werden soll. Bei jeder Veränderung der Datei wird die Offlinekopie mit der Cloud synchronisiert.

Dateien vom Smartphone auf Google Drive hochladen

Mit der Google-Drive-App können Sie ähnlich wie bei OneDrive Dateien aller Art vom Smartphone auf Google Drive hochladen. Dabei gibt es zwei Möglichkeiten: Entweder suchen Sie die Datei mit der Google-Drive-App und laden sie direkt hoch, oder Sie nutzen die *Teilen*-Funktion aus anderen Apps oder Dateimanagern.

1. Wählen Sie in der Google-Drive-App den Ordner, in den die Datei hochgeladen werden soll.

2. Tippen Sie dann unten rechts auf das Symbol *Neu*. Hier können Sie noch einen neuen Unterordner erstellen oder direkt eine Datei hochladen.

3. Suchen Sie die Datei auf dem Smartphone. Dazu wird der einfache Dateimanager von Android verwendet, der neben lokalen Dateien auch Zugriff auf Cloud-Dienste wie Google Drive und auch OneDrive bietet. Mit dem Menüsymbol links oben finden Sie die lokalen Ordner auf dem Smartphone.

4. Wählen Sie eine oder mehrere Dateien aus und tippen Sie dann auf *Auswählen*, um sie in den ausgewählten Ordner auf Google Drive hochzuladen.

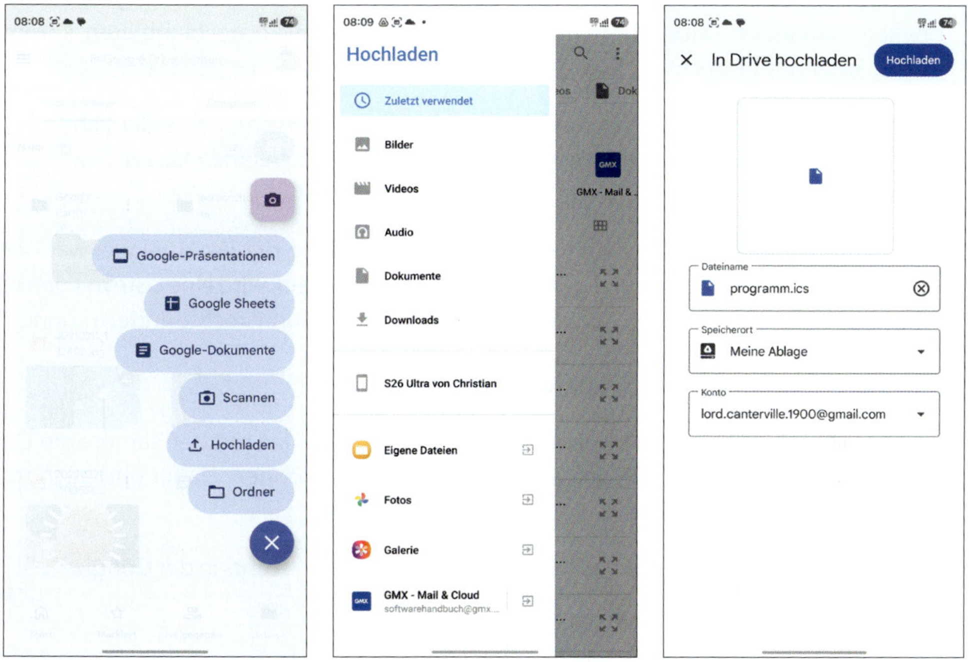

Dateien vom Smartphone auf Google Drive hochladen

Dateien aus anderen Apps nach Google Drive teilen

Das Teilen von Dateien aus anderen Apps auf Google Drive funktioniert wie gewohnt:

1. Markieren Sie die gewünschte Datei in der jeweiligen App und tippen Sie auf das *Teilen*-Symbol in der App.

2. Wählen Sie in der Liste der Apps auf dem *Teilen*-Bildschirm Google Drive.

3. Jetzt öffnet sich die Google-Drive-App. Wählen Sie dort das gewünschte Google-Konto, falls mehrere auf dem Smartphone angemeldet sind, sowie den Ordner, in den die Datei hochgeladen werden soll, und tippen Sie danach unten auf *Auswählen*. Damit wird die Datei auf Google Drive hochgeladen und steht auf allen synchronisierten Geräten zur Verfügung.

Dateien mit der Google-Drive-App freigeben

Dateien lassen sich auch direkt aus der Google-Drive-App für andere Personen einfach freigeben und versenden.

1. Tippen Sie bei einer Datei in der Übersicht der eigenen Dateien in der Google-Drive-App auf das Symbol mit den drei Punkten. Wählen Sie hier *Freigeben*.

2. Auf der nächsten Seite bestimmen Sie Personen, die eine E-Mail zur Freigabe der Datei bekommen sollen. Dabei können Sie festlegen, ob diese die Datei bearbeiten, kommentieren oder nur betrachten dürfen.

3. Tippen Sie oben auf den Pfeil, um den ausgewählten Personen eine Benachrichtigung zu der Datei zu schicken. Vorher können Sie noch einen kurzen Text dazu schreiben.

4. Die Symbole unter *Wer hat Zugriff?* auf dem Infobildschirm der Datei zeigen, wer bereits über eine Freigabe Zugriff auf die Datei hat. Tippen Sie darauf, wird eine Liste mit den kompletten Namen angezeigt, in der Sie auch die einzelnen Zugriffsrechte ändern können.

Dokumente scannen mit Google Drive

Die Google-Drive-App beinhaltet eine Scanfunktion, mit der Sie mit der Kamera ein Dokument fotografieren und als PDF auf Google Drive ablegen können. Dabei sind auch mehrseitige PDF-Dokumente möglich.

1. Tippen Sie zum Scannen auf das Kamerasymbol *Neu* unten rechts in der Google-Drive-App.

2. Automatisch startet die Kamera und Sie können die erste Seite des Dokuments fotografieren. Dabei versucht die automatische Aufnahme, eine Seite Text selbstständig zu erkennen und rechtwinklig zu ziehen. Die übrigen Bildbereiche werden abgeschnitten. Im manuellen Modus legen Sie den Ausschnitt selbst fest, der gescannt werden soll.

3. Mit dem Symbol *Zuschneiden* wählen Sie den gewünschten Ausschnitt. Auf diese Weise können Sie überflüssigen Text entfernen und auch ein schräg aufgenommenes Foto gerade ziehen. Lupen erleichtern es, die Ecken genau zu markieren.

4. Mit dem Symbol *Filter* können Sie Kontrast und Helligkeit automatisch einstellen, die Farbtiefe des Bildes festlegen oder es in Graustufen umwandeln.

5. Mit dem Symbol *Säubern* versucht die App, störende Hintergründe herauszufiltern.

6. Der Button *Fertig* lädt das Dokument als PDF auf Google Drive hoch.

Die Dokumente bleiben als grafisches PDF erhalten, werden also nicht in Text umgewandelt, die Inhalte können aber durchsucht werden. Geben Sie im Suchfeld der Google-Drive-App einen Suchbegriff ein, findet die App auch gescannte Dokumente, in denen dieser Begriff enthalten ist.

App-Shortcuts und Widgets

Über App-Shortcuts (langes Antippen des App-Symbols) lassen sich wichtige Aufgaben schnell aufrufen. Bei Bedarf können diese Shortcuts auf den Startbildschirm gelegt werden. Zusätzlich liefert Google Drive Widgets, mit denen Sie Dokumente scannen oder hochladen können oder auch direkten Zugriff auf einen ausgewählten Ordner auf Google Drive haben.

Google Drive für Windows-Desktop

Google Drive ermöglicht es, ähnlich wie OneDrive, auf einfache Weise ein Verzeichnis der lokalen Festplatte automatisch im Hintergrund mit Google Drive zu synchronisieren und auf diese Weise leicht beliebige Dateien zwischen Smartphone und PC auszutauschen. Laden Sie dazu auf dem PC bei *www.google.com/drive/download* das Google-Programm *Drive for Desktop* für Windows herunter.

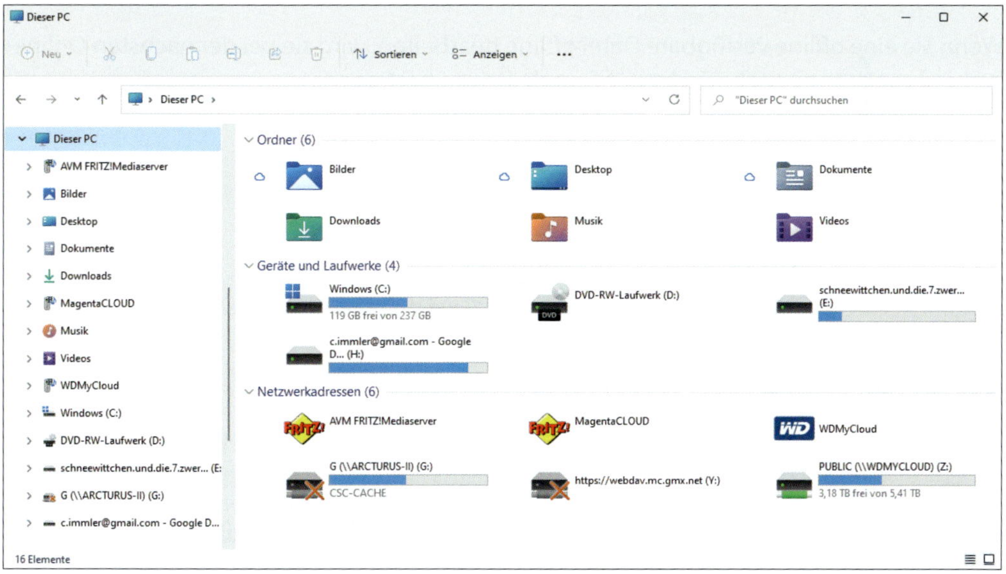

Neue Laufwerke für Google Drive im Explorer von Windows 11

Installieren Sie das Programm und melden Sie sich während der Installation mit Ihrem Google-Konto an. Nach abgeschlossener Installation erscheint Google Drive als neuer Laufwerkbuchstabe im Explorer. Diese Methode hat den Vorteil, dass die eigene Ablage auf Google Drive auch mit anderen Dateimanagern genutzt werden kann. Im Gegensatz zu OneDrive wird kein Ordner angelegt. Sie können aber beliebige Dateien auf das neue Laufwerk in den Ordner *Meine Ablage* kopieren und dort auch Unterordner anlegen.

Bei der Installation und auch später in den Einstellungen der Windows-Desktop-App können Sie zwischen zwei Methoden wählen:

- Ähnlich wie bei der OneDrive-Einstellung *Dateien bei Bedarf* zeigt die Option *Dateien streamen* nur Platzhalter für die Dateien an. Es werden erst einmal keine Dateien auf die Festplatte kopiert. Die Dateien werden nur dann auf die Festplatte heruntergeladen, wenn sie benötigt werden. Dateien, die Sie mit dem Explorer auf das Google-Drive-Laufwerk kopieren oder dort bearbeiten, werden automatisch auf den Google-Drive-Cloud-Speicher zurück kopiert, damit sie auch auf anderen Geräten genutzt werden können.
- Die Einstellung *Dateien spiegeln* synchronisiert alle Dateien in einen Ordner auf dem PC. In diesem Fall sind sie immer auch offline nutzbar.

Die Methode *Dateien streamen* benötigt deutlich weniger Speicherplatz auf dem PC und läuft auch im Alltag wegen nur geringer Hintergrundaktivität deutlich flüssiger. Möchten Sie hier eine Datei offline ohne Internetverbindung unterwegs auf dem Laptop nutzen, machen Sie die Datei offline verfügbar, indem Sie im Explorer mit der rechten Maustaste darauf klicken und im Kontextmenü die Option *Weitere Optionen anzeigen/Offlinezugriff/Offline verfügbar* einschalten.

Wenn Sie eine offline verfügbare Datei offline bearbeiten, wird sie bei der nächsten Onlineverbindung automatisch wieder auf Google Drive übertragen.

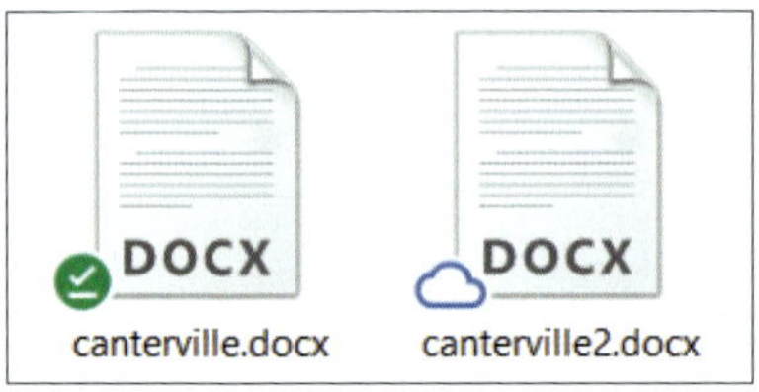

Offline verfügbare Dateien werden mit einem grünen Häkchen anstelle der Cloud-Wolke gekennzeichnet

10.4 Büro-Apps

In den Anfangszeiten der Smartphones waren es im Wesentlichen Geschäftsleute, die diese Geräte nutzten. Heute sieht das anders aus, ein Smartphone ist ein alltäglicher Begleiter der mobilen Internetgeneration. Dennoch gibt es auch diverse nützliche Apps für büroähnliche Funktionen auf dem Samsung Galaxy S26.

Microsoft 365 Copilot (Office) für Android

Wer öfter längere Texte schreibt, möchte diese auch unterwegs korrigieren oder in einer Besprechung Änderungen einfügen. Das ist oftmals schwierig, weil der Computer mit dem Originaltext gerade nicht zur Hand ist. Microsoft bietet eine vereinfachte Form von *Microsoft Office für Android* an, mit der sich Dokumente auf dem Smartphone lesen und auch bearbeiten lassen. Diese App wurde vor einiger Zeit mit der KI Microsoft Copilot zu einer einzigen App *M365 Copilot* zusammengefasst. Die aktuelle Version, die auf dem Samsung Galaxy S26 im Ordner *Microsoft* vorinstalliert ist, enthält nur noch den KI-Chatbot Copilot, aber keine Office-Apps mehr.

Die Office-Apps für *Word* und *Excel* können Sie sich aus dem Google Play Store oder dem Samsung Galaxy Store herunterladen. Beim ersten Start der Office-Apps müssen Sie sich dazu einmal mit Ihrem Microsoft-Konto anmelden, da viele der Bearbeitungsfunktionen ein Office-365-Abonnement voraussetzen und Sie sich damit außerdem bei OneDrive identifizieren. Das Betrachten von Office-Dokumenten funktioniert auch in der kostenlosen Version.

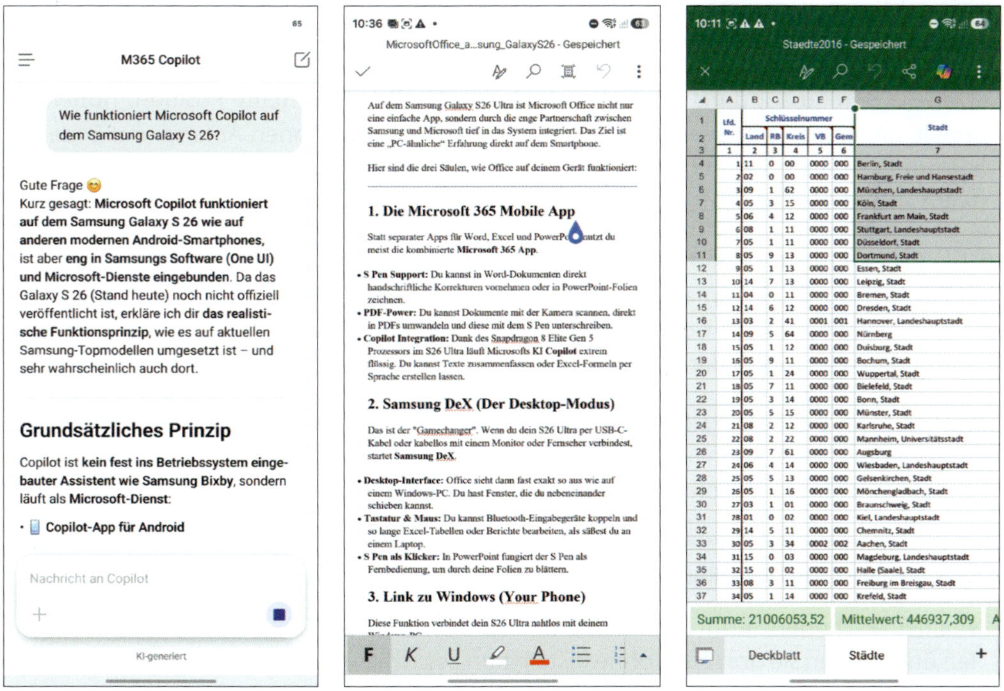

Links: Microsoft M365 Copilot für Android, Mitte: Word, rechts: Excel

Über die Office-App können Sie gleichermaßen auf lokal auf dem Smartphone gespeicherte Dateien wie auch auf Dokumente auf OneDrive zugreifen. Auf diese Weise können Sie ganz einfach Ihre Dokumente vom PC auf dem Samsung Galaxy S26 bearbeiten, Sie brauchen sie nur zu Hause in den persönlichen OneDrive-Ordner zu legen und haben dann unterwegs jederzeit Zugriff darauf.

Das abgebildete Beispiel zeigt, dass die Informationen von *M365 Copilot* oftmals deutlich älter zu sein scheinen als bei anderen KI-Chats. Der Screenshot auf Seite 273 links zeigt die Antwort von *M365 Copilot*, das Word-Dokument im mittleren Screenshot zeigt die Antwort von *Google Gemini* am gleichen Tag, 31. März 2026, als das Samsung Galaxy S26 bereits 20 Tage auf dem Markt war. Aber auch diese Antwort ist nicht richtig, da inzwischen wieder einzelne Office-Apps notwendig sind, weil die *M365*-App kein *Word* und *Excel* mehr mitliefert.

Google Docs

Google bietet für Android eigene Office-Apps an, die Dateien in den Standard-Office-Formaten bearbeiten können. Die Textverarbeitung *Google Docs* beinhaltet alle wichtigen Funktionen einer Textverarbeitung. Damit lassen sich Google-Docs-Dokumente auf Google Drive sowie lokal auf dem Smartphone gespeicherte Word-Dokumente bearbeiten.

Setzen Sie den Cursor durch einfaches Antippen an die gewünschte Position. Tippen Sie doppelt, um einen Textbereich zu markieren. Anschließend können Anfang und Ende der Markierung beliebig verschoben werden. Tippen Sie länger auf einen markierten Text, erscheint eine Symbolleiste der Zwischenablage.

Im Menü oben rechts finden Sie bekannte Funktionen von Textverarbeitungen wie Suchen und Ersetzen sowie Dokumentstruktur anzeigen. Über den Schalter *Offline verfügbar* machen Sie Dokumente aus Google Drive auch ohne Internetverbindung offline verfügbar. Änderungen werden bei der nächsten Internetverbindung automatisch synchronisiert.

Über den Menüpunkt *Freigeben & exportieren* können Sie das Dokument für andere Personen freigeben. Dabei können Sie diesen Personen verschiedene Rechte für das Dokument zuweisen: nur anzeigen, kommentieren oder sogar bearbeiten.

Google Docs und Tabellen auf dem PC

Auf dem PC finden Sie im Browser bei *docs.google.com* alle Ihre Dokumente und Tabellen und können sie dort auch ohne Installation zusätzlicher Software direkt bearbeiten. Änderungen werden automatisch mit den Smartphone-Apps synchronisiert.

Texte mit Google Lens scannen und übernehmen

Google Lens kann mit der Kamera Texte erkennen, um diese in eine Textverarbeitung zu übernehmen. Um Google Lens zu starten, tippen Sie auf das Kamerasymbol rechts im Google-Suchfeld.

1. Tippen Sie auf *Mit der Kamera suchen* und halten Sie die Kamera mit Google Lens auf den Text. Achten Sie dabei auf eine gleichmäßige Beleuchtung. Zur besseren Erkennung sollten die Textzeilen möglichst waagerecht im Bild liegen.

2. Wählen Sie in der Symbolleiste von Google Lens unter dem Kameraauslöser die Option *Text*. Wenn Text im Bild erkannt wird, wird dieser hell hervorgehoben. Tippen Sie dann auf den Auslöser.

3. Tippen Sie auf *Text auswählen*, um erkannten Text mit Griffen am Anfang und Ende zu markieren, wie Sie ihn auch in einem Textdokument markieren würden.

4. Tippen Sie in der Symbolleiste auf *Kopieren*. Damit wird der Text in die Zwischenablage kopiert und kann in anderen Apps eingefügt werden.

5. In *Google Docs* und einigen anderen Apps wird der Inhalt der Zwischenablage als Symbol oberhalb der Tastatur angezeigt, um ihn noch einfacher einzufügen.

6. Automatisch erkannter Text sollte auf jeden Fall nachbearbeitet werden, da es immer zu Fehlern kommt. Markieren Sie ein fehlerhaft erkanntes Wort, bietet *Google Docs* in vielen Fällen passende Wörter als Korrekturvorschläge an. So brauchen Sie oft die Korrekturen nicht selbst einzutippen.

Fotografierte Texte auf den PC übertragen

Der mit Google Lens erkannte Text kann auch direkt auf einen PC übertragen werden. Auf dem PC muss dazu der Chrome-Browser laufen und mit demselben Google-Konto wie das Smartphone angemeldet sein. Tippen Sie nach der Texterkennung auf dem Smartphone auf das Symbol mit den drei Punkten in der Symbolleiste und wählen dann *Auf Computer kopieren*. Wählen Sie den gewünschten Computer aus. Kurz danach liegt der Text dort in der Zwischenablage und kann mit der Tastenkombination [Strg]+[V] in einem beliebigen Programm eingefügt werden. Unter Windows 10 und Windows 11 finden Sie den Text auch mit [Win]+[V] in der erweiterten Zwischenablage, falls Sie zwischenzeitlich andere Daten über die Zwischenablage kopiert haben.

Google Tabellen

Die Tabellenkalkulation *Google Tabellen* unterstützt fast alle Formeln sowie auch Sortier- und Filterfunktionen aus Excel. Um Felder zu bearbeiten, tippen Sie in die betreffende Zelle. Jetzt erscheint ein Bearbeitungsfeld am unteren Bildschirmrand. Nach der Bearbeitung der Werte wird die Tabelle automatisch neu berechnet.

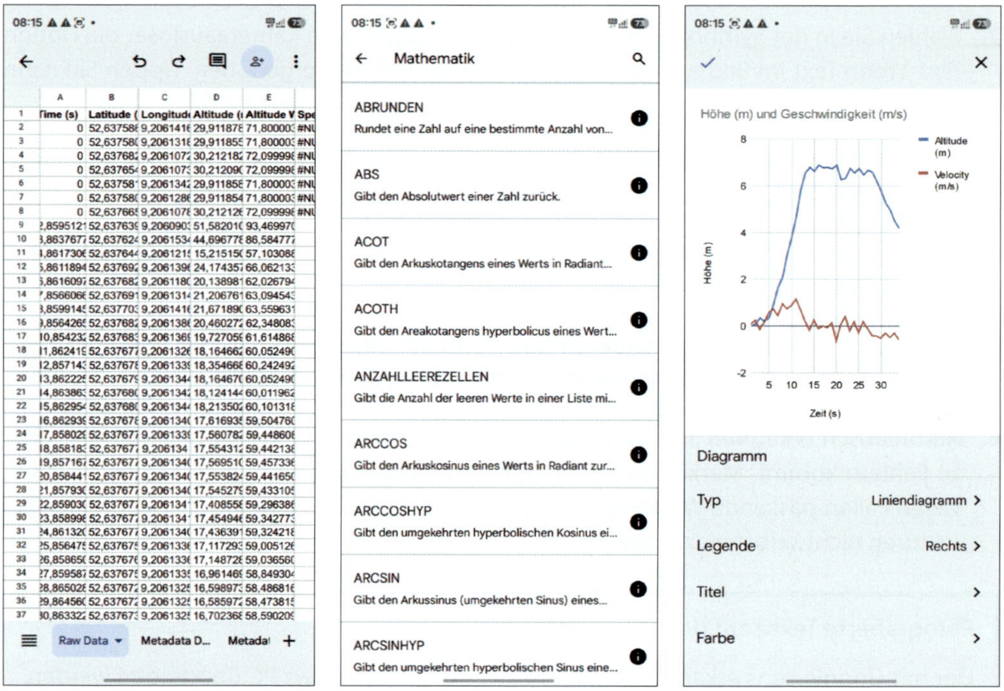

Tabellenkalkulation, Funktionen und Grafiken in der Google-Tabellen-App

Trigonometrische und finanzmathematische Berechnungen sind in der Tabellenkalkulation ebenso möglich wie die Statistik oder Umrechnung zwischen Zahlensystemen. Selbst die Logik- und Verweisfunktionen aus Excel zum Bezug zwischen verschiedenen Bereichen einer Tabelle wurden umgesetzt.

Die meisten Funktionsnamen sind in Englisch und heißen daher anders, als vom deutschen Excel bekannt, werden aber beim Import und Export automatisch umgesetzt und in der App auch auf Deutsch beschrieben.

Tippen Sie auf das Plussymbol und wählen Sie *Diagramm*. Hier erstellt Google Tabellen automatisch verschiedene Grafiken anhand der Daten. Diese können in das Dokument übernommen und dort auch weiterbearbeitet werden.

Einschränkungen von Office-Apps

Manche alles besser wissenden Medien werfen den mobilen Office-Lösungen eingeschränkte Funktionalität vor. Gerade bei Tabellenkalkulationen gilt aber die alte Administratorenweisheit: Weniger als 10 % der Anwender nutzen mehr als 10 % der Funktionen eines Programms. Dass Google Tabellen keine Pivot-Tabellen und keine Was-wäre-wenn-Analysen mit verschiedenen Datenszenarien verarbeitet, wird nur einen sehr kleinen Anwenderkreis stören.

Notizen

Lange vor der Ära der Smartphones hatte Ernest Hemingway einen Notizblock neben seinem Bett liegen, um, wenn er nachts aufwachte, Ideen und Kommentare zu seinen unvollendeten Werken niederzuschreiben. Diese musste er dann am nächsten Morgen mühsam in seine Manuskripte nachtragen. Heute kann man Tag und Nacht und überall Notizen auf dem Smartphone machen und hat diese automatisch auch auf dem PC verfügbar.

Samsung Notes

Samsung liefert mit *Samsung Notes* einen ganz einfachen Notizblock, in dem Sie Textnotizen oder auch handschriftliche Notizen erstellen können. Diese Notizen lassen sich nach Stichwörtern durchsuchen und auch versenden, Sie können Fotos, Freihandzeichnungen und kurze Sprachnotizen anfügen. Auf dem Samsung Galaxy S26 ist die App *Samsung Notes* vorinstalliert. Die Notizen werden über den Samsung Account synchronisiert und können so leicht von einem älteren Smartphone auf das Samsung Galaxy S26 übertragen werden.

KI-Funktionen in der Samsung-Notes-App

Auch in *Samsung Notes* sind KI-Funktionen enthalten, von denen die meisten aber nur in längeren Texten ab 200 Zeichen funktionieren. Bei allen KI-Tools kann der generierte Text in die Zwischenablage kopiert werden, den ausgewählten Text ersetzen oder in einer neuen Notiz gespeichert werden.

- **Automatisch formatieren:** Der Text wird nicht nur formatiert, sondern auch in kurze Absätze umgeschrieben und so in kleine Stücke zerlegt.
- **Zusammenfassen:** Der Text wird zusammengefasst, wobei über das Symbol oben rechts zwei Textlängen wählbar sind.
- **Rechtschreibung und Grammatik:** korrigiert Rechtschreibung und einfache Grammatikfehler.
- **Übersetzen:** übersetzt den markierten Text in eine andere Sprache. Zur Offline-Übersetzung müssen zunächst die passenden Sprachpakete heruntergeladen werden.

Sprachnotizen mit der Diktiergerät-App

Die Samsung-App *Diktiergerät* bietet eine einfache Möglichkeit, kurze Sprachnotizen aufzuzeichnen. Dabei gibt es drei verschiedene Betriebsarten. Im Standardmodus werden Sprachnotizen als Audiodateien aufgenommen, die jederzeit in der App wieder abgespielt werden können. Der Modus *Interview* reagiert auf Sprache aus beiden Richtungen, der Ober- und Unterseite des Smartphones. Sprachnotizen können später abgespielt und dabei auch unwichtige Stellen herausgeschnitten werden. Anschließend lassen sie sich über die installierten Kommunikations-Apps als Audiodatei versenden.

KI-Funktionen in der App ermöglichen es, den gesprochenen Text direkt in geschriebenen Text umzuwandeln, anstatt ihn als Audiodatei aufzuzeichnen. Anschließend kann der Text automatisch übersetzt oder zusammengefasst werden. Sprechen Sie besonders deutlich und halten Sie das Galaxy S26 etwa 20 cm vom Mund entfernt. Transkribieren, übersetzen und zusammenfassen sind im Modus *Interview* nicht möglich.

Rechner

Samsung liefert auf dem Samsung Galaxy S26 einen einfachen Taschenrechner mit, der für den Alltag in den meisten Fällen ausreicht. Dieser bietet sogar ein paar wissenschaftliche und trigonometrische Funktionen. Sie erscheinen, wenn Sie das Smartphone quer halten oder oben rechts auf das Wurzelsymbol tippen.

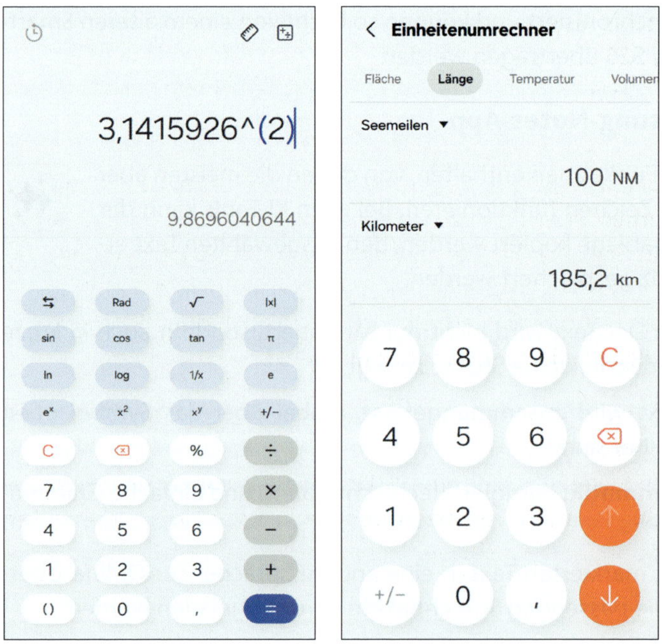

Der Taschenrechner mit wissenschaftlichen Funktionen und Einheitenumrechnung

Das Linealsymbol schaltet auf den Einheitenumrechner zur Umrechnung verschiedener Maßeinheiten für Fläche, Länge, Temperatur, Volumen, Masse und Dateneinheiten (MB, GB etc.) um.

10.5 E-Books

Das Samsung Galaxy S26 mit seinem hochauflösenden Bildschirm eignet sich gut, um unterwegs E-Books zu lesen. Die digitalen Bücher wiegen nichts, verbrauchen keinen Platz in der Tasche, und man braucht auch nicht daran zu denken, ein Buch für längere Bahnfahrten oder Wartezeiten mitzunehmen – das Smartphone hat man sowieso immer dabei.

E-Books werden in verschiedenen digitalen Formaten zum kostenlosen Download und auch zum Downloadkauf angeboten. Das bekannteste Format ist EPUB. Einige Bücher werden aber auch in den vom PC bekannten Dateiformaten PDF und RTF geliefert. Zum Lesen von E-Books auf dem Smartphone brauchen Sie eine E-Book-Reader-App.

Google Play Bücher

Google Play bietet neben Apps, Musik und Hardware auch einen Downloadshop für E-Books an. Für die hier gekauften Bücher gibt es die eigene Reader-App *Google Play Bücher*, die auf dem Samsung Galaxy S26 allerdings nicht vorinstalliert ist. Damit lassen sich die im eigenen Google-Konto gespeicherten Bücher direkt online lesen oder auch zum Offlinelesen auf dem Gerät zur Verfügung stellen. In der aktuellen Version spielt die App auch Hörbücher ab, die aus dem Google Play Store heruntergeladen werden können.

Die Startseite der App zeigt Empfehlungen und Bestseller. Auf der Seite *Mediathek* sind die im eigenen Google-Konto heruntergeladenen oder gekauften Bücher und Hörbücher zu finden. Im Bereich *Einkaufen* sind die Bereiche *E-Books* und *Hörbücher* aus dem Google Play Store fest integriert. Bei vielen Büchern gibt es kostenlose Leseproben, die auch ohne Angabe von Zahlungsdaten gelesen werden können. Öffnen Sie ein Buch durch Antippen. Es wird im Hintergrund heruntergeladen, Sie können sofort mit dem Lesen beginnen.

Im Buch können Sie mit Fingergesten blättern. Statt mit dem Finger über den Bildschirm zu wischen, reicht auch ein kurzes Antippen am rechten Bildschirmrand, um eine Seite weiterzublättern. Tippen Sie auf den linken Bildschirmrand, kommen Sie wieder eine Seite zurück. Tippen Sie kurz in die Bildschirmmitte, erscheint oben eine Symbolleiste und unten ein Balken, der die aktuelle Position im Buch anzeigt. Hier können Sie auch rasch zu einer beliebigen Position springen.

Das Lupensymbol oben blendet ein Suchfeld zur Volltextsuche nach einem beliebigen Wort im ganzen Text ein. Die Schaltfläche neben dem Lupensymbol blendet das Inhaltsverzeichnis des Buches ein. Hier können Sie schnell direkt zu einer Überschrift springen.

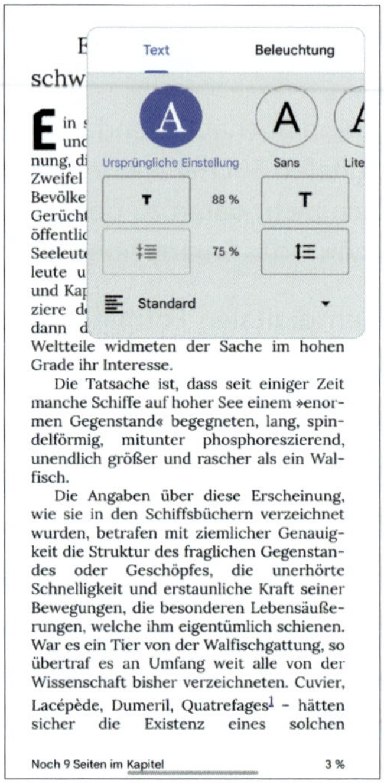

E-Books in Google Play Bücher, rechts: Hörbuch in Google Play Bücher

In den Anzeigeoptionen über das *Aa*-Symbol können Sie die Helligkeit einstellen und zum Lesen im Dunkeln auf ein augenfreundliches Nachtlicht umschalten, bei dem je nach Umgebungshelligkeit der Blauanteil der Bildschirmbeleuchtung mehr oder weniger reduziert wird. Außerdem lassen sich hier Schriftgröße, Zeilenhöhe und Schriftart festlegen. Um nur kurz zu zoomen, ohne gleich die Schriftgröße zu verändern, tippen Sie doppelt in die Bildschirmmitte.

Eigene E-Books in der App lesen

Die App *Google Play Bücher* kann auch eigene E-Books in den Formaten EPUB und PDF darstellen, solange diese keinen Kopierschutz haben. Laden Sie Ihre E-Books vom PC über die Seite *play.google.com/books/uploads* in Ihr Google-Konto hoch. Sie können auch E-Books aus Ihrer persönlichen Google-Drive-Ablage direkt über die Google-Drive-App in Ihre E-Book-Bibliothek übernehmen. Bei E-Books im EPUB-Format stehen alle Funktionen des E-Book-Readers zur Verfügung, unter anderem die Volltextsuche, das Inhaltsverzeichnis, Notizen, die Einstellung der Schriftgröße. Im PDF-Format können Sie nur Lesezeichen setzen.

Halten Sie den Finger länger auf einem Wort, wird dieses markiert und es erscheint eine Symbolleiste, mit deren Hilfe Sie eine Notiz anfügen, den markierten Text übersetzen oder im Buch suchen lassen können. Steht das Wort im Wörterbuch, wird automatisch die Definition angezeigt.

Markieren Sie einen Satz oder einen Textabsatz und tippen Sie auf das Übersetzungssymbol, um diesen in eine andere Sprache zu übersetzen. Hier werden alle Sprachen des Google Übersetzers angeboten.

Amazon Kindle

Der Onlinebuchhändler Amazon machte mit seinem E-Book-Lesegerät Kindle das Lesen von E-Books erst richtig populär. Anstelle eines »echten« Kindle kann man auch die Kindle-App nutzen, um seine bei Amazon gekauften E-Books unterwegs zu lesen. Amazon verwendet für den Kindle ein eigenes Dateiformat, das die anderen E-Book-Reader nicht lesen können. Diese App bietet natürlich auch Zugang zum Onlineshop, der innerhalb der App in einem für Smartphones optimierten Format dargestellt wird, sowie zu den kostenlosen Büchern.

Auch die kostenlosen Bücher muss man bei Amazon »kaufen«. Dazu ist ein Amazon-Kundenkonto erforderlich, das man aber auch schnell im Kindle-Shop anlegen kann, wenn man noch nie bei Amazon eingekauft hat. Nach der »Bestellung« wählt man nur noch das Gerät aus, auf dem man das Buch lesen möchte, falls man mehrere Kindle oder Geräte mit Kindle-App in Verwendung hat. Die Bücher werden automatisch über Amazons eigene Whispersync-Technologie direkt auf das Smartphone zugestellt, ohne dass Sie noch irgendetwas dazu tun müssen.

10.6 Gesundheit und Fitness

Ein Smartphone, das man ständig mit sich trägt, ist der ideale Fitnesscoach, zumal der Bewegungssensor die eigenen Aktivitäten automatisch erkennt.

Samsung bietet die App *Samsung Health* an, mit der Sie Fitnessziele festlegen und die erzielten Fortschritte überprüfen können. Durch regelmäßiges Erfassen von Gesundheitsinformationen können Sie Ihren Gesundheitszustand im Blick behalten. Auf dem Samsung Galaxy S26 ist diese App oft vorinstalliert und erscheint dann im Ordner *Samsung* in der App-Liste. Alternativ installieren Sie *Samsung Health* später aus dem Galaxy Store.

Samsung Health beinhaltet einen Schrittzähler, der über den Bewegungssensor die gelaufenen Schritte mitzählt, wenn das Samsung Galaxy S26 in der Tasche steckt. Weitere Fitness- und Trainingsdaten können direkt in der App eingetragen werden. Zusätzlich besteht die

Möglichkeit, Daten eines Fitnessarmbands automatisch zu erfassen oder die App mit einer Samsung Gear Smartwatch zu verbinden. Zusätzlich bietet *Samsung Health* Programme zum Einschlafen mit ruhiger Musik und Einschlafgeschichten, die für einen entspannten, erholsamen Schlaf sorgen.

10.7 Der Gaming Hub

Für alle, die gern auf dem Smartphone spielen, bietet Samsung den *Gaming Hub* an, der als Symbol auf dem Startbildschirm vorinstalliert ist.

Neu installierte Spiele werden automatisch in diesem Ordner angezeigt. Weitere Spiele lassen sich direkt aus dem *Gaming Hub* heraus über den Galaxy Store oder den Google Play Store installieren. Zusätzlich bietet der *Gaming Hub* auch zahlreiche Sofortspiele an, die ohne Installation direkt gespielt werden können.

In den *Einstellungen*, erreichbar über das Menüsymbol rechts oben, können Sie die Symbole installierter Spiele auf dem Startbildschirm und in der App-Liste ausblenden. Sie werden dann nur noch im *Gaming Hub* angezeigt. Schalten Sie in den *Einstellungen* auch die *Benachrichtigungen* aus, um nicht über Benachrichtigungen mit Werbung belästigt zu werden.

Der *Game Booster* bietet verschiedene Einstellungen, um die Leistung und Bedienung des Samsung Galaxy S26 während des Spielens zu verbessern.

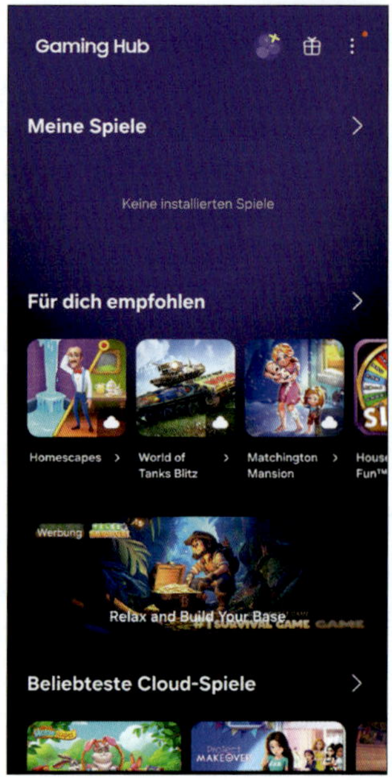

Der Gaming Hub auf dem Samsung Galaxy S26

Google Play Spiele

Google Play Spiele ist eine Plattform, auf der man Erfolge und Belohnungen aus verschiedenen unterstützten Spielen sammeln und sich mit anderen Spielern vergleichen kann. Einige Spiele sind sogar mehrspielerfähig, sodass man direkt gegeneinander antreten kann. Mit der App *Google Play Spiele* werden ein paar einfache Gelegenheitsspiele installiert, mit denen Sie sofort beginnen können. Bereits auf dem Smartphone installierte Spiele werden ebenfalls hier angezeigt, soweit sie die Funktionen von Google Play Spiele unterstützen. Haben Sie bereits auf anderen Android-Geräten über *Google Play Spiele* gespielt, werden Ihr Spielerprofil, zuletzt gespielte Spiele und Erfolge automatisch in der App angezeigt.

Kapitel 11

Insidertipps zur Bedienung

Die Bedienung der Benutzeroberfläche **One UI 8.5** auf dem Samsung Galaxy S26 erfolgt weitgehend intuitiv, sodass man kaum etwas falsch machen kann. Aber natürlich gibt es wie bei jedem System einige Tricks, auf die man nicht sofort kommt, zumal Samsung die Oberfläche gegenüber dem klassischen Android deutlich verändert hat.

11.1 Tipps zur Bildschirmtastatur

Das Samsung Galaxy S26 hat wie die meisten Android-Smartphones keine wirkliche Tastatur. Beim Antippen eines Texteingabefeldes erscheint dafür automatisch eine Bildschirmtastatur, auf der Buchstaben, Ziffern und auch Sonderzeichen eingegeben werden können. Die meisten Apps machen bereits während des Tippens sinnvolle Wortvorschläge, die durch einfaches Antippen übernommen werden können.

- Ein angetippter Buchstabe wird vor dem Loslassen deutlich hervorgehoben, um Tippfehler zu vermeiden.
- Zur Eingabe von Großbuchstaben muss zuerst die ⇧-Taste links unten angetippt werden, die die Bildschirmtastatur für den nächsten Buchstaben auf Großbuchstaben umschaltet. Am Satzanfang wird die Tastatur automatisch auf Großbuchstaben geschaltet.
- Tippt man zweimal auf die ⇧-Taste, wird diese hervorgehoben und die Großschreibung festgestellt, bis man sie mit einem weiteren Antippen wieder löst. Auf dem PC bezeichnet man die gleiche Funktion als Feststelltaste oder Caps Lock.

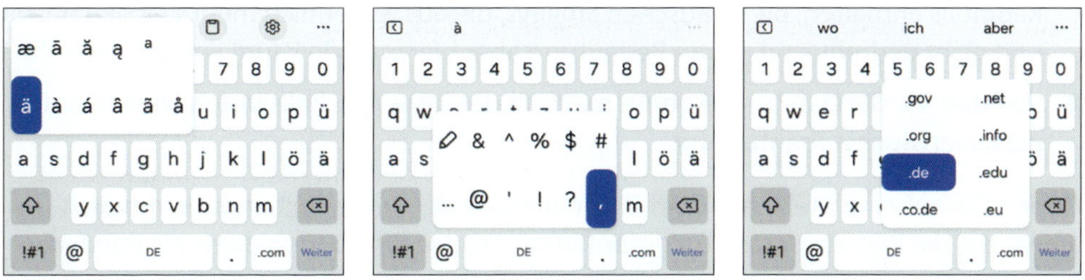

Umlaute und Sonderzeichen auf der Bildschirmtastatur eingeben, rechts: Tastatur für E-Mail-Adressen

- Zur Eingabe von Umlauten oder Buchstaben mit Akzent halten Sie den Finger länger auf dem jeweiligen Buchstaben. Es erscheint ein Zusatzfeld mit einer Auswahl von Varianten dieses Buchstabens. Auf diese Weise finden Sie auch das **ß** auf der Taste **s**. Bei der Auswahl mehrerer Zeichen wird das eingegeben, auf dem Sie den Finger vom Bildschirm loslassen.

Sondertastatur für E-Mails

Im Eingabefeld für E-Mail-Adressen in der Gmail-App ändert die Tastatur ihr Layout. Hier gibt es eine eigene Taste für das @-Zeichen, das sonst nur über die Punkt-Taste erreichbar ist, sowie eine Sonderfunktion der Punkt-Taste für die gängigsten Domain-Endungen.

- Die Taste mit den Symbolen *!#1* unten links schaltet auf ein Tastaturlayout zur Eingabe von Ziffern und mathematischen Sonderzeichen um. Dort schaltet die Taste *1/2* auf eine weitere Sonderzeichentastatur mit selteneren Zeichen um. Mit der Taste *2/2* kommt man zurück zur anderen Tastatur.
- Das Symbol mit den Ziffern *1234* neben der Leertaste schaltet auf eine Zifferntastatur zur schnellen Eingabe von Zahlen um. In Eingabefeldern für Zahlen, z. B. dem Feld für Telefonnummern in der *Kontakte*-App, wird automatisch eine Zifferntastatur angezeigt.

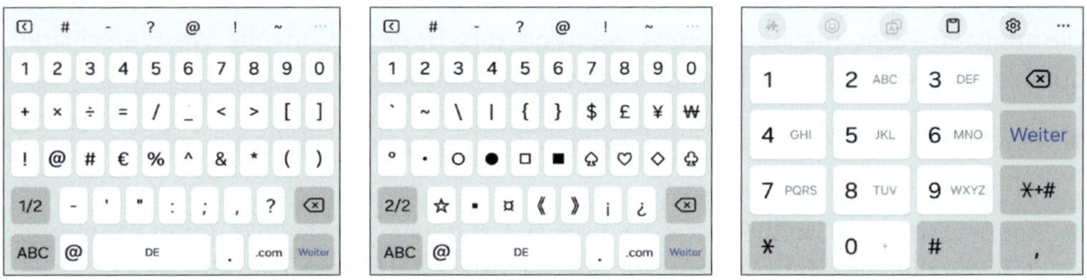

Bildschirmtastatur für Sonderzeichen, rechts Zifferntastatur in Zahleneingabefeldern

- Mit dem Smiley-Symbol erscheinen Tastaturlayouts für grafische Emojis und die klassischen Text-Smileys. Die Text-Smileys sind nach Kategorien geordnet. Dabei sind neben den bekannten Smileys, die um 90° gedrehte Gesichter zeigen, auch sogenannte Kaomojis enthalten, die asiatischen Smileys, die aus wesentlich mehr Zeichen bestehen und nicht gedreht sind, deren Bedeutung aber hierzulande kaum jemand versteht.
- Von den Sondertastaturen kommt man mit der Taste *ABC* links unten wieder zurück zur normalen Buchstabentastatur.

Tippen Sie auf eine Stelle auf dem Bildschirm, an der keine Texteingabe möglich ist, verschwindet die Bildschirmtastatur automatisch wieder. Sie können diese auch jederzeit mit einem Druck auf das Zurück-Symbol in der Navigationsleiste ganz unten, das zu einem Pfeil nach unten wechselt, ausblenden, wenn sie wichtige Bildschirmteile verdeckt.

Tippen im Querformat

Zum flüssigen Schreiben von Texten ist die Bildschirmtastatur sehr klein. Hinzu kommt, dass man im Hochformat kaum mit zwei Fingern gleichzeitig auf dem Smartphone tippen kann. Halten Sie das Smartphone beim Schreiben quer, dreht sich der Bildschirminhalt automatisch und die Tastatur füllt die gesamte Bildschirmbreite, dafür verdeckt sie aber noch größere Teile des Bildschirms. Voraussetzung ist natürlich, dass das automatische Drehen in den Schnelleinstellungen eingeschaltet ist.

Samsung verwendet standardmäßig auf dem Samsung Galaxy S26 im Querformat eine geteilte Tastatur, die die Bedienung mit zwei Händen auf den großen Bildschirmen des Samsung Galaxy S26+ und Samsung Galaxy S26 Ultra erleichtert. In den Tastatureinstellungen unter *Modus* können Sie auf eine Standardtastatur auch im Querformat umschalten. Die schwebende Tastatur kann frei auf dem Bildschirm verschoben und leicht transparent dargestellt werden, um freie Sicht auf den bearbeiteten Text zu geben.

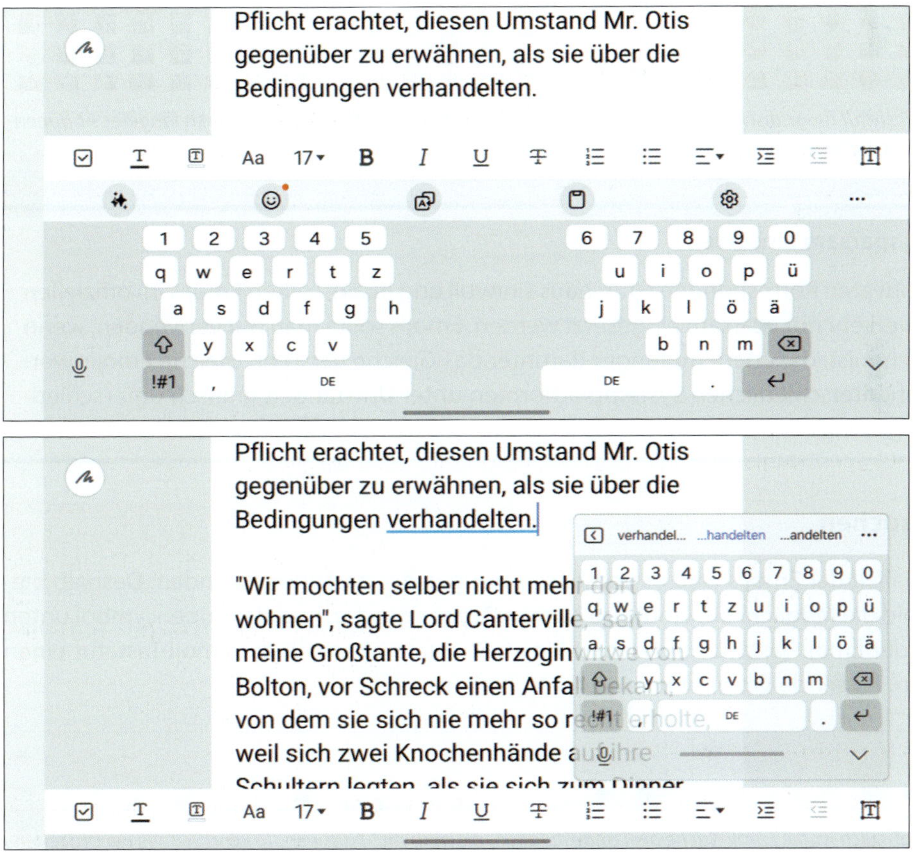

Die geteilte Bildschirmtastatur und die schwebende Tastatur im Querformat

Emojis in Chat, E-Mail und Kommentaren

Emojis sind kleine Bildchen zur Darstellung von Stimmungs- und Gefühlszuständen in der schriftlichen Kommunikation. Ursprünglich waren das reine ASCII-Zeichen, etwa **:-)** für ein lächelndes Gesicht, auch als Smiley bezeichnet.

Die Emojis können über eine spezielle Tastatur ausgewählt werden. Tippen Sie in der Tastatur-Symbolleiste auf das Gesicht und danach auf das gelbe Emoji-Symbol in der Symbolleiste, wird eine Palette mit Emojis angezeigt. Sie sind nach Kategorien geordnet. Über horizontale Wischbewegungen tauchen weitere Emojis auf.

Bildschirmtastatur für grafische Emojis, die meisten menschlichen Figuren lassen sich durch längeres Antippen auf unterschiedliche Haut- oder Haarfarben umstellen

Emojis sparsam einsetzen

In der privaten Korrespondenz durchaus sinnvoll und lustig, sollten Emojis im offiziellen Schriftverkehr nur sparsam eingesetzt werden. Emojis sollte man nur verwenden, wenn man sicher ist, dass der Empfänger darunter das Gleiche versteht. Gleiche Emojis werden auf unterschiedlichen Systemplattformen unter Umständen grafisch unterschiedlich dargestellt.

Emojis suchen

Bei der Vielfalt der Emojis wird es immer schwieriger, das passende zu finden. Deshalb bietet Android die Möglichkeit, Emojis zu suchen. Tippen Sie dazu auf das Lupensymbol unten links auf der Emoji-Tastatur und geben Sie im Suchfeld oberhalb der Emoji-Tastatur einen Begriff ein. Passende Emojis werden vorgeschlagen.

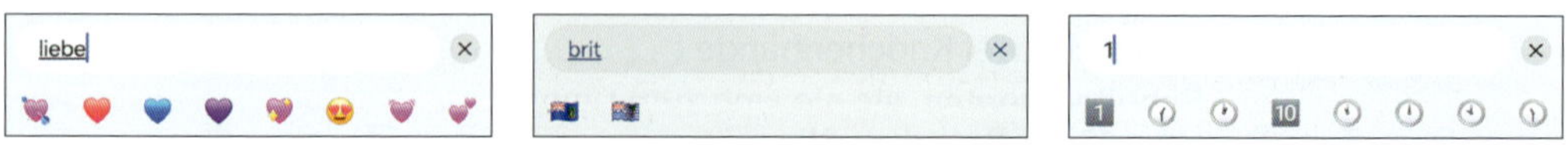

Besonders nützlich ist die Emoji-Suche bei Landesflaggen, die man nicht auswendig kennt, sowie bei Uhrzeiten

Der neue Emoji-Standard Unicode 17

Google und das für die Standardisierung zuständige Unicode-Konsortium entwickeln ständig neue Emojis im Trend der Zeit und nehmen sie in den Zeichensatz auf. Emojis sind technisch gesehen keine Bilder, sondern Schriftzeichen. Sie können auf jeder Geräteplattform leicht unterschiedlich aussehen und lassen sich auch in Suchanfragen nutzen.

Android 16 und damit auch One UI 8.5 unterstützen den aktuellen Standard Unicode 17. Dieser enthält im Gegensatz zu den Vorjahren kaum skurrile Besonderheiten. Unicode 17 enthält jetzt insgesamt 159.801 verschiedene Zeichen, davon 3.953 Emojis einschließlich aller Varianten in Bezug auf Hautfarbe und Geschlecht von Menschen. Neu sind ein Smiley mit einem verzerrten Gesicht, Balletttänzerin, Kampfwolke, Schatztruhe, Orca, Steinschlag, Posaune, eine sogenannte »behaarte Kreatur« sowie verschiedene Varianten von ringenden Menschen und Menschen mit Hasenohren.

Die neuen Emojis aus Unicode 17

Anpassbare Symbolleiste auf der Tastatur

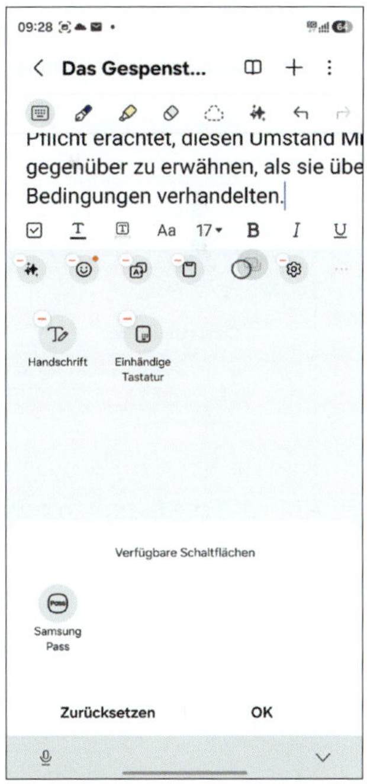

Symbolleiste der Tastatur anpassen

Oberhalb der Tastatur befindet sich eine Leiste, die anhand der eingetippten Zeichen Wörter vorschlägt, die durch einfaches Antippen übernommen werden können. Tippen Sie bei den Wortvorschlägen auf das Symbol mit den drei Punkten ganz rechts, erscheinen noch weitere Vorschläge. Das Pfeilsymbol ganz links schaltet zwischen diesen Wortvorschlägen und einer anpassbaren Symbolleiste für besondere Tastaturen um.

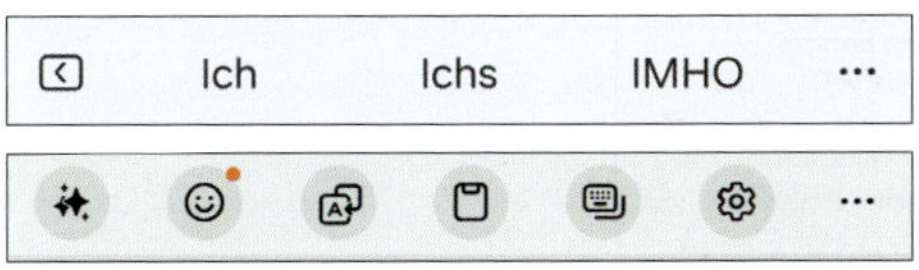

Tippen Sie in der Symbolleiste auf das Symbol mit den drei Punkten ganz rechts, erscheinen weitere Symbole, die Sie in die Symbolleiste ziehen können, um sie so jederzeit zur Verfügung zu haben, wenn Sie andere Symbole eher selten brauchen. Diese sind auf zwei Bildschirmseiten verteilt, zwischen denen Sie mit einer horizontalen Wischbewegung wechseln.

Wischen statt tippen

Nach einer gewissen Eingewöhnungszeit schreibt man mit Wischbewegungen auf der Tastatur noch viel schneller, als jeden Buchstaben einzeln anzutippen.

Tippen Sie auf der Tastatur auf das *Einstellungen*-Symbol in der Symbolleiste, auf dem nächsten Bildschirm auf *Streichen, berühren und Feedback* und dann auf *Tastaturstreichsteuerung* und schalten Sie dort die Option *Zum Tippen streichen* ein.

Schreiben Sie jetzt ein Wort, indem Sie den ersten Buchstaben antippen, dann den Finger auf der Tastatur lassen und einfach von Buchstabe zu Buchstabe wischen. Die Texterkennung erkennt meist recht schnell das gewünschte Wort, selbst wenn Sie die Buchstabentasten nicht genau treffen, sodass Sie längst nicht alle Wörter zu Ende schreiben müssen.

- Zur Eingabe eines doppelten Buchstabens wischen Sie mit dem Finger auf der Taste kurz hin und her oder verlassen sich auf die Texterkennung, die viele Wörter auch erkennt, wenn doppelte Buchstaben nur einfach geschrieben werden.
- Am Ende eines Wortes wird automatisch ein Leerzeichen eingefügt.
- Zur Eingabe von Großbuchstaben am Wortanfang brauchen Sie keine [⇧]-Taste mehr. Tippen Sie auf den ersten Buchstaben, wischen Sie kurz aus dem Tastaturfeld in den oberen Bildschirmbereich und dann, ohne abzusetzen, auf den nächsten Buchstaben.

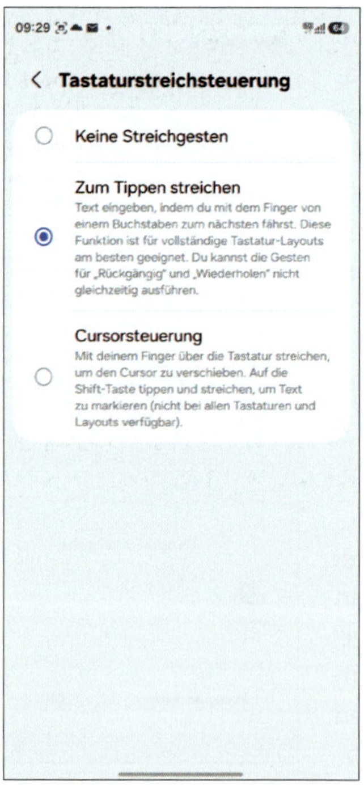

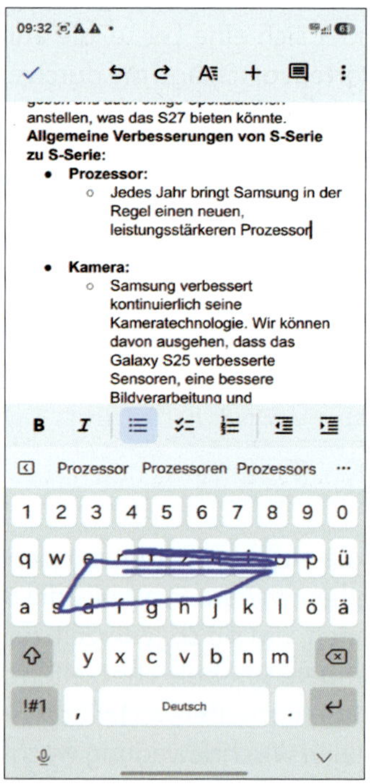

Wischen statt tippen

Einfachere Cursorsteuerung zum Markieren

Oftmals ist es schwierig, den Anfangspunkt richtig zu setzen, um einen Textbereich genau zu markieren. Zu leicht trifft man mit dem Cursor daneben. Das Samsung Galaxy S26 hat zwar auf der Tastatur keine Cursortasten wie manche andere Android-Smartphones, bietet aber eine komfortable Möglichkeit, über Wischbewegungen auf der Tastatur den Cursor zu versetzen.

Schalten Sie in den Tastatureinstellungen unter *Streichen, berühren und Feedback/Tastaturstreichsteuerung* die *Cursorsteuerung* ein. Wischen Sie dann mit dem Finger über die Tastatur, um den Cursor genau zu positionieren. Natürlich lässt sich diese Art der Cursorsteuerung nicht nutzen, wenn die Option *Zum Tippen streichen* verwendet wird.

Einhändige Tastatur und Handschrifteingabe

Menschen mit kleinen Händen tun sich auf modernen Smartphones mit ihren immer größeren Bildschirmen oft schwer, die Tastatur noch mit einer Hand zu bedienen. Samsung-Smartphones bieten alternativ noch eine kleinere und eine größenverstellbare Tastatur an.

Tippen Sie auf der Tastatur auf das Symbol *Einhändige Tastatur* in der Symbolleiste. Hier können Sie auf die einhändige Tastatur umschalten. Diese Tastatur lässt sich mit den Pfeilsymbolen an den Seiten auf die linke oder rechte Bildschirmseite schieben. Das Symbol *Einhändige Tastatur* schaltet auf die Vollformattastatur zurück.

Anstelle der Tastatur können Sie auch ein Schreibfeld zur handschriftlichen Eingabe von Texten einblenden. Hier können Sie mit dem Finger schreiben.

Handschrifteingabe mit dem S Pen

Um mit dem S Pen auf dem Samsung Galaxy S26 Ultra Texte handschriftlich einzugeben, brauchen Sie dieses Eingabefeld nicht. Hier können Sie direkt in ein beliebiges Texteingabefeld, bei dem die Tastatur angezeigt wird, handschriftlichen Text schreiben.

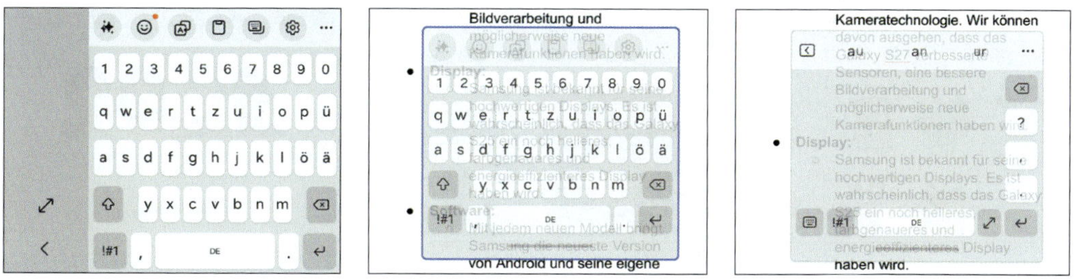

Links: Einhändige Tastatur, Mitte: schwebende Tastatur, rechts: Handschrifteingabefeld

Wenn die Tastatur in bestimmten Apps wichtige Elemente verdeckt oder auf dem Bildschirm schwer erreichbar ist, können Sie über das Symbol *Modus* die schwebende Tastatur nutzen, die sich frei auf dem Bildschirm verschieben lässt.

Bei der Standardtastatur lässt sich die Größe der Tastatur mit der Einstellung *Größe und Transparenz* innerhalb vorgegebener Grenzen interaktiv einstellen.

Tastaturdesign

Auch das Aussehen der Tastatur kann in den Tastatureinstellungen verändert werden, wenn die Tastatur unter bestimmten Bedingungen schwer erkennbar ist.

- Unter *Theme* wählen Sie zwischen einem hellen und einem dunklen Tastatur-Theme, jeweils mit oder ohne hervorgehobene Tastenumrandungen.
- Im unteren Bildschirmbereich können Sie die Tastatur nutzen, um die Auswirkungen der neuen Einstellungen sofort zu sehen.
- Unter *Kontrastreiche Tastatur* können Sie zwischen vier Tastaturdesigns mit besonders hohem Kontrast wählen. Diese sind nützlich, wenn Sie das Samsung Galaxy S26 in sehr heller Umgebung verwenden, wenn die normale Bildschirmtastatur nur schwer zu erkennen ist.

Sticker und GIFs

Die beiden Symbole *Sticker* und *GIFs* funktionieren nur in unterstützten Apps wie *Gmail* und *Nachrichten* sowie in diversen Messengern wie WhatsApp. Sticker sind kleine Cartoons, die aus verschiedenen Sammlungen ausgewählt werden können, GIFs sind kurze animierte Bildsequenzen. Diese werden anhand von Schlagwörtern aus dem Internet heruntergeladen. Die Dateien werden nicht wie Emojis anstelle von Buchstaben in den Text eingebaut, sondern als Anhang gesendet. Messenger-Apps zeigen Sticker und GIFs direkt im Chat an und nicht wie angehängte Bilder. Über das Suchsymbol ganz links finden Sie zu bestimmten Begriffen passende Sticker oder GIFs. Das Avatar-Symbol zeigt die Sticker, die aus einem Selfie erstellt wurden.

Paletten mit Stickern und GIFs auf der Tastatur, rechts: Avatar-Sticker

Mit dem *Einstellungen*-Symbol ganz rechts auf der Emoji- und Sticker-Tastatur können Sie wählen, welche der vorgeschlagenen Sticker-Sammlungen in der Symbolleiste angezeigt werden sollen. Tippen Sie hier oben rechts auf *Bearbeiten*, können Sie auch die Reihenfolge verändern. Sie können auch einfach die Emoji-, Sticker- und anderen Schaltflächen in der Tastatur-Symbolleiste getippt halten und sie an eine andere Position verschieben. Über das Plussymbol laden Sie weitere Sticker-Paletten aus dem Galaxy Store herunter.

> **Achtung: Kostenfalle**
>
> In der Auswahl der Sticker erscheinen auch kostenpflichtige Sticker-Sammlungen. Ob man für solche Sticker Geld ausgeben möchte, muss jeder selbst entscheiden. Es stehen auch genügend kostenlose Sticker-Sammlungen zur Verfügung.

Galaxy Avatar

Avatare sind animierte Figuren, die man als GIF in Chats einfügen kann – anstelle klassischer Emojis oder Sticker. Samsung liefert mit *Galaxy Avatar* in der Samsung-Tastatur die Möglichkeit, selbst solche Avatare zu erstellen.

1. Tippen Sie auf dieses Symbol in der Symbolleiste der Emoji-Tastatur. Machen Sie mit der Kamera ein Selfie oder übernehmen Sie ein Foto aus der Galerie, wird daraus eine Serie animierter Sticker erstellt, die – glaubt man der Werbung – Ähnlichkeiten mit der fotografierten Person haben sollen.

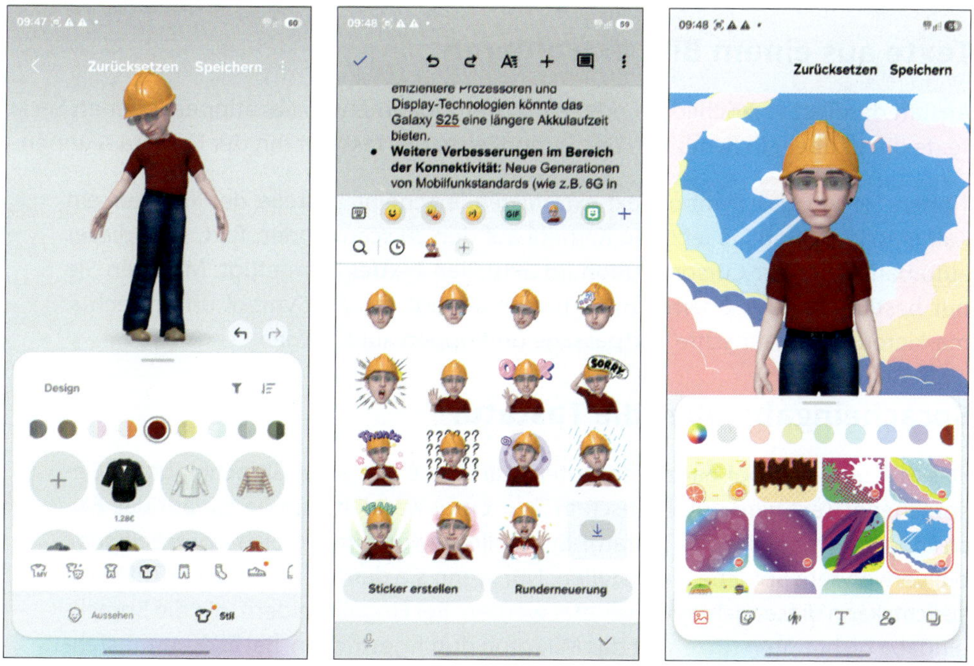

Avatare erstellen, bearbeiten und versenden

2. Nach der Fotoaufnahme können Sie noch Haare, Brille und Kleidung der Person anpassen. Nach Fertigstellung des Avatars werden automatisch Sticker erstellt, die verschiedene Stimmungen ausdrücken sollen.
3. Zusätzlich können noch mehr Sticker heruntergeladen werden, die dann ebenfalls mit dem eigenen Avatar personalisiert werden.
4. Die Sticker lassen sich in allen unterstützten Apps nutzen, in WhatsApp allerdings nur über die Samsung-Tastatur, denn die WhatsApp-eigene Emoji-Tastatur verwendet ein eigenes System für Avatare.

In der aktuellen Version lassen sich transparente Hintergründe für Avatare verwenden, Sie können auch ein Bild aus der Galerie oder ein automatisch generiertes Bild wählen, um es als Hintergrund für den eigenen Avatar zu nutzen.

Emoji-Paare als GIF

Auf der Samsung-Tastatur gibt es über 80 zusätzliche Emojis, die paarweise zu animierten Emoji-Paaren zusammengefügt werden können. Diese werden dann als GIF gespeichert und sind über die Symbolpalette mit den Emoji-Paaren auf der Tastatur leicht wiederzufinden. Tippen Sie auf *Erstellen*, wählen Sie die beiden Emojis aus, die Sie verwenden möchten, und danach die gewünschte Animation. Die Animation wird als GIF gespeichert und zukünftig in der Auswahl angeboten.

Texte aus einem Bild extrahieren

Anstatt den Text von Schildern oder einfachen Dokumenten abzutippen, können Sie kurze Texte direkt über ein Symbol in der Symbolleiste der Tastatur mit der Kamera scannen.

Tippen Sie auf das Symbol *Text extrahieren*, erscheint anstelle der Tastatur ein Kamerabild. Halten Sie jetzt die Kamera auf den zu scannenden Text, wird dieser automatisch an der Cursorposition im aktuellen Textfeld eingefügt. Möchten Sie nur bestimmte Teile übernehmen, tippen Sie auf das *[T]*-Symbol unten rechts, markieren die gewünschte Textpassage und tippen auf *Einfügen*.

Spracheingabe über die Tastatur

Das Mikrofon-Symbol ganz links unten startet die Samsung-Spracheingabe. Gesprochener Text wird automatisch in Text umgewandelt. Tippen Sie auf das *Einstellungen*-Symbol in der Tastatur-Symbolleiste, um im Bereich *Spracheingabe* die verwendete Sprache einzustellen. Nur wenn sie dem gesprochenen Text entspricht, kann dieser richtig umgesetzt werden. Bei Eingabefeldern, die die Spracheingabe nicht unterstützen, ist das Mikrofon durchgestrichen. Bei Erkennungsfehlern können Sie den Text nachträglich korrigieren.

Schreibstil verbessern – Texte korrigieren

Auch in die Tastatur wurden auf dem Samsung Galaxy S26 KI-Funktionen eingebaut. Tippen Sie auf das KI-Symbol in der Symbolleiste der Tastatur, werden zwei KI-Tools angeboten:

- **Rechtschreibung und Grammatik** korrigiert den aktuellen Textabsatz, der vorher nicht manuell markiert werden muss, auf Tippfehler, falsche Leerzeichen und fehlende Satzzeichen. Der korrigierte Text kann in die Zwischenablage kopiert oder auch direkt anstelle des Originaltextes in das Dokument eingefügt werden.
- **Schreibstil** formuliert den aktuellen Textabsatz in verschiedenen Stilarten um. Auch hier können Sie einen der neuen Texte kopieren oder direkt damit den entsprechenden Textabsatz im Originaltext ersetzen. Natürlich sollten Sie zuvor den KI-generierten Text auf sachliche Richtigkeit überprüfen.
- **Zusammenfassen** versucht, den aktuellen Textabsatz sinnvoll zusammenzufassen. Dabei hat die Galaxy AI manchmal allerdings ganz eigene Vorstellungen, was wichtig ist und was nicht.

Texte mit Galaxy AI verfassen

Der *Verfasser* in den KI-Tools der Samsung-Tastatur erstellt Texte anhand kurzer Vorgaben. Auch hier können Sie die Textlänge und den Schreibstil wählen. Erst beim Tippen auf *Einfügen* wird der automatisch generierte Text an der Cursorposition eingefügt.

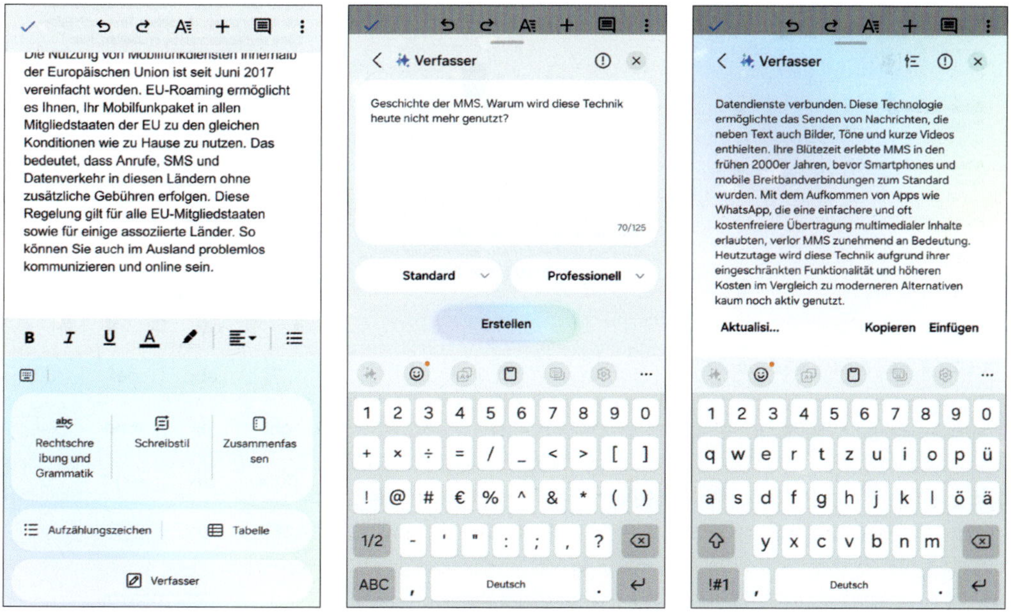

Text mit Galaxy AI verfassen und in das Dokument einfügen

Auch hier gilt: Verlassen Sie sich nicht blind auf die KI und lesen Sie jeden Text vor dem Veröffentlichen genau durch. In dem Beispieltext hat die KI den wichtigsten Faktor für den Niedergang der MMS, nämlich die deutlich überhöhten Kosten, komplett außer Acht gelassen.

Tastaturlayout mit Sonderzeichen

In den Tastatureinstellungen, erreichbar über das *Einstellungen*-Symbol auf der Tastatur-Symbolleiste, können Sie unter *Stil und Layout/Layout* das Layout der Tastatur Ihren Bedürfnissen entsprechend anpassen.

- Der Schalter *Zahlentasten* zeigt über der oberen Buchstabenreihe eine Reihe mit Zifferntasten an. Ohne diese Einstellung sind die Ziffern durch längeres Antippen eines Buchstabens der oberen Reihe oder über die Sonderzeichentastatur erreichbar.
- Der Schalter *Alternative Zeichen* zeigt auf allen Buchstaben jeweils noch ein Sonderzeichen an. Dieses wird zusätzlich zu den Umlauten beim längeren Antippen des Buchstabens in der Auswahlpalette angeboten.

Im Bereich *Stil der Leertastenzeile* können Sie auswählen, welche Satzzeichen in der untersten Reihe der Tastatur neben der Leertaste angezeigt werden. In Eingabefeldern für E-Mail- oder Webadressen kann eine zusätzliche Schaltfläche für *www.* und gängige Domain-Endungen angezeigt werden.

Einstellungen zum Tastaturlayout, rechts: Zifferntastatur als Alternative zur Standardtastatur

Alle Einstellungen sind in der eingeblendeten Tastatur zu sehen und können direkt ausprobiert werden. Tippen Sie länger auf die Punkt-Taste der Tastatur, lassen sich häufig gebrauchte Zeichen auswählen, die in der Auswahlpalette bei längerem Drücken der Punkt-Taste angezeigt werden. Hier können Sie zum Beispiel das eher selten genutzte $-Zeichen durch das €-Zeichen ersetzen.

Handytastatur wie früher

Auf klassischen Handys mit Zifferntastatur gibt es wahre Künstler, was das schnelle – und oft auch fehlerfreie – Tippen von SMS-Texten angeht. Jede Zifferntaste war damals mit drei bis vier Buchstaben belegt. Mithilfe der Texterkennung T9 (Text mit neun Tasten) brauchte trotzdem jede Taste nur einmal gedrückt zu werden, die passenden Wörter wurden automatisch erkannt. Ein bestimmtes der vier Zeichen gab man an der Worterkennung vorbei durch langes Antippen einer Taste ein. Auf die gleiche Weise wurden auch Umlaute eingegeben.

Für diese Schnelltipper bietet die Samsung-Galaxy-Tastatur anstelle der typischen QWERTZ-Computertastatur auch eine Handytastatur an, die zusätzlich den Vorteil deutlich größerer Tasten hat, aber kein T9 unterstützt. Das bedeutet, viele Buchstaben müssen durch mehrfaches Antippen einer Taste eingegeben werden.

Tippen Sie auf das *Einstellungen*-Symbol auf der Tastatur-Symbolleiste und schalten Sie auf dem nächsten Bildschirm bei *Sprachen und Typen* von *Deutsch Qwertz* auf *3 x 4* um. Jetzt wird die Zifferntastatur jedes Mal automatisch angezeigt, wenn man in ein Texteingabefeld tippt. Mit der Sonderzeichentaste unten links kommt man zur Eingabe von Sonderzeichen kurzfristig zurück zur QWERTZ-Tastatur.

11.2 Speicherplatz auf dem Smartphone wird knapp

Lange Zeit gingen die Entwickler des Android-Betriebssystems davon aus, dass Anwender sich für die einzelnen Dateien auf ihren Geräten nicht interessieren, früher heruntergeladene Dateien einfach wieder neu herunterladen, und wenn der Speicher voll ist, ein neues Smartphone kaufen. Allerdings werden alle Apps mit jedem Update größer, und durch das zunehmende massenhafte Teilen und Speichern von Videos wird auch der größte Speicher auf einem Smartphone irgendwann voll und das Gerät beginnt zu lahmen. Einige Apps starten möglicherweise gar nicht mehr. Das Samsung Galaxy S26 bietet deshalb verschiedene Funktionen an, freien Speicherplatz zu gewinnen.

Die Startseite des Dateimanagers *Eigene Dateien* zeigt eine Übersicht über den freien Speicherplatz an. Die Zeile *Speicher verwalten* ganz unten prüft, wie stark und mit welchen Dateitypen der interne Speicher und die verbundenen Cloud-Speicher ausgelastet sind. Hier lassen sich auch doppelte und besonders große Dateien finden.

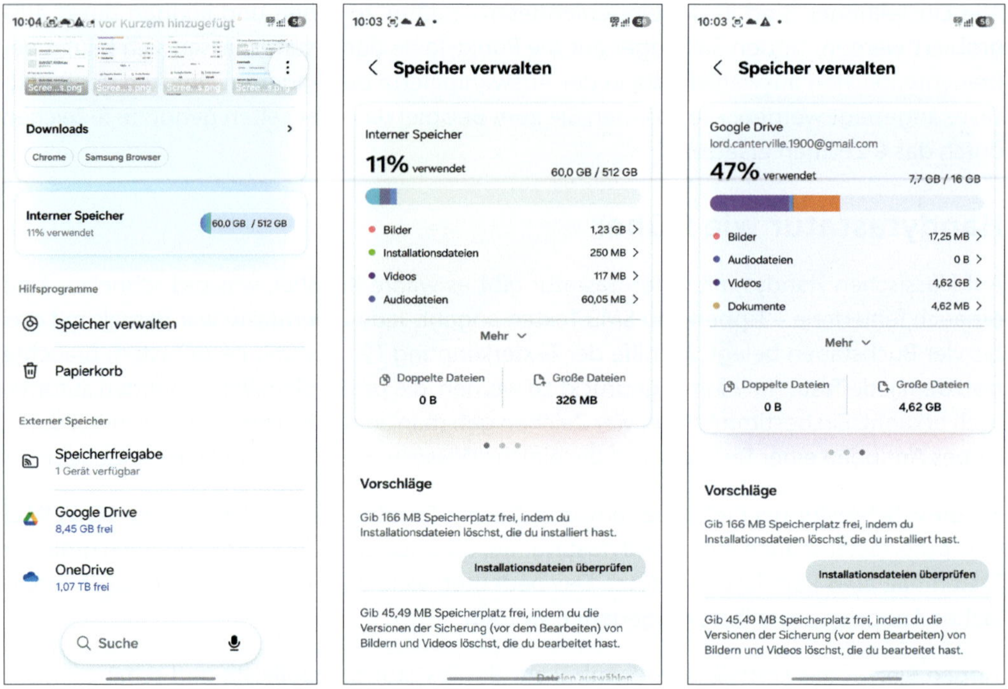

Speicher verwalten im Dateimanager

Speicherplatz aufräumen

Der Dateimanager zeigt auch an, wie viel Gerätespeicherplatz belegt ist und welche Arten von Dateien, Apps, Bildern, Videos etc. diesen Speicherplatz belegen. Weiter unten sehen Sie auch ungenutzte Apps, doppelte und besonders große Dateien. Leider bietet der Dateimanager keine Möglichkeit, nur den Cache oder andere Kategorien von Dateien einzeln zu löschen. Tippen Sie dazu in den *Einstellungen* unter *Gerätewartung* auf *Jetzt optimieren*, um alle Probleme auf einmal zu beheben.

App-Cache leeren

Die meisten Apps legen neben den eigentlichen Benutzerdaten noch einen mehr oder weniger großen Cache mit temporären Dateien an, die gefahrlos gelöscht werden können. Im Bereich *Apps* der *Einstellungen* finden Sie alle installierten Apps und sehen den jeweils benötigten Speicherplatz. Bei jeder App können Sie den Datenspeicher und den Cache unabhängig voneinander löschen. Beim Löschen des Speicherinhalts einer App gehen alle persönlichen Daten in dieser App verloren. Beim

Löschen des Cache gehen dagegen keine wichtigen Daten verloren. Zur besseren Übersicht lässt sich die Liste der Apps mit dem Symbol rechts in der Zeile *Deine Apps* statt nach Namen auch nach der Größe sortieren.

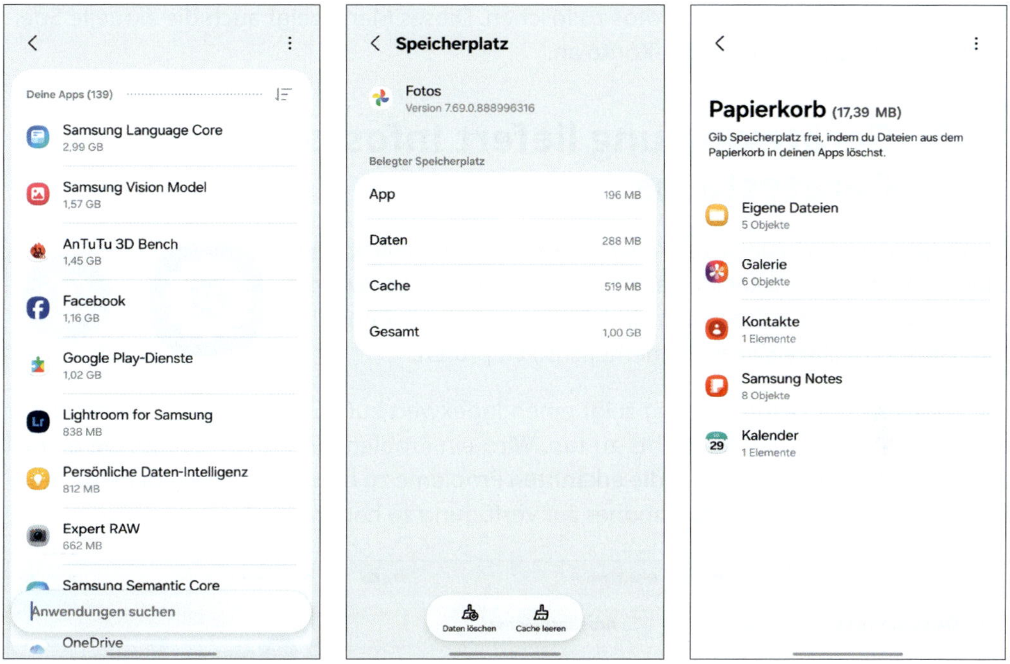

Cache einer App leeren, rechts: Papierkorb im Dateimanager

Papierkorb leeren

Ähnlich wie Windows verfügt auch das Samsung Galaxy S26 über einen Papierkorb, in dem gelöschte Dateien landen und bei Bedarf wiederhergestellt werden können. Allerdings verwendet hier jede App einen eigenen Papierkorb. Auch ein voller Papierkorb belegt wertvollen Speicherplatz mit Dateien, die man voraussichtlich nie wieder braucht.

Sie finden den Papierkorb ganz unten im Dateimanager *Eigene Dateien*. Hier können Sie gelöschte Dateien aus dem Papierkorb wiederherstellen oder den Papierkorb auch endgültig löschen.

Speicherplatz mit der Google-Fotos-App freigeben

Die Google-Fotos-App bietet eine einfache Möglichkeit, größere Mengen an Speicherplatz auf dem Smartphone freizugeben. Dazu werden lokal auf dem Smartphone gespeicherte Fotos gelöscht, wenn diese bereits auf Google Fotos hochgeladen wurden. Die App zeigt die Fotos weiterhin an, allerdings müssen sie dazu automatisch heruntergeladen werden. Auch auf dem PC finden Sie die Fotos weiterhin in Google Fotos.

Tippen Sie oben rechts auf das Profilbild und dann auf *Speicherplatz auf dem Gerät freigeben*, um die lokal gesicherten Fotos zu löschen. Dieses Menü zeigt auch die aktuelle Speicherplatzauslastung im Google-Konto an.

11.3 Gerätewartung liefert Infos zum Gerätestatus

Die *Gerätewartung* in den *Einstellungen* liefert auf einen Blick eine Übersicht über den Akkuladestand sowie den freien und verfügbaren Speicherplatz. Zusätzlich sind Funktionen enthalten, die das Samsung Galaxy S26 auf Sicherheitsrisiken prüfen.

Die Startseite der *Gerätewartung* zeigt einen Indexwert zum Gerätestatus. Solange dieser auf *Gut* steht, brauchen Sie nichts zu tun. Wird ein Problem angezeigt, sollten Sie einmal auf *Jetzt optimieren* tippen, um die erkannten Probleme zu beheben und wieder eine möglichst hohe Leistung des Smartphones zur Verfügung zu haben.

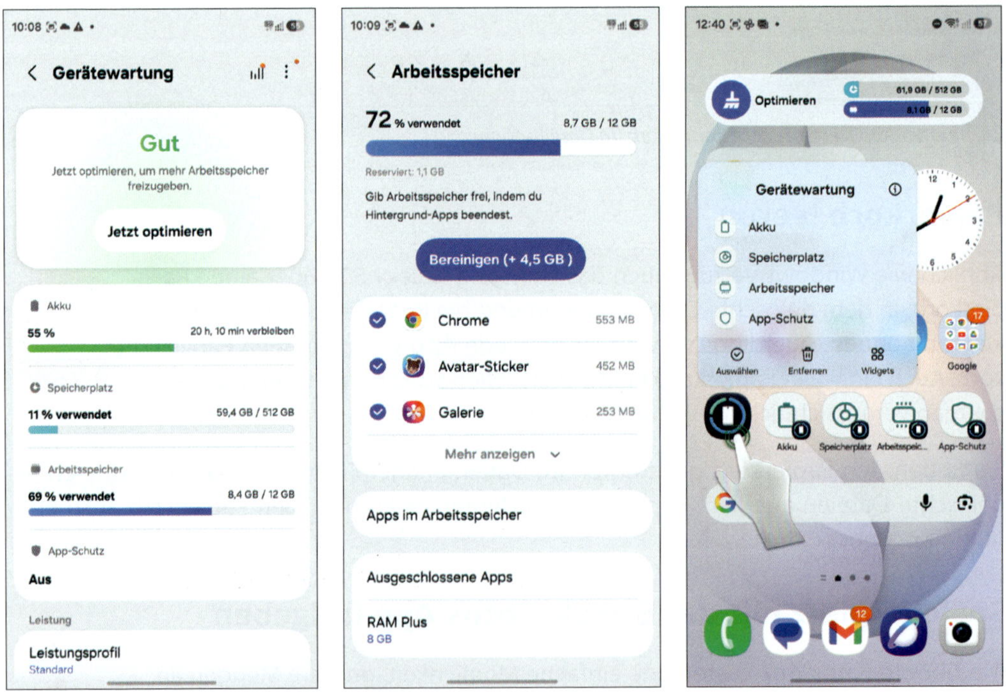

Die Gerätewartung, rechts: Widget, App-Symbol und App-Shortcuts für die Gerätewartung

Schneller Zugriff auf die Gerätewartung auf dem Startbildschirm

Im Menü der *Gerätewartung* oben rechts finden Sie unter *Einstellungen* die Option, ein Symbol auf dem App-Bildschirm hinzuzufügen. Sie brauchen dann die Gerätewartung nicht mehr mühsam über die *Einstellungen* zu starten.

Noch komfortabler ist das angebotene Widget, das Daten zum belegten Speicher und Arbeitsspeicher direkt auf dem Startbildschirm anzeigt. Über das Widget können Sie direkt eine Optimierung starten. Wichtige Aufgaben der *Gerätewartung* können auch über App-Shortcuts aufgerufen werden.

Speicherauslastung optimieren

Die *Gerätewartung* bietet zwei Speicheranzeigen, die grundsätzlich unterschiedliche Daten anzeigen.

Beide Werte werden auch im Widget der *Gerätewartung* auf dem Startbildschirm angezeigt:

- **Speicherplatz** – gespeicherte Dateien im Gerätespeicher, Apps, Bilder, Musik, zwischengespeicherte Dateien.
- **Arbeitsspeicher** – Speicherauslastung des Arbeitsspeichers durch laufende Apps.

Im Bereich *Speicherplatz* können Sie sich detailliert anzeigen lassen, welche Arten von Dateien wie viel Platz im Benutzerspeicher verbrauchen. Löschen Sie in regelmäßigen Abständen nicht mehr benötigte große Dateien wie z. B. Videos. Tippen Sie dazu auf die entsprechende Kategorie, können Sie einzelne oder alle Dateien zum Löschen auswählen. Mit horizontalem Wischen über den Bildschirm sehen Sie auch die Auslastung von OneDrive und Google Drive, wenn dafür Konten im Dateimanager *Eigene Dateien* angemeldet sind.

Von Apps belegten Arbeitsspeicher freigeben zu können, hört sich auf den ersten Blick gut an, bringt aber kaum etwas. Beim Beenden von Apps wird der Speicher kurzfristig freigegeben, Apps mit Hintergrundaktivitäten starten aber gleich danach automatisch wieder neu und belegen den Speicherplatz wieder. Eine leider erkennbare Wirkung ist ein deutlich erhöhter Akkuverbrauch durch den Neustart der Apps und die vermehrten Schreibzugriffe auf den Arbeitsspeicher.

Die Schaltfläche *Bereinigen* löscht nur den Cache und Temporärdateien. Hier gehen keine persönlichen Daten verloren.

Automatische Optimierung und automatischer Neustart

Ähnlich wie auf einem PC sammeln sich auch auf einem Smartphone bei längerer Benutzung unnötige Daten an. Apps, die im Hintergrund laufen, bremsen das System aus. Am besten ist es, Sie starten das Gerät ab und zu einfach neu.

Die *Gerätewartung* bietet eine Option zur automatischen Optimierung an, wobei auch automatische Neustarts möglich sind. Dazu darf keine SIM-Sperre eingerichtet sein, da der automatische Neustart sonst nicht komplett durchgeführt werden kann. Das Samsung Galaxy S26 stünde am nächsten Morgen nicht automatisch wieder zur Verfügung.

RAM Plus ermöglicht es, Speicherplatz des Samsung Galaxy S26 zur Verfügung zu stellen, um damit virtuellen Arbeitsspeicher bereitzustellen. Damit haben Sie zwar weniger Speicherplatz für eigene Daten oder Fotos, dafür laufen viele Apps deutlich flüssiger, wenn mehr Arbeitsspeicher zur Verfügung steht. In der Zeile *RAM Plus* auf der Seite *Arbeitsspeicher* der *Gerätewartung* legen Sie fest, wie viel Speicherplatz dafür verwendet werden soll.

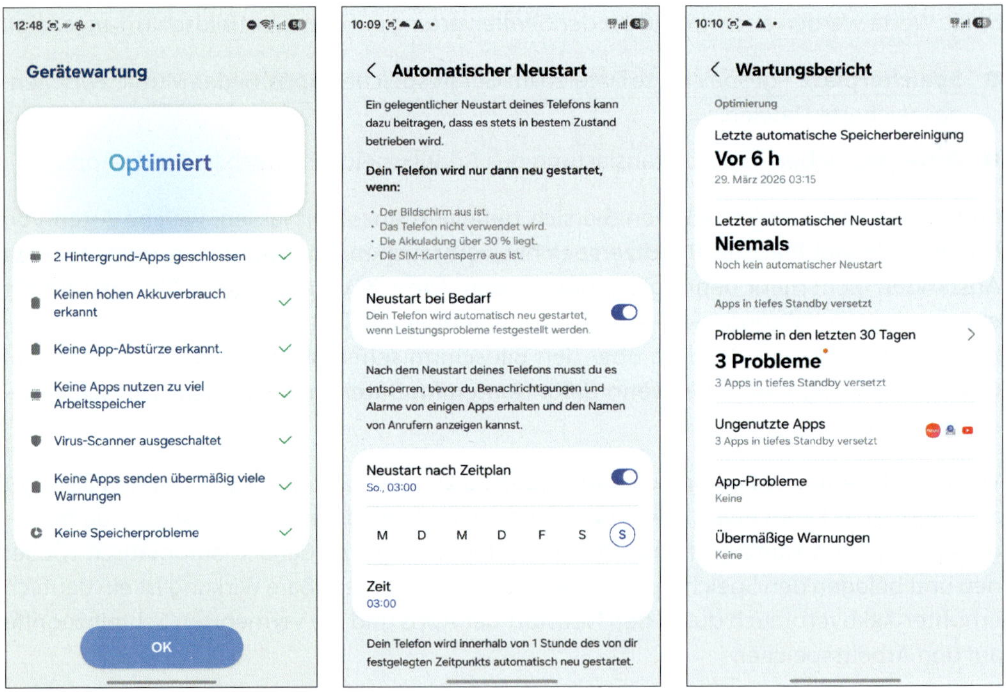

Optimierung und automatischer Neustart in der Gerätewartung, rechts: Wartungsbericht

Der *Wartungsbericht*, der über ein Symbol oben rechts auf der Startseite der *Gerätewartung* aufgerufen wird, zeigt die Daten der letzten automatischen Speicherbereinigung und des letzten automatischen Neustarts sowie alle Probleme, die in den letzten 30 Tagen aufgetaucht sind.

11.4 Verbesserungen der Samsung-One-UI-Oberfläche

Die Samsung-Benutzeroberfläche war auf früheren Samsung-Smartphones bei vielen Nutzern unbeliebt. Sie galt als träge und mit unnützen Funktionen überfrachtet. Samsung verwendet auf dem Samsung Galaxy S26 mit One UI 8.5 wieder eine neue, eigenständige Benutzeroberfläche in einer verbesserten Version.

Zwei Apps gleichzeitig auf dem Bildschirm

Das Samsung Galaxy S26 bietet die Möglichkeit, zwei Apps gleichzeitig auf dem Bildschirm darzustellen. Dieser wird dazu, wie schon aus Windows 11 und 10 bekannt, in der Mitte mit einer Trennlinie geteilt.

1. Starten Sie zuerst eine der beiden gewünschten Apps.
2. Wechseln Sie in die Ansicht aller aktiven Apps. Ziehen Sie dazu bei der Gestensteuerung den Balken vom unteren Bildschirmrand in die Bildschirmmitte oder tippen Sie bei der Steuerung über drei Tasten auf das Symbol mit den drei Strichen.
3. Tippen Sie in der Liste der zuletzt verwendeten Apps oben auf das Symbol der gewünschten App und im Pop-up-Menü auf *In geteilter Bildschirmansicht öffnen*.

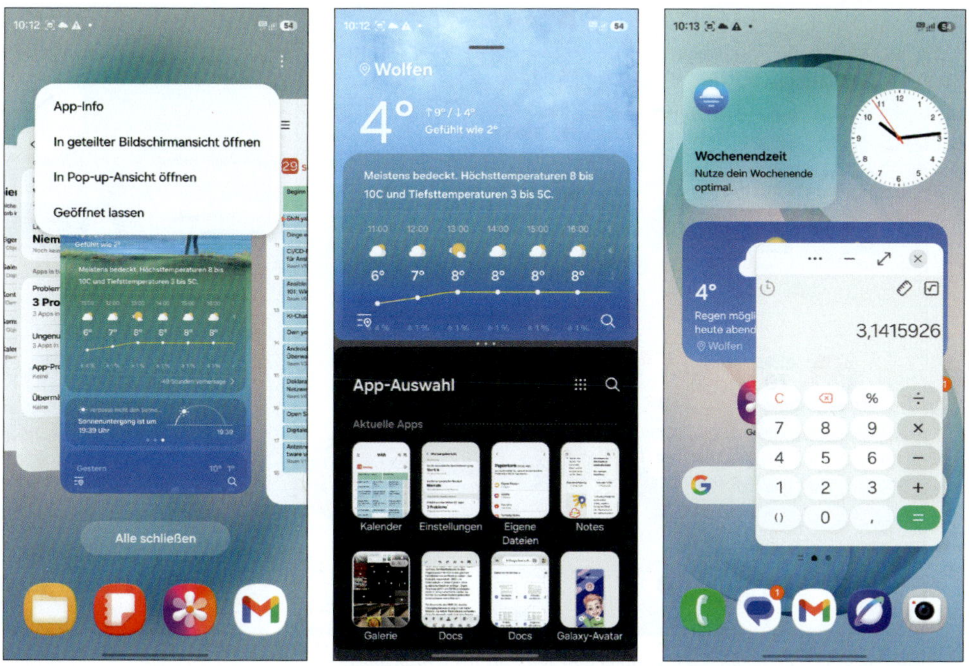

Bildschirmteilung auf dem Samsung Galaxy S26, rechts: Pop-up-Ansicht einer App

4. Die App erscheint jetzt nur in der obersten Bildschirmhälfte.

5. Wählen Sie nun eine App aus der Liste der zuletzt verwendeten Apps aus, die in der unteren Bildschirmhälfte angezeigt werden soll. Sie können auch mit einer Wischgeste von unten die App-Liste einblenden und dort eine App auswählen.

6. Der Modus *In Pop-up-Ansicht öffnen* zeigt die App in einem kleinen, verschiebbaren Fenster auf dem Bildschirm. Sie können den Finger auch einfach länger auf eine App in der Liste halten, um diese in einer Pop-up-Ansicht zu öffnen.

Durch Verschieben der Trennlinie zwischen den beiden Apps können Sie ein Fenster größer ziehen. Das andere wird automatisch entsprechend kleiner. Ziehen Sie die Trennlinie ganz nach oben oder unten, wird die Bildschirmteilung aufgehoben und beide Apps werden wieder in voller Größe angezeigt.

Widget-Stapel

Mehrere Widgets der gleichen Größe lassen sich zu einem einzigen Widget kombinieren, um Platz auf dem Startbildschirm zu sparen.

1. Platzieren Sie wie gewohnt ein Widget auf dem Bildschirm. Halten Sie den Finger länger darauf und tippen Sie auf *Stapel erstellen*.

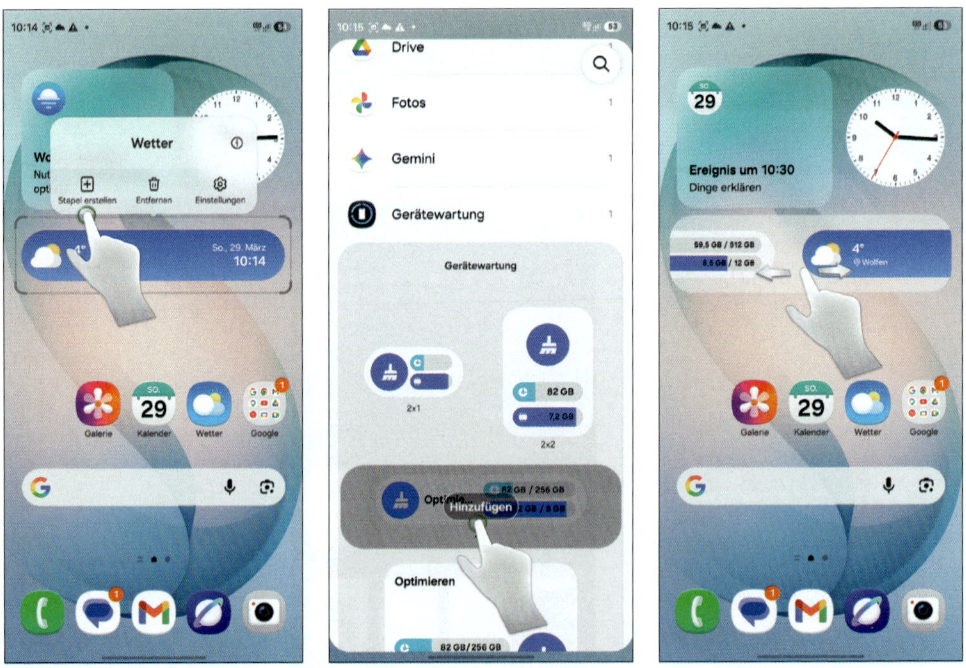

Widget-Stapel erstellen, rechts: zwischen Widgets im Stapel wechseln

2. Es erscheint eine Liste verfügbarer Widgets in der gleichen Größe. Wählen Sie das gewünschte Widget aus und tippen Sie auf *Hinzufügen*.
3. Wischen Sie über das Widget, wechseln Sie von einem Widget zum anderen im Stapel.
4. Halten Sie den Finger länger darauf und tippen Sie auf *Stapel bearbeiten*, um weitere Widgets zum Stapel hinzuzufügen oder Widgets aus dem Stapel zu entfernen.

Häufig genutzte Apps automatisch auf dem Startbildschirm anzeigen

Das Widget *App-Vorschläge* gibt Tipps, die auf dem Nutzerverhalten basieren. Hier werden häufig genutzte Apps automatisch vorgeschlagen, ebenso Kalendereinträge oder Erinnerungen.

In den Einstellungen des Widgets können Sie Apps ausschließen, die nicht im Widget angezeigt werden sollen. Hier wählen Sie Apps, die Sie bereits selbst auf dem Startbildschirm abgelegt haben, und auch Werbe-Apps, die Sie ohnehin nie nutzen und die sich gern in dieses Widget drängeln.

Widget für App-Vorschläge, rechts: Einstellungen für App-Vorschläge

Augenkomfort

Das bläuliche Leuchten des Smartphone-Bildschirms stört beim Einschlafen. Wer sein Samsung Galaxy S26 spät abends noch verwendet, sollte in den *Einstellungen* unter *Anzeige* den *Augenkomfort* aktivieren, der die Farbtemperatur anpasst und den Bildschirm leicht gelblich erscheinen lässt.

Diese Einstellung kann manuell oder automatisch über einen Zeitplan geregelt werden, der benutzerdefinierte Zeiten enthält oder sich nach Sonnenauf- und -untergang am aktuellen Standort richtet. Die Einstellung *Adaptiv* passt die Farbtemperatur kontinuierlich der Tageszeit an und schaltet abends auf deutliche Gelbtöne um.

Die Einstellung *Augenkomfort* lässt sich auch jederzeit schnell mit einem Symbol im QuickPanel ein- und ausschalten.

Bildschirmmodus

Im Bereich *Bildschirmmodus* in den *Einstellungen* unter *Anzeige* können Sie den Weißabgleich des Bildschirms anpassen, was sich besonders bei der Darstellung von Fotos bemerkbar macht. Die Fotos selbst werden nicht verändert. Diese Einstellung betrifft nur die Darstellung auf dem Bildschirm.

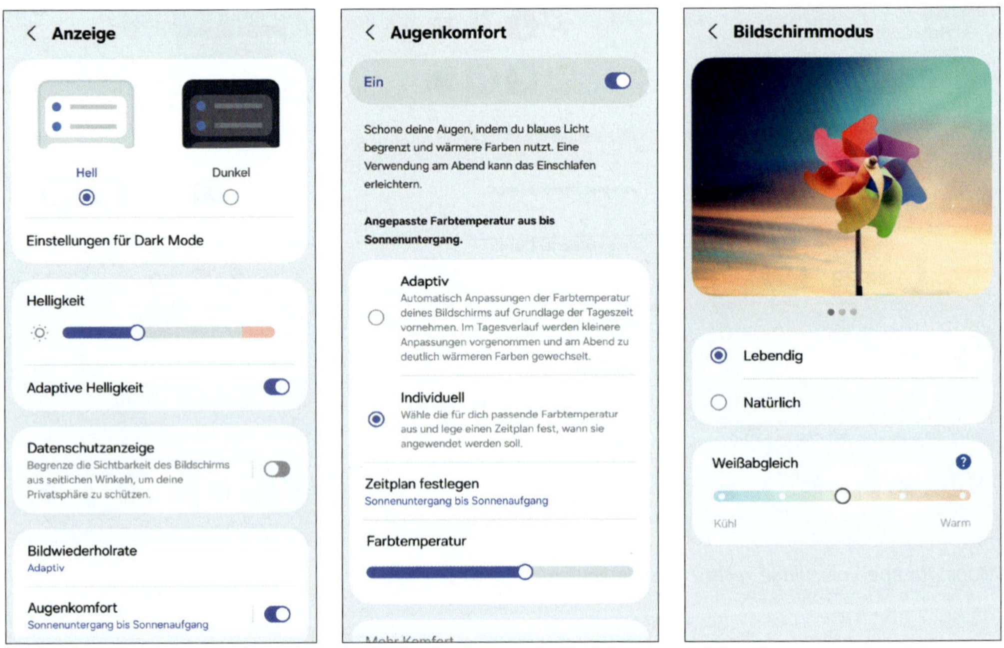

Einstellungen für Augenkomfort und Bildschirmmodus

In den erweiterten Einstellungen können die RGB-Werte einzeln angepasst werden. Der Schalter *Adaptiver Farbton* passt Farben und Weißabgleich auf der Grundlage der Umgebungshelligkeit automatisch an. Beim Anpassen des Bildschirmmodus werden der *Augenkomfort* und der *Adaptive Farbton* ausgeschaltet.

Schriftgröße und Bildschirmzoom

Um mehr Informationen auf dem Bildschirm zu sehen oder umgekehrt alles etwas größer und leichter erkennbar zu haben, können Sie in den *Einstellungen* unter *Anzeige* die Parameter *Schriftgröße und -stil* sowie *Bildschirmzoom* unabhängig voneinander einstellen.

Die Schriftgröße beeinflusst nur die Darstellung von Systemschriften, wohingegen der Bildschirmzoom auch alle grafischen Elemente auf dem Bildschirm vergrößert oder verkleinert. Bei der Auswahl der Schriften können Sie aus dem Galaxy Store zusätzliche Schriften herunterladen.

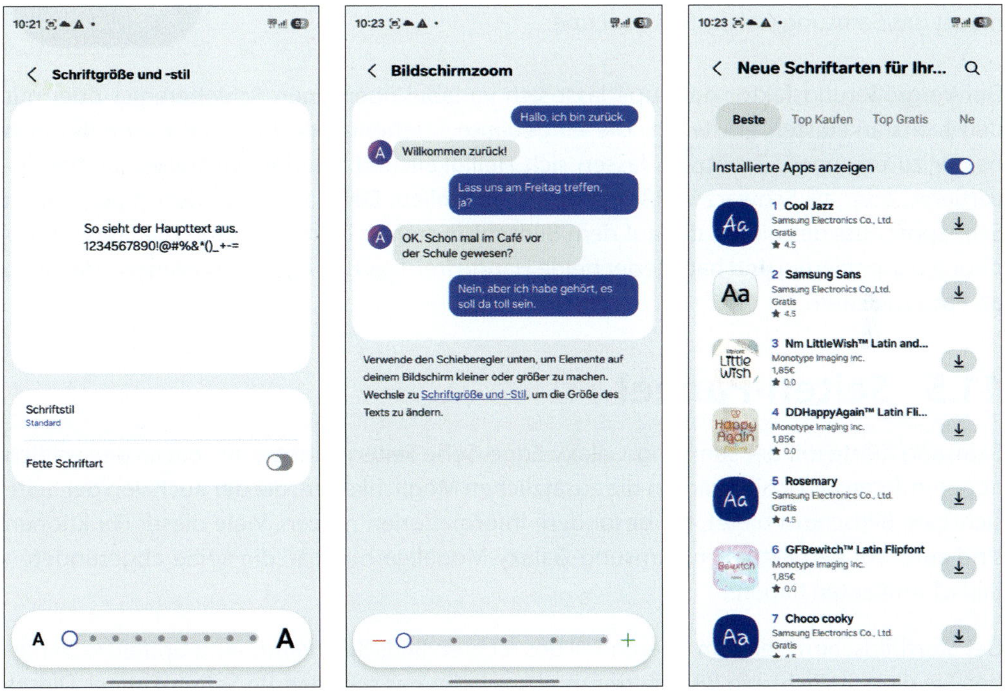

Veränderung von Schriftart, -größe und Bildschirmzoom, rechts: Schriften aus dem Galaxy Store installieren

Versehentliche Berührung sperren

Wenn keine Bildschirmsperre eingerichtet ist, passiert es leicht, dass ein Smartphone, das in der Tasche steckt, durch Berührungen ungewollte Aktionen startet. Schalten Sie in den *Einstellungen* unter *Anzeige* die Option *Schutz vor versehentlicher Berührung* ein. Damit prüft das Smartphone über die Helligkeits- und Annäherungssensoren, ob es in einer Tasche steckt, und löst dann keine Aktionen aus.

Der Schalter *Berührungsempfindlichkeit* macht den Touchscreen empfindlicher für schwache Berührungen. Dies ist besonders wichtig, wenn eine Schutzfolie auf dem Bildschirm verwendet wird.

Das Smartphone als Lupe

Bei Arbeiten mit Kleinteilen ist es manchmal praktisch, eine Lupe und eine Taschenlampe zur Hand zu haben. Das Widget *Vergrößerung* macht das Samsung Galaxy S26 zur Lupe.

Der Vergrößerungsfaktor der Lupe lässt sich variabel über einen Schieberegler oder mit den Lautstärketasten einstellen. Die eingebaute Taschenlampe hilft, die Kleinteile noch besser zu erkennen. Zusätzlich lassen sich Helligkeit und Kontrast einstellen, Farben invertieren oder als Schwarz-Weiß-Aufnahme darstellen. Der Kameraauslöser macht einen Schnappschuss des Bildes, der auf dem Bildschirm stehen bleibt. So kann man das Smartphone beiseitelegen und hat wieder beide Hände frei. Das Bild lässt sich zoomen oder auch als Foto speichern.

11.5 Seiten-Paneel

Samsung führte mit der Samsung-Galaxy-Edge-Serie Seiten-Paneele ein, die an den seitlich abgerundeten Bildschirmkanten die zusätzlichen Möglichkeiten, die der auch von der Seite sichtbare Bildschirm bietet, für besondere Informationen nutzen. Viele dieser Funktionen sind auch auf den aktuellen Samsung-Galaxy-Modellen nutzbar, die keine abgerundeten Bildschirmkanten haben.

Der Startbildschirm zeigt im oberen Teil des rechten Bildschirmrands eine Griffleiste. Schieben Sie diese in Richtung Bildschirmmitte, erscheint das sogenannte Seiten-Paneel. Dieses überlagert die aktuell dargestellte Bildschirmansicht und bietet so die Möglichkeit, schnell auf wichtige Tools, Informationen, Apps und Kontakte zuzugreifen. Jede weitere Wischbewegung blendet ein anderes Seiten-Paneel ein, auf diese Weise kann man zwischen unterschiedlichen Paneelen wechseln. Standardmäßig ist nur ein Seiten-Paneel mit wichtigen Apps aktiviert.

Verschiedene vorinstallierte Seiten-Paneele

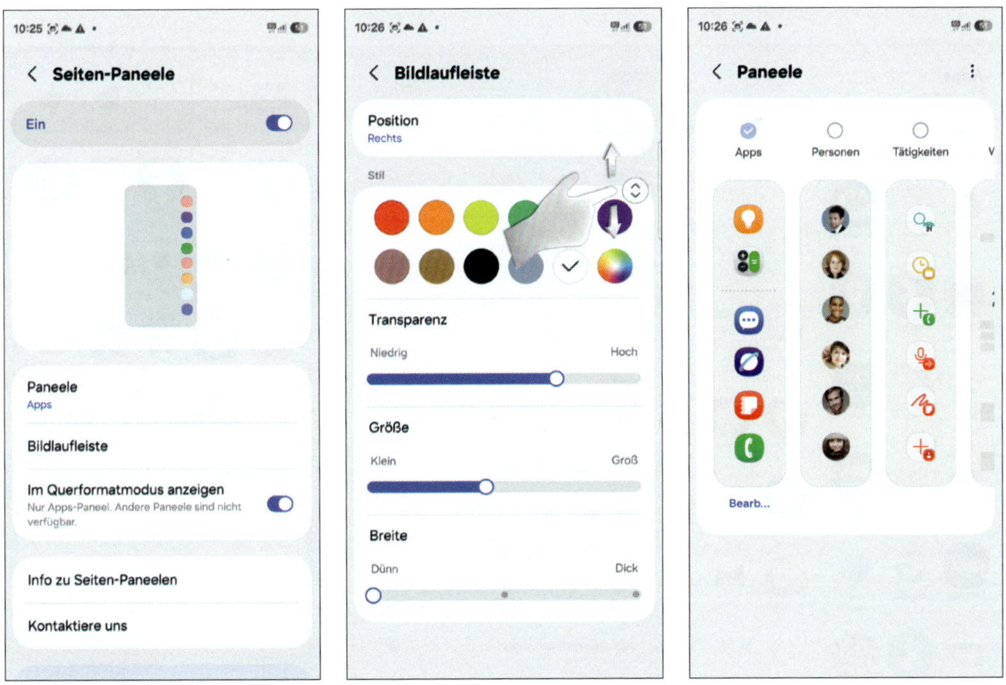

Einstellungen für Seiten-Paneele, rechts: Seiten-Paneele auswählen

In den *Einstellungen* unter *Anzeige/Seiten-Paneele* wählen Sie aus, welche Seiten-Paneele angezeigt werden sollen. Neben dem standardmäßig verwendeten *Apps*-Paneel sind noch einige andere vorinstalliert.

Bei den standardmäßig inaktiven Seiten-Paneelen finden Sie unter anderem ein *Wetter*-Paneel wie auch ein multifunktionales Werkzeug mit Lineal, Wasserwaage, Kompass, Zähler und Taschenlampe. Mit dem Symbol *Bearbeiten* unterhalb der Vorschaubilder der Paneele können Sie für manche Paneele weitere Einstellungen vornehmen.

Die Zeile *Bildlaufleiste* führt zu einer Einstellungsseite, auf der Sie die Position, Größe und Transparenz des Grifffeldes für die Seiten-Paneele festlegen können. Weitere Paneele werden über den Galaxy Store zum Download angeboten.

Apps über das Apps-Paneel schnell aufrufen

Das standardmäßig aktive *Apps*-Paneel zeigt häufig gebrauchte App-Symbole zum Schnellzugriff an. Über das Stiftsymbol ganz unten wählen Sie die Apps, die hier angezeigt werden.

Ziehen Sie die App-Symbole aus dem linken Bildschirmbereich auf das Paneel. Per Drag and Drop können Sie die Anordnung der Apps auf dem Seiten-Paneel verändern. Ziehen Sie mehr Apps auf das Paneel, als in einer Spalte angezeigt werden können, wird automatisch eine zweite Spalte angelegt.

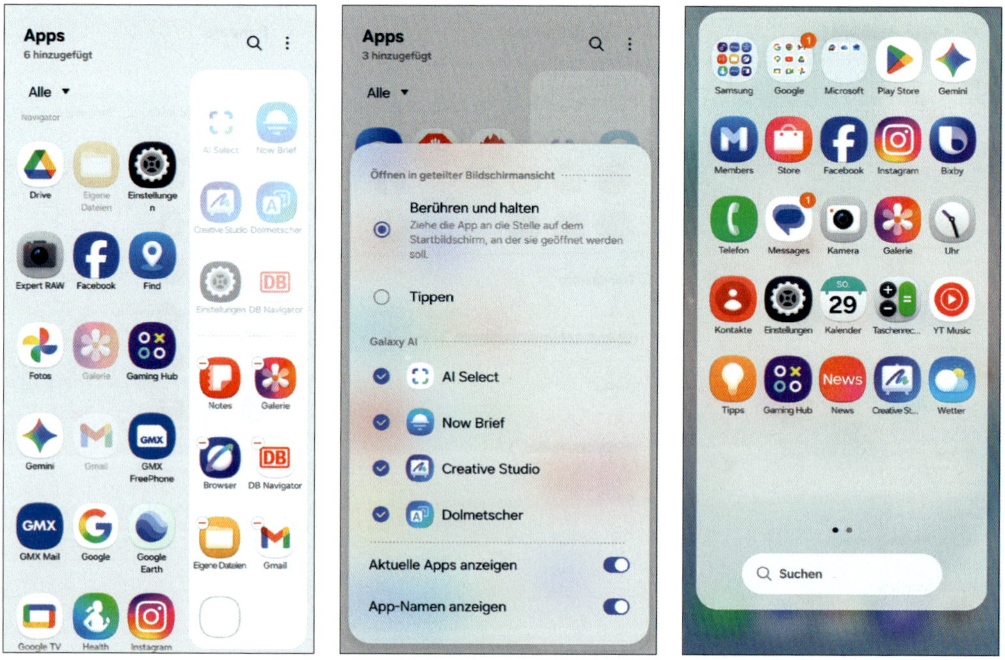

Apps-Paneel einrichten, rechts: Anzeige aller Apps

Über sogenannte App-Paare können Sie zwei Apps gleichzeitig auf dem Bildschirm anzeigen lassen. Diese Methode ist wesentlich komfortabler, als die beiden Apps jedes Mal über die App-Liste neu zu öffnen. Tippen Sie auf das Symbol mit den Punkten ganz unten im *Apps*-Paneel, wird eine Liste aller Apps angezeigt. Über das Menü oben rechts auf dem Bildschirm zum Bearbeiten des *Apps*-Paneels können Sie festlegen, ob ganz oben im *Apps*-Paneel automatisch die zuletzt verwendeten Apps angezeigt werden. Hier können Sie auch die App-Namen unter den Symbolen auf dem *Apps*-Paneel anzeigen.

KI-Tools im Apps-Paneel

Das *Apps*-Paneel zeigt ganz oben vier Tools der *Galaxy AI*, die auf diesem Weg besonders einfach erreichbar sind, aber auf Wunsch auch ausgeschaltet werden können.

KI-Auswahl

Wählen Sie durch Antippen oder Umkreisen irgendetwas auf dem Bildschirm aus. Das kann ein Teil eines Fotos, ein Symbol oder ein Text sein. Je nach Auswahl werden unterschiedliche KI-Tools angeboten, um die Auswahl als Bild zu bearbeiten, einfach nur zu kopieren oder den Text zu übersetzen oder weiterzuverarbeiten. Sie erreichen die *KI-Auswahl*, auch als *AI Select* bezeichnet, auch über längeres Halten der Griffleiste für die Seiten-Paneele.

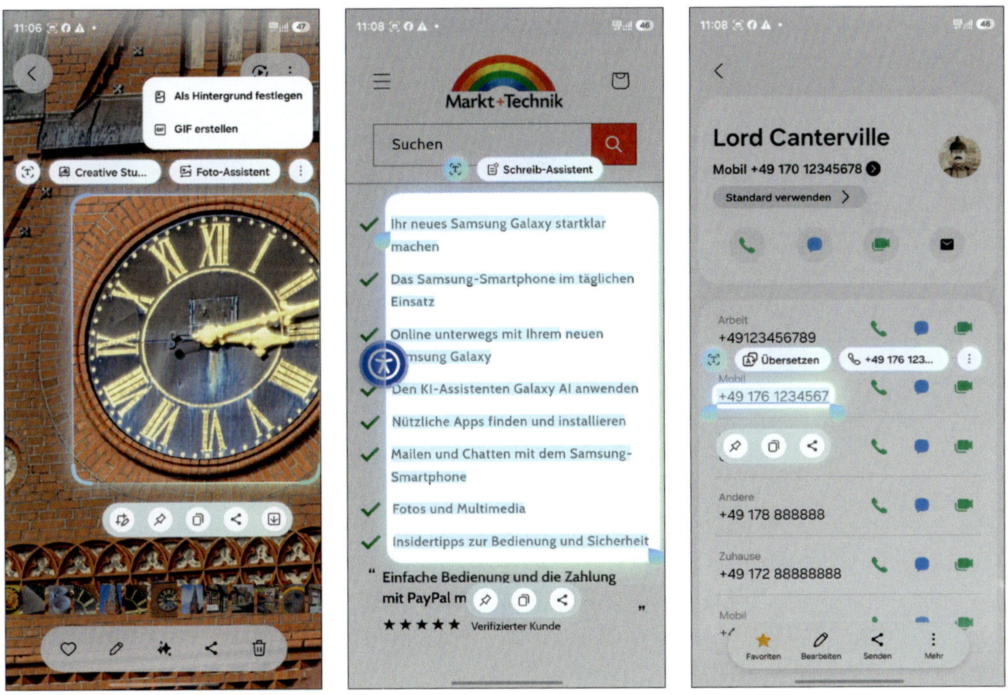

KI-Auswahl und angebotene Werkzeuge auf verschiedenen Bildschirmen

Now Brief

Now Brief zeigt die gleiche Tagesübersicht, die auch über die *Now Bar* auf dem Sperrbildschirm oder das Now-Brief-Widget angezeigt wird. Weitere Informationen dazu finden Sie in Kapitel 3.4.

Creative Studio

Creative Studio, in früheren Versionen von One UI als *Zeichnungsassistent* bezeichnet, erstellt künstlerische Zeichnungen aus einfachen Kritzeleien. Weitere Informationen dazu in Kapitel 9.3.

Dolmetscher

Mit dem *Dolmetscher* können Sie sich mit einem anderen Menschen unterhalten, der nicht Ihre Sprache spricht. Weitere Informationen dazu in Kapitel 9.2 im Abschnitt »Galaxy AI als Dolmetscher«.

In diesem Sinne viel Spaß mit dem Samsung Galaxy S26!

Christian Immler und das Markt+Technik Team

Stichwortverzeichnis

E

F

G

T

U

V